文艺批评新视野丛书

丛书主编　黄继刚　胡友峰

安徽省哲学社会科学规划项目『中国古塔审美文化研究』（项目批准号：AHSKF2018D90）成果

中国古塔及其审美文化特征

戴孝军　著

WUHAN UNIVERSITY PRESS

图书在版编目(CIP)数据

中国古塔及其审美文化特征/戴孝军著.—武汉：武汉大学出版社，
2018.11
文艺批评新视野丛书/黄继刚，胡友峰主编
ISBN 978-7-307-20109-5

Ⅰ.中…　Ⅱ.戴…　Ⅲ.古塔—审美文化—审美分析—中国
Ⅳ.K928.75

中国版本图书馆 CIP 数据核字(2018)第 062275 号

责任编辑:李　琼　　责任校对:李孟潇　　版式设计:马　佳

出版发行：**武汉大学出版社**　(430072　武昌　珞珈山)
(电子邮件：cbs22@whu.edu.cn　网址：www.wdp.com.cn)
印刷:北京虎彩文化传播有限公司
开本:720×1000　1/16　印张:23.5　字数:338 千字　插页:1
版次:2018 年 11 月第 1 版　2018 年 11 月第 1 次印刷
ISBN 978-7-307-20109-5　定价:68.00 元

总　　序

黄继刚、胡友峰两位博士主编了一套书系，让我为之写一个总序，我欣然从命，其原因有二：首先是对于该书系的内容比较感兴趣；其次是觉得该套书系的作者视角比较有特点。

现分别来说：其一，该套书系的内容是“文艺批评新视野”，这个视角符合我们文艺发展的时代性。众所周知，文学艺术作为意识形态之一，是特定经济社会之反映。当前时代已经进入到后现代社会，是对于现代之反思与超越。我们可以用不同的名称来形容这个后现代社会，可以称之为“共生的时代”，以之与传统的各种“中心论”相对；可以称之为“生态文明时代”，以之与传统的工业文明时代相对；可以称之为“网络时代”，以之与传统的纸质文化时代相对；可以称之为“东方文化复兴时代”，以之与传统的“西方文明中心论”相对，还可以称之为“跨文化研究时代”，以之与传统界限明晰的研究相对，如此等等，不一而足。该套书系几乎包括了上述各个方面的内容，黄继刚的《空间的现代性想象》以文学中的景观书写为研究对象，可谓是一种典型的跨文化研究；胡友峰的《媒介生态与当代文学》是对于电子媒介时代的文学研究对象和审美属性的探讨；戴孝军的《和谐与超越：中西传统建筑审美文化比较》与何飞雁的《彩调的审美文化研究》也是一种跨文化多元性研究；康毅的《露西·伊丽格瑞近期思想研究》与何书岚的《中国诗学中的人权思想研究》都是对于人之生存状态的一种开放式研讨；而李鹏飞的《中古诗歌用典美学研究》则是对于中国古代诗学的全新探赜。总之该套书系给我们展示的是一个全新视角，也给当下的文艺理论研究带来了清新的学术气息，这无疑是值得鼓励和倡导的。

其二，是该套书系的作者都是“75 后”、“80 后”的年轻博士，这一代学者是将来我国文艺理论研究的生力军，也是文艺理论研究的未来。而我们都已经进入 21 世纪第二个十年的后半期，真的是喟叹日月如梭，时光荏苒，像我这样毕业于 20 世纪 60 年代初期的学人都早已经步入老年，更遑论我们的师辈。因此，新的一代与一代新人的崭露头角已经是时代精神与学科发展的必然要求，本丛书的作者们就属于这样的新一代，他们在本套书系中表现出来的锐气才力与研究实力正是这些新人们发展前景的美好表征。我期待并盼望着这些年轻的朋友们能够快速成长，飞得更高，取得更多更好的学术成就。这也是我在济南三伏天的炎热之中写了如上寄语的真实用意所在。

曾繁仁 *

2016 年 7 月 18 日

---

* 曾繁仁，山东大学前校长，终身教授，现任国务院学位委员会文学、艺术学评议组召集人，长期以来担任国家社科基金评审专家，教育部“长江学者”评审组中国语言文学、新闻学、艺术学组组长。

写在前面的话

我们当下已经身处一个科学主义盛行的时代，科技似乎从未停止过大规模前进的步伐，而文艺的地盘逐渐被蚕食并日益边缘，科学实用的意向将人文虚致的精神挤到了墙角，“爱因斯坦遭遇马格利特”① 的强弱悬殊已经越来越不成比例。如今我们将文学的中心/边缘、实用/无用等问题拿来讨论，这本身业已昭示出现代文化的基本困境：它时时处在工具理性和实用精神的压迫之中，所为甚微。这一情形也正是目前文艺研究者不得不面对的逼仄现实。文艺研究活动作为一门“学问”和一种特殊的审美情感，可能并不创造直接的经济价值，也无法参与到社会形态的具体建构过程当中，它更多的是提供了关于人之存在的不同价值观念。所以，尽管粗粝的生存需求和社会压力时常将文艺研究者从思想的高峰拽下，抛入到现实环境的无尽撕扯当中，但是“学问”本身自有其意义。胡塞尔现象学曾经帮助我们区分界定了两个概念：指明和证明，就文艺研究活动而言，其并不证明什么，但是它时时在向我们指明，这些为它看见和指明的东西，就是可能性，即人生、世界何以展开、如何展开的可能性，这一可能性并非要将自己的观念视为唯一原则而强加于人，而是提供一种内省的思想方法来帮助我们破除灵魂的栅栏，并使得自我呈现出应然的状态。借此，我们保持一份“未敢翻身已碰头”的谦逊和惶恐，在自己营造的精神天地和思想涟漪中自得其乐，在书斋当中的“玄思妙想”、“坐而论道”都可谓

---

① “爱因斯坦遭遇马格利特”（Einstein Meets Magritte）是 1995 年在布鲁塞尔召开的跨学科学术研讨会，其旨在探究不同学科的边界以及对话交流的可能性。

是对当下甚嚣尘上之功利关怀的最好回应，毕竟审慎执着的学术追寻仍然要比琐碎无序的日常生活荣耀得多，正如尼采在《快乐的智慧》中所言，假若能参悟读懂自己的灵魂，自身那种须臾不可或离的意义将徐徐呈现，而“生命之于我们，意味着不断将自身以及所遭遇的一切转化为光和火”①。就此而言，文艺研究也许不会使我们富有，但却会使我们终得自由。

文艺研究者素以学术研究中的“思”、“史”、“诗”视为自身的存在方式，并在一种不知足的引颈前瞻氛围中昭示出应对未来的能力。而学术研究上的承传有自、薪火绵延更是需要吁请青年文脉的加入，尤其是需要聆听“75后”、“80后”学者所发出的声音。就此，编者虽不敢妄言此丛书会“雏凤清于老凤声”，但是年轻学者们不囿于陈说、溯迎而上的努力还是应该值得肯定和鼓励的。就这套《文艺批评新视野丛书》而言，语境化的分析和历史性的考察是我们甄选文丛时的唯一判断标准。所谓“求理于问答之外”，作者们大多能够透过浓重的历史烟雾来重新论证理论之自明性，其论著或者是隐含着一种新的提问方式，或者是用新方法来开启新视野，或者是以新角度来探讨新问题，整体上兼具学术差异性和理论互文性之特征，而作者们许多篇章的文本分析巨细靡遗、秘响旁通，也堪称精彩。编者希冀本套丛书能够抛砖引玉，在学界产生更多有价值的理论思考和学术回应，当然也因编者缺乏经验，谬误在所难免，还请业内方家批评指正。

最后，非常感谢康毅、李鹏飞、何书岚、何飞雁、戴孝军、潘国好、白宪娟等好友的信任，诸君大多师出名门，受过严格而系统的学术训练，他们勤勉刻苦，笔健如犁，耕耘不辍，在各自的研究领域拓荒不止，开垦出一片片长满创意的新田地。当编者发出邀请，各位作者欣然将各自的博士论文纳入到我和友峰兄策划主编的这套丛书当中，孔子云“以文会友，以友辅仁”；少陵云“文章有神交有道”，此谓也。

---

① ［德］尼采著，王雨译：《快乐的智慧》，中国社会科学出版社1997年版，第4页。

我想接下来应该是编者宣读完开场白之后，默默退下，而诸位优秀的思想演员将在这之后陆续登场亮相——

黄继刚　胡友峰

2016年4月

序

听说戴孝军的博士论文《中国古塔及其审美文化特征》经进一步完善后就要出版了，我感到由衷的高兴。当年他做博士学位论文时，选择了这个题目，我就觉得很好，很有学术价值，就坚决支持了他。现在他嘱我作序，我自然欣然答应。

当年我为什么觉得这个题目好呢？这与我的一些个人经验有关。比如我在20世纪80年代后期的研究生实习考察期间，就发现祖国各地的古塔都很好看，但形貌有异，神韵不同。比如中国现存最早的单层亭阁式石塔——济南的四门塔，呈平面四边尖顶矗立，高约15米，不算高大，但神秘凝重，沉稳雄奇。西安的大雁塔，为四方形楼阁式七层佛塔，塔高约65米，塔底边长25米还多，这样的形制体量，堪称高大雄伟，刚健壮丽。杭州西湖六和塔，虽高达近60米，气势不凡，但与大雁塔比起来，其六边形环围造型，十三层上翘式木檐构制，便更多了几分圆润之形，耸动之态，纤秀之象，优美之韵。这些古塔给人的美感为什么会有如此差别呢？如果撇去技术方面的原因，那恐怕就与它们所处时代的审美趣味不同有关了。这样一想，就觉得对古塔进行审美文化研究，会很有意思也很有价值。再比如，近些年中国城市搞新区建设，有的城市在新区周围的山头上建造了塔，一下子就让整个区域的景观生动起来了，品位提升上去了，产生了难以言说的韵致和美。这个现象很奇特。这说明，古塔到了今天，已经消失了它原有的宗教意味，而成了独具特色的艺术性元素、审美化存在。所以，作为一种审美化存在，中国古塔是值得从审美文化角度进行深入研究的。

塔，属于佛教建筑范畴。中国古塔，则是具有中国独特风格和构制形式的传统佛教建筑。我们知道，建筑在所有实用性与审美性相统一的艺术门类里，应该是最抽象，也最具精神性、表现性的一种，正因如此，建筑也自然是最能凝结、体现民族特点、时代特色和文化意味的一种艺术形态。那么，佛塔作为一种建筑样式，在各种建筑种类中，其实用性、功利性应该是最弱而精神性（宗教性）、审美性最强的，这一点毋庸置疑。戴孝军也正是在这一点上，对中国古塔的审美文化内涵和价值做出了深入细致的探究和阐释。比如他对中国古塔在各个时代的造型特色和审美特征都做了很概括也很中肯的论述："雄浑绮丽的汉魏古塔"、"刚健质朴的隋唐古塔"、"清秀典雅的宋代古塔"等。这些表述，正好对我前面提及的济南四门塔、西安大雁塔、杭州六和塔所具有的不同审美韵味做了解释。四门塔虽是隋代的，但由于历史前续的关系，其审美格调自然仍带有汉魏之风。大雁塔建于盛唐，便自然体现了雄健壮美的大唐气象。六和塔是宋代重建的，其雍容典雅之中又颇带着些纤秀圆润的优美之韵，这与宋代审美文化总体上更偏于内敛阴柔也是契合相印的，当然这其中也不能排除北方与江南在审美趣味上的地域文化差异。对这些不同时代审美文化趣味之差异的形成原因，戴孝军在著作中也做了哲学观念、历史沿革、习俗文化等方面的深入探溯。

古塔的宗教功能与审美意味之间的关系，应该是一个颇有兴趣的学术问题。古塔作为佛教建筑，其宗教的神圣性应该是其本有的文化功能。同时，古塔的形象造型，又使之自然具有了审美的意味。当然二者的关系也不是平分秋色、固定不变的，而是在不同的时空中变动不居、丰富多彩的。正是在这方面，孝军作了很深入也很有说服力的研究。比如他指出，古塔与寺庙的位置关系，在中国古代就是不断变化的，而这种变化也正是古塔建筑不断中国化、世俗化、审美化的过程。最初寺、塔是紧密结合的，有寺必有塔，有塔必有寺，格局上是塔前寺后，塔是整个寺院的中心。这是佛教精神性崇拜占主导地位在建筑形式上的表现。但从隋唐开始，佛塔在寺院中的位置就开始出现了变化：从以塔为中心逐渐向以佛殿为中心的寺院建筑样式转变了。这种转变意味着什么？说明中国人在以自己的官署化、衙署化的建筑文化、建筑样式来改造佛教文化、佛教建筑方式。在这一过程中，塔、寺逐渐分离开了，早期被视为"佛"的象征物的古塔基本退出了佛寺的中心舞台，或屈居寺旁，或独居一处，塔的佛性意蕴也就慢慢地淡化，逐渐向世俗性、装饰性方面转变了。也就是说，古塔逐渐失去了原有的佛性崇拜意味，其宗教性、神圣性功能逐渐让位于景观性、审美性功能了。孝军在著作中，还从古塔的建筑样式、古塔与园林的关系等方面对古塔功能的这一中国化变迁作了很充分的阐释。他指出，印度佛教古塔是窣堵波造型。这种造型以形似坟墓的半圆形覆钵为主要部分，象征着古印度佛教所宣扬的涅槃与宇宙相统一的意味。佛教进入中国后，古塔的窣堵波造型就被中国传统的楼阁式建筑形式所改造、所取代了。楼阁式塔的顶端还保留一点印度窣堵波造型，以代表着佛的存在，而下面层层界限分明、条理清晰、逻辑性较强而又内部中空的楼阁则是中国人现世文化的典型代表。所以楼阁式塔体现的主要不是神秘的宗教气氛，而是中国人孜孜追求美好生活的实用理性和世俗情怀，也体现着中国人独特的审美向度和趣味。同时，正如孝军在著作中所探讨的，中国的古塔从寺院中心位置“移”出之后，便与更为广阔的园林、山林密切结合在了一起，成为和园林、山林融为一体的建筑形式，成为自然美景观的一个重要组成部分。这样古塔在中国化、世俗化的过程中，其审美化功能也便得到了愈加充分的拓展和实现。我想，开头我提到的有的城市在新区建设中用“塔”作为重要的景观元素，就是古塔这种审美化功能的当代利用。它使我们居住的现代城市充满了民族化的浓郁美感和无尽韵味。从这个角度看，孝军的这个古塔审美文化研究，无疑是有学术价值和现实意义的。

戴孝军做学问很用功，很扎实，人又聪明，出成果是水到渠成的。相信著作的出版，只是他学术研究之途的一个重要节点，是他美学探索之路的一个加油站。我期待着他更多的好成果问世，也希望他的生活一如审美，开心快乐。

权为序。

仪平策

戊戌年正月十八

目　录

导　　论

一、问题的提出及意义

游览全国，我们见到的最多遗存的中国古建筑恐怕就是塔了。历史遗留在中国大地上的古塔众多，据统计有3000多座。这些古塔地域分布广泛，几乎遍布中国大陆的各个地方。这些塔要么高耸于江海湖畔，既给人导航引路，又能勾勒风景；要么屹立于深山古刹，既能点缀着青山，又能标示着佛国的方位；要么挺拔于城镇乡村，既能补全着风水，又能标志着城镇等。

“塔”是佛教的一种建筑类型，最早源于埋藏佛祖释迦牟尼的佛骨舍利及其所用器皿、衣物等而建的一种坟墓建筑形式，具有宗教的神圣性和象征性等意义。塔在传入中国汉地之前已形成了两种建筑类型：一是耸立于蓝天白云下的埋藏着佛祖佛骨舍利的“窣堵波”，又称“塔婆”；二是开凿于石窟中内无“舍利”的“支提”。两种建筑类型位置不同，但在造型上基本一致，都是以半圆形的坟丘、状如倒扣的锅底而被称为“覆钵”的面貌出现。塔在形式上状如坟墓，但内容上不是死的建筑符号，而是佛祖涅槃的象征，因为佛教的涅槃不是一般的肉体消失，而是超越生死轮回，给人以精神永恒。因此佛塔一出现就充满了信徒对佛祖精神的崇拜性和信仰的神圣性的解读。另外，覆钵的形式还是一种宇宙空间模式，代表了佛教对“天圆地方”的一种空间阐释。因此，塔在古印度就是一种双重意义的符号：涅槃象征与宇宙象征。最能代表覆钵塔形象的是印度马尔瓦省保波尔附近的“桑奇大塔”，其建筑造型古朴宏丽，既是佛教文化的形象代表，又是“陀兰那”艺术的典范，该塔奠定了印度佛教审美文化充满浓厚的佛性意味、具有崇拜和审美双重意蕴的文化特色。

覆钵塔传入中国之后，就直接面对着中国传统文化的抵制、接受、融合和改造，随着岁月的流逝和儒道精神的浸染，覆钵塔的体量、造型、结构、功能、材料、装饰、与环境的互动关系等各方面都发生了较大的变化，中国人民最终创造出具有中国特色的楼阁式塔、密檐式塔、亭阁式塔、花塔、喇嘛塔、过街塔、金刚宝座塔等各种形式的佛塔，并且注重塔的内外结构的创造以及建造材料的运用，以拓展塔的功能。于是塔就由最初传入时单纯礼拜敬佛的功能逐渐演变为世俗化的多样运用，如导航引渡、观察敌情、登高览胜、补全风水、振兴文运、纪念名人等，塔的功能已基本上走向世俗化。不仅如此，佛塔也逐渐由信仰崇拜的对象基本上变为了审美的对象。早在南朝宋时，谢灵运就有“谢丽塔于郊郭，殊世间于城傍”（《山居赋》）的赞美，可见在魏晋南北朝时期就已开始了对佛塔的审美。随着唐代中期禅宗的兴盛，佛教日益走向世俗化，佛塔在寺院中的位置已由早期置于中间而逐渐游离于寺院之外，塔的佛性色彩也日益淡化。但塔并没有消失，而是以各种更加人性化的优美造型、各种精美的装饰亲近着人类，愉悦着人类，给人以审美的快感。宋代尤为如此。明清时期佛塔与风水、园林相连，逐渐变得世俗化、美观化。

鉴于此，我们提出以审美文化的视角来研究中国古塔，目的在于揭示中国古塔的审美文化意蕴，希望这样的研究能够对我们加深了解、认识中国审美文化有所助益。另外，中国古塔身上几乎包含了所有中国建筑的民族特色和要素。这对研究消失于历史中的中国传统木结构建筑具有形象资料的现实参照作用。此外，各地的古塔具有不同的形状、线条、色彩、装饰品和建筑风格。因此，研究和了解古塔建筑对我们深入了解中国各地建筑特点和风格具有重要的意义。

二、研究现状

中国古塔是现今遗存最多的中国古建筑。它们历经魏晋南北朝、隋唐、宋辽金、元明清两千多年的风雨沧桑，受到了中国建筑传统、审美文化风尚和宗教观念的熏陶与浸染，形成了具有中国特色的古塔造型风格。但中国古塔不是一座座单纯的建筑类型，而是蕴含着极高的艺术文化价值的、诉说着我国历史的、体现着我国古代劳动人民智慧和创造力的中华民族的精神丰碑，具有相当可观的研究价值和意义。

（一）中华人民共和国成立之前中西方学者的研究

20 世纪二三十年代，中西方学者就开始关注并研究中国古塔建筑。实事求是地讲，在中国古建筑研究的初始阶段，日本和西方学者走在了中国学者之前。日本学者中研究中国古建筑最著名的是伊东忠太和关野贞。伊东忠太（1867—1954 年）的主要著作是《支那建筑史》、《中国建筑装饰》等。而在 1925 年 8 月出版的《支那建筑史》① 中就有对中国佛塔的研究，其主要贡献是：首先，他批判了外国学者认为的中国“塔堂结合”建筑布局来自于西方的教堂和钟楼相结合的“西方中心论”观点。其次，针对中国古塔的起源问题，他第一次提出了“楼阁起源说”的观点，并绘制了塔的来源顺序图：印度窣堵波塔—犍陀罗塔—中国塔。他指出：“说明塔之形式之学说，即楼阁起源说也。我辈曾为此说之体案，因中国自周、秦以来，楼阁已有相当发达之形迹，而为二重三重之建筑物。即中国当造新塔时，一面受中国旧来楼阁建筑之暗示，一面由窣堵波求佛塔之做法，结果互相融合而成中国塔之式样。”② 最后，他详细罗列了魏晋六朝时期中国和印度双方僧人的来往情况和佛寺及佛塔的建造情况，这对魏晋六朝的佛塔研究提供了详细的资料。遗憾的是《中国建筑史》只写到六朝止。而关野贞（1868—1935 年）的《支那佛教史迹》（和常盘大定合著 1925 年出版）是一套中国佛教建筑的图集，并附有简单的文字说明。其中收录了关野贞的中国考察成果，包括中国 12 个省的佛教史迹

① 伊东忠太于 1925 年著有《支那建筑史》，1937 年由陈清泉译成中文，梁思成校对，更名为《中国建筑史》。

② ［日］伊东忠太撰，陈清泉译补：《中国建筑史》，上海书店出版社 1984 年版，第 124 页。

的照片和拓片，上面还有简短的文字介绍，这对中国古塔的研究提供了较为详细的形象资料。

西方学者对中国古塔的研究集中于德国人恩斯特·鲍希曼的《中国的建筑和宗教文化之三：中国的宝塔》（柏林，1931年）一书中。可惜该书至今没被翻译成中文并引进国内，其内容我们只能据恩斯特·鲍希曼《中国的建筑和风景》一书的翻译者沈弘教授所写的《试论中国学术界在文化认同上的狭隘性——以德国建筑师恩斯特·柏石曼为个案》一文的内容加以转述。该书“可能是考察中国宝塔建筑内容最为翔实的一本专著。作者在序言中简明扼要地强调了宝塔在中国古建筑中所占有的重要地位。宝塔虽然随着佛教从印度传入中国，但长期以来它们已经成为中国典型景观和建筑中不可分割的一个组成部分，正如佛教已经成为中国人宗教和精神生活的一部分。另一方面，宝塔具有很高的艺术价值。在它们的建筑结构中包含了几乎所有中国建筑的民族特色和要素。此外，各地的宝塔具有不同的形状、线条、色彩、装饰品和建筑风格。因此，研究和了解宝塔建筑对我们深入了解中国各地建筑特点和风格具有重要的意义。作者首先在书中讨论了宝塔在中国各地分布的情况，并对宝塔的外部视角形象、内部建筑效果和艺术价值进行分析之后，柏石曼（即鲍希曼——引者注）列举了一些有代表性的宝塔实例加以举证。根据宝塔的结构和形状，作者将它们划分为级塔、天宁方塔、叠层塔、层塔、外廊层塔、琉璃塔、石塔和群塔等八个主要类型。在该书的第三部分中，柏石曼进一步探讨了从宝塔建筑引申发展出来的几个分支，如铁铜塔、墓塔、香塔和内塔”①。

从恩斯特·鲍希曼对中国古塔的研究来看，他已开始探讨从宗教文化、审美心理、与环境的关系等几个方面来研究佛塔对于中国人的意义，这是他的独特之处和主要贡献，而对佛塔的分类混乱、不合章法则是其缺陷。

英国著名的中国科学技术史专家李约瑟博士在《中国科学技

① 沈弘：《试论中国学术界在文化认同上的狭隘性——以德国建筑师恩斯特·柏石曼为个案》，heep：//www. sisins. zju. edu. cn/sh/up/oad/-whrt. pdf.

术史》第四卷第三分册《土木工程与航海技术》中也有对中国古塔的研究，虽然篇幅不长，但其中蕴含了极为重要的思想：首先，提出“塔是中国风景的一个重要特征”① 的论述。这主要是李约瑟依据塔与明清时期的风水术相结合而得出的一个重要结论。其次，佛塔的来源问题。塔“来源于印度佛教的半外国式建筑”②，李约瑟看出了中国古塔的造型不是完全模仿印度的窣堵波，而是中印两种文化融合的产物。佛塔在中国古代文化中的地位不像印度那样作为一个独立主体而存在，而是“一般不得建造在城墙以内来和象征着天授御权的鼓楼和城门楼相峥嵘”③。这就确定了佛塔在中国传统伦理文化中的地位。最后，塔的建造技术。对于砖石塔来说，叠涩技术是主要的建造手段，而桁架结构对于高层木塔特别重要。

中国学者对佛塔的研究与日本和西方在时间上基本上同时。早在 1933 年，中国学者乐嘉藻（1870—1944 年）就出版了中国第一部《中国建筑史》④。在这部书中，乐嘉藻“按照建筑类型来观照建筑史的原则”在该书第二编（上）收录了“塔”这一中国古典建筑类型，并对中国古塔的名称、起源、外部形式、内部结构及各种古塔分类的校注都做了简略的分析，这可看作近代中国人第一次对佛塔进行研究所取得的一些成就，正如梁思成先生在《读乐嘉藻〈中国建筑史〉辟谬》一文中所赞同的：“第二编中一大部分是塔的讨论，按其形状，乐先生将塔分为许多种，并举实例为证，这是很好的态度。”⑤ 不过，终因作者不是建筑学专业出身，故“对

① ［英］李约瑟著，汪受琪译：《中国科学技术史》第四卷第三分册，科学出版社、上海古籍出版社 2008 年版，第 158 页。

② ［英］李约瑟著，汪受琪译：《中国科学技术史》第四卷第三分册，科学出版社、上海古籍出版社 2008 年版，第 158 页。

③ ［英］李约瑟著，汪受琪译：《中国科学技术史》第四卷第三分册，科学出版社、上海古籍出版社 2008 年版，第 158 页。

④ 乐嘉藻：《中国建筑史》，台湾华世出版社 1977 年版。

⑤ 梁思成：《读乐嘉藻〈中国建筑史〉辟谬》，《大公报》1934 年 3 月 3 日，收录于《梁思成全集》（第二卷），中国建筑工业出版社 2001 年版，第 293 页。

塔形状的‘观审’不够‘精慎’，多处古塔年代鉴别错误，对于清代苑囿建造之年代考证不确，且部分内容出处不详”①。虽然书中某些论断有些价值，但总体上成就不大。如对中国古塔的起源，乐嘉藻认为“塔之制随佛教而入中国，塔之形式，当然亦本于印度。但中国原有中国之文明，故其吸收外国之文明，往往以本国之文明同化之，使之变为一种中国式”②。“中国之塔，则有四方而演为六方、八方及圆形等。由立锥而更演为阶级形、直筒形、阶段形等四式。又因受中国建筑之影响，塔身之外，附以层层之檐。而塔之内部有实者、有虚者，虚者有时与一间空室无疑，层层直上，俨如多层之阁然。”③ 从他对塔的起源、形式特征来看，其观点与伊东忠太和梁思成基本一致，并且分类细致，又有实例为证。与此书相类似的是王壁文的《中国建筑》④。该书在第七章“寺观、塔”中专门对塔进行了系统、科学的研究。主要“分别从塔之起源，三种类型（楼阁型、砖塔型、石塔型）塔介绍、塔之三部分（塔基、塔身、塔顶与塔刹）等专题分别论述，条理清楚，简明扼要。第二部分共有插图 11 幅，其中 8 幅为照片，其余 3 幅为比较分析图，分别为：南北朝石窟浮雕塔（一）、（二），唐宋塔平面比较图。在对塔的论述中，建立了扼要、明晰的研究框架，分门别类加以介绍”。⑤

1930 年 3 月中国营造学社的成立“标志着具有现代科学意义的中国自己的古代建筑史研究之发端”⑥；还标志着中国古塔研究

① 梁思成：《读乐嘉藻〈中国建筑史〉辟谬》，《大公报》1934 年 3 月 3 日，收录于《梁思成全集》（第二卷），中国建筑工业出版社 2001 年版，第 293 页。

② 乐嘉藻：《中国建筑史》，台湾华世出版社 1977 年版，第 44 页。

③ 乐嘉藻：《中国建筑史》，台湾华世出版社 1977 年版，第 44 页。

④ 王壁文：《中国建筑》，国立华北编译馆 1942 年版。

⑤ 张帆：《梁思成中国建筑史研究再探》，清华大学 2010 年博士学位论文，第 132 页。

⑥ 王贵祥：《中国营造学社的学术之路》，《建筑学报》2010 年第 1 期，第 81 页。

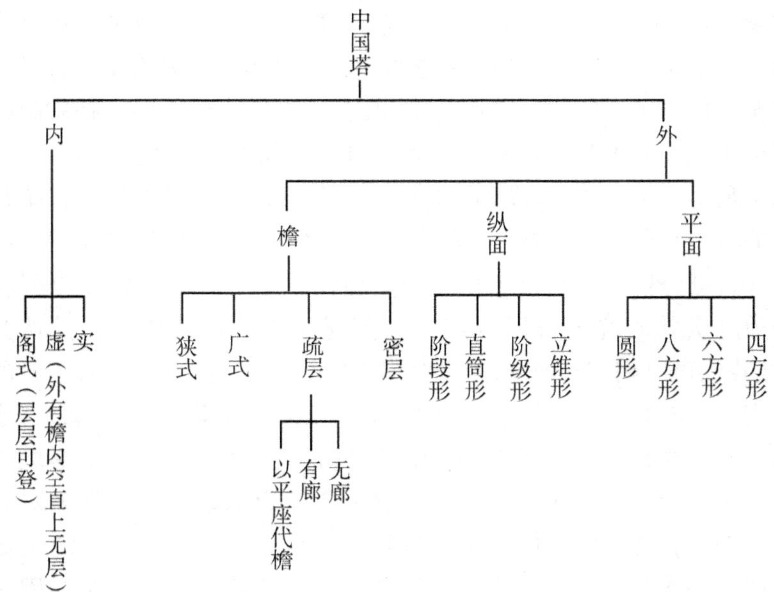

乐嘉藻《中国建筑史》中的“中国塔所有形式”

之发端。在中国营造学社的刊物《中国营造学社汇刊》① 上发表了很多关于中国古塔研究的专业论文，其中最为著名的就是梁思成和林徽因等先生的研究文章，如《蓟县观音寺白塔记》②、《平郊建筑杂录》③、《正定古建筑调查纪略》④、《云冈石窟中所表现的

① 《中国营造学社汇刊》从1930年7月至1937年7月共出版6卷21册（期）汇刊。

② 梁思成：《蓟县观音寺白塔记》，原载《中国营造学社汇刊》1932年第3卷第2期，收录于《梁思成全集》第1卷，中国建筑工业出版社2001年版，第224~228页。

③ 梁思成、林徽因：《平郊建筑杂记》，原载《中国营造学社汇刊》1932年第3卷第4期，见梁从诫编：《林徽因文集·建筑卷》，百花文艺出版社1999年版，第20页。

④ 梁思成：《正定古建筑调查纪略》，原载《中国营造学社汇刊》1933年第4卷第2期，收录于《梁思成全集》第2卷，中国建筑工业出版社2001年版，第1~38页。

北魏建筑》①、《晋汾古建筑预查纪略》② 等。在这许多研究中国古建筑的论文里，对古塔的研究主要有以下几点：一是在中国古塔的来源上提出了“楼阁式起源”的说法。“在原来中国的一种宗教的高楼之上，根据当时从概念上对于印度窣堵波的理解，加上一个刹，最早的中国式的佛塔就这样诞生了。”③ 二是对古塔进行了精细的考察和研究，并结合文献资料进行了科学的分类和各个时代的形式特点分析，如在《云冈石窟中所表现的北魏建筑》中专门精细地测量并研究了云冈各窟中石刻浮雕塔的形式特征，并认为“故我们可以相信云冈塔柱，或浮雕上的层塔，必定是本着当时的木塔而镌刻的，绝非臆造的形式。因此云冈石刻塔，也就可以说是当时木塔的石刻模型了”。这就对北魏佛塔的研究提供了形象资料。还有在《平郊建筑杂录》中林徽因结合众多的文献资料对天宁寺塔的建筑年代进行了科学的考证，得出了“是辽末（12 世纪初期）的作品”④ 的结论。三是在《平郊建筑杂录》中林徽因首提“建筑意”概念，认为“这些美的存在，在建筑审美者的眼里，都能引起特异的感觉，在‘诗意’、‘画意’之外，还使人感到一种‘建筑意’的愉快”⑤。“建筑意”概念的提出使古建筑的研究又有了新的指导思想，即建筑研究要注重建筑物本身的艺术特点和美感，这就对古塔的研究指明了方向。1944 年梁思成完成的《中

① 梁思成、林徽因、刘敦桢：《云冈石窟中所表现的北魏建筑》，原载《中国营造学社汇刊》1933 年第 3 卷第 3~4 期，见梁从诫编：《林徽因文集·建筑卷》，百花文艺出版社 1999 年版，第 36 页。

② 林徽因、梁思成：《晋汾古建筑预查纪略》，原载《中国营造学社汇刊》1935 年第 5 卷第 3 期。见梁从诫编：《林徽因文集·建筑卷》，百花文艺出版社 1999 年版，第 226 页。

③ 梁思成：《中国的佛教建筑》，《清华大学学报》1961 年第 2 期。

④ 林徽因：《天宁寺塔建筑年代之鉴别问题》作为《平郊建筑杂录》（下）载于《中国营造学社汇刊》第 5 卷第 4 期，收录于《梁思成全集》第 1 卷，中国建筑工业出版社 2001 年版，第 310 页。

⑤ 梁思成、林徽因：《平郊建筑杂录》，原载《中国营造学社汇刊》1932 年第 3 卷第 4 期，收录于《梁思成全集》第 1 卷，中国建筑工业出版社 2001 年版，第 293 页。

国建筑史》是中国建筑史上里程碑式的著作。该书对各朝代的佛塔都有介绍，列举了大量考察得来的古塔的第一手建筑资料，仅佛塔就有几百种之多，并细心地研究了它们各自的建筑风格、特点、宗教意义，成为集中国古塔之大成的第一本专著。完成于1946年的《图像中国建筑史》是梁思成先生用英文的形式向西方社会介绍中国古代建筑的通俗读物，在西方影响很大。在该书中梁先生对中国古塔进了分期研究，并提出了“古拙时期（约500—900年）、繁丽时期（约1000—1300年）和杂变时期（约1280—1912年）”① 三个时期，这是古塔研究史上第一次分期研究。梁先生对各期古塔造型特征的准确把握，为后来的研究打下了坚实的基础。除了中国营造学社所研究的中国古塔论文之外，1932年11月由在上海成立的“中国建筑师协会”创办的《中国建筑》杂志开始发行，于1934年4月终刊，共出版发行四卷54期。其中孙宗文在《中国建筑》连发的《中国历代宗教建筑鸟瞰》（一、二、三、四）影响也较大。

总之，在中华人民共和国成立之前，中西方对中国古塔的研究可谓是硕果与遗憾并存。成果来说：一是在中国古塔的形式演变的渊源问题上，提出了“楼阁式起源说”，明确中国古塔是不同于印度古塔的一种建筑类型；二是对中国古塔进行了田野调查、精细的考古测定，获得了第一手资料，并在此基础上结合文献资料进行分类，对每种类型的形式特征进行了分析研究。这是此期贡献最大之处。三是尝试进行各种古塔的形式演变研究，特别是梁先生在《图像中国建筑史》中绘制了历代佛塔演变图，清晰地标明了各个时代佛塔的造型演变，并且还对建筑材料、建筑技术在古塔造型变化中给予关注；四是开始进行古塔文化、审美上的研究尝试。遗憾是过多地注重古塔的形式特征分析，而没有分析出形式背后的功能变迁及宗教信仰的改变，并且叙述过于简略。

① 梁思成著，费慰梅编，梁从诫译：《图像中国建筑史》，百花文艺出版社2000年版，第337~414页。

（二）中华人民共和国成立后至20世纪80年代初的研究

中华人民共和国成立后的20世纪五六十年代，由于社会稳定、经济发展，国家对文物保护工作的重视，古塔的研究进入了一个主要以介绍古塔知识，宣传古塔文化，保护性发掘、修缮古塔的时期，这样就出现了很多介绍地方性古塔知识的短小而又易懂的科普文章，主要发表于《文物参考资料》杂志上。这些文章主要有：《福建连江县发掘出古代石塔》（1953年第1期）、《吉林省农安塔在修缮工程中发现文物》（1953年第7期）、《苏州虎丘山云岩寺塔》（1954年第4期）、《苏州云岩寺塔》（1954年第7期）、《松江县的古代建筑——唐幢、宋塔、明刻》（1954年第7期）、《敦煌附近的古建筑——成城子湾土塔及老君堂慈氏之塔》（1955年第3期）、《南宋栖霞寺舍利塔》（1956年第11期）、《神通寺龙虎塔的造型与年代》（1956年第11期）、《论历城四门塔的年代兼答荆三林先生》（1956年第3期）、《檀龛宝相——苏州虎丘塔发现文物》（1957年第11期）、《江西宋塔发掘简报》（1958年第12期），等等。这个时期主要以考古的方法进行，众多佛塔的考古发现进一步完善了我国佛塔的种类与数量，为下一步进行详尽的研究打下了基础。这个时期古塔研究取得成就最高的还是梁思成先生，其研究成果主要集中于他的《敦煌壁画中所见的中国古代建筑》和《中国的佛教建筑》两文中。在前文中梁先生除研究敦煌壁画中反映出来的院、殿、阁、楼、门、阙等建筑类型外，还具体详细地对敦煌壁画中的佛塔进行分类研究，“主要分为六种：木塔有单层木塔和多层木塔；砖石塔有窣堵波式塔，单层砖石塔和多层砖石塔；还有砖石合用塔。至于后世常见的密檐塔则不见于敦煌壁画中”①。对这几种主要佛塔类型都进行了详细的形式结构分析，并绘制了精准的图像，为后来的研究提供了文字和形象方面的资料，完善了对敦煌建筑的研究。而《中国的佛教建筑》则是梁先生对中国佛教建筑的一种总结，也是对佛塔研究的一种总结。他概括佛塔研究内

① 梁思成：《敦煌壁画中所见的中国古代建筑》，《文物参考资料》1951年第2期。

容是“文章叙述了‘塔’由印度传入后如何结合中国原有的高层木结构而创造一个新的类型以及其后千余年的发展，许多新的塔型的产生。由木塔转变为砖石塔的过程，当时的新材料、新技术对于塔的结构、形式和风格的影响也作了扼要的分析。文章里还追溯了蒙古、西藏、古代的契丹、女真等民族对于佛塔类型和艺术处理上的贡献。最后以北京灵光寺佛牙塔为例，说明了中国共产党的宗教政策的英明、正确。在若干重要建筑的叙述中，还特别指出党和政府对文物建筑的关怀，爱护。”① 为了修缮的需要，往往对各个佛塔的情况要有一个详细的了解，这样才能修缮成功。刘敦桢先生的《苏州云岩寺塔》② 一文就是代表作。该文对云岩寺塔的建造年代、修理记录、外部形式、内部结构毁坏情况等各方面都进行了详细的介绍，对该塔的修复起到了很重要的作用。

（三）20 世纪 80 年代以后至今的研究

20 世纪 80 年代后期，我国出现了一段时间的建筑文化热，在连续几年的时间里，关于建筑文化的论文和著作令人目不暇接。既有对建筑文化概念、建筑理论的探讨，如陈凯峰的《建筑文化学》③、荆其敏的《建筑学漫笔》④；也有对单个建筑类型的欣赏，如王振复、杨敏芝的《人居文化——中国建筑个体形象》⑤；还出现了几本比较著名的建筑文化的专著，如沈福煦的《中国古代建筑文化史》⑥，楼庆西的《中国古代建筑》⑦，王世瑛、宋德明编著的《中国古代建筑文化》⑧ 等。

---

① 梁思成：《中国的佛教建筑》，《清华大学学报》1961 年第 2 期。

② 刘敦桢：《苏州云岩寺塔》，《文物参考资料》1954 年第 7 期。

③ 陈凯峰：《建筑文化学》，同济大学出版社 1996 年版。

④ 荆其敏：《建筑学漫笔》，天津大学出版社 1993 年版。

⑤ 王振复、杨敏芝：《人居文化——中国建筑个体形象》，复旦大学出版社 2001 年版。

⑥ 沈福煦：《中国古代建筑文化史》，上海古籍出版社 2001 年版。

⑦ 楼庆西：《中国古代建筑》，商务印书馆 1997 年版。

⑧ 王世瑛、朱德明编著：《中国古代建筑文化》，旅游教育出版社 2005 年版。

在建筑文化热的时代背景下，中国的古塔研究也进入了一个文化研究的热潮中。这个时期出版了许多研究古塔的专著，其研究内容主要表现在以下几个方面：一是有的只是罗列全国各地较为著名的古塔，并对其分别加以知识性的介绍，同时附带上神话、历史传说、宗教故事等各种文化知识，其目的主要是向人们普及古塔的知识，有点类似科普短文，学术价值不大。如刘策的《中国古塔》①，罗哲文编著的《中国古塔》②，陈泽鸿的《中国古塔走笔》③，张志高编著的《中国古塔》，罗哲文、刘文渊、刘春英编著的《中国名塔》，顾延培、吴熙棠主编的《中国古塔鉴赏》，桑子长、徐彩霞、李飒编译的《中国古塔》等。这其中较为著名的是陈泽鸿的《中国古塔走笔》，该书以散文随笔的形式将中国各地著名的114座古塔，从塔的建筑形式、结构、风格和沿革历史等方面详加叙述，同时还附有一些与古塔有关的传说故事、灵异现象的科学阐释等，使古塔介绍既具有知识性，又具有文学性，是一本较为成功的古塔科普读物。

二是有的试图把古塔放置于宗教、文化与建筑艺术的长廊中来探索中国古塔的发展演变规律，既能了解古塔的知识，也能了解古塔的文化，学术价值较高，如夏志峰、张斌远的《中国古塔》④、罗哲文的《中国古塔》、张驭寰的《中国古塔》和《中国佛塔史》、常青的《中国古塔的艺术历程》、华瑞·索南才让的《中国佛塔》⑤ 等。罗哲文的《中国古塔》⑥ 是把古塔放在一个文化的背景下从古塔的来历、发展、用途、建筑材料与结构、类型、构造及重要的古塔实例等多个方面，结合文献材料对中国古塔进行了全面的分析研究，是20世纪80年代较有影响的一部古塔研究专著。张

① 刘策：《中国古塔》，宁夏人民出版社1981年版。

② 罗哲文：《中国古塔》，中国青年出版社1985年版。

③ 陈泽鸿：《中国古塔走笔》，广东人民出版社1999年版。

④ 夏志峰、张斌远：《中国古塔》，浙江人民出版社1996年版。

⑤ 华瑞·索南才让：《中国佛塔》，青海人民出版社2002年版。

⑥ 罗哲文：《中国古塔》，中国青年出版社1985年版。

驭寰《中国古塔》① 对中国古塔的历史分类、内部构造、社会文化、艺术造诣等各方面都有阐释；对塔的历史、年代予以勘察鉴定；对塔的演变制度，作相应的深入分析，还对重要的塔做出复原图，特别是对塔的分类及内部构造有独到的见解，这也是对中国古代文化、东方文化的一种拓展，有利于对中国古代文化加深了解。常青的《中国古塔的艺术历程》也是在古塔文化研究上取得较大成就的一部重要著作。该书“是按古塔的用途分为佛塔、僧塔、文风塔等三部分，将中国许多著名的古塔放在宗教、文化与建筑艺术的历史长河之中，去依次探寻其中的奥秘”②。值得注意的是，该书还将中国古塔的源头——印度与中亚的佛塔演变以及东南亚的佛塔都做了梳理和探讨，使人既能明白中国古塔是中国古代文化与印度古代文化的完美融合，又能理解东南亚的佛塔与中国古塔文化的不同，非常全面。另外该书图文并茂，通俗易懂，具有较强的可读性。华瑞·索南才让《中国佛塔》是以中国内地佛塔为主线，同时兼顾西藏佛塔、西域佛塔、傣族佛塔、走出雪域的藏式佛塔等，并把这些佛塔放在社会的政治、经济、佛教宗派、民族风俗、传统文化、地理环境、科学技术、东南亚佛教的影响之下来研究其起源、历史、类型、结构、布局、特点及其用途、功能等，内容全面、分析客观、文化色彩浓厚，是一部学术性较强的著作，美中不足的是结构有点混乱、逻辑性不强，显得杂乱。

对佛塔文化进行全面研究，取得最高成就的是一些专著中分析说理透彻的佛教建筑部分。较为著名的是王振复的《中国古代文化中的建筑美》，在书中第六章“佛性意味”中，作者首提“古塔文化”，并认为“中国古塔文化具有以下特点：其一，在形象外观上，中国古塔很大程度上改变了古印度‘窣堵波’的形制，是中国化了的佛塔；其二，宗教情绪淡化而佛性意味仍在；其三，佛教

① 张驭寰：《中国古塔》，山西人民出版社2000年版。

② 常青：《中国古塔的艺术历程》，陕西人民美术出版社1998年版，第8页。

崇拜与艺术审美相互纠结，显示出宗教文化的不协和性。”① 接着作者就从这三个方面详述中国古塔的文化特性，分析透彻，逻辑清晰，具有很强的启发性。萧默在《文化纪念碑的风采——建筑艺术的历史与审美》的第二章第二节的“人间与天国——东亚宗教建筑”中研究了中国古塔以及与其他古塔文化的不同及建筑特色。他认为“中国人比起印度和基督教、伊斯兰教世界，中国人，包括上层、知识分子和平民，是比较缺乏真正的宗教精神的，中国人的宗教只是现实人生的一种补充，并非人生追求的极致。中国人的宗教建筑也就发散着一种现实的、人本主义的气息”②。基于此，作者认为，“其一，中国一直是拥有绝对权力的君王高踞于社会顶端，宗教只是处于依附的地位，始终没有上升为统率全社会的思想主流地位，因此在建筑上始终以宫殿和都城为中心，宗教建筑处于次要地位。其二，从佛教传入之初，中国人就开始按照中国方式来改造它，使它在发展中带有中国特色。中国的佛教建筑也与印度不同，并不是对印度建筑的简单移植，而主要是中国人自己的创造。其三，中国与世界其他地方的宗教建筑在艺术风格上也不同，后者强调‘表现’信仰者对天国向往的激情和狂热，神秘的光影变幻、出人意表的体形、飞扬跋扈的动势、动荡不安的气氛，就成了它的风格基调；前者则强调‘再现’彼岸世界的宁静与平和，寺庙应该就是天国净土的地上缩影，虽然必然会伴随着某种神秘和超现实性，但温婉馥郁的庭院、舒展平缓的体形、平易近人的体量都使得中国的佛教建筑更多地显现出一种安详与亲和的气氛。其四，因此，中国佛寺与住宅和宫殿有很多相同之处，同样都以木结构为本位，同样都采取以院落形式为主的群体结合方式，而不像世界其他地方的宗教建筑与住宅和宫殿截然不同。这是一种人间的佛陀，体

① 王振复：《中国古代文化中的建筑美》，译林出版社 1989 年版，第 165 页。

② 萧默：《文化纪念碑的风采——建筑艺术的历史与审美》，中国人民大学出版社 1999 年版，第 70 页。

现了中国人的文化"①。作者基于这些文化特征主要对楼阁式塔、密檐式塔、亭式塔、花塔四种主流中国古塔的形式演变、审美特点、时代风尚、文化融合等各方面进行研究，逻辑层次较为清晰。同时还对藏传佛塔及中国、东南亚的小乘佛教佛塔进行分析对比研究。这是一部较为详细的佛塔文化研究著作。张法的《佛教艺术》是一部非常具有文化大视野的佛教文化著作，在该书中，作者"从印度佛教、汉化佛教、藏传佛教三者同异的对比中去揭示佛教艺术的一般特点，从文化背景差异角度揭示各佛教圈之间的艺术差异，从世界文化的角度去揭示佛教艺术的东方精神"②。基于这种文化大视野，在本书第三章"佛塔"中，作者将佛教的典型建筑形式佛塔分为印度佛塔、藏式佛塔、汉式佛塔三种类型，并从佛教文化传播的角度，论述了各自建筑形式、功能、意义在传播过程中由于受本土文化的影响而发生的变化。历史演变和逻辑次序清晰、严谨，读了给人一目了然的感觉，特别具有启发性。

除了全面研究中国古塔文化的著作外，还有很多区域研究、时代研究的著作。如李朝真和张锡禄合著的《大理名塔》、林向的《四川名塔》、许成和吴峰云合著的《宁夏古塔》、彭启胜主编的《青海寺庙塔窟》、李焰平主编的《甘肃窟塔寺庙》、李安保和崔正森主编的《三晋古塔》、汪建民和侯伟和主编的《北京的古塔》、杨超杰、严辉的《龙门石窟雕刻萃编·佛塔》、雷润泽、于存海、何继英编著的《西夏佛塔》等。这其中以汪建民和侯伟和主编的《北京的古塔》较为突出，该书采用考古调查与文献记载相结合的方法，对北京古塔的历史渊源、建筑类型、宗教内涵及艺术特色等各方面进行详述，并附依图片，使得该书融知识性、趣味性、鉴赏性和史料性为一体，具有较强的可读性。杨超杰、严辉《龙门石窟雕刻萃编·佛塔》也是一本专门研究龙门石窟中的浮雕塔的专著。该书在龙门石窟分期的基础上，构建其佛塔的时空关系，研究

① 萧默：《文化纪念碑的风采——建筑艺术的历史与审美》，中国人民大学出版社1999年版，第70~71页。

② 张法：《佛教艺术·内容摘要》，高等教育出版社2004年版。

其变化序列，分析其文化内涵，资料全面，分析精当，具有较高的学术水平。而雷润泽、于存海、何继英编著的《西夏佛塔》则是我国第一部研究某时代佛塔的著作。

但是专门研究中国单个佛塔的专著不是很多，多集中于期刊论文，目前专著则只有陈明达的《应县木塔》①，这是陈明达在1962年实地详细测绘的基础上，从建筑、历史的角度对木塔进行的研究。

研究中国古塔文化的期刊论文较多，研究内容较为全面，但其水平参差不齐，较有代表性的有吴庆洲《中国佛塔塔刹形制研究》（上、下），孙宗文《我国佛寺平面布局沿革考》②，孙宗文《北朝寺塔概述》③，李玉珉《中国早期佛塔溯源》④，杨鸿勋《关于北魏洛阳永宁寺塔复原草图的说明》⑤，杨鸿勋《北魏洛阳永宁寺塔复原研究》⑥，钟晓青《北魏洛阳永宁寺塔复原探讨》⑦，孙吉《关于中国早期高层佛塔造型的渊源研究》⑧，王贵祥《略论中国古代高层木结构建筑的发展》（一）⑨，宿白《凉州石窟遗迹和凉州模式》⑩，杨淑红《克孜尔石窟壁画中的佛塔》⑪ 等等。

---

① 陈明达：《应县木塔》，文物出版社1965年版。

② 孙宗文：《我国佛寺平面布局沿革考》，《法音》1985年第2期。

③ 孙宗文：《北朝寺塔概述》，《中国佛教寺塔史志》，台北大乘文化出版社1978年版。

④ 李玉珉：《中国早期佛塔溯源》，《故宫学术季刊》1989年第3期。

⑤ 杨鸿勋：《关于北魏洛阳永宁寺塔复原草图的说明》，《文物》1992年第9期。

⑥ 杨鸿勋：《北魏洛阳永宁寺塔复原研究》，《杨鸿勋建筑考古学论文集》，清华大学出版社2005年版。

⑦ 钟晓青：《北魏洛阳永宁寺塔复原探讨》，《文物》1998年第5期。

⑧ 孙吉：《关于中国早期高层佛塔造型的渊源研究》，《中国历史博物馆馆刊》1984年第10期。

⑨ 王贵祥：《略论中国古代高层木结构建筑的发展》（一），《古建园林技术》1985年第1期。

⑩ 宿白：《凉州石窟遗迹和凉州模式》，《考古学报》1986年第4期。

⑪ 杨淑红：《克孜尔石窟壁画中的佛塔》，《新疆师范大学学报》（哲学社会科学版）2006年第2期。

20 世纪 90 年代以后，随着审美文化热的风起云涌，人们又开始从审美文化这个角度研究建筑。其实，最早从审美的角度研究中国古代建筑的应该是梁思成、林徽因夫妇，他们在 1932 年的《平郊建筑杂录》① 中首提“建筑意”，指出建筑不仅是一种砖瓦木石无情堆砌的物质产品，而且是一种给人以诗情画意的精神产品。这种从建筑自身寻找艺术特色的“建筑意”后来被梁思成先生加以具体运用，他在《建筑和建筑的艺术》一文中就分析了北京天宁寺塔的建筑节奏美，“由下看上去，最下面是一个扁平的不显著的月台；上面是两层大致同样高的重叠的须弥座；再上去是一周小挑台，专门名词叫平座；平座上面是一圈栏杆，栏杆上是一个三层莲瓣座，再上去是塔的本身，高度和两层须弥座大致相等；再上去是十三层檐子；最上是攒尖瓦顶，顶尖就是塔尖的宝珠。按照这个层次和它们高低不同的比例，我们大致（只是大致）可以看到（而不是听到）这样一段节奏”②。

后来清华大学建筑学院的萧默先生还编了一本季刊《建筑意》杂志，力推建筑的审美化、艺术化研究。自 20 世纪 30 年代以后对建筑的艺术研究就盛行开来，但因时局影响和意识形态的原因，建筑美学书籍出版的很少，90 年代以后这种情况出现了改观，出版了很多建筑美学专著，如：曹利华主编的《建筑美学》③；王振复的《中国古代文化中的建筑美》“对中国古代文化中的建筑意识及其美学意蕴加以初步的探讨，努力挖掘其文化本质与根源”④，其中对佛塔的审美就进行了分析研究，他认为中国古塔具有独立的审美价值，具有造型上的挺拔、秀丽、雄浑、静持或飞动之美和功能上的佛性与人性交织一起的矛盾之美，但遗憾的是没有展开叙述；萧默的《文化纪念碑的风采——建筑艺术的历史与审美》⑤ 在对

① 梁思成、林徽因：《平郊建筑杂录》，《中国营造学社会刊》1932 年第 3 卷第 4 期。

② 梁思成：《建筑和建筑的艺术》，《人民日报》1961 年 7 月 26 日。

③ 曹利华主编：《建筑美学》，科学普及出版社 1991 年版。

④ 王振复：《中国古代文化中的建筑美》，译林出版社 1989 年版。

⑤ 萧默：《文化纪念碑的风采——建筑艺术的历史与审美》，中国人民大学出版社 1999 年版。

中西方建筑艺术的历史和审美特征进行梳理的基础上，认为中国古塔之美在于具有人性之美，与王振复看法基本一致，但也没具体展开论述；于军、杨春风等人编著的《建筑艺术的风采》① 从文化的角度，系统地对国内外的建筑进行了多角度、多层次的分析和研究，内容涉及建筑与考古、哲学、美学、艺术的关系诸问题；袁镜身的《建筑美学的特色与未来》“多是作者接触到的、看到的建筑实例做出的一些叙述和评析”②；如对佛塔造型风格的审美，他就选了永宁寺塔、小雁塔、应县木塔、杭州六和塔、北京妙应寺白塔、傣族塔等进行造型、风格等审美；汪正章的《建筑美学》③分析论述了建筑美的原则和要素；这其中资料最全的应该是侯幼彬著的《中国建筑美学》④，他从分析古建筑的木构架体系开始，阐释了中国古建筑的构成形态、审美意匠以及中国建筑所反映的理性精神和审美意境，虽然它们并没有涉及佛塔，但其审美原则对我们的佛塔审美研究很有启示。当然还有一些著名的学者的建筑美学论文影响也很大，如林徽因的《林徽因文集·建筑卷》，我们上文已提到的“建筑意”审美概念就是如此。王世仁的《塔的“人情味”》⑤，在这篇文章中作者以佛塔在中国所具有的人间理性美的特征来分析中国古塔所经历的魏晋六朝、隋唐、宋辽、元明清的形式变迁原因，作者明确一点，那就是中国古塔的“人间性”造型特征是受中国各时代审美文化风尚决定的，这就把中国古塔研究推至了一个本质研究阶段。从审美文化上来研究佛塔，着重佛塔的艺术特征研究的是张驭寰的《古塔实录》⑥，该书专门有一章论述“塔上的艺术处理”，主要从塔身雕刻、塔上的曲线、佛像、塔楼、色彩、纹样、塔身上雕砌的建筑形象、文字装饰、塔铃、灯龛、壶

① 于军、杨春风等编著：《建筑艺术的风采》，科学出版社 2000 年版。

② 袁镜身：《建筑美学的特色与未来》，中国科学技术出版社 1992 年版。

③ 汪正章：《建筑美学》，人民出版社 1991 年版。

④ 侯幼彬：《中国建筑美学》，黑龙江科学技术出版社 1997 年版。

⑤ 王世仁：《塔的“人情味”》，《美学》1982 年第 4 期。

⑥ 张驭寰：《古塔实录》，华中科技大学出版社 2011 年版。

门式样等形式因素来论述佛塔造型的审美化，较为详细具体。相比于张驭寰以前的古塔研究，本书已开始着重佛塔的美学价值了。但从整个篇幅上来看，论述还是简单。而徐华铛的《中国古塔造型》在佛塔审美上也取得了突破，特别是在本书的第一篇“概述”部分，作者重点论述了中国古塔历代造型风格及其特色，如“汉魏时期的雄浑豪放、隋唐时期的丰腴圆润、宋辽时期的清秀典雅、明清时期的繁复华美”①，同时还从塔的建筑艺术、装饰艺术、环境艺术、排列艺术等来详细论述中国古塔的艺术风格，这是在佛塔研究史非常醒目的部分，特别值得重视。

三、研究的主要内容、基本思路和主要架构

遗存于中国各地的古塔建筑（魏晋至元明清）是中国古代文化、审美心理、宗教信仰等的形象纪念碑。在前辈学者研究的基础上，本书的内容主要是对中国古塔进行审美文化分析研究。在研究的过程中，我们的基本思路是首先从纵向上按时间顺序研究中国古塔历代造型特色。在研究中国古塔造型之前，我们首先溯源到中国古塔的形式渊源——印度的佛塔造型。在这一部分中，我们要重点分析印度窣堵波的造型特征及其所反映出来的审美文化内蕴。从造型上来看，以形似坟墓的半圆形覆钵为主要部分的古印度窣堵波是印度佛教涅槃象征和宇宙象征的统一，具有浓厚的佛性意味、高涨的宗教情绪。其上又有繁缛富丽的雕刻，流露出了艺术的手法。可见古印度窣堵波是崇拜与审美的统一。后来随着大乘佛教的兴起，佛像崇拜的盛行，圆形的窣堵波就变成了高耸挺拔的高塔，佛像就附丽于高塔，充当了对佛塔的装饰美化。这种高塔造型是塔像一体的统一，也是崇拜与审美的统一。这种高塔形式首先传入我国西域地区，使得西域地区高塔盛行，但受地域文化和中原文化的影响，高塔越来越具有了中国趣味，而传入内地之后，适应中国传统文化的楼阁式塔就出现了，并盛行了千年之久。楼阁式塔不是一成不变的，它要随着时代审美文化的变化而改变。对于这部分，我们重点

① 徐华铛：《中国古塔造型》，中国林业出版社2007年版，第33页。

研究了楼阁式塔及其变体密檐式塔的造型变化，把古塔的造型特征置于各个时代的审美文化风尚中进行分析，力求揭示出造型变化背后的审美文化意蕴。因此，在研究中国古塔的造型特征时，我们主要抓住每个时代古塔造型的主流，即主要的塔形来分析其造型结构特点、装饰艺术特征，从而进一步加深了解、认识各个时代的审美文化风尚。比如魏晋南北朝时期，从佛塔来讲，楼阁式木塔是这个时代建筑的主要类型，其主要造型特征就是追求高大和绮丽，这不仅是出于礼佛崇拜的需要，还出于争奢、斗富的需要，另外，唯美主义的时代审美文化风尚则是汉魏古塔绮丽风格的决定因素。唐代的佛塔造型以大雁塔、小雁塔的造型为其主潮，其特征是雄浑、朴质、大方有力，其与唐代大气磅礴、毫无拘束的时代审美风尚相适应。宋代的佛塔建筑造型风格虽说有南北方文化的不同，北方追求雄伟壮丽，南方则瘦削秀丽，但实际上都呈现出一种精致典雅的文人风格。与两宋对峙的辽金，因处于北方严寒地区，崇佛之风甚盛，在佛塔造型上主要以不能登临的密檐式砖塔为主，其造型风格则在继承宋代北方佛塔高大壮丽的基础上又有所创新，其主要还是受地域文化的影响。元明清时代在佛塔造型上对汉式佛塔的发展基本上没有什么大的贡献，主要从细节上的精致来弥补形式创造上的不足，而元、清则以藏式佛塔的造型风格丰富了我国古塔的类型。

纵向研究了中国历代古塔的造型变化，我们就要从横向上来研究古塔在寺院中的位置变迁。魏晋南北朝时期的佛塔在寺庙的位置是继承了印度和西域的寺庙布局形式，佛塔处于寺庙的中心位置。这是佛教教义的要求和信徒礼拜的需要，目的在于彰显佛塔的神圣性和崇拜性。但此时的佛寺不是都有佛塔居中的建筑布局，主要是受“舍宅为寺”的影响。因为达官显贵把现成的宅邸献给佛教，佛塔的建造要受所献宅邸现成建筑布局的影响，有的宅邸就没有空置的土地建造佛塔，这样佛塔就消失于寺庙之内。另外，佛寺向山林佛寺的发展也使得佛塔的位置和体量受到影响，因为受地形局促的限制，佛塔的位置就不一定在佛寺的中心位置，其体量也没有城市佛寺的高大。隋唐以后，随着中国化的佛教——禅宗的兴盛和发展，佛塔的神圣性大为降低，佛塔在寺庙中就从中心位置移到殿后或旁边，甚至逐渐游离于寺院之外。这时佛塔虽然还大量建造，但宗教崇拜的神圣性逐渐淡化，而世俗性逐渐增强。

中国的寺庙是一种园林式建筑布局，所以佛塔在寺庙中位置的变动也影响到其与园林的关系。佛塔早期在寺庙的中心布局使得佛塔成为园林的构景中心，佛塔以其造型的高耸和装饰的美观强烈震撼着信众和进入寺庙里游览的香客的心灵，使他们得到很深的心灵震撼，也更能加深他们对园林美景进行审美的力度和力量。隋唐时期至明清，随着禅宗的盛行和伽蓝七堂寺院制度的制定，佛寺越来越走向山林化，寺院中基本上没有了佛塔的位置。到了明清时期，特别是清代中期，佛塔与皇家园林、私家园林相结合，成为勾勒园林风景的一个重要因素。

中国古塔特别是楼阁式塔是中国楼阁与印度窣堵波融合的产物。楼阁式塔较好地解决了娱神和娱人的统一，即顶端的印度窣堵波是宗教佛国的象征，代表着佛的存在，而下面层层界限分明、条理清晰、逻辑性较强而又内部中空的楼阁则是中国人现世文化的典型代表，表现在楼阁既能登高览胜、瞭望御敌、夸竞斗富、还能延引仙人、羽化成仙，是一种满足人们立足于解决现世生活美好的一种建筑。魏晋六朝楼阁式塔的盛行既源于魏晋士人们的崇信佛教、媚神祈福，又源于此时士人们追求一种气韵生动、以自然为美、注重心理需求的审美文化风尚。

从审美文化的视角来看，中国古塔具有三个主要特征：神秘性、世俗性和美观性。神秘性是中国古塔延续印度佛塔审美文化的主要特征，主要表现在建筑理念、平面布局、装饰题材等方面。但中国佛塔的神秘性具有较多的实用性，即借助佛教的神秘力量来达到现实的生活需要，如驱邪镇妖、祈福等，而印度佛塔的神秘性主要是为了精神上的涅槃需要。世俗性是中国古塔较为重要的特征。佛塔由最初传入时的珍藏佛祖舍利而具有的单纯的礼佛敬仰功能逐渐演变为世俗性的多样运用，如导航引渡、观察敌情、登高览胜、补全风水、振兴文运、纪念名人、震慑妖孽等。特别是明清时期，佛塔与风水术的结合使得古塔融入了皇家的园林，成为勾勒园林美景的一个重要因素，也使得佛塔逐渐成为中国人一个世俗化的审美对象。美观性是中国古塔也很重要的一个特征。其主要表现在佛塔的造型、装饰、材料、结构、曲线、色彩等各方面。

四、研究方法

中国古塔历经时间长，形式变化多，分布地域广，要想梳理清楚其形式变化的审美文化意蕴所涉及的知识之广、内容之庞杂、研究难度之大是可以想见的。首先，中国古塔的形式演变历经魏晋南北朝、隋唐、宋辽金、元明清长达两千多年的岁月沧桑，遗存了大量的佛塔及其遗址，这些佛塔形式多样、数量众多，其所涉及的文献资料如正史、野史、地方县志等浩如烟海，对这些资料的收集研读就是一件费力劳神的工作。其次，中国古塔分布地域广，为了掌握第一手资料、感受古塔的造型气势，得花大量的时间和精力出去调查和拍照。最后，怎样把这些数量众多、形式多样的古塔融合为一体，从中梳理清楚其内在的变化规律，揭示出范型变化背后的审美文化意蕴也是颇费脑筋的事。

以上这些，无疑是笔者面临的巨大挑战。好在如今先辈学者们已经基本上把古塔的类型和特点研究清楚了，考古发掘也取得了很大的成就，出版了大量的有关古塔研究的书籍，这就为本人的研究工作提供了很大的方便。

基于此，在研究方法上，首先，在本书的架构上，笔者采取抓住一个时代具有引领潮流的主要建筑类型重点分析，只要能揭示出这个时代的主要审美文化风尚就行，而不过多关注细节，这样就能抓住文献和古塔的重点，避免面面俱到。如魏晋南北朝时期，主要抓住北魏洛阳永宁寺塔和嵩岳寺塔进行重点分析，因为这两个佛塔分别是当时楼阁式塔与密檐式塔的代表作，永宁寺塔虽然实物不存，但记载的文献资料丰富全面。嵩岳寺塔实物存在，但文献资料较少。还有像隋唐的大雁塔、小雁塔、四门塔，宋代的虎丘塔、龙华塔、料敌塔，辽金的天宁寺塔、明代的大报恩寺塔、飞虹塔，清代的白塔、多宝琉璃塔等都具有时代的代表性，抓住这些主要的塔型，就能窥其全貌。

其次，采取文献证明和实例举证的方法论述问题，尽量避免主观臆断。记载中国古塔的文献资料众多，可谓是汗牛充栋。选择好了论述的主要塔型，就要重点搜集所论述佛塔的主要文献资料，这些资料不仅大量地存在于《高僧传》、《续高僧传》、《比丘尼传》、《法苑珠林》、《魏书·释老志》、《洛阳伽蓝记》、《金陵梵刹志》、《大唐西域记》等这些佛教典籍中，还散见于经史子集和众多的县志当中。从这些文献资料中尽可能全面地找出所论述佛塔的文献材料，以史料说话，梳理清楚其演变发展脉络，再以现存的古塔实例进行形象论证，从中探讨其造型背后的审美文化意蕴。

最后，实地参观调查古塔的形式特征，增加对古塔造型的直观感受。笔者为搜集历代主要古塔资料，曾对主要的古塔进行过实地考察，并与当地分管的文化部门进行联系，尽可能获得古塔的所有资料。另外，在文献的搜集上，除了重视正式出版的纸质文献外，还较多地利用互联网的信息资源，尤其是《读秀》传统电子文献和《大正新修大藏经》(《大正藏》) 的网络资源：heep：//ocbs. net. cdu. tw/cben。这些为论文的写作提供了很大的方便。

第一章　中国古塔形式之本源

第一节　古 塔 概 说

一、“塔”的含义

佛教发源于古印度，是与基督教、伊斯兰教、道教并称的世界四大宗教之一。每个宗教都有代表自己文化符号的独特建筑形式，基督教是教堂，伊斯兰教是清真寺，道教是道观，佛教是佛寺和佛塔。“塔”在古印度佛教中被称作“窣堵波”、“私偷簸”，是梵文 Stupa 和巴利文 Thupo 的音译，简称为“兜婆”和“塔婆”。在缅甸称为 Pagoda、锡兰称为 Dagaba，汉文意为“聚”、“高显”、“方坟”、“圆冢”、“灵庙”等。而“塔”则是古代中国人给予这种印度传来的建筑形式的一种形象化的称谓，最早见于晋代葛洪写的《字苑》一书。《字苑》云：“塔，佛堂也，音他和反。”自从“塔”字出现以后，很多佛经、辞书和字典对此进行了不少的考证，较早考证的是南朝梁大同九年（543 年）顾野王所编《玉篇》一书中有“塔”字：“塔，他盍切，字书：塔，物声。《说文》云：西域浮屠也。”针对这个说法，宋代法云所编《翻译名义集》卷二十《寺、塔、坛、幢篇》却认为：“窣堵波，《西域记》云：‘浮图，又曰偷婆，又曰私偷簸，皆讹也。’此翻方坟，亦翻圆冢，亦翻高显，义翻灵庙。刘熙《释名》云：‘庙者貌也，先祖形貌所在也’。又梵名塔婆，发轸曰：‘《说文》元无此字，徐铉新加云。西域浮图也。言浮图者，此翻聚相。’《戒坛图经》云：‘原夫塔字，此方字书乃是物声，本非西土之号，若依梵本，瘗佛骨所，名曰塔婆。'"① 也就是说，"塔"在我国魏晋以前诸书中如《后汉书》、《三国志》等都只称佛图、浮图等，尚无"塔"字。到了唐代贞观年间（627—649 年）玄应所编《一切经音义》及贞元四年（788 年）到元和五年（810 年）慧琳《大藏音义》才有关于"塔"字的叙说。《一切经音义》卷六《妙法华严经卷一》上说："案，塔字，诸书所无，唯葛洪《字苑》云：塔，佛堂也，音他和反。"②《大藏音义》卷二十七《妙法华严经卷序品第一》也是同样的说法。到了清代乾隆年间，"著名学者阮元依据唐代玄应所编《一切经音义》和慧琳《大藏音义》关于'塔'字的叙说，在他所编的《揅经室集》续集三《塔性说》一文中，作了概括性叙述：东汉时，人们把释迦牟尼教的教义和传入人都称为'浮屠'。而他们所居住、所崇拜的别无他物，只是一座七层、九层、高数十丈，层层有楼梯栏杆的建筑物，古印度文称作'窣堵波'。晋、宋、姚秦间，翻译佛经的人，把窣堵波这个字与中国原有东西相比较，没有这样的东西，也没有相应的文字。把它译做'台'吧！而台又不如它的高妙，于是便另外造出一个'塔'字来。'塔'字首先见于葛洪的《字苑》"③。"'塔'这一字造得很好，它采用了梵文佛字'布达'的音韵，较旧译浮图、佛图更为接近。加上土作偏旁，以表示土冢之意义，也就是埋佛的土冢，这就十分切合实际的内容了。"④

我国古代常称佛塔为"浮屠"、"浮图"，如东汉许慎的《说文解字》就说："塔，西域浮屠也。从土，荅声。"⑤ 清代的朱骏声在《说文通训定声》中认为，"塔"字初见于公元 536 年的一个铭文中。"浮屠"大概是佛陀（buddha）的音译。我们常说的"救人

---

① （宋）法云：《翻译名义集》卷二十《寺、塔、坛、幢篇》。

② （唐）惠琳：《一切经音义》，《大正新修大藏经》，日本大正一切经刊行会 1922—1934 年版。

③ 罗哲文：《中国古塔》，中国青年出版社 1985 年版，第 3 页。

④ 罗哲文：《中国古塔》，中国青年出版社 1985 年版，第 3 页。

⑤ （东汉）许慎：《说文解字》，中华书局 1963 年版。

一命，胜造七级浮屠”中的“浮屠”就是指塔婆，它是埋藏佛陀舍利的地方，相当于中国的坟墓。佛陀在世时，人们以佛陀为中心，佛陀涅槃后，人们就以埋藏佛陀舍利的塔为精神中心，塔就成了佛陀的化身。

二、“塔”的起源、功用

关于“塔”的起源问题，学术界有多重说法。有学者总结出了学术界流行的三种学说：一是 Dome（圆顶小屋）起源说，即源于早期出家行者和婆罗门安置圣火的圆屋顶的小屋。二是头盖骨说与土馒头说。头盖骨说认为窣堵波一词有“头”、“顶”之意，窣堵波造型形如“头盖骨”的形状，并显示出宇宙人的头；土馒头说认为窣堵波与丧葬礼仪有关，形如墓地上堆砌圆形的土堆。三是外来说与象征说。外来说认为窣堵波“起源于 Etruria、Lydia 或是北方草原地带的 Turanian 民族坟墓丘的辗转影响而来”；象征说主张窣堵波象征着宇宙山或来源于地母神的信仰。① 我们认为这些学说只是从塔的形状或象征意义上来探寻其起源，并没有涉及其实质内容。实际上，在古印度佛教中“塔”与佛陀的涅槃有关。所谓“涅槃”，就是梵文 Nirvana 的音译，汉文译为“灭”、“灭度”、“寂灭”或“圆寂”，实际上就是肉体的死亡。但是佛教为了宣传的需要，就把这种让人恐惧的死亡变为一种精神重生的美好幻想，其途径就是熄灭人内心各种欲火，求得内心安宁之后所达到的境界，此种境界就是涅槃，即“贪欲永尽，瞋恚永尽，愚痴永尽，一切烦恼永尽，是名涅槃”。后来人们就用这种涅槃境界来代指佛教徒摆脱痛苦，获得新生、永恒、成佛的出路。因此，涅槃也就成为佛教理论的根本归宿，正如佛陀自己所说的，“像大海的水一样，只有一种味道——盐的味道，我的教义也只有一种味道——解脱的味道”②。

《长阿含经》卷三〈游行经〉提到佛临涅槃时，就明确嘱咐他

---

① 湛如：《净法与佛塔——印度早期佛教史研究》，中华书局 2006 年版，第 183~186 页。

② 《大正新修大藏经》卷五十三，日本大正一切经刊行会 1922—1934 年版。

的弟子阿难要在他涅槃之后收取舍利，建塔以资纪念，他说：

> 阿难！汝欲葬我，先以香汤洗浴，用新劫贝周遍缠身，以五百张叠次如缠之。内身金棺，灌以麻油毕，举金棺置第二大铁椁中，栴檀香椁次重于外，积众名香，厚衣其上而阇维之，讫，收舍利于四衢道起立塔庙，表刹悬缯，使诸行人皆见佛塔，思慕如来法王造化。①

这里具体提到了如何处理佛陀遗体、如何入棺、火化的记录，其中最引人注目的就是收取舍利，建塔以资纪念。日本学者松本文三郎认为建塔以存舍利，目的在于延长佛身,② 也就是说，佛的肉身死了，但佛的精神还在，于是肉身火化而成的舍利则成了佛的法身，见佛舍利，就如见佛的真身，建塔以存舍利，塔如佛身，见塔就如见佛，这也是佛教不得已而为之的一种补救措施。

关于建塔以存舍利还有两个传说：

其一，相传佛门弟子问如何才能表达对佛祖释迦牟尼的忠心，释迦牟尼没有答话，只是将身上披的方袍平铺于地，把化缘钵倒扣在方袍上，成了“覆钵”，然后再把锡杖竖立在倒扣的覆钵上，于是，一座佛塔的雏形就出现了。佛祖涅槃后，弟子们将其肉身火化后出现的颗粒——梵语称为“舍利”的所谓神物筑塔埋葬，这就是所谓“覆钵塔”的由来。玄奘《大唐西域记》记载了这个传说。

其二，在佛经《菩萨投身饲虎起塔因缘经》中记载，古印度摹诃国国王的第三个王子摩诃萨多（即佛祖释迦牟尼），在看望父母回山修道的路途中，看到在山下绝崖深谷之中，有一母虎新产七子。时天降大雪，母虎抱子已多日不得求食，奄奄一息。王子决心用自己的肉身拯救饿虎，于是即解鹿皮之衣以缠头目，舍身投虎于

① 《大正新修大藏经》卷一，日本大正一切经刊行会1922—1934年版。

② 转引自吴焯《佛教东传与中国佛教艺术》中第48页的注释，松本文三郎：《佛像佛画的起源》，《佛教考古学讲座》第八卷，雄山阁，1936年日文版，第9页。

前，但饿极了的母虎却没有力气舔食王子的身体，于是王子刺破全身，血流满身来到饿虎身边，使母虎得以舔食，母虎舔食王子的血液后力气渐增，最后吞食了王子的身体，救活了幼虎。王子则留下一片狼藉的白骨，被其父母火化后，收取舍利以宝器盛之，即于其中起七宝塔，用种种宝物加以装饰。此塔四面纵广十里，周围有华果流泉浴池环绕左右，显得端严净洁。国王经常派遣四部伎人，昼夜供养此塔。

这两则传说的真实性无从考证，但都与佛祖的涅槃有关，而建造佛塔则是为了埋葬佛祖的“舍利”，从中可以看出佛塔类似于中国的墓坟，只是中国坟墓的文化意象基本是“事死如生”，而佛塔则是佛的化身，是信众信仰、崇拜的对象。这得益于佛骨“舍利”的尊贵和神圣。何谓“舍利”？在佛经中有详细的记载：《法华玄赞》卷二曰：“梵云设利罗，体也。舍利者，讹也。”①《资持记》卷下四之一曰：“舍利，此翻遗身。即死尸也。”②《玄应音义》卷六曰：“舍利，正音设利罗，译云身骨，舍利有全身者，有碎身者。”③ 舍利（ sarira ）近代译为“设利罗”、“室利罗”，在印度是“死尸”的总称。《俱舍光记》卷八曰：“驮都，即佛身界也。亦名设利罗。唐言体，佛身体也。旧云舍利，讹也”。④

但是“舍利”在汉传佛教中则一直被视为佛教的专用名词，与死尸有别。《秘藏记》曰：“天竺呼米粒为舍利。佛舍利亦似米粒，是故曰舍利也。”⑤ “全身舍利”者，如多宝佛之舍利是也；“碎身舍利”者，如释迦牟尼佛之舍利是也。《金光明经》卷四

① 《法华玄赞》卷二。

② （宋）元照撰：《资持记》卷下四之一，《大正新修大藏经》，日本大正一切经刊行会 1922—1934 年版。

③ （唐）慧琳撰：《玄应音义》卷六，《大正新修大藏经》，日本大正一切经刊行会 1922—1934 年版。

④ （唐）玄奘译：《俱舍光记》卷八，《大正新修大藏经》，日本大正一切经刊行会 1922—1934 年版。

⑤ 《秘藏记》，东方出版社 2008 年版。

《舍身品》说："舍利者，是戒定慧之所熏修，甚为难得，最上福田。"①

可见，印度佛教与"汉传佛教"中对"舍利"的称呼和所指是有很大区别的：印度佛教是指没有经过火化的"死尸"；而"汉传佛教"则指佛陀尸身火化后所剩的形如米粒状的遗物，可分为骨舍利，其色白；发舍利，其色黑；肉舍利，其色赤。《金光明经》卷四《舍身品》说："舍利者，是戒、定、慧之所熏修，甚为难得，最上福田"及"是舍利者，即是无量六婆罗蜜功德所重"②。因为"舍利"难得，又能给人们带来无上的功德和福佑，具有灵验性，因此，"舍利"就成为佛教的圣物。起塔收藏舍利者的佛寺，最为有名，人们见了佛塔，就如思慕佛陀本人一样。

佛塔不光收藏佛骨舍利，后来还发展到收藏佛教的重要经卷、高僧的遗物以及各种各样珍贵的法器。按照《僧祇律》的说法，佛塔有舍利的名为塔婆，无舍利的名为支提，而一般世俗则无论有无舍利，皆称为塔。《正法华经·法师品》曰："经卷所住处，皆应起七宝塔，即令高广严饰，不须复安舍利。所以者何？此种已有如来全身。"③ 故应知舍利有两种：佛所说的经典，即为法，称为法身舍利；佛陀涅槃后所遗留的身骨结晶体称为生身舍利。所以无论供养法身舍利还是生身舍利都需起塔。

建"塔"也要看等级，地位不同，露盘的层数也不一样。《真谛三藏》引《十二因缘经》云：

> 八人应起塔：一、如来，露盘（即层级）八重以上；二、菩萨，七盘；三、缘觉，六盘；四、罗汉，五盘；五、那含，四盘；六、斯陀含，三盘；七、须陀洹，二盘；轮王，一盘。

① （北凉）昙无谶译：《金光明经》卷四《舍身品》，《大正新修大藏经》，日本大正一切经刊行会1922—1934年版。

② （北凉）昙无谶译：《金光明经》卷四《舍身品》，《大正新修大藏经》，日本大正一切经刊行会1922—1934年版。

③ （西晋）竺法护译：《正法华经·法师品》，《大正新修大藏经》，日本大正一切经刊行会1922—1934年版。

若见之不得礼，以非圣塔故也。①

建塔是积累功德的一种表现。据《中国佛教寺塔史志》云："安塔有三意：一表人胜，表彰道高德胜远胜他人者；二是令他信，令大众由崇拜而生敬仰，坚定信念；三是为报恩，为报四重恩(佛恩、君恩、亲恩、师恩)。造塔有无量功德"。② 《撰集百缘经》云：

佛告阿难，昔迦叶佛如涅槃后，有迦翅王收其舍利，造四宝塔。时有长者，见竖塔根，心生随喜，持一金钱，安着塔下发愿而去。缘是功德，不堕恶道，天上人中，常有金钱，受福快乐，乃至今者，遭值于我，出家得道。③

《佛说造塔功德经》云：

尔时世尊告观世音菩萨言：善男子，若此现在诸天众等，及未来世一切众生，随所在方未有塔处，能于其中建立之者，其状高妙出过三界，乃至至小如庵罗果；所有表刹上至梵天；乃至至小犹如针等，所有轮盖覆彼大千；乃至至小犹如枣叶，于彼塔内藏掩如来，所有舍利、发、髭、瓜，下至一分，或置如来所有法藏十二部经，下至于一四句偈。其人功德如彼梵天。④

① 《真谛三藏》引《十二因缘经》，《大正新修大藏经》，日本大正一切经刊行会 1922—1934 年版。

② 张华：《佛塔考略》，《中国佛教寺塔史志》，台湾大乘文化出版社 1978 年版，第 282 页。

③ 《撰集百缘经》，《大正新修大藏经》，日本大正一切经刊行会 1922—1934 年版。

④ （唐）地婆诃罗译：《佛说造塔功德经》，《大正新修大藏经》，日本大正一切经刊行会 1922—1934 年版。

建塔也需要好的位置和地方。《摩诃僧祇律》载：

> 塔事者，其僧伽蓝时，先预度好地作塔处。塔不得在南，不得在西，应在东应在北。不得僧地侵佛地，佛地不得侵僧地。若塔近死尸林，若狗食残持污地，应作垣墙，应在西若南作僧坊。不得使僧地水流入佛地，佛地水流入僧地。塔应在高显出作，不得在塔院中浣染、晒衣、着革屣、覆头、覆肩、涕唾地。①

从《摩诃僧祇律》的这些规定来看，佛塔在寺院中具有崇高的地位。在寺院中要预留好地建塔，地点应该在东及北面，不应该在南及西面；并且佛塔要位于塔院的高显处，四周围以围墙，免得有秽物侵染，还不能在塔院中作种种日常生活行为，这都是为了维持佛塔的崇高性地位。

三、“塔”的分类及其结构特征

塔，从地域文化上来讲主要有三大类：印度塔、汉式塔和藏式塔。这三类塔地域分布范围不同，印度塔主要分布于南亚次大陆的印度全境、斯里兰卡和北部的尼泊尔以及东南亚的缅甸、泰国、柬埔寨和印度尼西亚等众多国家；汉式塔主要分布于中国内地除西藏、云南的西双版纳和德宏等地之外的广大地区和朝鲜、日本和越南等国；而藏式塔除主要盛行于青藏高原的西藏地区之外，还流布于青海、四川、甘肃、宁夏、陕西、河北（及北京）等地区。元代以后，由于统治者的大力提倡，藏式塔也渗入了汉传佛教的广大地区，使得藏式塔在中国大地拔地而起。

关于印度塔、汉式塔和藏式塔三者各自的建造形式及其演变的逻辑次序和文化意义，张法先生在《佛教艺术·佛塔》中给予了

① （东晋）法显译：《摩诃僧祇律》，《大正新修大藏经》，日本大正一切经刊行会1922—1934年版。

条理清晰的逻辑分析，兹不赘述。① 本书主要研究汉式塔的审美文化意义，因为印度塔是汉式塔的本源，所以首先要给予较多关注，又因藏式塔也是中国古塔的一部分，所以也略有涉及。

汉式塔是在印度塔传入的基础上，在中国广大的地域、传统伦理文化的滋养下创造出来的一种具有中国作风、中国气派的佛塔建筑样式。它具有自己的民族特点、结构样式和审美特色，是世界佛塔建筑艺术中的一种独特建筑类型。在中国古代，塔的造型丰富多彩，从它们的外表造型和结构形式上来看，主要分为七类：

楼阁式塔：这是最能代表中国文化特色的一种佛塔类型，所以其时间跨度最长、体形最为高大、保存数量最多。楼阁式塔的主要结构是由层层的楼阁和其顶端的塔刹两部分组成，楼阁部分各层间距较大，并伴有门窗、柱子、斗拱、阑额、平座等木构件或砖石仿制的木构建筑构件。塔檐大多仿照木结构塔檐，有挑檐的檩枋、椽子、飞头、瓦垄等部分，早期塔檐平直、厚重，后期则逐渐上挑、轻盈。塔内有层层楼梯可以登临，并可在塔内伫立观望或走出塔身立于平座之上眺望。中国古塔世俗化功能的多样运用主要是从楼阁式塔体现出来。

密檐式塔：密檐式塔是由楼阁式塔发展演变而来，其体量也很高大。其与楼阁式塔的主要区别有两点：其一是第一层塔身高大，且上面满布具有宗教意味的浮雕和仿木结构的建筑构件；其二是第一层以上的塔檐紧密重叠，且内部是实心填充。密檐式塔这样做的目的是为了维持信徒对佛塔的崇拜，使其不具有楼阁式塔那样的世俗化功能。

亭阁式塔：亭阁式塔是中国固有的建筑“亭”和印度窣堵波两者结合而成，外表形如亭子，都是单层，体量较小，内部常设置带有佛像的佛龛。因结构简单，易于建造，在中国通常用于高僧的墓塔而大量建造。

花塔：花塔是因塔身的上半部装饰繁复，类同花束而得名，造

① 参见张法：《佛教艺术·佛塔》，高等教育出版社 2004 年版，第 44～73 页。

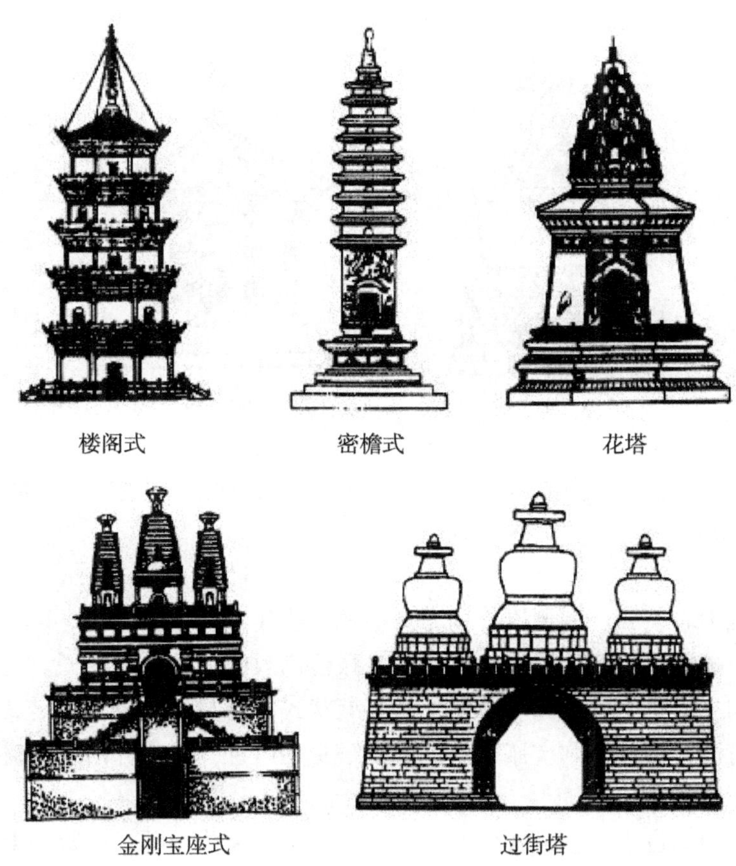

图 1-1　中国古塔的各式类型

（采自常青：《中国古塔的艺术历程》，陕西人民美术出版社 1998 年版，第 4 页）

型别致，其审美艺术性较为强烈，但建造数量不多。

过街塔：过街塔因修建于交通要道之上而得名，其结构下为可使人、车马通过的门洞，上为藏式塔形式，始建于元代。该塔是最能适应信徒简约性礼拜的需要，与中国人的宗教信仰紧密相连。

金刚宝座塔：金刚宝座塔是因密教的盛行而建造的供奉金刚界五部主佛舍利的一种塔。其特征是下有一个雕刻有众多佛像的高大基座，上有五座佛塔，其中中间一座最为高大，四角各有一小塔，

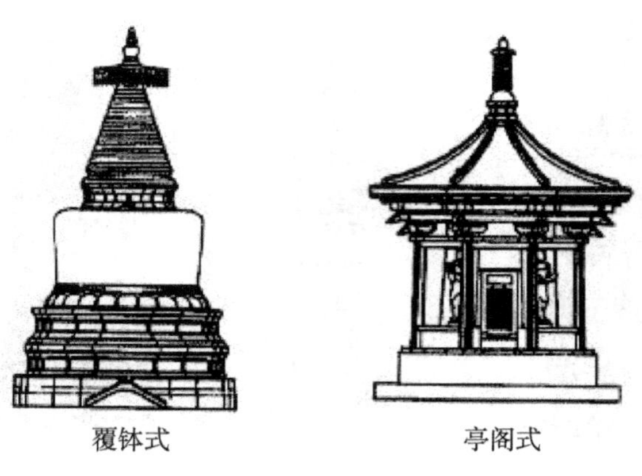

图 1-2　中国古塔的各式类型

（采自常青：《中国古塔的艺术历程》，陕西人民美术出版社 1998 年版，第 4 页）

形成中心引领、四周围合的布局格式。明代以后开始流行。

喇嘛塔：喇嘛塔是藏式塔，是藏传佛教的一种佛塔类型。它的结构主要是下有须弥座承托，上有瓶状式的塔身，塔身之上是高大的塔刹，因此又称宝瓶式塔，又因塔身为白色，又常称白塔。盛行于元明清。

中国古塔不管形式怎样，塔的基本结构大体相同，一般都由地宫、基座、塔身、塔刹四个部分组成。地宫是中国古塔的独特创造，是印度佛塔没有的部分。它的建造是出于中国把死去的肉身入土为葬的墓葬文化的影响，里面除了埋藏舍利，还常有随葬物品，其建造样式也类同中国的陵寝制度，由踏步慢道、平台、隧道、前室、中室、后室和秘龛组成。塔基是位于地宫之上用来承托塔身的部分，也是区分塔的主要类型的部分。中国塔身的层数以一、三、五、七、九、十一、十三等奇数居多，二、四、六、八等偶数极为少见，这是受中国的阴阳观念所致。塔刹是位于塔身之上的部分，是梵文 ksetra（刹多罗）的省译，具有国土、佛国的含义，因此，塔刹具有象征佛教的意义。塔刹从总体上来看是一座小型的窣堵波，包括刹座、刹身和刹顶三个部分。刹座一般由基座、覆莲、仰莲三部分组成；刹身主要由刹杆、相轮和伞盖等组成，相轮的多少往往决定佛塔的等级高低；刹顶主要由圆光、仰月、宝珠等组成。

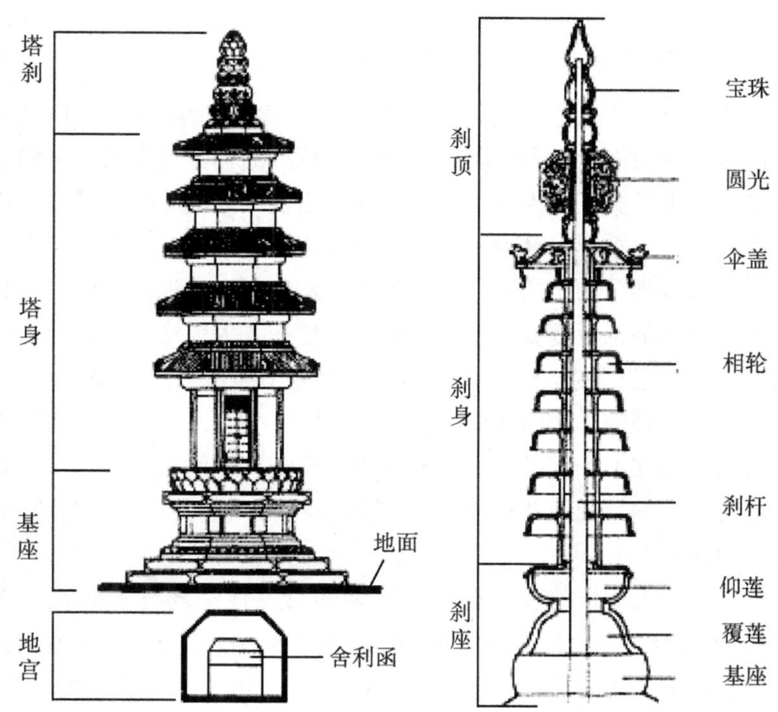

图 1-3　古塔结构和塔刹结构示意图

（采自常青：《中国古塔的艺术历程》，陕西人民美术出版社 1998 年版，第 6、7 页）

中国古塔的建造材料主要有土木、砖石、金属、琉璃等几种。“木塔主要流行于魏晋南北朝时期，是我国最为传统的建造材料，主要采用桁架做法。砖石塔主要盛行于唐代之后，主要采用垒砌、发券、叠涩等方法建造”①。宋代之后主要用雕模制范的方法来铸造金属塔，而用琉璃砖瓦作装饰，使佛塔更加光辉灿烂。

① 常青：《中国古塔的艺术历程》，陕西人民美术出版社 1998 年版，第 8 页。

第二节　印度的覆钵塔和高塔

一、印度覆钵塔的宗教性与美观性

据佛教《大盘若涅槃经》记载，释迦牟尼涅槃后，其尸身火化后所形成的佛骨舍利，具有启迪人类智慧的神圣性，被信徒们看成修成正果的象征，因此，当时的八个诸侯国的国王分抢了这些佛骨舍利，分别在佛祖释迦牟尼一生中有纪念意义的八个地方，如诞生、悟道成佛、初转法轮、降服外道、从忉利天宫返回人间、平息佛教徒内部争论、测算寿数、涅槃等处建造八大灵塔，这就是历史上“八王造塔”的记载，也是佛教史上关于建造佛塔的最早记录。关于“八王造塔”的文化意义，湛如认为“他们为获得舍利供养的动机，或许不仅仅是基于宗教原因。佛陀在当时被称为法王，具有理念统一的象征。获得佛陀舍利的供养权，体现着国家的统一、势力的强大”①。

佛塔的大规模建造是在孔雀王朝的第三代王阿育王时代（前273或前268—前232年在位）。阿育王是古印度历史上赫赫有名的皇帝，他能名垂青史一是源于他开疆拓土，几乎统一了整个印度；二是他把佛教定为国教，进行大力提倡和传播，使全民信佛，并在世界各地大建佛塔，使佛教成为一种世界性的宗教。据佛教经典《阿育王传》记载：阿育王统一印度之前是凭凶狠残暴、嗜血杀戮而建立了崇高功业，统一全国后则幡然醒悟，以皈依佛门巩固其统治。他的这种转变是政治与宗教的结合，而这种结合也促进了佛教的大发展，具体来讲，在阿育王时期，阿育王做了三件对佛教的发展具有决定性作用的事：一是在全国各地的岩石或石柱上铭刻诏谕，弘扬佛法；二是阿育王为了弘扬佛法，在世界各地曾建了八万四千塔。《根本说一切有部毗奈耶杂事》卷39载：“时波吒离邑无

① 湛如：《净法与佛塔——印度早期佛教史研究》，中华书局2006年版，第197页。

忧王便开七塔，取其舍利，于瞻部洲广兴灵塔八万四千，周遍供养。由塔威德，庄严世间。”① 引文中的无忧王便是阿育王，八万四千可能表示建塔的数目很大，不一定真有这些。当然这些佛塔里面也肯定不全有佛陀的舍利，这些塔很多成为具有象征意义的纪念性佛塔。这样随着佛塔流布于世界各地，阿育王就把佛教变成了一种世界性的宗教。我国的古文献中也有关于阿育王役使鬼神建造八万四千塔的神奇记载，就是证明。如《魏书·释老志》记载曰：

> 佛即谢世，香木焚尸。灵骨分碎，大小如粒，击之不坏，焚亦不焦，或有光明神验，胡言谓之舍利……于后百年，有阿育王，以神力分佛舍利，役诸鬼神，造八万四千塔，布于世界，皆同日而就。②

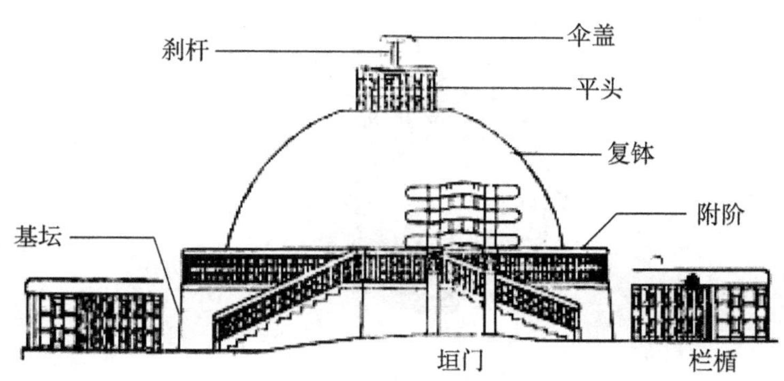

图 1-4　中印度典型的窣堵波

（采自孙机：《关于中国早期高层佛塔造型的渊源问题》，《中国历史博物馆馆刊》1986 年第 6 期）

三是他曾资助了佛教的第三次结集，为重新梳理和辨明各教派

① （唐）义净译：《根本说一切有部毗奈耶杂事》卷 39，《大正新修大藏经》，日本大正一切经刊行会 1922—1934 年版。

② 许嘉璐主编：《二十四史全译·魏书·释老志》，汉语大词典出版社 2004 年版，第 2335 页。

对佛教教义的分歧和争端，派人出国门四处传播佛教作出了贡献。

无论是“八王造塔”还是“阿育王造塔”，所造佛塔的形制都是覆钵式塔，这是古印度早期最有代表性的佛塔造型，也称窣堵波塔。关于早期覆钵塔的形制，在《根本说一切有部毗奈耶杂事》卷18中是这样记载的：

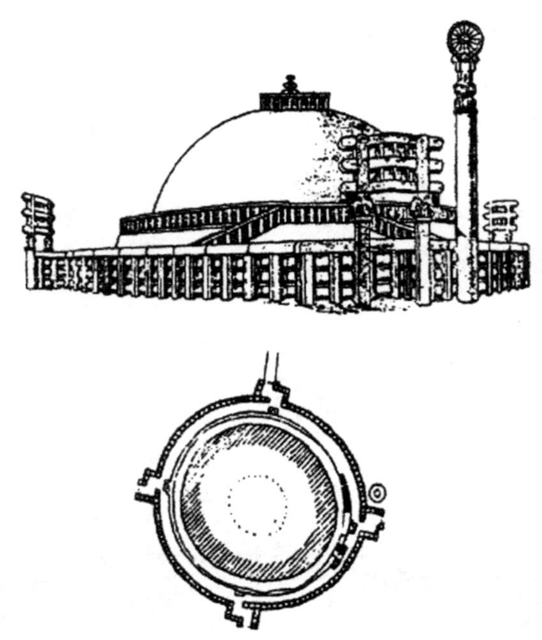

图1-5　印度桑奇大塔平面与立面图
（引自常青：《中国古塔的艺术历程》，陕西人民美术出版社1998年版，第12页）

> 应可用砖两重作基，次安塔身，上安覆钵，随意高下。上置平头，高一二尺，方二三尺，准量大小。中竖轮竿，次著相轮，其相轮重数，或一、二、三、四，及其十三，次安宝瓶。①

① （唐）义净译：《根本说一切有部毗奈耶杂事》卷18，《大正新修大藏经》，日本大正一切经刊行会1922—1934年版。

《摩诃僧祇律》载：

> 尔时世尊，自起迦叶佛塔，下基四方周匝栏楯，圆起二重，方牙四出。上施槃盖，长表轮相。佛言：作塔法应如是。①

这两段引文结合起来，我们就能知道早期覆钵塔的造型（图1-4）是：圆形或方形塔基，四周围以栏楯，四个方向还有方牙，塔基上置放着半圆形的覆钵塔身，上置方形平头，平头中间竖轮竿，上有多层相轮相串，顶部置宝瓶等。可见，窣堵波一般有六个部分构成，即基台、栏楯、覆钵、平台、柱、华盖。从覆钵塔的造型来看，最主要的部分应该是半球形的覆钵，其次是覆钵上部的塔刹，还有周围的栏楯及方牙四出的塔门，这些部分共同组成一个覆钵塔的综合体。露天之下，这个综合体的组成部分缺一不可，但移入石窟中，变化最大的就是塔基周围的栏楯及方牙四出的塔门消失了，当然这是由于空间环境所限造成的。这样就形成了印度佛塔的两种形式：覆钵塔与支提塔，但二者在形制上基本上没有大的区别，还是一种窣堵波。

关于覆钵式塔的实例，著名的有桑奇大塔、巴尔胡特塔和阿玛拉瓦提大塔。三者之中最有名的是桑奇 1 号大塔，也称桑奇大塔，它是古印度早期覆钵塔建筑的最具典型的代表作和艺术作品，也是世界上现存历史最悠久的佛塔，它坐落于印度马尔瓦省保波尔附近的桑奇。现存的桑奇大塔已不完全是孔雀王朝阿育王时代的作品，阿育王初建时是砖塔，直径约 20 米，巽伽王朝时期加以扩大，并以石头包裹表面，19 世纪初，英国人两次挖开此塔，1912 年重修。它的塔基是圆形的，高 4. 3 米，直径 36. 6 米，上面倒扣着一个高度为 12. 8 米的实心化缘钵，用石包面，平面直径 32 米，小于基台，所以沿基台有一圈 2 米多的露天廊道。在覆钵的顶部用竖立的

① （东晋）法显译：《摩诃僧祇律》，《大正新修大藏经》，日本大正一切经刊行会 1922—1934 年版。

石栅栏围成一个正方形，称为“平头”。在栅栏的正中方基上竖立着三层相轮的塔刹。桑奇大塔的台基四周围有巽伽王朝时所加的两圈石质栏楯，栏楯采用榫卯的方法连接，这是木部件的连接方法，表明原来的栏楯是木制的。在外栏楯的四方，设置四个塔门，塔门是由两根粗大的带有柱头的方立柱和柱头上横加的上、中、下三根横梁和横梁之间的竖立短柱榫卯连接而成，整个造型对称稳健，气势雄伟。为表彰佛陀的无量功德，说教宣传，桑奇大塔的四方门楣上都装饰有充满佛教意味的石刻石雕作品。这些作品要么是佛教崇拜的莲花纹饰，要么是充满民间信仰的夜叉女神，要么是象征佛陀诞生、成道、初转法轮和涅槃的佛传四相，即“二象灌水莲花女”、“菩提树”、“法轮”、“塔”等，要么是佛传故事等，生动逼真、多姿多彩，人物动作自然娴熟，姿体丰满圆润，是陀兰那艺术的最高体现。

图 1-6　印度桑奇大窣堵波及东门

（采自晁华山：《佛陀之光：印度与中亚佛教胜迹》，文物出版社 2001 年版，第 33 页）

从审美文化的角度来审视古印度窣堵波大塔的建筑造型，具有以下特征：第一，这种建筑形式佛性意味浓厚，宗教情绪高涨，主要是佛教涅槃境界和宇宙精神的一种象征，虽说还是一种半圆形的坟墓形式，但功能上却以超越生死轮回的“涅槃”改变了坟墓所代表的死亡恐惧，给人一种永生的力量；第二，附丽于窣堵波建筑形式上的雕刻艺术主要充当了宣传佛教教义的形象手段，但却拉近了佛教与现实生活的距离，在一定程度上美化了佛塔的建筑造型，给人以审美的感受。另外，装饰、雕刻等艺术手段主要出现于栏楯的四座牌楼上，体现了印度审美文化注重装饰的繁缛以及程式化的艺术风格。半圆形的覆钵造型是人们的视觉中心，给人一种稳重踏实的感觉，而周围的栏楯和石门的镂空所形成的轻灵感在一定程度上减轻了实心覆钵的沉重，再加上高起的石门，形成一种沉重与轻灵、高耸与地下、错落有致但相互和谐的整体美。

1. 窣堵波建筑文化的宗教性和神圣性

窣堵波建筑相传起源于吠陀时代的国王死后所建造的一种半圆形的坟墓，这种坟墓有台基，顶上正中用一根串有圆盘的“刹”来装饰，这种建筑称为“窣堵波”。可见，“窣堵波”是坟墓，是死亡的一种文化符号。但是“窣堵波”这种建筑形式和佛教文化结合起来以后，就具有新的文化含义，那就是它不仅象征着死亡，而且还给人一种新生的力量。因为它里面埋藏着佛祖释迦牟尼的佛骨舍利，这些佛骨舍利具有禅定涅槃、修成正果的浓厚的佛性意味，在信徒的心目中具有神圣性。在信徒们看来，佛祖释迦牟尼的涅槃不是一般意义上肉体的消失，而是一种摆脱了普通人生死轮回的境界。这种境界认为肉体的死亡，不是生命的终结，而是又转化为他种生命，在广大的空间和无限的时间中进行着生—死—生的永无止境的轮回。因此，佛陀的涅槃就不是形式上的肉体死亡，而是内容上的生的体现。从这个意义上来说，佛塔在形式上是坟墓，但在内容上是一种生的希望，一种修成正果的最高精神力量。正如常任侠先生所指出的“窣堵波的主要形式是一个坟起的半圆堆，用砖石造成，梵文名安达（Anda），其义为卵，其下建有基坛（Medhi）顶上有诃密迦（Harmika），义为平台，在塔周围一定距离处建有石质的栏楯（Vedika），在栏杆的四方，常饰有四座陀兰那（Torana），义为牌楼，这就构成所谓陀兰那的艺术。‘窣堵波’的建筑是从古代陵墓得到的启示，原来是为收藏佛或弟子的舍利（遗骨）的，‘毗诃罗’是僧坊，‘支提’是地下灵堂或窟殿，其中常安置一小舍利塔，名为达迦巴（Dāgaba），作为宗教徒礼拜的圣坛"①。常任侠先生认为"窣堵波"的梵文意义是"卵"，即繁育生殖的母体，是一种生命的象征，这就把那种古代印度国王陵墓的死亡意象转化为一种生命的活力，是佛教文化对古印度陵墓文化的一种融合与改造。同时，佛教还把这种对生命的渴望升华为对宇宙的一种崇拜，那半圆形的覆钵就是宇宙的一种象征，是他们思考宇宙、人生、生存与死亡的一种文化符号。正如李约瑟所指出的"塔的先驱，窣堵波或舍利塔，是一个人造的半球形土丘，也含有宇宙或小宇宙的意义，因为它是整个世界，或至少是中央圣山的模型"②。

黑格尔也说：

> 在印度，用崇拜生殖器的形式崇拜生殖力的风气产生了一些具有这种形状和意义的建筑物，一些像塔一样的上细下粗的石坊。在起源时这些建筑物有独立的目的，本身就是崇拜的对象，后来才在里面开辟房间，安置神像，希腊的可随身携带的交通神的小神龛还保存着这种风尚。但是在印度开始是非中空的生殖器石坊，后来才分出外壳和核心，变成了塔。③

黑格尔把印度佛塔的起源看成是生殖力的崇拜，这是从生理学的角度来探讨佛塔的建筑形式，但是从佛教文化的角度来讲，很明显黑格尔所说的古印度塔与佛教的"窣堵波"是不同的。不过，黑格尔也指出了"塔"给人以生的力量，而不是恐惧的死亡，这大概也是佛塔作为佛教文化物质体现的最有力的象征，也是信徒永不止歇崇拜的力量源泉。这种把死变为生的文化观念使得佛塔这种

---

① 常任侠：《印度与东南亚美术发展史》，上海人民美术出版社 1980 年版，第 12 页。

② ［英］李约瑟著，汪受琪译：《中国科学技术史》（第四卷第三分册），科学出版社、上海古籍出版社 2008 年版，第 158 页。

③ ［德］黑格尔著，朱光潜译：《美学》第三卷（上），商务印书馆 1984 年版，第 40 页。

建筑造型成为信徒顶礼膜拜的崇拜对象、心目中的精神丰碑，绝对不能有任何不敬和亵渎的行为，宗教的精神控制着信徒的灵魂，人只能俯拜于塔身之下，全身心地维持着佛塔的崇高。相反，像我国楼阁式塔能让人登临其上，把佛踩在脚下，彰显了人的精神超越于宗教的控制，这在古印度是绝对不允许的。

古印度“窣堵波”建筑造型是佛教文化的象征。关于象征，黑格尔说：“象征首先是一种符号”①，“是一种在外表形状上就可暗示要表达的那种思想内容的符号”②，“象征所要使人意识到的却不应是它本身那样一个具体的个别事物，而是它所暗示的普遍性的意义”③。关于佛塔的建筑形象与其暗示的意义也是如此。塔只因与埋藏佛祖释迦牟尼的佛骨舍利有关，所以塔就成了佛陀的化身，塔就是佛，佛就是塔，因此塔的造型组成部分都与礼佛、敬佛有关。比如，“塔身覆钵，梵文义为‘卵’，象征印度神话中孕育宇宙的金卵。平台和伞盖是从古代围栏和圣树衍化而来，伞柱象征宇宙之轴，三层伞盖代表诸天。伞顶正下方埋藏的舍利隐藏变化万法的种子。四座塔门标志着宇宙的四个方位。香客一般从东门进入圣城，向右沿甬道按顺时针方向绕塔巡礼，据说这与太阳运行的轨道一致，与宇宙的律动和谐，循此可从尘世超升灵境”④。李约瑟认为，“窣堵波是一个人造的半球性土丘，也含有宇宙或小宇宙的意义，因为它是整个世界，或至少是中央圣山的模型”⑤。可见，窣堵波是佛教对宇宙意识的一种象征，那半圆形的覆钵就象征着宇宙之卵。

---

① ［德］黑格尔著，朱光潜译：《美学》第二卷（上），商务印书馆1984年版，第10页。

② ［德］黑格尔著，朱光潜译：《美学》第二卷（上），商务印书馆1984年版，第11页。

③ ［德］黑格尔著，朱光潜译：《美学》第二卷（上），商务印书馆1984年版，第11页。

④ 王镛：《印度美术》，中国人民大学出版社2010年版，第58页。

⑤ ［英］李约瑟著，汪受琪译：《中国科学技术史》（第四卷第三分册），科学出版社、上海古籍出版社2008年版，第158页。

2. 窣堵波建筑文化的崇拜性和美观性

佛塔作为佛祖释迦牟尼涅槃的象征，自它产生之日起，就在信众的精神境界中获得了一种崇高的地位，而对于佛教信徒们来说，对佛塔加以装饰，将佛塔的四周或附属的建筑物上雕绘彩色的图像，不仅是一种供养行为，而且是一种对实现终极涅槃的礼赞。《毗尼母经》卷五载："为供养佛塔，作种种形象，皆得为之。"可见，佛塔的装饰美化是在佛教徒们的特定理解中随着佛塔的兴起而发展起来，一开始就具有了非常明确的宗教性和神圣性，并排除世俗的审美。具体来说，一是窣堵波上装饰了许多与佛教有关的题材，其中有塔、法轮、三宝标、圣树、法轮柱等礼拜对象，这些对象具有浓厚的宗教气氛和崇拜意味，如塔代表着佛陀涅槃，法轮代表着佛法神通广大和法力无边，三宝标代表着佛、法、僧三宝，圣树代表着佛陀树下传道、布施大众等。除了这些礼拜对象之外，还有很多关于佛陀的本生故事和佛传故事。本生故事是讲述佛陀诞生之前轮回为鸟、猴、鹅、鹿等各种动物，意在宣传佛陀的自我牺牲和悲悯众生的教义。这些本生故事主要有鹌鹑本生、独角仙人本生、大猿本生和鹿本生等。佛传故事主要是用一些象征物来宣传佛陀一生的神奇传说，表现佛陀一生的足迹，主要有托胎灵梦、帝释窟说法等。其二是窣堵波上还装饰了许多印度民间信仰的守护神形象，主要有生殖精灵药叉和药叉女，其中有丰收女神修利玛、丰收树神丘拉可知、幸福女神拉克修美等。另外在这些礼拜对象、佛本生故事和佛传故事雕刻周围还布满了莲花图案和蔓草，莲花因出淤泥而不染与佛教追求超凡脱俗而不受现实世界污染的主张相得益彰而备受信徒崇敬，成为佛教的象征。蔓草也因枝蔓勾连无限具有旺盛的生命力而象征佛法的威力无边。可见，在古印度，这些无论是与佛教有关的崇拜对象、本生故事、佛传故事，还是与佛教无关的民间神祇、植物图案，都具有浓厚的佛性意味和超脱世俗的神圣性，这是印度审美文化最为显著的特点。

从阿育王时期一直到公元 1 世纪中叶或稍后大乘佛教的兴起，印度在此期间一直盛行小乘佛教。小乘佛教宣传无神论思想，不主张偶像崇拜，认为佛陀既已涅槃，就会寂灭无形，用人形的佛像可能就会毁坏佛陀的形象，从而降低佛陀在信徒心目中崇高的位置。正如《维摩诘经·弟子品第三》所指出的，“法常寂然，灭诸相故。法离于相，无所缘故。法无名字，言语断故。法无有说，离觉观故。法无形相，如虚无故。……法常住不动，法离一切观行。”① 也就是说佛法是真理，任何的语言、物象等都不可能认识它，那就更不能用形象来表现。因此，巴尔胡特塔、桑奇大塔等上面的佛教雕刻都没有出现人形的佛像，仅以菩提树、台座、法轮、足迹等象征符号来暗示佛陀的存在。这时期窣堵波的崇拜主要借助于动物、植物等自然形式的装饰浮雕和印度原始民间信仰的生殖的药叉女形象来象征佛陀涅槃境界的完成，从而使人在礼拜观赏中净化心灵，获得一种精神境界的提升。因此，这个时期的印度艺术还“主要用于宗教信仰与哲学观念的图解和象征，作为祭祀礼拜或沉思静虑（禅定）的对象，作为超越尘世获得灵魂解脱或涅槃的辅助手段”②。在巴尔胡特塔与桑奇大塔上，我们常常可以看到繁丽的动植物或人物装饰浮雕，这些动物形象包括鹿、大象、猴子、马、凤凰等，都雕刻得形态各异，形象逼真，且充满了温顺、平和、亲切的人情味，用来讲述佛陀前世化身于各种仁禽义兽、贤哲明主的故事，宣扬佛教的自我牺牲和悲悯众生的教义。如巴尔胡特塔的浮雕“鲁鲁本生”，在一个不大的圆形空间里雕刻了三棵树、七只鹿、六个人、一条河等众多景象，特别是中间佛陀化身的金色牡鹿跪伏于地，颔首向国王诉说缘由的温顺、诚恳的神情很能打动人，其余的六只鹿也姿态各异，神情温顺、亲切，给人的是一种平和温馨的场面。大象是窣堵波塔上最为常见的一种动物，并且在所有的动物雕刻中其体型最为庞大，它是佛法神通广大的象征。如在桑奇大塔的北门上横梁中间，雕了三头体型肥大的大象载人形象，大象步伐稳健，给上面坐着的人以稳定之感；还有许多卧象形象，这些大象既是佛陀的象征，又是南亚人民力量的源泉。在植物的浮雕上，有

① 《维摩诘经·弟子品第三》。

② 王镛：《印度美术·总论》，中国人民大学出版社 2010 年版，第 6 页。

莲花、菩提树、芒果树、蔓草等植物纹饰。在佛塔的栏楯上常以各种变形的莲花图案为主，兼有蔓草图案，这是佛塔装饰美化的基本要素。用莲花作为佛塔的装饰，是与莲花的“清净”、“光辉”及“多产”有关，因此，莲花的装饰纹饰常以水中生出波浪形的莲花为主，在连续的波浪变形中不断生出新的根茎，并在空隙之间绘有水禽嬉戏，给人以无限的生命力幻想。在浮雕莲花的方法上，给人一种繁复、纤巧和华丽的感受，幅面中心为莲子，周围是花瓣，花瓣有三重、四重以至五重。当然除莲花纹之外，蔓草纹、忍冬花纹和锯齿状饰带，也线条清晰、强劲，富有生命的力感。在盛开的莲花蔓草间，还有野鹅和孔雀装饰图案纷然杂陈，让人纷乱迷离。

虽然窣堵波上的这些浮雕装饰具有浓烈的宗教象征意义，但也造成了佛塔以美的形象呈现于人们的面前，即佛塔要与艺术紧密相连，艺术充当了图解佛教教义、宣扬佛法无边的工具，这就无形当中成就了对佛塔的审美，同时也拉近了信徒们与佛塔的距离，增加了对现实生活的感受。如阿育王时期建造了很多窣堵波，这些窣堵波都很注重装饰美化。唐玄奘在《大唐西域记》中所描绘的阿育王窣堵波有的高达百余尺，“以妙珍宝而莹饰之”①，可见是非常美观。在人物的雕刻上，最具有观赏价值和艺术魅力的就是药叉、药叉女形象。药叉、药叉女都是印度民间信仰的精灵，代表着生殖崇拜的传统。药叉是男性的精灵，药叉女是女性的精灵，他们常栖息于山林旷野和果树花草之中，促使生命的繁衍生息。用药叉与药叉女雕像装饰佛塔，可以起到守护神或门神的祈福、辟邪的作用。在佛塔的雕像上，药叉的形象较为男性化，体魄强健、孔武有力；药叉女的雕像较为女性化，腰细臀圆，乳房浑圆高耸，珠宝饰物佩戴较多。早期的药叉、药叉女雕像正面直立像较多，动态感不足，面貌类型化，表情呆板。到巴尔胡特塔的装饰上，情况略有改变，如“旃陀罗药叉女”中的药叉女，“虽说还是正面直立，表情呆板，但四肢已呈现生硬的动态。她倦慵地依附着一棵盛开的果树，

① （唐）玄奘撰，董志翘译注：《大唐西域记》，中华书局2012年版，第157页。

上身裸露，乳房饱满，右臂抬起，手攀树枝，左臂和左腿拥抱树干，左手从自己的阴部拈出一枝鲜花，脚下踩着一只早期形态的羊头鱼尾的摩卡罗（摩卡罗是代表河水繁殖能力的怪兽，通常状如鳄鱼），表明她是花树的精灵、生殖的女神。她的头巾图案精美，长长的发辫上插着一朵鲜花。除了耳环、多重项链、腰带、手镯和脚镯等珠宝饰物，额头和面颊上还有吉祥花纹"①。

图 1-7　桑奇大塔东门的药叉女

（采自常青：《中国古塔的艺术历程》，陕西人民美术出版社 1998 年版，第 14 页）

到了桑奇大塔的药叉女雕像，其身姿的优美、动态的灵活、表情的自然、装饰的繁缛富丽等使药叉女的形象非常具有审美的效果，给人以极大的审美心理满足。我们从"桑奇药叉女"（图 1-7）这一雕像来具体加以论述：首先，这个药叉女身姿美好，动感十足。她的整个身子悬挂在整个建筑结构之外，其右臂抱着芒果树干，左手攀着簇叶丛生、芒果累累的树枝，双腿前后自然交叉，左脚抬起抵着树干，好像纵身一跃，自挂东南枝，凌空飘荡，动感十

① 王镛：《印度美术》，中国人民大学出版社 2010 年版，第 53 页。

足。其次，女性人体美的塑造给人以很好的审美观感。“她的头部向右倾斜，胸部向左扭转，臀部又向右耸出，全身构成了富有律动感的S形曲线，这种S形的身体姿势被称为‘三屈式’”①，逐渐成为印度女性人体美的艺术规范，为后世印度雕刻、绘画所沿袭。女性人体美主要体现胸部、腰部、臀部三段位置，其形状、比例和动态尤为重要，现代所谓“三围”也是衡量女性人体美的重要尺度。“三屈式的S形曲线恰恰把女性人体美集中、夸张地凸显出来，因而受到了最佳的审美效果。按照视觉审美心理的惯性，S形曲线结构具有天然的向直线复位的趋势，因此三屈式的女性人体动态充满了欲求伸展的弹性和从内向外的张力，把女性内在骚动不安的性爱欲望和生命冲动表现得淋漓尽致。这种三屈式的造型规范正符合药叉女作为生殖精灵的本质特征。”② 再加上药叉女健壮有力的四肢、柔韧细滑的腰肌、浑圆高耸的乳房，以及耳环、项链、长串手镯、脚镯和一条缀满金属环饰的腰带更能彰显女性的性感魅力。

我们观赏桑奇窣堵波的塔门，给人印象最为深刻的就是雕镂满眼的繁缛富丽之美，在面积不大的立柱和横梁上雕满了密密麻麻的人物、动物、植物和建筑形象，几乎不留一点空隙，并且布局匀称、比例适当、线条清晰、形象丰富，这反映了印度人酷爱繁缛富丽的装饰的审美文化观念。这种审美文化观念恐怕来源于生殖崇拜乃至宇宙生命崇拜的宗教、哲学思想，在这种意义上，印度艺术装饰的繁缛象征着宇宙生命的繁盛。尽管如此，人们还是从充满活力的动物、枝繁叶茂的植物、动态感十足的人物中感受到了现实生活的美好。正如常任侠先生所说的：“山奇的匠师们……充满着对于大自然的喜悦情感，对花木和动物，有精致的了解和爱好，这画面也就是赞颂自然的诗篇，这些故事，与其说他们表现的是佛教寂灭无为的理想，还不如说是对生活的最强烈、最天真而且世俗式的爱好，他们所雕刻的圆雕女药叉像，如在北门及东门上所见的，曲线

① 王镛：《印度美术》，中国人民大学出版社2010年版，第71页。
② 王镛：《印度美术》，中国人民大学出版社2010年版，第71页。

优美，胸部丰满，焕发着青春的活力，这可以看出他们对于人间社会是如何爱恋。”①

法国著名的东方学家雷奈·格罗塞也认为桑奇的艺术象征具有印度佛教的鲜明特色，他说：

> 山奇（桑奇）的艺术仍然为特有的印度形式。它的一般灵感乃是印度的，并且完全属于佛教的，其大部分花或兽的主题也是如此——自美妙的莲花卷涡纹，以致天鹅、孔雀和象，在这里都做了主要的装饰题材。此外，在山奇也和巴尔胡特相同，佛陀本身是用某些象征物来代替，这一习惯手法也是印度式，而且是佛教式的。于是，一只小象就暗示着，或更可说，代表着“托胎”；摩耶夫人坐在莲花上，周围小象向她喷水，代表“降诞”；有时只用一朵莲花即代表这一变相；一匹空马，象征“出家”；魔或魔女在一株树和一个空座之前，这表示魔军的侵扰和诱惑；只有一株树和一空座，象征“成道”；法轮是“说法”；伞盖和宝座一般即用以代表佛；云路表示自空中返回迦毗罗卫城；塔代表涅槃。三股叉代表“三宝”：即佛、法、僧。②

需要说明的是印度艺术的象征具有一种程式化的风格。不仅窣堵波的建筑造型及其上面暗示佛陀的菩提树、台座、伞盖、足迹、法轮等象征符号，构成了一套程式化的模式，一直没有改变，后来佛像或神像的立姿、坐姿、手势，以及发型、服饰、标志和持物，都有固定的模式，也有特定的象征意义。还有药叉女雕像的“三屈式”造型，成为印度艺术偏爱的标准女性美规范，等等。

---

① 常任侠：《印度与东南亚美学发展史》，上海人民美术出版社 1980 年版，第 15 页。

② ［法］雷奈·格罗塞著，常任侠、袁音译：《印度的文明》，中华书局 1999 年版，第 42~43 页。

二、塔像一体的印度高塔

1. 高塔的造型

随着佛教的广泛传播，到公元4世纪的笈多王朝时期，在印度的佛教圣地佛陀伽耶、萨尔纳特、鹿野苑等地和西北犍陀罗地区出现了一种与桑奇大塔的建筑造型完全不一样的高塔。但是，这个时代现存的单独的高塔不多且大多残缺不全，我们只能从现存的几处笈多王朝时期的高塔遗址加以形象地说明：现在保存的佛陀伽耶高塔已是后来改建的，关于其最初的造型，估计始于笈多时期，我们可以从巴特纳近郊库木拉哈尔出土的一块圆形石板上的浮雕高塔形状看出大致情形（见图1-8）。

图1-8　浮雕高塔石圆版

（采自晁华山：《佛陀之光——印度与中亚佛教遗迹》，文物出版社2001年版，第76页）

这座浮雕高塔有五层，底层十分高大，且在底层开了一个大大的拱门龛，龛内有坐佛像。以上四层高度骤减，各层都有拱门龛，塔顶有一座小覆钵塔。整座塔呈一个梯形，线条硬直，上面满布佛龛，显得雕镂满眼。关于笈多王朝时期的佛陀伽耶高塔，大唐高僧玄奘曾在当地见过，他说，高塔高“百六七十尺”，高度大约相当于现代的 40 米,① 表明笈多时代的高塔已远远不同于桑奇大塔的形制，窣堵波已成为高塔的一个装饰，特别是在高塔内建造佛堂，佛堂内供佛像，信徒们可以在佛堂内礼拜佛像。从礼拜的意义上说，佛堂是核心部分，那么这个高塔也成为高塔式佛堂，它在寺院中取代了覆钵塔的地位，把其变为高塔的顶部装饰，成为寺院的主要建筑。

除了方形的塔基上以四方形的塔身呈现的高塔外，在笈多王朝时期的萨尔纳特的鹿野苑，即释迦牟尼第一次说法的地方也建有很多的高塔，其中最著名的就是法轮塔（图 1-9）。“这座塔建有圆形的高台基，有 32 米高，表面用大石条砌筑而成，并且做成了八个仰莲瓣，每个莲瓣的中心都有一个佛像龛；圆形台基之上是圆柱形的塔身部分，最上面是一个覆钵丘。塔身和覆钵丘都用砖包砌。这座塔虽属于覆钵式一类，但它的形制比阿育王时代开始流行的那种

图 1-9　萨尔纳特鹿野苑法轮塔

（采自晁华山：《佛陀之光：印度与中亚佛教胜迹》，文物出版社 2001 年版，第 78 页）

① 晁华山：《佛陀之光——印度与中亚佛教圣迹》，文物出版社 2001 年版，第 76 页。

大塔已经明显地向着细高方面发展了。”① 可以看出，这是在高大的圆形台基上以圆柱形的塔身呈现出来的一种高塔形式，它已完全改变了桑奇窣堵波坟墓的造型，给人的审美感受是“细高”。

印度西北部的犍陀罗地区从公元 1 世纪初到公元 5、6 世纪一直是贵霜王朝的统治中心。“它以巴基斯坦北部的白沙瓦为中心，西北到达阿富汗东南部的哈达，东南到印度河东岸的塔克西拉，北面可到巴基斯坦北部的士瓦特。”② 这个地区早期的佛塔还是覆钵塔的样式，覆钵丘显得较为低矮，其代表是玛尼克亚拉塔、布卡拉大塔和达摩拉吉卡大塔，这些塔均是早期的代表作。

后来覆钵丘就逐渐升高，并且台基呈现方形。关于犍陀罗佛塔的演变及其建筑造型，巴基斯坦的瓦利乌拉汗在《犍陀罗艺术》一书中有详尽的描绘：

> 古代窣堵波的底是圆形的，上面有较矮的多少成半球形的塔身。如南印度的桑奇（约前 150 年）……但到后来，特别是在西印度即犍陀罗地区，由于希腊建筑艺术的影响，窣堵波的形态与结构发生了一些变化。起初，窣堵波基坛是圆形的……后来，窣堵波的基坛也受到希腊的影响而变成方形，各层的装饰也更为繁缛，显得十分拥挤。③

可见，受古希腊建筑风格的影响，犍陀罗佛塔已完全不同于古印度佛塔的窣堵波造型，它已把基坛的圆形改造成方形，且大大升高了这个方形的基坛，并且在各层都有繁缛的装饰，至于塔身还是半圆形的窣堵波，不过弯曲的弧线大大向上延伸，增高了整个覆钵。正如日本的宫治昭指出，犍陀罗“窣堵波形制，方形的基座

① 常青：《中国古塔的艺术历程》，陕西人民美术出版社 1998 年版，第 22 页。

② 常青：《中国古塔的艺术历程》，陕西人民美术出版社 1998 年版，第 31 页。

③ 张同标：《长江流域早期楼阁式佛塔形制特征》，《湖南大学学报》（社会科学版）2011 年第 5 期。

上面是一到二层的圆柱体塔身和覆钵，覆钵的顶上有多层的伞盖，这些是窣堵波基本的地方特征”①。中国学者晁华山也说：“犍陀罗覆钵塔没有栏楯和塔门，因而将浮雕转移到方形基坛四周侧面，以及塔身柱面。浮雕题材除纹饰外，还有成套的连续佛传，并有许多龛像。”② 这可用哈达残塔（图 1-10）为例加以说明：“被加高的部分被分成方形基座和圆柱形塔身两部分。四方形台座与中印度桑奇塔那样的圆形台基不同，表现为犍陀罗佛塔的惯例，柱形塔身可以视为桑奇塔圆形塔座的纵向拉伸或层层叠加，分为三层，与台座一样，都表现希腊罗马式的以科林斯式样的柱子支撑的建筑，佛像居于廊柱之间。哈达残塔上方的覆钵和相轮部分，已残损，这一遗憾，又已由另一件著名的供养塔得以弥补。该塔发现于罗里延唐盖，由三部分构成：①方形塔座，②圆柱形塔身，③平头和伞盖。三部分的比例大约是 1∶2∶2。”③ “平头是倒置的梯形台，再向上有多重伞盖，伞盖向上逐渐缩小。”④ “犍陀罗佛塔之所以纵向发展得高大雄伟，主要是把传统窣堵波基座改建为多层楼阁式塔。”⑤ “基座之所以变得越来越高大，是与安置佛像的功能性要求有关。佛塔原本是象征性的，不具备偶像崇拜的意义。当佛塔与偶像崇拜结合起来的早期，这一做法意味着偶像崇拜依据于佛塔开始具有普遍性”⑥。

著名的犍陀罗高塔有巴基斯坦白沙瓦东南部的“迦腻色迦王

---

① ［日］宫治昭撰，李萍译：《犍陀罗美术寻踪》，人民美术出版社 2006 年版，第 120 页。

② 晁华山：《佛教之光：印度与中亚佛教胜迹》，文物出版社 2001 年版，第 148~150 页。

③ 张同标：《长江流域早期楼阁式佛塔形制特征》，《湖南大学学报》（社会科学版）2011 年第 5 期。

④ 晁华山：《佛教之光：印度与中亚佛教胜迹》，文物出版社 2001 年版，第 150 页。

⑤ 张同标：《长江流域早期楼阁式佛塔形制特征》，《湖南大学学报》（社会科学版）2011 年第 5 期。

⑥ 张同标：《长江流域早期楼阁式佛塔形制特征》，《湖南大学学报》（社会科学版）2011 年第 5 期。

图 1-10　哈达覆钵塔白描图

（引自晁华山：《佛陀之光：印度与中亚佛教胜迹》，文物出版社 2001 年版，第 149 页）

大塔”、东北部的“士瓦特大塔”以及西部的哈达大塔。“迦腻色迦王大塔”，位于巴基斯坦白沙瓦东南部的沙基克代理镇，现存的只是一个遗址，19 世纪经考古学家发掘塔基之后，“发现它的塔基是四方形，每边的长度可达 87 米，还分别向四方伸出了台阶”①。至于上部的建筑样式，因全部毁坏，不得其详。但我国东晋的高僧法显与唐代著名的玄奘法师都曾记载过这个大塔，并称其为“雀立佛图”。法显《佛国记》记载曰：

> 于是王即于小儿塔上起塔，高四十余丈，众宝校饰。凡所经见塔庙，壮丽威严，都无此比。传云：阎浮提塔，唯此为

① 常青：《中国古塔的艺术历程》，陕西人民美术出版社 1998 年版，第 31 页。

上。王作塔已，小塔即自傍出大塔南，高三尺许。①

玄奘《大唐西域记》对其的记载最为详细：

卑钵罗树南有窣堵波，迦腻色迦王所建也。……见有牧牛小竖，于林间作小窣堵波，其高三尺。……周小窣堵波，更建石窣堵波，欲以功力弥覆其上，随其数量，恒出三尺。若是增高，逾四百尺。基址所峙，周一里半。层基五级，高一百五十尺。方乃得覆小窣堵波。王因喜庆，复于其上更起二十五层金铜相轮，即以如来舍利一斛而置其中，式修供养。营建才迄，见小窣堵波在大基东南隅下傍出其半，王心不平，便即掷弃，遂住窣堵波第二级下石基中半现，复于本处更出小窣堵波。②

从上述文献资料可知，迦腻色迦王大塔平面呈方形，四面有阶梯状踏道，有五层塔基，逐层往上缩小，塔基上置半球形的覆钵，其上置二十五层的相轮，并且用很多珍贵的珠宝装饰，很是豪华壮观。

“士瓦特大塔”（图 1-11）完整地保存了圆柱形的塔身和覆钵，哈达大塔不仅拥有方形的台基和圆柱形的塔身，且塔身的表面还分三层做出了立柱、横梁与坐佛像。要想完整地了解这些高塔的造型，我们可以根据犍陀罗地区出土的许多作为供养用的小塔来推想大塔的原有风貌：“如在巴基斯坦罗里延唐盖出土的一座供养塔（图 1-12），塔下有方形的台基，台基的上方是圆柱形的塔身，在塔身的表面四周分布着三层雕刻，下面的两层是佛像龛，上面一层是菱形格状的纹饰；塔身的上面为大体呈半球形的覆钵丘，覆钵丘的表面有浮雕的覆莲瓣，并且向着正面伸出了一个佛像龛；覆钵上

① （东晋）法显撰，田川译注：《佛国记》，重庆出版社 2008 年版，第 72～73 页。

② （唐）玄奘撰，董志翘译注：《大唐西域记》卷二，中华书局 2012 年版，第 144 页。

图 1-11　巴基斯坦士瓦特大塔

（引自常青：《中国古塔的艺术历程》，陕西人民美术出版社 1998 年版，第 31 页）

的平头呈倒置的梯形台，平头的上方有七重伞盖，向上渐小，呈圆锥形。"① 还有，"巴基斯坦士瓦特的塞都大塔（图 1-13）曾经出土过一个塔形舍利容器，这个小型石雕品大约制作于公元 3—4 世纪，高 16.1 厘米，在多半球形的覆钵式塔身下部，有圆形束腰叠涩的台基和塔座，上沿都装着一周建筑构件；覆钵式塔身表面以线刻的方式装饰着一周双层覆莲瓣，覆钵上部是圆形的刹杆与向上渐小的六重相轮，组成塔刹"②。从这些现在保存的供养塔的形貌，我们可以大体推测出犍陀罗地区高塔的造型特征：台基大多是方形，且层次加高，桑奇大塔周围环绕的栏楯与塔门已完全消失，代之以围绕覆钵和基坛的壁柱和壁龛。壁龛内供奉着佛像、菩萨像。覆钵显著增高，伞盖增至七层以上一长串的相轮。大塔周围多建有与大塔形制雷同的奉献塔。大塔与奉献小塔的覆钵外围和基坛侧面，装饰着佛教故事，浮雕嵌板。"犍陀罗浮雕的构图方式，不同

① 常青：《中国古塔的艺术历程》，陕西人民美术出版社 1998 年版，第 32 页。

② 常青：《中国古塔的艺术历程》，陕西人民美术出版社 1998 年版，第 32~33 页。

于巴尔胡特、桑奇浮雕那种一图数景的连续性构图和密集紧凑的填充式构图，而是采用一图一景的单幅构图，即每一幅浮雕叙述一个单独的故事情节，连续的故事情节则以两幅或多幅浮雕画面表现。在一幅浮雕两侧或两幅浮雕之间往往以仿科林斯壁柱框起或隔开。浮雕画面以人物特别是以佛陀为中心，基本采用西方的平行透视，每组人物一般从右向左站成一横排，偶尔点缀舞台道具式的景物，疏密相间，留有空白，类似希腊、罗马雕刻。”①

图 1-12　罗里延唐盖出土供养石雕塔

（引自晁华山：《佛陀之光：印度与中亚佛教胜迹》，文物出版社 2001 年版，第 150 页）

① 王镛：《印度美术》，中国人民大学出版社 2010 年版，第 85 页。

图 1-13　士瓦特的塞都大塔出土的塔形舍利容器
（采自常青：《中国古塔的艺术历程》，陕西人民美术出版社 1998 年版，第 32 页）

这种造型的高塔，结构元素虽然没有改变，仍然包括塔基、塔身和塔刹几个部分，但与桑奇大塔相比有三点不同：一是桑奇大塔的栏楯与塔门已完全消失，壁柱和壁龛则围绕在覆钵和基坛的周围，壁龛内供奉着佛像、菩萨像，覆钵的外围和基坛的侧面则装饰着佛教故事，浮雕嵌板。二是塔基、塔身和塔刹都被大大地拉高了，塔基由原先的圆形变为多层的四方形，塔身也由实心变为中空，以便设置佛像，塔刹的覆钵部分比例缩小，但相轮部分层数增加，这样整体上就给人一种气势雄伟，高耸挺拔的感觉，一改桑奇窣堵波浑朴低矮地匍匐于大地；三是在塔身上出现了佛像，改变了窣堵波时期以动植物形象来象征佛陀的局面。

2. 高塔的神圣色彩

这两种高塔造型的出现，源于大乘佛教教义的传播和希腊化文化的影响。贵霜时代盛行大乘佛教，大乘佛教与古印度小乘佛教的区别之一就是它的有神论思想。它认为宇宙的唯一实在和最高本体就是“如来”神，而佛教创始人释迦牟尼只是“如来”神的许多暂时化身之一，为普度众生而显现为人形的救世主、人格化的神。并且大乘佛教的经典要把这种人格化的神塑造出来，如《般舟三昧经》明确指出："复有四事，疾得是三昧，一者作佛形象，用成是三昧故。"① 大乘佛教这种使佛陀神话化、人格化的风尚和当时犍陀罗地区盛行的希腊化文化"神人同形"的造像传统恰恰相符。希腊人自古就有崇尚健美的人体，并模仿健美的人体塑造神像的风尚习俗，罗马人也继承了希腊人雕刻人形神像的传统。再加上贵霜时代，迦腻色迦王对宗教的宽容政策，使得犍陀罗艺术家不再满足于单纯地用象征符号来代替佛陀，而是毫无顾忌地大胆运用人格化的新神佛陀偶像雕刻附丽于佛塔建筑之上，使得佛塔成为佛像的载体而不得不改变原先的半圆形造型，逐渐往高空发展，变得高大挺拔。同时因为少了中印度窣堵波周围环绕的栏楯和塔门，因此，一些浮雕不得不转移到台基和圆柱形塔身的四周表面，自身的装饰相较于中印度的窣堵波就显得更加繁缛富丽，雕镂满眼。适应佛像崇拜礼仪的需要，在大塔的周围还建有佛堂，以供信徒住宿礼拜，这样就形成了犍陀罗地区所特有的以塔为中心的寺院布局形式，后来，这种佛寺布局形式传到了中国。

高塔上因为装饰了佛像而使高塔与佛像融合一体。此时高塔的佛像主要受希腊人、罗马人塑形影响较大，佛祖形象一般是希腊美男子的形象，显得威武、雄壮、静穆。佛像的雕刻改变了早期窣堵波时期的象征艺术手法，使信徒对佛陀有一种神的崇拜，神圣性较为浓厚。佛塔也因佛像的附丽而变得崇高与神圣。

3. 从支提看印度佛塔从窣堵波到高塔的演变

实际上，这种由低矮敦实的半圆形窣堵波到高耸雄伟的高塔的演变还能从"支提"的变化中找到相似的发展脉络。所谓"支提"，就是"在印度原为刻有纪念性佛塔和其他雕刻的石窟，塔在窟的后部，塔前有一个较大的礼佛集会的场所"②。也就是说，印度人把外面的塔移到石窟里面，塔仍然是崇拜的中心，这时的塔就

① 《大正新修大藏经》卷十三，日本大正一切经刊行会 1922—1934 年版。

② 罗哲文：《中国古塔》，中国青年出版社 1985 年版，第 6 页。

图 1-14　印度阿旃陀第 10 窟

（采自常青：《中国古塔的艺术历程》，陕西人民美术出版社 1998 年版，第 27 页）

变成了“支提塔”。这一位置的移动，至少使佛塔出现了两方面的变化：一是窣堵波原先的栏楯和塔门都消失了；二是塔的比例大为缩小，但塔的台基却逐渐升高。当然，这主要是受石窟开凿的自然条件限制造成的。

印度是世界上保存石窟最多的国家之一。它的石窟主要分为两类：一类是以礼拜塔为中心的塔堂窟，音译为支提或支提窟；一类是供僧人居住的僧房窟，音译为毗诃罗或毗诃罗窟。窟内有圆形的台基和台基上的覆钵丘所组成的覆钵塔，塔是教徒礼拜的中心。早先支提窟的形制是前后分为两室，前室平面呈长方形，后室是圆形的半球顶的礼拜堂，在堂中心放置一个圆形的覆钵塔，前后两室用带有甬道的墙隔开。后来甬道的墙被拆除，用两排密集的列柱所代替，逐渐就形成了标准的支提窟的造型：“主室大厅平面呈长方形，内部空间高大宽敞，最里端凿成半圆形，中间安置一座覆钵形的佛塔，环绕着佛塔和大厅的两侧凿出了列柱，在列柱与窟室墙壁之间形成了一个礼拜道，以供信徒们做绕塔礼拜。”① 支提窟里面的佛塔不可能有佛祖的舍利，原因在于佛塔是直接在岩石中开凿出来的，但是这仍然没有改变信徒们非理性的宗教迷狂将佛塔作为礼拜中心的精神崇拜。印度早期塔堂窟里的佛塔都是平面圆形的覆钵式塔，相对于外面的庞大的窣堵波，塔的比例大为缩小，结构也较为简单，只是维持了圆形的塔基、半圆形的塔身、方形的平头以及相轮。周围的栏楯和高耸的塔门都消失了，方形的平头上用砖石叠涩的上大下小的伞盖，其上再加上多重的相轮，相较于外面的窣堵波特别引人注目，这也是支提塔相异于外部的窣堵波的特异之处。另外，塔上的雕饰也很简单，显得较为朴素。如在公元前 2 世纪到公元前 1 世纪沙多婆诃那王朝强盛时所开凿的巴雅石窟第 12 窟就是一座标准的塔堂窟，里面的佛塔只有一层圆形的塔基，上面是低矮的半球形的覆钵丘，显得结构简单，造型朴素。“其他地点、年代与此形制相近的塔堂窟有皮塔尔阔拉（pitalk hora）第 3 窟、昆达诺（Kondane）第 1 窟，阿旃陀第 10 窟、奥兰伽巴德第 4 窟等。”② 不同的是，阿旃陀第 10 窟中的佛塔（图 1-14）是两层的台基，佛塔的高度明显地往高处发展，半球形的覆钵的曲线相较于桑奇窣堵波的曲线明显地向上升高，显得往上升腾的意愿较为强烈，在一定程度上冲淡了桑奇窣堵波给人的沉重与压抑之感。与此相类似的还有纳西克石窟的第 18 窟，这也是一座典型的塔堂窟，窟内佛塔的覆钵丘已经超过了半球形，比例大为增高，向上升腾的曲线更加明显，宇宙意识更加强烈，可以说在很大程度上已经改变了桑奇窣堵波外形坟墓的造型特点，变得像个钟，因此，这种佛塔有时被称为“钟形塔”。相似的例子还有阿旃陀第 9 窟和贝德萨的早期塔堂窟。特别要说明的是大约公元 2 世纪开凿的卡尔拉石窟中的塔堂窟是最为宏伟的，长 37.9 米，宽 13.9 米，窟内的覆钵塔

① 常青：《中国古塔的艺术历程》，陕西人民美术出版社 1998 年版，第 26 页。

② 晁华山：《佛陀之光——印度与中亚佛教圣迹》，文物出版社 2001 年版，第 41 页。

(图1-15）有两重台基，台基上安置着平头和伞盖。这一点和阿旃陀第10窟中的佛塔相类似，仔细比较可以发现，卡尔拉石窟中的佛塔的台基上下两层有明显的收分，形成上小下大的和谐比例，再

图 1-15　印度卡尔拉塔堂窟

（引自常青：《中国古塔的艺术历程》，陕西人民美术出版社 1998 年版，第 28 页）

加上圆形的覆钵丘和第二层台基也有明显的层次，并且下层的台基周围以等分的凹龛环绕四周，显得装饰富有逻辑性，这样总体上就给人一种比例和谐、层次清晰的感觉。而阿旃陀第 10 窟的佛塔虽然逻辑层次性也很清晰，但相较于卡尔拉石窟中的佛塔，无论是上下层次的收分，还是装饰性的效果都稍逊一筹。从形式的美感来看，卡尔拉石窟中的佛塔更具有美感。

越往后，这种支提塔形式的美感越强烈。如属于公元 2 世纪至 3 世纪期间的“坎黑里塔堂窟中的佛塔（图 1-16）有着较高的两层台基，上面的覆钵也已超过了半球形，平头上面的伞盖是雕刻在窟顶上的，成为了连通窟内地面与窟顶的佛塔形式”①。

从图 1-16 来看，这个佛塔最引人注目的就是两层较高的台基，

① 常青：《中国古塔的艺术历程》，陕西人民美术出版社 1998 年版，第 27 页。

图 1-16　印度坎黑里塔堂窟

（采自常青：《中国古塔的艺术历程》，陕西人民美术出版社 1998 年版，第 28 页）

给人以高耸的感觉，和高耸的台基相比，上面的覆钵比例大为缩小，它已不再是规则的半圆形的球体，而是在一定程度上呈现出椭圆形的形状，伞盖与窟顶的相连，使得佛塔所表达的宇宙观念更为强烈，仿佛整个穹窿都是佛塔的延伸，象征意味更浓。

阿旃陀第 19 窟（图 1-17）和第 26 窟，都是印度后期典型的塔堂窟。两窟中的佛塔台基都被大大升高了，并且在台基的正面都开出了大佛龛，龛内都雕造了立体的佛像。台基的上面是椭圆形的覆钵丘，再上面是平头和向上渐小的多重伞盖，伸向洞窟的顶部。这些塔堂窟中的佛塔与我们所论述的印度塔堂窟中的佛塔相比差异性是显而易见的，具体表现为：塔的台基更加高大，比例更加和谐，显得修长而秀丽；装饰更加繁缛，台基的四周被繁缛的植物纹饰和几何纹饰所覆盖；在塔的四面用壁柱和火焰形的卷面开了佛龛，佛龛内放置立体佛像，佛像把原先的覆钵和台基连接起来，成为信徒的视觉中心，而佛像和佛塔融为一体的整体造型，代替了早期作为佛祖象征物的单纯的支提，很显然受到了中亚犍陀罗佛塔的影响。

埃罗拉石窟中的第 10 窟（图 1-18）是规模较大的塔堂窟，里面的佛塔相比于阿旃陀第 19、26 窟中的佛塔造型又有很大的发展，

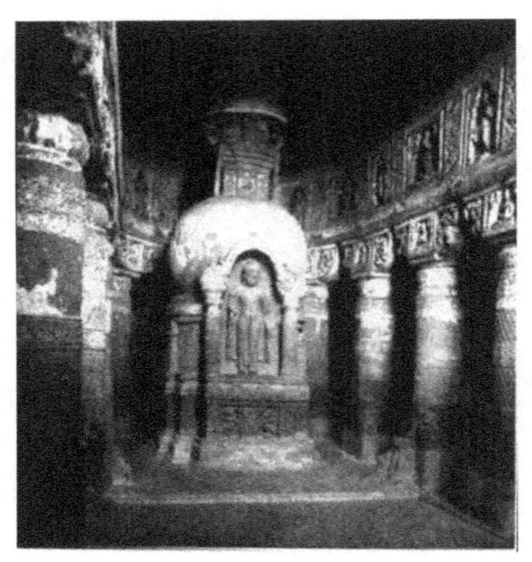

图 1-17　印度阿旃陀第 19 窟

（采自常青：《中国古塔的艺术历程》，陕西人民美术出版社 1998 年版，第 29 页）

“窟内佛塔的台基如同一座高大的圆柱，上面的覆钵丘已变成了扁圆低矮的球形，平头也被刻成了四出方形；在台基的前面伸出了一所高大的倚坐佛像龛，主佛的身体两侧各有一身胁侍立菩萨像。很显然，佛塔前面的倚坐佛像，就是这所洞窟中的主要崇拜对象”①。

从审美文化的角度来审视上述支提窟中佛塔的造型变化，我们可以发现：功能上，对佛祖及其化身佛塔的非理性的宗教迷狂和精神崇拜一直支配着佛教徒的信仰中心，以神为本的文化理念一直没有改变，稍微变化的只是从早期对佛祖的象征物的崇拜变为后期直接对佛祖佛像的崇拜。形式上，佛塔的台基由早期低矮的一层逐渐向高耸的二层发展；覆钵丘由规则的半球形逐渐向不规则的椭圆形演变；平头由叠涩而出的上大下小逐渐变为四出的方形；伞盖由较大的单层逐渐向较小的多层发展；装饰上由简单、朴素到复杂、繁

① 常青：《中国古塔的艺术历程》，陕西人民美术出版社 1998 年版，第 29 页。

图 1-18　埃罗拉塔石窟
（采自晁华山：《佛陀之光：印度与中亚佛教胜迹》，文物出版社 2001 年版，第 104 页）

缛；佛像上由单尊到一主二从；审美感受上，由沉重、低矮的崇高美到细长、秀丽的优美，等等。

第三节　西域的佛塔

这种高塔基的覆钵塔在其他地区也有许多发现。1968 年，张驭寰先生在我国新疆地区（即西域）考察发现了许多东汉末年建造的土塔遗迹，这些遗迹主要有："楼兰古城中有佛寺、佛塔；在尼雅遗址及其附近有佛塔。除此以来，在高昌城和交河古城中也有佛寺和佛塔。其他如提英土佛塔、楼兰高台佛塔、密兰土佛塔、库车巴什东塔、安迪悦佛塔、洛浦热瓦克佛塔、尼尔河佛塔。"① 如"喀什地区的莫尔佛塔，该塔为方形塔基，边长 12. 3 米，圆柱形塔身，塔身之上为覆钵，残高 12. 8 米，修建于魏晋时期，是古代疏

① 张驭寰：《中国佛塔史》，科学出版社 2006 年版，第 3 页。

勒的重要佛教遗迹。"① 这些塔都建在佛寺里，都用夯土板筑建造。这些"土塔的构造方式及其式样基本上是相同的，没有较大的差别……其平面基本做方形或折角形，每座土塔都有大型的基座，实际上其形状为'亚'字形……塔身基本上做成圆形，塔身都是实心体的，不过这些土塔塔体都建得比较大，基本上采用'塔婆式塔'的式样"②。从上述所引材料可知，东汉前后的西域佛塔应该类同于印度的犍陀罗佛塔，也可以这样说，东汉前后的西域佛塔建筑形制是直接借鉴印度犍陀罗佛塔的建筑造型而建成的。

在克孜尔石窟的壁画中出现了几种造型别致、姿态优美、装饰华丽的壁画塔。这些壁画塔可以弥补露天土塔的形象残缺。这些塔按其细部特征可分为两类：一是龛中置舍利盒或佛像的佛塔。这类佛塔在建筑形制上基本一致，基本上都有长方形的基台，有的还作须弥座，基座有下枋、束腰、上枋，上枋都做斜面犹如屋顶；基座上为立方形的塔身，塔身正面开龛，龛楣为圆拱形，两端下侧向上卷起呈钩状，龛内置舍利盒或坐佛像，塔身之上置覆钵，有的还置两覆钵，覆钵之上竖圆锥形的相轮，其上置弯月和宝珠，两侧悬双幡或四幡。

二是带踏道的佛塔。主要集中于克孜尔石窟第 97、107A、186 等窟和库木吐喇石窟第 58 窟壁画中。这种佛塔一般都做须弥座，基座有上枋、束腰、下枋，座前置一踏道，方形塔身，塔身上开龛，有的龛上还开双门，龛内绘坐佛，塔身之上置覆钵，覆钵上置圆锥形的塔刹，刹顶置弯月和宝珠，两侧悬双幡。

关于这些佛塔所属年代，宿白先生进行了研究界定，大体上第 13、38、80 窟属于三国、两晋时期；第 17、171、172 窟属于东晋、南北朝时期；第 107A 属于隋唐时期。③

① 新疆维吾尔自治区文物事业管理局等：《新疆文物古迹大观》，新疆美术摄影出版社 1999 年版。

② 张驭寰：《中国佛塔史》，科学出版社 2006 年版，第 4~5 页。

③ 宿白：《克孜尔石窟洞窟阶段划分与年代等问题的初步探索》，《中国石窟·克孜尔石窟（一）》，文物出版社 1989 年版。

这些壁画塔的造型特征基本上都与犍陀罗地区的佛塔相类似，相似点主要有：一是都是方形塔基；二是塔上的覆钵不再成为整个佛塔的主要部分，而是覆钵大大缩小，被放置于高塔身的上面；三是佛像置于塔身内部，或佛像雕刻附丽于佛塔；四是佛塔都重视繁缛富丽的雕刻装饰。除了这些相似点之外，龟兹地区的克孜尔佛塔也具有自身的特征，主要表现在以下几个方面：一是台基上面是单层的塔身，正中绘着一尊坐佛像；二是塔身上部有束腰覆莲台座与覆钵丘；三是圆锥形的多重相轮，在三叉形的塔刹尖处有弯月和宝珠，并悬挂着双幡或四幡；四是有的塔身还有双扇门。

虽然西域的露天塔损毁严重，导致我们现在不能看到它们的整体造型风格和装饰美化，但龟兹地区的克孜尔石窟甬道两侧的壁画塔的形象却能够弥补我们这方面的不足。从克孜尔石窟甬道两侧的壁画塔来看，龟兹地区的佛塔造型非常优美，有方形的台座，一般还做成有上枋、束腰、下枋的须弥座，上枋常做成屋檐状，束腰部分装饰有精美的纹饰；基座上有一层塔身，塔身应该四面都作佛龛，佛龛的龛楣基本上都做成圆拱形，拱券上部有的还用很多花瓣装饰，非常华丽，两端下侧向上卷起呈钩状，卷端之下还设有立柱，柱础呈伏莲、覆盆式的样式，非常鲜明；龛内置舍利盒或坐佛像，有的舍利盒浮雕了精美的纹饰，而结跏趺坐的佛像基本上都采用日月灯佛双手相握式的“树下静观”的样子，① 显得非常娴静和静穆；塔身上置束腰形的覆莲台座，有的是以同样大小的覆钵上下相向置放，并以两端的结构曲线相对称，这种造型看起来非常具有视觉冲击力，可以看出建造工匠高超的技术水平和艺术水准；台座上的覆钵装饰了覆莲花，花瓣饱满，线条富有弹性、力度；呈尖锥形的多重相轮直刺苍穹，给人一种直立上腾之感；上悬弯月与宝珠和随风飘动的风幡，更使佛塔充满了灵气。总之，束腰的须弥座、佛龛的造型、龛楣的装饰、龛内的结跏趺坐的坐佛像、束腰的覆莲台座满布覆莲的覆钵、尖锥形的多重相轮、弯月和宝珠、随风飘飞的风幡等共同装饰了佛塔，使得佛塔具有很好的观赏效果。

---

① 张驭寰：《中国佛塔史》，科学出版社 2006 年版，第 25 页。

从塔往高空发展的趋势来看，贵霜王朝和笈多王朝的高塔与中国佛塔的发展是一致的，也有很大可能是中国的佛塔是以高塔为起源和启示而建造起来的，只是中国佛塔与中国传统的建筑文化相融合，创造了属于自己的楼阁式塔和密檐式塔，形成了独具特色的中国佛塔。

第二章　塔的历代造型特色

第一节　雄浑绮丽的汉魏古塔

一、审美文化的转折及对建筑风格的影响

宗白华先生认为“汉末魏晋六朝是中国政治上最混乱、社会上最苦痛的时代，然而却是精神史上极自由、极解放，最富于智慧、最浓于热情的一个。因此，也就是最富有艺术精神的一个时代”。① 魏晋南北朝时期是中国历史上战乱最为频仍、朝代更迭最为频繁、政治最为黑暗、人民生活最为痛苦的时代之一。这个时期大的战乱，“先有三国之战，再是曹氏与司马氏两大集团之间的权力之争，后是西晋的‘八王之乱’、‘永嘉之乱’，继而是十六国之乱、东晋的‘苏峻、祖约之乱’、南朝梁的‘侯景之乱’以及北朝、西魏的战争等等。”② 这些战乱几乎贯穿了三国两晋南北朝（220—589 年）。这一近 400 年的漫长历史中，各方诸侯是你方唱罢我登场，朝代更迭之快在中国历史上真是前所未有，形成了许多短命王朝，像曹魏（220—265 年）、蜀汉（221—263 年）、孙吴（222—280 年）、西晋（265—317 年）、北方的十六国和西魏（535—556 年）、东魏（534—550 年）、北周（557—581 年）、北

---

① 宗白华：《论〈世说新语〉和晋人的美》，《宗白华全集》（第 2 卷），安徽教育出版社 2008 年版，第 267 页。

② 仪平策：《中古审美文化通论》，山东人民出版社 2007 年版，第 5~6 页。

齐（550—577年）以及南朝的宋（420—479年）、齐（479—502年）、梁（502—557年）、陈（557—589年）等。这些王朝，除了北魏和东晋以外，王朝存在的时间长的也就是五六十年，短的只不过十几年。从这些短命王朝中，我们可以看出这一时期朝代更迭的频繁、政治权力斗争的激烈与残酷、人民生活的痛苦不堪与命运的朝不保夕。这样恶劣的现实生存环境一方面造成了两汉以来国家"大一统"统治局面的被打破和儒家所倡导的王道理想、皇朝权威、正统道德、伦常秩序等往昔被视为神圣的价值观念在被怀疑和疏离中走向暗淡和崩解；另一方面却强烈刺激了士族文人个体的精神超脱、生命安乐、人格独立、情性自由等"内向性"文化意识的空前发展。① 这样，儒学的退隐、玄学的大盛、佛学的浸入就为这一时期"内向性"文化的发展提供了哲学基础，也造成了魏晋六朝人的审美意识和美学理论都发生了重大而深刻的变化。

在玄学、道教、佛学的影响下，魏晋南北朝时期士族文人的审美意识、审美观念、审美方法、审美理想等都发生了重大而深刻的变化，那就是审美意识已从实用、道德的遮蔽中走向独立。无论是社会、人物，还是自然、山川，魏晋六朝的士人们都能以审美的眼光来加以审美的欣赏，从中发现美的价值，放飞自己的心灵，使自我的精神自由、超脱。如魏晋之际，人格美已由汉末的重"德"尚"名"转向了重"才"主"性"，变成了主体智慧、内在精神方面，即"神"的方面，而"瞻形得神"则是获得"神"的显现的方式，即人的内质是靠其外形显现出来，观赏其外形，就能窥悟其神采。这样，在魏晋之际，人们常常重视人的姿色容貌之美，"实际上，在审美文化的意义上，重视人的容貌声色之美，往往与自我价值的发现，个性情感的张扬、生命意义的重建等人文思潮的涌动息息相关。"②

① 仪平策：《中古审美文化通论》，山东人民出版社2007年版，第6页。

② 仪平策：《中古审美文化通论》，山东人民出版社2007年版，第295页。

还有，自然美走向独立是魏晋南北朝时期审美文化转折的一件大事。无论是玄学的“尽意莫若象”，还是佛学的“澄怀味象”都与自然山水之美紧密相连，再加上战乱的频仍、政治的黑暗残酷、道教炼养的需要、隐逸风气的盛行，使得魏晋南北朝时期的士人们把自然山水作为亲近的对象。他们啸傲山林，炼养岩穴，自然山水成为他们娱情悦性的场所，心灵安顿之地，再也不是道德观念的比附了，这就促进了艺术表现的自觉。因此，魏晋南北朝时期人们的审美观念发生的这种变化，使得人们不再把自然山水局限于儒家“比德”的伦理化框架中，而是直接把具有美好形象的事物本身作为美的对象来欣赏，来发现它们独立的审美价值，尤其是自然山水之美，更体现了宇宙的亘古之道和勃勃生机。如：

清夜游西园，飞盖相追随。明月澄清影，列宿正参差。秋兰被长坂，朱华冒绿池。潜鱼跃清波，好鸟鸣高枝。①

……此地有崇山峻岭，茂林修竹。又有清流激湍，映带左右。引以为流觞曲水，列坐其次。是日也，天朗气清，惠风和畅，所以游目骋怀，足以极视听之欲，信可乐也。②

这里的山林清流、丽日和风，不仅让士人们“娱目”，更能让他们“骋怀”；不仅让他们的感官获得了满足，更让他们的心灵体悟到自由。

南朝宗炳在《画山水序》中提出的“澄怀味象”是观赏人格美与自然美的审美体验方式。魏晋之前，人们的审美方式是“观”。“观”在形式上是仰观俯察，远近游目，在内容上则有儒家与道家之别，儒家是现世之观：观人、观志、观风俗，重在实质的一面；道家是宇宙之观，一方面由道观世，另一方面由世观道。先

① 曹植：《公宴诗》，赵幼文校注：《曹植集校注》，人民文学出版社1984年版。

② 王羲之：《兰亭诗序》，《全上古三代秦汉三国六朝文·全晋文》，商务印书馆1999年版，第257~258页。

秦之观，除了仰观俯察的观察方式，就其内容而言，都还不能完全说是审美的。魏晋之后，人物品藻还是“观”，但因为“观”的对象不仅是人的姿色容貌，更是人的才情、气质，而人的才情、气质是靠虚灵性而不是实质性显现，因此，在目“观”的基础上还必须靠心的“体悟”，即“味”才能获得。因此，在魏晋之后，人们的审美方式除了“观”，还要有“味”，这也就是“澄怀味象”成为魏晋之后人们的主要审美方式的原因。①

宗炳认为“澄怀味象”中的“澄怀”是审美观照的主体条件、前提基础，只有“澄怀”才能“味象”。所谓“澄怀”，就是老子提出的“涤除玄览”，也就是庄子所说的“心斋”和“坐忘”，只有在空明澄静的心境下才能实现审美观照，才能体味美，即所谓的“味象”。还有像陆机的“收视反听”、刘勰的“陶钧文思，贵在虚静，疏瀹五藏，澡雪精神”② 等都是“澄怀”。另外，“味”的对象是“象”而不是“形”。在中国文化中形与象是有区别的，《周易·系辞上》说：“在天成象，在地成形。”③ 象是日月星辰运转不息的法则现象，是虚的，只能靠“品味”才能获得；形是地上草木成形的形状，是实的，靠“观”就能解决。事物“形”与“象”的统一就是人的“观”与“味”统一。对魏晋之际的人物品藻来说，观的是人的姿色容貌，从中品味的则是人的神情风貌。对于自然山水，观的是自然山水之形状，品味的则是宇宙之道。当然，魏晋六朝的这种审美观照在本质上是一种天人的互动，是审美主体与审美客体的融合对话。就如刘勰在《文心雕龙·物色》中所说的：“目既往还，心亦吐纳；春日迟迟，秋风飒飒，情往似

① “观”、“味”审美方式参见张法：《中国美学史》，四川人民出版社2006年版，第100页。

② （南朝梁）刘勰著，郭晋稀注译：《文心雕龙·神思》，岳麓书社2004年版，第249页。

③ （宋）朱熹著，柯誉整理：《周易本义·系辞上》，中央编译出版社2010年版，第179页。

赠，兴来如答。”① 也如宗炳在《画山水序》中所说的：“身所盘桓，目所绸缪，以形写形，以色貌色也……以应目会心……目亦同应，心亦俱会，应会感神，神超理得。”② 可见，这种审美观照方式已完全不同于孔子所认为的客体只有依附于主体的道德观念才能成为审美对象，而是“既是对具体审美对象的欣赏，又在审美具体审美对象的同时，达到了对宇宙之道的体悟”③。

同样，魏晋南北朝在审美方法上也有了大的转折，那就是顾恺之所提出的“以形写神”说。顾恺之认为，只有把人物的内在精神和灵魂通过外在的形貌动作传达出来才是人物绘画的最高境界。这样就要求在画人物时，并不是把人物所有的形貌动作都事无巨细地画出来，而是有选择地把最能传达人物神情气质的形貌动作画出来就行，这就是顾恺之所说的“四体妍媸，本无关于妙处，传神写照，正在阿堵中”④。可见，“传神写照”是绘画的最高审美境界，而“阿堵”眼睛则是绘画“传神”的关键性的前提和基础。正如黑格尔所说的“把每一个形象的看得见的外表的每一点都化成眼睛和灵魂的住所，使它把心灵显现出来”⑤。当然，顾恺之认为，不仅眼睛是传神的基础，凡是能把“传神”表达出来的形貌、动作都可以，如他画裴叔则⑥，以颊上加上三毛来突出其神识高妙

① （南朝梁）刘勰著，郭晋稀注译：《文心雕龙·物色》，岳麓书社 2004 年版，第 385 页。

② （东晋）宗炳：《画山水序》。

③ 张法：《中国美学史》，四川人民出版社 2006 年版，第 101 页。

④ （唐）张彦远：《历代名画记》，浙江人民美术出版社 2011 年版，第 86 页。

⑤ ［德］黑格尔著，朱光潜译：《美学》第 1 卷，商务印书馆 1979 年版，第 198 页。

⑥ 《世说新语·巧艺》载：“顾长康画裴叔则，颊上益三毛。人问其故。顾曰：裴楷俊朗有识具，正此是其识具，看画者寻之，定觉益三毛如有神明，殊胜未安时。”裴楷为西晋玄学的重要人物。《晋书》本传载：“楷风神超迈，容仪俊爽，博喻群书，特精理义，时人谓之玉人。”

的神态；画谢鲲①则把其置入岩壑里，以表示他向往隐逸的志趣。总之，顾恺之对“传神”的审美追求是以把对象中不能表现“神”的、偶然的东西经过提炼和淘汰从而达到的一种玄远玄妙的审美境界，这也反映了魏晋士人们对自然、人生、艺术和审美的态度，往往表现出一种形而上的追求。

从审美理想上来看，魏晋南北朝时期是以美学元气论把宇宙、历史、人生等融为一体，构成一个富有生命力的“气韵生动”的世界，而有别于西方着眼于真实再现具体物象的模仿说。“气韵生动”是南齐谢赫在《古画品录》中提出来的，并把它作为绘画六法之首，也逐渐成为中国艺术的最高审美境界。叶朗先生在《中国美学史大纲》中指出，关于“气”，早在先秦、两汉时期人们就对其进行了研究探讨，“气”也由一个生理概念变为一个哲学概念，到了魏晋南北朝时期，随着审美意识的独立，“气”与审美紧密相连，也由先秦的哲学范畴转化为一个美学范畴。“气韵”之“气”按元气论美学的观点，应理解为画面的元气，即画面上包含了艺术本源、艺术家生命力和创造力与艺术生命的元气，而“韵”则指绘画对象的风姿神貌，即对象的个性、情调的显现。有了“气韵”，画面就有生命了，画面形象就活了。画面形象就自然符合“形似”的要求。因为“气韵”要表现人和物的“风姿神貌”，而人的“风姿神貌”离不开人的自然形象，却又超出人的自然形象。② 从魏晋南北朝时期追求“气韵生动”的审美理想来看，当时的中国美学要求“在审美活动中不仅停留在对对象形态、色彩

① 《世说新语·巧艺》载：“顾长康画谢幼舆在岩石里。人问其所以。顾曰：‘谢云：一丘一壑，自谓过之。此子宜置丘壑中。’”谢鲲在东晋以通简有高识著称。晋明帝曾问他：“卿自谓何如庾亮?”答说：“端委庙堂，使百僚准则，则臣不如亮。一丘一壑，自谓过之。”意思是说当朝理政为官虽不如庾亮，但在隐逸上却比庾亮高迈。顾恺之抓住谢鲲这一特征，发挥想象，将谢鲲置于岩壑里，以表示他向往隐逸的志趣，在画面上用周围的环境来衬托人物的内在神态。

② 叶朗：《中国美学史大纲》，上海人民出版社1985年版，第216~221页。

等外在的感受上，更要追求和捕捉心物之间的寄托和融合，并着眼于审美中的人格自赏，追求心物交融中的相谐相忘，从而达到既不拘泥于自然事物的外在形态，也不受困于人文性的理性制约，而自由自在领受生机盎然、身心舒适的精神境界。就像刘勰《文心雕龙》所说：'文之思也，其神远矣。故寂然凝虑，思接千载；悄焉动容，视通万里。吟咏之间，吐纳珠玉之声；眉睫之前，卷舒风云之色'，从而达到一种悠然忘我的审美状态"①。

伴随着魏晋南北朝时期审美意识、审美方法和审美理想等的转变，此时的建筑审美文化也发生了很大的变化，这主要表现在以下几个方面：

第一，魏晋南北朝时期的建筑，总体上是秦汉建筑的一种承续和发展，其审美文化是高大雄丽与节俭素朴同时并存。高大雄丽主要是针对皇宫衙署及高门大宅的这类建筑而言，而中下级的官吏和平民百姓的住宅主要是简陋和素朴。魏晋南北朝时期宫殿衙署和高门大宅所呈现的高大雄丽和秦汉建筑相比又具有自己的特色与风格。一是沿秦汉旧制，但建筑规模较小。如北方襄国，初被后赵石勒立为都城，其体制乃"拟洛阳之太极，起建德殿……起明堂，辟雍灵台于城西"②。曹魏的邺城"城有七门……其城东西七里，南北五里"③。东晋建康城据《建康实录》所引《舆地志》的记载："都城周二十里一十九步"④，远比长安、洛阳为小。当时北魏的洛阳城东西长约 3100 米，南北长约 4000 米，周长 10400 米，占地约 12 平方公里，比东晋建康的面积大，但相比西汉长安的 35 平方公里只相当于其三分之一左右。不仅都城建筑是这样，宫殿、苑囿也是这样，比如东晋以后建康城的主殿太极殿是"建康宫内

① 汤里平：《中国建筑审美的变迁》，同济大学出版社 2012 年版，第 56 页。

② （唐）房玄龄等：《晋书》卷一百五《石勒载记下》，中华书局 1974 年版。

③ （北魏）郦道元著，陈桥驿校证：《水经注》卷 10，中华书局 2013 年版，第 247 页。

④ （唐）许嵩：《建康实录》，中华书局 1986 年版，第 179 页。

正殿也，晋初造，以十二间象十二月。至梁武帝改制十三间象闰焉。高八丈，长二十七丈，广十丈”①。要是比起秦代的阿房宫前殿“东西五百步，南北五十丈，上可以坐万人，下可以建五丈旗”② 来说，其规模气度是没法比了。苑囿也是这样，如三国魏文帝所建的灵芝池“广长百五十步，深二丈，上有连楼飞观……”③要与浩瀚的昆明池、太液池比起来，它恐怕连“牛蹄之涔”也算不上。这种现象主要是由于社会动荡、财力拮据，统治者没有财富和精力来营造造成的。二是高大壮丽仍是宫殿建筑、高门大宅的建筑特色。如曹魏在邺城铜爵园西建有三台，其名称据张载注曰：“铜爵园西有三台，中央有铜爵台，南则金虎台，北则冰井台。(铜爵台）有屋一百一间，金虎台有屋一百九间，冰井台有屋一百四十五间，上有冰室。三台与法殿皆阁道相通。”④《邺中记》曰：“铜爵台因城为基，高十一丈。”左思曾描写三台高大壮丽的景观是：“驰道周屈于果下，延阁胤宇以经营。飞陛方辇而径西，三台列峙而峥嵘。亢阳台于阴基，拟华山而削成。上累栋而重溜，下冰室而沍冥。”⑤ 另外，曹魏洛阳宫城上建有高大的城楼，“宫中还建有临商、凌云、宣曲、广望、阆风、万世、修龄、总章、听讼等九座观，都是下为高大的夯土台基，上建木构楼阁。九观都高约十六、七丈”⑥。这些宫殿建筑里面的装饰也非常奢华富丽，如何晏在《景福殿赋》中描绘曹魏许昌宫中的景福殿内外，凡人们进出观望所及之处，都加以装饰，如屋檐是“飞檐翼以轩翥，反宇巘

① 《景定建康志》卷21《城阙志》二《古宫殿》，中华书局《宋元方志丛刊》缩印本，第1638页。

② （汉）司马迁：《史记》卷六《秦始皇本纪》，中华书局1959年版。

③ 《太平御览》卷六十七引《晋宫阁名》。

④ 左思：《魏都赋》，《昭明文选》卷六，中华书局1977年版，第100页。

⑤ 左思：《魏都赋》，《昭明文选》卷六，中华书局1977年版，第100页。

⑥ 傅熹年主编：《中国古代建筑史》（第二卷），中国建筑工业出版社2009年版，第27页。

以高骧”①，即屋檐上翘，像鸟的翅膀一样飞翔；檐口是“列髹彤之绣桷，垂琬琰之文珰”②，即椽身用黑色的漆涂绘，椽头用玉石做成玉璧的形状加以装饰；殿基是“罗疏柱之汩越，肃坻鄂之锵锵”③，即殿基高大，并且侧面上有隔间版柱的做法；台基勾栏是“棂槛邳张，钩错矩成，楯类腾蛇，槢似琼英”④，即勾栏槛版镂饰句矩纹，槛上横阑交接初立楔头；门窗是“青琐银铺，是为闺闼”⑤；里面的墙壁颜色是“周制白盛，今也惟缥”⑥，即曹魏时墙面涂色是上承周制，作青白色；并且还“落带金釭”，即墙壁带以“金釭”为饰；藻井是“缭以藻井，编以綷疏……繁饰累巧，不可胜书”⑦，等等。可见宫殿建筑在这种动荡的社会背景之下，仍追求奢华富丽的装饰风格。

不仅宫殿建筑追求奢华富丽的审美文化风尚，一些豪门大宅也奢侈富丽无比。魏晋之后，一些豪门大户建立了宏大的庄园别业，其中最为著名的就是西晋石崇的金谷园和东晋谢灵运在北方的始宁别业。北魏洛阳，清河王元怿的宅第最为奢大，“西北有楼……俯临朝市，目极京师……楼下有儒林馆、延宾堂、形制并如清暑殿。土山钓池，冠于当世。”⑧ 高阳王元雍宅，“匹于帝宫，白璧丹楹，窈窕连亘，飞檐反宇，轇轕周通。僮仆六千，妓女五百。”⑨ 北魏阉官刘腾宅，“屋宇奢侈，梁栋逾制。一里之间，廊庑充溢。堂比宣光殿，门匹乾明门，博敞弘丽，诸王莫及也……朱门黄阁，所谓

① 何晏：《景福殿赋》，《昭明文选》，中华书局 1977 年版。

② 何晏：《景福殿赋》，《昭明文选》，中华书局 1977 年版。

③ 何晏：《景福殿赋》，《昭明文选》，中华书局 1977 年版。

④ 何晏：《景福殿赋》，《昭明文选》，中华书局 1977 年版。

⑤ 何晏：《景福殿赋》，《昭明文选》，中华书局 1977 年版。

⑥ 何晏：《景福殿赋》，《昭明文选》，中华书局 1977 年版。

⑦ 何晏：《景福殿赋》，《昭明文选》，中华书局 1977 年版。

⑧ （北魏）杨衒之著，尚荣译注，尚荣译注：《洛阳伽蓝记·冲觉寺》，中华书局 2012 年版，第 260~261 页。

⑨ （北魏）杨衒之著，尚荣译注：《洛阳伽蓝记·高阳王寺》，中华书局 2012 年版，第 247 页。

仙居也"①。广平王元怀宅，"堂宇弘美，林木萧森，平台复道，独显当世"②。

当然，这个时期也有一些中下层官吏和一般民众的住所相当简陋。像西晋名士山涛，"旧第屋十间，子孙不相容，帝为之立室"③。潘岳在《狭室赋》中曾极力描写自己的住宅之破败。《晋书·吴隐之传》说他家为"数亩小宅，篱垣仄陋，内外茅屋六间，不容妻子。……以竹蓬为屏风，坐无毡席"④。有些皇帝崇尚节俭，其居所也很简陋，如宋武帝刘裕家境贫寒，坐上皇帝位后，其床头还是土筑屏风，土壁上挂葛灯笼，他还认为所居过分了。北齐皇帝高欢少年贫困，曾居住于类似于"蜗牛庐"的"焦团"中。《晋书·桓冲传》记载："冲子嗣，为江州刺史，修所住宅，应作为版檐，嗣命'以茅代之'。"⑤《儒林传》记载："范宣家居于豫章，当地太守见其居室'茅茨不全'，想要替他改造成瓦房，'宣固辞之'。"⑥《宋书·孝义传》记载，何子平所居屋败，不蔽雨日。其兄之子伯兴，采伐竹茅，欲为其修葺，何子平坚辞。⑦《梁书·陆倕传》记载："于宅内起两间茅屋。杜绝往来，昼夜读书，如此者

① （北魏）杨衒之著，尚荣译注：《洛阳伽蓝记·建中寺》，中华书局2012年版，第53~57页。

② （北魏）杨衒之著，尚荣译注：《洛阳伽蓝记·平等寺》，中华书局2012年版，第151页。

③ 许嘉璐主编：《二十四史全译·晋书·山涛传》，汉语大词典出版社2004年版，第985页。

④ 许嘉璐主编：《二十四史全译·晋书·吴隐之传》，汉语大词典出版社2004年版，第2003页。

⑤ 许嘉璐主编：《二十四史全译·晋书·桓冲传》，汉语大词典出版社2004年版，第1658页。

⑥ 许嘉璐主编：《二十四史全译·晋书·儒林传》，汉语大词典出版社2004年版，第985页。

⑦ 许嘉璐主编：《二十四史全译·宋书·孝义传》，汉语大词典出版社2004年版，第1908页。

数载。”① 可见，魏晋南北朝的士族文人居室简陋既有社会动荡、财力匮乏的原因，也有崇尚老庄、以契合自然为美的审美观的影响。

第二，魏晋南北朝的建筑审美风格已由汉代的雄浑大气转向质朴轻灵，有着自然山水一样的灵动性格，这是在当时追求气韵生动，以自然为美，对审美的追求从现实需求转移到心理需求的审美导向下形成的。比如，平面呈方形的楼阁式建筑成为普遍流行的形式，其往高空发展的木质造型取代了土木混合的高台建筑，审美风格也由雄浑坚实转向轻盈飘逸；“斗拱方面，此时已流行一斗三升拱，拱端有券杀，柱头补间铺作人字拱，其中人字栱形象也由起初的生硬平直发展到后来优美的曲脚人字拱。屋顶方面，东晋壁画中出现了屋角起翘的新样式，且有了举折，使体量巨大的屋顶轻盈活泼。高高的重楼，略显幼稚的屋顶曲线和鸱尾，体现了当时的建筑风格。这时的建筑不再追求刚直，转而追求曲巧自然、生动灵逸，在建筑风格中体现了自然的曲致，灵巧的曲线表现了自然中多变的生机、人工的建筑开始有了自然景致的痕迹”②。

魏晋南北朝时期不仅建筑形式的变化契合了当时的审美价值取向，同时园林建筑的发展定型更是反映了此时士族文人的审美情趣、哲学意味、审美理想。吴功正先生曾在《六朝园林文化研究》一文中详细比较了秦汉园林与六朝园林审美文化的不同，他认为先秦到西汉的园林价值主要是作为一种经济手段而存在，是统治阶级跟物质占有欲膨胀相生的对自然的狂热占有欲、极端的权力欲萌生的极端享有欲、开拓空前版图后向外部世界占有意识的一种极端表现。这时期，人虽拥有园林，却非园林之精神主体。因此，在园林建造上，秦汉园林注重面积的广大、建筑群的营建、众多事物景观的罗列、神异气氛的浓厚，显得粗狂和充满野性。而魏晋六朝的园

① 许嘉璐主编：《二十四史全译·梁书·陆倕传》，汉语大词典出版社2004年版，第351页。

② 汤里平：《中国建筑审美的变迁》，同济大学出版社2012年版，第57页。

林基本上经历了一种由汉代的广垒厚积到随应自然；由粗放型到精约型；由神异化到山林化的一种转变，而逐渐走向了自然化和风景化。园林虽然是人力所为，但它却是士族文人怀着一颗平和、虚静之心，恬然怡然、欣然悠然，园人合一，身内身外融为一体的心灵寄托之所，心志栖息之地。魏晋六朝园林建筑的小巧、清雅、宁静、含蓄等审美特征，正是当时人们崇尚自然、以自然为美的审美取向的体现。①

第三，魏晋南北朝时期佛教文化的浸入对中国建筑审美风格的转变产生了很大影响。这个时期佛教在中国得以盛行，它满足了社会动乱情景下人们的精神需要，对社会稳定起到了很大的作用，同时佛教建筑的传入也对中国传统建筑审美风格的转变起到了推动作用，可从两个方面来讲：第一方面，特别是塔和佛寺（包括石窟寺）的出现丰富了中国建筑的类型，改变了中国古代的城市面貌。如魏晋南北朝时期出现了楼阁式塔、密檐式塔、亭阁式塔、窣堵波塔等各种佛塔造型，这些造型各异的佛塔虽说是一种宗教的象征，但其形式的多样、装饰的繁缛富丽仍给人以不同的审美感受；另外，这些高耸的佛塔又处于寺院的中心，对整个寺院的建筑布局起到一种焦点控制的作用，使寺院建筑从二维空间的平面变成三维空间的立面，增强了整个寺院建筑布局的美感；同时寺院功能的扩大，再加上园林的美好景色使得寺院逐渐成为人们的公共建筑的用地和游人游览观赏的风景佳处。第二方面，佛教建筑装饰的引进冲破了汉时的格调、创造了新的装饰风格，丰富了建筑形象。正如梁思成先生所指出的：“佛教传入中国，在建筑上最显著而久远之影响，不在建筑本身之基本结构，而在雕饰。云冈石刻中装饰花纹种类奇多，什九为外国传入之母题，其中希腊、波斯纹样，经犍陀罗输入者尤多，尤以回折之卷草，根本为西方样式，不见于中国周汉各纹饰中。”② 还有，“莲瓣形之雕饰，则无疑采自希腊之‘卵箭

① 吴功正：《六朝园林文化研究》，《中国文化研究》（春之卷）1994年第3期。

② 梁思成：《中国建筑史》，百花文艺出版社1998年版，第92页。

纹’。莲珠、花绳、束苇，亦均为希腊母题”①。还有学者指出，由于佛教的传播，中国宫殿“最显著的变化就是细部手法和装饰图案”。而且“除了局部的改进和丰富外，还注意到了整体的美化，力求各部分的匀称和谐。在建筑物各部分尽量采用抛物线轮廓，把原来硬直朴古的轮廓变得柔和雅致”②。当然，这些外来的纹饰还是经常用于佛教性质的建筑上，如北魏时，西域乌苌国僧人昙摩罗在洛阳立法云寺，“佛殿僧房，皆为胡饰”③，后来才逐渐运用于其他的建筑上。

二、汉魏佛塔的雄浑绮丽

当然，魏晋南北朝时期统治阶级在建筑上追求“穷极伎巧”、“雕文粲丽”的审美风尚也直接影响了佛塔造型的美观。南北朝时期，虽说北方处于五胡乱华的长期战乱之中，建筑遭受很大的破坏，但一等到政权稳固，北方的这些少数民族的统治者就为自己建造了奢华绮丽的宫殿供自己享乐。如石虎在襄国“起太武殿，基高二丈八尺，以文石綷之，下穿伏室，置卫士五百人于其中……漆瓦金铛，银楹金柱，珠帘玉璧，穷极伎巧”。石虎还在邺城大兴土木，其“窗户宛转，画作云气，拟秦之阿房，鲁之灵光”，其“金华殿后虎皇后浴室，三门徘徊，反宇栌檘隐形，彤采刻镂，雕文粲丽”，并大力崇饰曹操所立三台，且“甚于魏初，于铜爵台上起五层楼阁，去地三百七十尺……作铜爵楼，颠高一丈五尺，舒翼若飞。南则金凤台，置金凤于台巅。……北侧冰井台，上有冰室”。“三台相面，各有正殿”，并殿屋百余间，“三台皆砖甃，相去各六十步，上作阁道如浮桥，连之以金屈戌，画以云气龙虎之饰”④，可见是非常奢侈绮丽。相对于北方十六国战乱不息的纷争

① 梁思成：《中国建筑史》，百花文艺出版社1998年版，第92页。

② 陈明达：《中国建筑概说》，《文物参考资料》1958年第3期。

③ （北魏）杨衒之著，尚荣译注：《洛阳伽蓝记》，中华书局2012年版，第286页。

④ （东晋）陆翙：《邺中记》，（北魏）郦道元著，陈桥驿校证：《水经注》，中华书局2013年版。

局面，南方则维持了较长时期的和平，经济得到大的恢复和发展，使得南朝的统治阶级有大量的时间、精力和财力投入到大规模营建都城、宫室、佛寺、佛塔等建筑当中，再加上与北朝争夺中华“正统”地位的急迫情势，其建筑物的豪华奢侈、绮丽雕镂的程度也就可想而知了。作为六朝都城的建康则与北魏的洛阳处于竞争的核心位置，其建筑物的奢华富丽也最能体现南朝的建筑审美文化风尚。

南朝建康，原名建业，三国时是孙吴政权的都城，武帝太康元年（280 年）西晋灭吴，三年分淮水（秦淮河）北为建业，南为秣陵，永嘉元年（307 年）瑯琊王司马睿都督江南事物，驻建业孙吴太初宫旧舍，建兴元年（313 年）因避晋愍帝司马邺的名讳，遂改为建康。孙吴时，建康城的宫室建筑就很壮丽，据左思《吴都赋》描绘：“抗神龙之华殿，施荣楯而捷猎。崇临海之崔巍，饰赤乌之韡晔。东西胶葛，南北峥嵘。房栊对榥，连阁相经。……雕栾镂楶，青琐丹楹。图以云气，画以仙灵。虽兹宅之夸丽，曾未足以少宁。思比屋于倾宫，毕结瑶而构琼”①。晋室南渡之后，随着政局的稳定、经济的发展，建康城的宫殿建筑得到了更大的发展，到成帝时，便“造新宫，始缮苑城”。晋孝武帝则建太极殿，高八尺、长二十七丈，广十丈。② 453 年，南朝宋孝武帝继文帝位，“及世祖（孝武帝）承统，制度奢广，犬马余菽粟，土木衣绨绣，追陋前规，更造正光、玉烛、紫极诸殿。雕栾绮节，珠窗网户……竭四海不供其欲。”③ 也就是说，“南朝宫室转向奢华实从这时开始”④。南朝齐时，齐武帝萧赜建风华、寿昌、耀灵三殿，其奢华程度为“香柏文柽，花梁绣柱”。南齐皇帝以东昏侯最为讲究奢

① （西晋）左思：《三都赋·吴都赋》，《昭明文选》，中华书局 1977 年版。

② （东晋）徐广：《晋纪》，（清）黄奭辑本。

③ 许嘉璐主编：《二十四史全译·宋书》卷 92《良吏传》，汉语大词典出版社 2004 年版，第 1909~1910 页。

④ 傅熹年主编：《中国古代建筑史》（第二卷），中国建筑工业出版社 2009 年版，第 71 页。

侈。因后宫遭火①以后，“更起仙华、神仙、玉寿诸殿，刻画雕彩，青莛金口带”；“椽桷之端，悉垂铃佩”；“造殿未施梁桷，便于地画之，惟须宏丽，不知精密”；“麝香涂壁。锦幔珠帘，穷极绮丽”。②（永元）“三年夏，于阅武堂起芳乐苑，山石皆涂以五采，跨池水立紫阁诸楼观”③，可见其奢侈之极。到了萧梁时代，因北魏趋向没落，因此南北之间没有大的战事，于是南朝就维持了较长时间的和平局面，使得南朝的经济和文化都有很大的发展。再加上梁朝的皇帝以儒生自足，大兴儒学，力争在文化正统地位上压倒北魏，所以此时建康的建筑发展都以帝都体制为标准，其奢华绮丽更是达到了一个极盛时期。如梁天监七年（508年）在宫城正门大司马门前建的两座石阙，其“穷极壮丽，奇禽异羽，莫不毕备”。梁陆倕《石阙铭》说石阙“郁崛重轩，穹隆反宇。形耸飞栋，势超浮柱。色法上圆，制模下矩”。从这些描述来看，该石阙是一座矩形的上有重檐的多重子母阙，“上圆”指天，“色法上圆”，大约指阙是由泛蓝色的青石建成，上面有很多精美、繁复的雕刻。④一直到陈代，建康的宫室建筑在讲究雕饰之美上依然有增无减，“天嘉中，（陈武帝）盛修宫室，起显殿等五殿，称为壮丽”⑤。至后主至德二年（584年），“乃于光照殿前起临春、结绮、望仙三阁。阁高数丈，并数十间。其窗牖、壁带、悬楣、栏槛之类，并以沉檀香木为之。又饰金玉，间以珠翠，外饰珠帘，内有宝床、宝帐。其服

① 永元二年（500年）八月，宫内火，烧西斋，璿仪殿及昭阳、显阳等殿，北至华林墙，西及密阁，凡屋三千余间。许嘉璐主编：《二十四史全译·南齐书卷19·五行志》，汉语大词典出版社2004年版，第267页。

② 许嘉璐主编：《二十四史全译·南齐书》卷7《东昏侯纪》，汉语大词典出版社2004年版，第80页。

③ 许嘉璐主编：《二十四史全译·南齐书》卷7《东昏侯纪》，汉语大词典出版社2004年版，第81页。

④ 傅熹年主编：《中国古代建筑史》（第二卷），中国建筑工业出版社2009年版，第79页。

⑤ （唐）魏徵等：《隋书》卷二十二《五行志上》，中华书局1973年版。

玩之属，瑰奇珍丽，近古所未有。每微风暂至，香闻数里"①。由此描述，可知建康宫室的构造之精巧、雕镂之精美、缀饰之绮丽，可谓宛然目前，令人惊叹。

北魏洛阳的建筑也追求奢侈绮丽的审美风格，其装饰的精致豪华、色彩鲜艳丝毫不亚于南朝的建康，这些，我们可以从洛阳佛寺建筑的奢侈绮丽就能看出来。洛阳的永宁寺是由皇室敕建的国家大寺，因此，其建筑物很多与宫殿建筑物相似，如永宁寺中"浮图北有佛殿一所，形如太极殿"；"寺院墙皆施短椽，以瓦覆之，若今宫墙也"；"南门楼三重，通三阁道，去地二十丈，形制似今端门"；"东西两门亦皆如之，所可异者，唯楼两重"② 等。由此推知其装饰也应与皇宫相似。我们知道，红色与黄色是皇室的专用色，以示尊贵、崇高之意。据考古发掘得知，永宁寺的院墙"内外壁面皆施 0.01 米的白灰膏，表面抑或令加朱红色彩饰"③，可见寺院墙如宫墙的记载是真实的。再看南门楼的装饰是"图以云气，画彩仙灵，列钱青琐，赫奕华丽。拱门有四力士、四狮子，饰以金银，加之珠玉，庄严焕炳，世所未闻"④，可见端门的装饰是非常奢侈华丽的。还有寺内"僧房楼观，一千余间"⑤ 都"雕梁粉壁，青琐绮疏"⑥，也是装饰得和谐悦目。宣武帝元恪所立的瑶光寺附近有个西游园，里面有个灵芝钓台，是皇帝用来避暑的，此台不仅具有"累木为之，出于海中，去地二十丈"的高度，还有"丹楹

① （唐）姚思廉：《隋书》卷七《皇后传》，中华书局 1972 年版，第 131~132 页。

② （北魏）杨衒之著，尚荣译注：《洛阳伽蓝记·永宁寺》，中华书局 2012 年版，第 22~23 页。

③ 中国社会科学院考古研究所：《北魏洛阳永宁寺 1994 年考古发掘报告》，中国大百科全书出版社 1996 年版，第 6 页。

④ （北魏）杨衒之著，尚荣译注：《洛阳伽蓝记·永宁寺》，中华书局 2012 年版，第 23 页。

⑤ （北魏）杨衒之著，尚荣译注：《洛阳伽蓝记·永宁寺》，中华书局 2012 年版，第 22 页。

⑥ （北魏）杨衒之著，尚荣译注：《洛阳伽蓝记·永宁寺》，中华书局 2012 年版，第 22 页。

刻桷，图写列仙。刻石为鲸鱼，背负钓台，既如从地踊出"① 的精美雕刻。宦官刘腾宅"屋宇奢侈，梁栋逾制。一里之间，廊庑充溢。堂比宣光殿，门匹乾明门，博敞弘丽，诸王莫及也"②，改为建中寺后"朱门黄阁，所谓仙居也。以前厅为佛殿，后堂为讲室。金花宝盖，遍满其中"③；胡统寺的"洞房周匝，对户交疏。朱柱素壁，甚为佳丽"④；修梵寺和嵩明寺的"雕墙峻宇，比屋连甍"⑤；景林寺的"讲殿叠起，房庑连属。丹槛炫日，绣桷迎风"⑥；景宁寺的"制饰甚美，绮柱朱帘"⑦；景明寺的"山悬堂观，一千余间。复殿重房，交疏对溜，青台紫阁，浮道相通"⑧；平等寺的"堂宇宏美"⑨；正始寺"檐宇清静，美于景林"⑩；高阳王寺的"居止第宅，匹于帝宫。白壁丹楹，窈窕连亘，飞檐反

① （北魏）杨衒之著，尚荣译注：《洛阳伽蓝记·瑶光寺》，中华书局2012年版，第63页。

② （北魏）杨衒之著，尚荣译注：《洛阳伽蓝记·建中寺》，中华书局2012年版，第53页。

③ （北魏）杨衒之著，尚荣译注：《洛阳伽蓝记·建中寺》，中华书局2012年版，第57页。

④ （北魏）杨衒之著，尚荣译注：《洛阳伽蓝记·胡统寺》，中华书局2012年版，第80页。

⑤ （北魏）杨衒之著，尚荣译注：《洛阳伽蓝记·修梵寺》，中华书局2012年版，第81页。

⑥ （北魏）杨衒之著，尚荣译注：《洛阳伽蓝记·景林寺》，中华书局2012年版，第85页。

⑦ （北魏）杨衒之著，尚荣译注：《洛阳伽蓝记·景宁寺》，中华书局2012年版，第170页。

⑧ （北魏）杨衒之著，尚荣译注：《洛阳伽蓝记·景明寺》，中华书局2012年版，第192页。

⑨ （北魏）杨衒之著，尚荣译注：《洛阳伽蓝记·平等寺》，中华书局2012年版，第151页。

⑩ （北魏）杨衒之著，尚荣译注：《洛阳伽蓝记·正始寺》，中华书局2012年版，第140页。

宇，轇轕周通"①；法云寺的"佛殿僧房，皆为胡饰。丹素炫彩，金玉垂辉"②；寿丘里的河间王元琛"造文柏堂，形如徽音殿。置玉井金罐，以五色缋为绳"，还在后园造迎风馆，"窗户之上，列钱青琐，玉凤衔铃，金龙吐佩"③；凝玄寺的"地形高显，下临城阙，房庑精丽，竹柏成林"④；文远宅"门阀华美"；等等。从"华丽"、"宏丽"、"佳丽"、"精丽"、"弘美"、"华美"、"美"等这些描绘寺院建筑的词语来看，无论是皇家大寺，抑或是达官贵人的中寺，还是士人的小寺都追求细致精美的雕刻、色彩鲜艳的绘画、华贵富丽的装饰材料，使我们犹如看到了一个精美的建筑世界，可惊可叹！同时这也反映了当时人们唯美的审美文化风尚。

北魏永熙三年（534 年）七月，平阳王（即孝武帝元脩）为侍中斛斯椿挟持到长安，建立西魏；高欢立元善为孝静帝，并于十月迁都邺城，是为东魏，于是盛极一时的北魏分裂为东、西二国。当时的邺城及宫室已残破不堪，孝静帝也只能暂居邺城的相州廨舍。535 年，高欢役使七万六千人在邺城之南建新城、新宫，于兴和元年（539 年）十一月新宫落成，次年春，孝静帝移入新宫。

邺城南部的新宫建筑颇为豪华绮丽。据《历代宅京记》记载："其门（阊阖门）峥嵘耸峙……清都观在阊阖门上，其观两相屈曲，为阁数十间，连阙而上。观下有三门。……天子讲武，观兵及大赦登观临轩，其上坐容千人，下亦数百。"⑤ 从宫城的正门阊阖门下有三门，上有满都观可容上千人，下亦数百的记载来看，阊阖

① （北魏）杨衒之著，尚荣译注：《洛阳伽蓝记·高阳王寺》，中华书局 2012 年版，第 247~248 页。

② （北魏）杨衒之著，尚荣译注：《洛阳伽蓝记·法云寺》，中华书局 2012 年版，第 286 页。

③ （北魏）杨衒之著，尚荣译注：《洛阳伽蓝记·寿丘里》，中华书局 2012 年版，第 305~307 页。

④ （北魏）杨衒之著，尚荣译注：《洛阳伽蓝记·凝玄寺》，中华书局 2012 年版，第 343 页。

⑤ （清）顾炎武：《历代宅京记》卷 12《邺下·宫室》引《邺中记》，中华书局 1984 年版，第 183 页。

门、满都观巨大而又高耸。新宫中的主殿太极殿，“其殿周回有一百二十柱，基高九尺，以珉石砌之。门窗以金银为饰，外画古忠谏直臣，内画古贤酣兴之士。椽栿斗拱，尽以沉香木，椽端复装以金兽头，每间缀以五色朱丝网，上立飞檐以碍燕雀。阶间石面隐起千秋万岁字，诸奇禽异兽之形。瓦用胡桃油，光辉夺目。有外客国使诸番入朝，则殿幕垂流苏以覆之，殿上金葱台十三枚，各受一石云”①。太极殿后的昭阳殿，“其殿周回七十二柱，基高九尺，以文石砌之。门窗尽饰以镂金，栏楣尽以沉香木为之，外画东汉二十八将，内画孝子顺孙。梁拱间刻出奇禽异兽，或蹲或踞，或腾逐往来。椽头叩以金兽，乃悬五色珠帘，冬施蜀锦帐，夏施碧油帐。殿上有金葱台十三枚，各受七斗云”②。从太极殿和昭阳殿的描述来看，我们可知当时宫殿的装饰极尽奢侈绮丽之能事。新宫的外殿是这样，宫中的内殿更是如此。如：“齐武成帝高湛河清中，以后宫嫔妃稍多，椒房既少，遂拓破东宫，更造修文、偃武二殿及圣寿堂，装饰用玉珂八百，大小镜万枚，又以曲镜抱柱，门窗并用七宝装饰。”③ “圣寿堂北置门，门上有玳瑁楼，纯用金银装饰，悬五色珠帘，白玉钩带”④。后主“承武成之奢丽，以为帝王当然。乃更增益宫苑，造偃武修文台，其嫔嫱诸院中起镜殿、宝殿、玳瑁殿，丹青雕刻，妙极当时”⑤。

从上论述可知，南北朝中后期统治者在建筑文化上追求奢侈绮丽之审美风尚是当时整个审美文化唯美尚文风气对建筑文化的一种渗透，也是造成佛塔美化的直接原因。

---

① （清）顾炎武：《历代宅京记》卷12《邺下·宫室》太极殿条引《邺都故事记》，中华书局1984年版，第183页。

② （清）顾炎武：《历代宅京记》卷12《邺下·宫室》昭阳殿条引《邺都故事记》，中华书局1984年版，第183页。

③ （清）顾炎武：《历代宅京记》卷12《邺下·宫室》引《邺中故事》，中华书局1984年版，第184页。

④ （清）顾炎武：《历代宅京记》卷12《邺下·宫室》引《邺中故事》，中华书局1984年版，第184页。

⑤ （唐）李延寿：《北史》卷8《齐本纪下》，中华书局1974年版。

我们知道，楼阁式塔是魏晋南北朝时期最为流行的佛塔样式，它是中国的重楼与印度的窣堵波结合的产物。成熟的楼阁式塔是由占主导地位的层层分割的楼阁与比例缩小的窣堵波两部分组成，其视觉的中心在楼阁上，装饰美观也在楼阁上，而中国古代的楼阁又是从早期的高台榭的建筑物发展而来。中国很早就对高台榭的建筑进行美化，特别是春秋时期，随着“礼崩乐坏”局面的到来，人们追求享乐之风日盛，于是各个诸侯国都广筑宫室苑台，以满足其奢侈逸乐游宴的生活需要。《左传·哀公元年》云：“今闻夫差，次有台榭陂池焉……珍异是聚，观乐是务。”① 即台榭陂池成了诸侯王聚集珍禽异宝、观看享乐的重要场合。伴随着这一审美风尚的转变，台榭陂池也由原先的娱神变为娱人，其结构方式也由娱神时候的筑土建筑所强调的团块造型、简单强烈的线条和山岳般的体量变为木结构建筑所追求的日益柔美的曲线和日益精巧的框架。② 如《国语·楚语上》云：

> 灵王为章华之台，与伍举升焉。曰：“台美夫！”对曰：“臣闻国君服宠以为美，安民以为乐，听德以为聪，致远以为明。不闻其以土木之崇高、彤镂为美，而以金石匏竹之昌大、嚣庶为乐；不闻其以观大、视侈、淫色以为明，而以察清浊为聪也。……夫美也者，上下、外内、小大、远近皆无害焉，故曰美。若于目观则美，缩于财用则匮，是聚民利以自封而瘠民也，胡美之为？”③

楚灵王与伍举对美的不同看法，就代表了此时台榭陂池结构形式的变化，那就是注重其结构形式之美，即追求台榭陂池的土木建筑结构的崇高、彤镂之美。

---

① 《左传·哀公元年》，《十三经注疏》（下），中华书局 1980 年影印。

② 王毅：《园林与中国文化》，上海人民出版社 1990 年版，第 28～29 页。

③ 徐元诰：《国语集解·楚语》，中华书局 2002 年版。

到了秦汉时期，高楼的美化更是达到登峰造极的程度。如河南焦作一带出土的汉代陶仓楼建筑模型，其富丽而精美的建筑装饰有震撼人心的美感。现以 2009 年 8 月出土的四层通体彩绘陶仓楼为例加以论述：

> 此陶仓楼上下彩绘，墙柱朱色绘制斗拱图案，阙上绘制龙纹；大门居中以青色对称画出兽头铺首衔环，黑线勾勒，白色为辅，线条流畅，对比分明；大门两侧前墙，拖着彩绘漆盘的男侍俑图，对视而立，形象生动；门左侧放置一扛粮俑，一彩绘侍女俑；院落檐枋上及阙上、两侧檐和挑梁上均以红、紫、白施彩；陶楼两侧的墙面上绘制有常青树、骏马图、打渔归家急行图等。仓体上部转角处彩绘斗拱图案……整座陶仓楼见暖色调，斗拱以红、青两色涂饰，门窗以褐、红色描绘，配之雕刻与彩绘相间的平座勾栏，使得整座陶仓楼富丽而精美。①

图 2-1　汉代出土陶仓楼

（采自成文光：《焦作汉代陶仓楼装饰艺术》，《装饰》2010 年第 1 期）

从上面的描述来看，我们可以推想当时汉代富贵人家高楼的美观：楼分多层，每层之间都用红色的柱子和绘有图案的斗拱加以支撑；墙壁、屋檐和平座勾栏上面都绘满云气图案，表达主人乘云气成仙升天的思想；屋顶常作悬山顶和四阿式屋顶，在屋顶的脊上常用凤凰或其他的瑞兽做装饰，以表达去除邪僻、保护建筑、吉祥如意的意蕴。

---

① 成文光：《焦作汉代陶仓楼装饰艺术》，《装饰》2010 年第 1 期。

我国汉地较早记录佛塔的文献恐怕是东汉末年的《牟子理惑论》中记载的白马寺塔，记载曰："时于洛阳城西雍门外起佛寺，于其壁画千乘万骑，绕塔三匝"①，但这个白马寺塔造型如何，没有记载。而魏收在《魏书·释老志》中的记载却补充了这个缺陷，记载曰：

……自洛中构白马寺，盛饰佛图，画迹甚妙，为四方式。凡宫塔制度，犹依天竺旧状而重构之，从一级至三、五、七、九。世人相称，谓之"浮图（屠）"或云"佛图"。②

这里"天竺旧状"应该是印度最有代表性的覆钵塔，也就是说当时白马寺塔的造型是类似于印度的窣堵波。但是，现在我们根据考古材料可知早期汉地佛塔的形象与此相比还是有很大的差别。

中国现存的最早的楼阁式佛塔形象资料，是1986年在四川省什邡县出土的带有佛塔图案的一块残破的东汉画像砖，被称为"什邡佛塔画像砖"（图2-2）。该砖上的佛塔是三层木构佛图，虽说基座已残，但仍看出是方形，基座上立有三层塔身，各层均呈现出三间四柱的木构外观，各层塔檐及塔顶均作坡顶，还略微带有汉地凹曲屋面的特征。顶上中心立有刹竿，并有三重露盘与刹端宝珠。③

还有2008年，在湖北省襄樊市樊城区菜越居委会发掘的一座三国墓中出土了一件釉陶佛塔模型，这是我国迄今发现的最早的佛塔模型（图2-3）。该塔由门楼、院墙和两层楼阁组成，通高104厘米、院墙进深31厘米、宽33厘米，两层楼阁为主体建筑，底层四周为墙体，有高侧窗，上层四周有百叶窗，其外有围栏，两层屋

① 刘立夫、魏建中、胡勇译注：《弘明集·牟子理惑论》，中华书局2013年版，第46页。

② 许嘉璐主编：《二十四史全译·魏书·释老志》，汉语大词典出版社2004年版，第2443页。

③ 傅熹年主编：《中国古代建筑史》（第二卷），中国建筑工业出版社2009年版，第201页。

图 2-2　四川什邡东汉画像砖中的佛塔形象
（采自谢志成：《四川汉代画像砖上佛塔图像》，《四川文物》1987 年第 4 期）

图 2-3　襄樊东汉陶楼
（采自襄樊文物考古研究所：《湖北襄樊樊城菜越三国墓发掘简报》，《文物》2010 年第 9 期）

面均为五脊顶，脊端有叶形鸱尾。在高楼的顶端中部立柱形塔刹，其上有七层相轮，相轮从下至上逐层收分，刹顶为月牙形。① 从上面两则佛塔形象资料可知，这是我国较早的楼阁式塔，塔还只有二层或三层，体量不是太大。但与魏收记载的白马寺塔形象相差甚

① 襄樊文物考古研究所：《湖北襄樊樊城菜越三国墓发掘简报》，《文物》2010 年 9 期。

远，因此有学者认为《魏书·释老志》有误导后人之嫌，所以李崇峰认为，“这表明至迟在公元1世纪后半叶，汉地已有图绘方基佛塔之制，但当时寺内是否建有佛塔，不得而知。至于其总体式样，也许完全模仿覆钵塔”①。

如果说白马寺塔的造型还是模棱两可的话，那么《三国志·吴志·刘繇传》中记载的笮融建造的佛塔就不同于印度的覆钵塔而是具有了中国特色的佛塔。记载曰：

> 笮融者，丹阳人。初聚众数百，往依徐州牧陶谦。谦使督广陵、彭城运漕。遂放纵擅杀，作断三郡委输以自入。乃大起浮图祠，以铜为人，黄金涂身，衣以锦采。垂铜槃九重，下为重楼阁道，可容三千余人。悉课读佛经，令界内及旁郡人有好佛者听受道，复其他役以招致之。由此远近前后至者五千余人户。每浴佛，多设酒饭，布席于路，经数十里。民人来观及就食且万人，费以巨亿计。②

首先，这段记载可谓北方造像和立寺塔之始。从笮融死于汉献帝兴平二年（195年）和陶谦大约于灵帝中平五年（188年）为徐州刺史，献帝初平四年（193年）为徐州牧推算，笮融以营私舞弊的手段盗取广陵、丹阳和下邳三郡的粮食，积聚大量的财力建造佛寺、佛塔和佛像当在此时，应是可信的。以此可以推知汉献帝之初，中国已建立了佛寺、佛塔。

其次，从“垂铜槃九重，下为重楼阁道，可容三千余人”可知笮融建造的佛塔应该是楼阁式塔。此塔上面是九重铜槃的相轮耸入云霄，下面是重重楼阁的塔身支撑塔刹，估计下面还有塔基和塔座牢固地匍匐于大地，这完全改变了印度窣堵波的建筑形式，形成

① 李崇峰：《中印佛教石窟寺比较研究——以塔庙窟为中心》，北京大学出版社2003年版，第42页。

② 许嘉璐主编：《二十四史全译·三国志·吴志·刘繇传》，汉语大词典出版社2004年版，第762页。

了独具特色的汉式佛塔。这也可以说是中国特色佛塔的最早记载。但有学者却认为“严格地说，笮融的浮图不是塔而是鞮罗释迦伽蓝中的精舍①”，“或者至少是具有精舍或塔的双重性质”②。有的还认为至于这种类似中国祠庙、明堂辟雍、灵台的建筑物的建筑造型“都是十字轴线对称，正方形的楼台建筑，然后再在楼台顶上置放一个九重铜盘的窣堵波。上面是‘浮屠’，下面是‘祠庙’，合成了浮屠祠”③。从这些争论来看，笮融所造的浮屠祠有可能还不是后世完全成熟的楼阁式塔，但从外形上来看，它已完全不是印度覆钵塔的样式了，而是具有了中国特色，是中国人初步用自己的建筑文化来融会外来文化的一种尝试，体现了一种探索精神，也显示出开始时期的不成熟。

楼阁式塔的美观在很大程度上继承了楼阁的美化。据《牟子理惑论》记载，东汉明帝时，在洛阳西门外建了中国第一座寺庙——白马寺，“于其壁画千乘万骑，绕塔三匝”④。再从《魏书·释老志》记载：“自洛中构白马寺，盛饰佛图，画迹甚妙，为四方式。凡宫塔制度，犹依天竺旧状而重构之，从一级至三、五、七、九。世人相称，谓之‘浮图’或云‘佛图’。”⑤ 从这两则文献记载来看，白马寺塔上已开始用佛教壁画加以装饰，流露出浓厚的宗教神秘性的同时，也十分美观。据《洛阳伽蓝记》城西宝光

① （唐）玄奘：《大唐西域记》卷八“鞮罗释迦伽蓝”条载精舍：“中门当涂，有三精舍，上置轮相，铃铎虚悬。下建层基，轩槛周列，户牖栋梁，壖垣阶陛，金铜隐起，厕间庄严。中精舍佛立像高三丈，左多罗菩萨像，右观自在菩萨像。凡斯三像，鍮石铸成，威神肃然，冥鉴远矣。精舍中各有舍利一升，灵光或照，奇瑞间起。”

② 孙机：《关于中国早期高层佛塔造型的渊源问题》，《中国历史博物馆馆刊》1984 年第 6 期。

③ 王世仁：《塔的人情味》，《理性与浪漫的交织》，中国建筑工业出版社 1987 年版，第 276~277 页。

④ 《牟子理惑论》，刘立夫、魏建中、胡勇译注：《弘明集》，中华书局 2013 年版，第 46 页。

⑤ 许嘉璐主编：《二十四史全译·魏书·释老志》，汉语大词典出版社 2004 年版，第 2443 页。

寺条记载，寺内“有三层浮图一所，以石为基，形制甚古，画工雕刻”①。此塔被隐士赵逸指证为西晋石塔寺，他说“晋朝三十二寺尽皆湮灭，唯此寺独存”②。从“画工雕刻”可知，西晋的佛塔也继承了汉代佛塔的美观，也讲究壁画装饰。西晋灭亡以后，中国进入了东晋十六国纷争战乱的时期，佛教得以迅速地流布，大量的财力纷纷投入到佛寺、佛塔的建造中，使得佛塔的层数和体量相较于西晋之前都有大的发展，开始出现了五层佛塔。如《高僧传》记载释道安在襄阳曾在檀溪寺“建塔五层，起房四百”③；后又被前秦苻坚攻破襄阳掳往长安，“住长安五重寺，僧众数千”④；北魏道武帝天兴元年（398 年）在平城“始作五级佛图”⑤。层数的增多和体量的增大是建立在当时木构技术水平提高的基础上。《高僧传》记载东晋兴宁中（363—365 年）释慧受在建康乞王坦之园为寺，又于江中觅得一木，“竖立为刹，架以一层”⑥。可见，东晋建塔时，先是立刹柱，后架一层，然后再逐层往上叠加。这种木构技术的出现，“表明汉地佛图的形式已逐渐向本土化的方向演变，木构佛图的形式也开始为外来僧人所接受”⑦。

南北朝时期，木构佛塔的建造技术已臻成熟，并向多层高广发展，特别是后期，建造高塔成为皇室、贵戚、豪富之间争奇斗奢的

① （北魏）杨衒之著，尚荣译注：《洛阳伽蓝记》，中华书局 2012 年版，第 281 页。

② （北魏）杨衒之著，尚荣译注：《洛阳伽蓝记》，中华书局 2012 年版，第 281 页。

③ （梁）释慧皎撰，朱恒夫、王学均、赵益译注：《高僧传》，陕西人民出版社 2010 年版，第 241 页。

④ （梁）释慧皎撰，朱恒夫、王学均、赵益译注：《高僧传》，陕西人民出版社 2010 年版，第 242 页。

⑤ 许嘉璐主编：《二十四史全译・魏书・释老志》，汉语大词典出版社 2004 年版，第 2444 页。

⑥ （梁）释慧皎撰，朱恒夫、王学均、赵益译注：《高僧传》，陕西人民出版社 2010 年版，第 582 页。

⑦ 傅熹年主编：《中国古代建筑史》（第二卷），中国建筑工业出版社 2009 年版，第 201 页。

一种方式，因此，南北朝的佛塔总体上呈现出一种高大、雄伟、绮丽、豪华的壮美风格。不过，由于南北方地域文化的差异以及建造技术的不同，北方的佛塔常呈现出一种雄健绮丽的壮美，而南方的佛塔则多了一份轻盈纤秀的优美。

南北朝时期的佛塔总体上给人一种多层高广而又绮丽的视觉美感。如北魏平城的七层的永宁寺塔“高三百余尺，基架博敞，为天下第一”①，非常宏伟壮观。而“基架博敞”既是木构架的一种精巧的建造技术，也是一种结构之美。《水经注·漯水》对此评价说：“其制甚妙，工在寡双”②，就是说的这种结构之美。这种结构装饰之美的佛塔还可从当时仿木结构的石佛图、石室看出来，据《魏书·释老志》描绘北魏平城的仿木构架的三级石佛图是“榱栋楣楹，上下重结，大小皆石，高十丈，震固巧密，为京华壮观也”③，从“榱栋楣楹，上下重结”可知各层均以柱额斗拱架椽挑檐，重重叠叠，结构精巧坚固，非常具有视觉的美感，不愧为“京华壮观”。怪不得《水经注·漯水》评价说：“水右有三层佛图，真容鹫架，悉结石也。装制丽质，亦尽美善也。”④ 还有《水经注》记载冯熙所建的皇舅寺“有五层浮图，其神图像皆合青石为之，加以金银火齐，众彩之上，炜炜有精光”⑤。从“合青石为之”来看，这是一座石塔，并且上面有以金银装饰的佛像，使整座塔看起来非常光鲜。这种美观我们还可以从云冈石窟第二期石窟中雕琢的具有坡顶瓦檐、柱楣交结的木构佛塔形象资料来加以

① 许嘉璐主编：《二十四史全译·魏书·释老志》，汉语大词典出版社2004年版，第2452页。

② （北魏）郦道元著，陈桥驿校证：《水经注》卷十三，中华书局2013年版，第301页。

③ 许嘉璐主编：《二十四史全译·魏书·释老志》，汉语大词典出版社2004年版，第2452页。

④ （北魏）郦道元著，陈桥驿校证：《水经注》卷十三，中华书局2013年版，第301页。

⑤ （北魏）郦道元著，陈桥驿校证：《水经注》卷十三，中华书局2013年版，第300~301页。

印证："从中可见，佛塔的平面多作方形，塔的层数为一至九层，其中以三、五层者居多。多层佛塔的塔身一般表现为木构外观。各层均以柱额斗拱架椽挑檐，上作瓦垅坡顶，并见屋脊鸱尾的形象。只有佛塔的顶部，保留了覆钵、露盘、宝珠等外来造型，作为佛塔的特定标志。因此佛塔的外观形式较多地表现为汉代建筑风格。"①

这些楼阁式佛塔的构架是："柱头上雕栌斗，上承横楣（阑额），楣上与柱头对位雕一斗三升斗拱，二朵斗拱之间，与开间的正中雕叉手，与斗拱共同承托檐椽，组成纵架，上承塔檐，上层柱直接下层的塔檐，没有平坐。"② 从这些楼阁式佛塔的形象资料，再结合当时的文献资料，可以推测当时的楼阁式塔装饰得非常豪华绮丽，这主要表现在以下几个部分：柱子：柱子是当时楼阁式木塔非常醒目的支架和划分开间的分割物，是人们视觉的中心。形状常作圆形、方形或者八边形，柱身表面常采用磨砻、髹饰、涂绘、雕镂等装饰做法。像洛阳永宁寺塔的"绣柱金铺"就是如此，其装饰效果就是"骇人心目"；还有太和三年（479 年）北魏皇室为文明太后所建的方山永固石室，"堂之四周隅雉列榭阶栏及扉户梁壁椽瓦悉文石也，檐前四柱，采洛阳八风谷黑石为之，雕镂隐起，以金银间云矩，有若锦焉"③，可见是非常精致和美观。

斗拱：斗拱是中国木构建筑最精巧、最富有装饰性，也最令人瞩目的一种建筑构件，它主要起一种支撑作用。早在春秋时期，人们就开始注重斗拱的色彩装饰，《论语》中就有"山节藻棁"的说法，即把住房上的斗拱雕刻成山的形状，梁上的短柱（棁）绘着水藻纹样。而在《鲁灵光殿赋》中也有"层栌磥垝以岌峨，曲枅

① 傅熹年主编：《中国古代建筑史》（第二卷），中国建筑工业出版社 2009 年版，第 202 页。

② 傅熹年主编：《中国古代建筑史》（第二卷），中国建筑工业出版社 2009 年版，第 303 页。

③ （北魏）郦道元著，陈桥驿校证：《水经注》卷十三，中华书局 2013 年版，第 299 页。

要绍而环勾"① 的记载，更是把斗拱层层堆叠的高耸巍峨的结构形式之美描写得十分细致生动。

汉代以后，出现了一斗二升、一斗三升等更为复杂和美观的斗拱，从云冈石窟中石刻木楼阁佛塔来看，当时的楼阁式木塔普遍流行一斗三升这样的斗拱，这些斗拱雕刻精巧，并且上面满布着莲瓣纹、忍冬草纹、三角纹等纹饰，显得十分美观。据《水经注》说北魏平城东郭外的祇洹舍是"椽瓦梁栋，台壁棂陛，尊容圣像及床坐轩帐，悉青石也。图制可观，所恨唯列壁合石，疏而不密"②。从"椽瓦梁栋"来看，这也是一座枋木构的石屋，从"列壁合石，疏而不密"可知该石室结构也十分精巧；上有斗拱，并且满布彩绘，可惜具体是什么不得而知。屋顶：层层分开的楼阁以屋顶最为耀眼夺目，而注重屋顶的装饰则是中国古建筑最为突出的地方，也是最美的地方。从云冈石窟中楼阁式塔的形象来看，当时的楼阁屋顶平面还是平坡面，直檐口，虽说屋顶正脊的两端和垂脊下端都加高了，使端部略呈上翘状，但是曲线的效果还是没有显示出来。如果这种平坡屋顶自下仰望，那么平直的屋檐就会显得劲健，再加上层层往上的收分，就会使整个佛塔呈现出雄健的壮美风格。据推测，北魏洛阳的楼阁式塔为了建得更高、更大，以便于与南朝争文化正统的地位和夸竞斗富的需要，其屋顶常常都是这种平坡面、直檐口，所以给人的美感也常常是劲健的壮美风格。我们可从北魏洛阳永宁寺塔来加以论述。洛阳永宁寺塔是胡灵太后所建的皇家大塔，它的出现在当时的历史上无与伦比，是中国现存记载的最高、最大、最宏伟的楼阁式木塔。它给人的是一种"绣柱金铺，骇人心目"③ 的壮美，可从几个方面表现出来：高度上，"架木为之，

① （东汉）王延寿：《鲁灵光殿赋》，《昭明文选》，中华书局 1977 年版。

② （北魏）郦道元著，陈桥驿校证：《水经注》卷十三，中华书局 2013 年版，第 301~302 页。

③ （北魏）杨衒之著，尚荣译注：《洛阳伽蓝记》，中华书局 2012 年版，第 20 页。

图 2-4　云冈 21 窟塔心柱　　　图 2-5　云冈 2 窟塔心柱

（采自刘敦桢：《中国古代建筑史》，中国建筑工业出版社 1984 年版，第 91 页）

举高九十丈。有金刹复高十丈，合去地一千尺。去京师百里，已遥见之。"① 虽说人们对此记载的高度颇为怀疑，但谁都不可否认此塔高达百米的尺度让人产生的一种惊骇感；装饰上，金黄色和红色是永宁寺塔的主色调，给人一种绮丽、奢侈感。该塔有十丈高的金刹，刹上有容二十五斛的金宝瓶，宝瓶下有承露金盘三十重，金盘周围皆垂金铎，另外四道铁索上也有大如石瓮子的金铎，塔的九层角上皆挂金铎，共一百二十铎，塔的门窗上共有五千四百枚金铃，还有众多的金环铺首。这众多的金制部件组合在永宁寺塔上，呈现出金光灿灿的光芒，足以"骇人心目"。另外，塔有四面、九层，每面有三户六窗，户皆朱漆，可见红色也是主色调。而从"绣柱

① （北魏）杨衒之著，尚荣译注：《洛阳伽蓝记》，中华书局 2012 年版，第 20 页。

图 2-6 云冈 39 窟里的浮雕塔及立面图

（采自常青：《中国古塔的艺术历程》，陕西人民美术出版社 1998 年版，第 51 页）

金铺”的描述中，可知塔柱也是彩绘满身，非常华丽。怪不得杨衒之发出了“殚土木之功，穷造形之巧”① 的感叹。

洛阳永宁寺塔（图 2-9、图 2-10）以无与伦比的高度、体量和富丽堂皇的建筑装饰成为当时洛阳城的地标建筑物，也成了人们争相模仿的对象、造塔的范本。如瑶光寺的五层浮图“去地五十丈，仙掌凌虚，铎垂云表，作工之妙，埒美永宁”②；秦太上君寺的五层浮图“修刹入云，高门向街，佛事庄饰，等于永宁”③；景明寺

① （北魏）杨衒之著，尚荣译注：《洛阳伽蓝记 · 永宁寺》，中华书局 2012 年版，第 20 页。

② （北魏）杨衒之著，尚荣译注：《洛阳伽蓝记 · 瑶光寺》，中华书局 2012 年版，第 64 页。

③ （北魏）杨衒之著，尚荣译注：《洛阳伽蓝记 · 秦太上君寺》，中华书局 2012 年版，第 133 页。

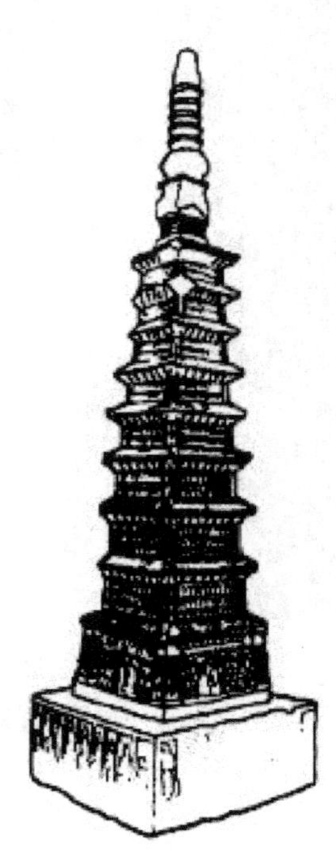

图 2-7　云冈第 5 窟浮雕塔　　图 2-8　山西塑县崇福寺藏北魏曹天度造小石塔
（采自常青：《中国古塔的艺术历程》，陕西人民美术出版社 1998 年版，第 49、50 页）

的七级浮图“去地百仞，妆饰华丽，侔于永宁，金盘宝铎，焕烂霞表”①。（同泰寺）“凌云九级，俪魏永宁”②。从造塔都与永宁寺塔相比，可知南北朝时期佛塔普遍追求美化、艺术化，给人的审美感受是一种壮美。但是随着南方“秀骨清像”审美风尚的盛行以及山林佛寺的发展，佛塔也流露出优美的审美倾向，像北方的嵩

① （北魏）杨衒之著，尚荣译注：《洛阳伽蓝记 · 景明寺》，中华书局 2012 年版，第 194 页。

② （隋）费长房：《历代三宝纪》卷十一《译经齐梁周》，《大正新修大藏经》卷四十九，日本大正一切经刊行会 1922—1934 年版，第 99 页。

岳寺塔就呈现出优美的曲线。

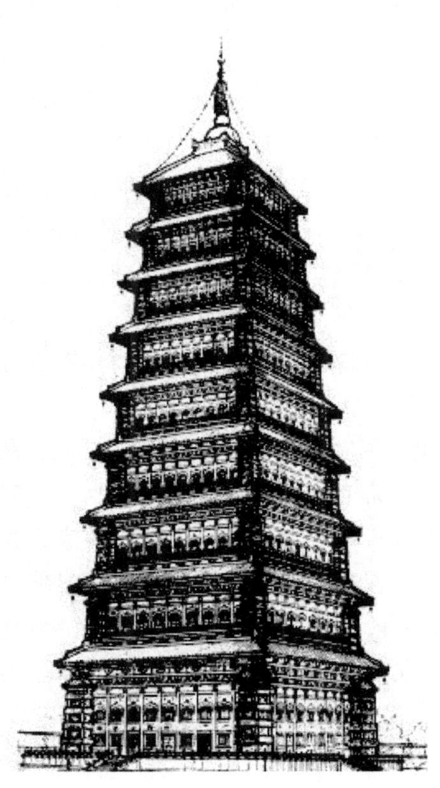

图 2-9　杨鸿勋永宁寺塔复原图

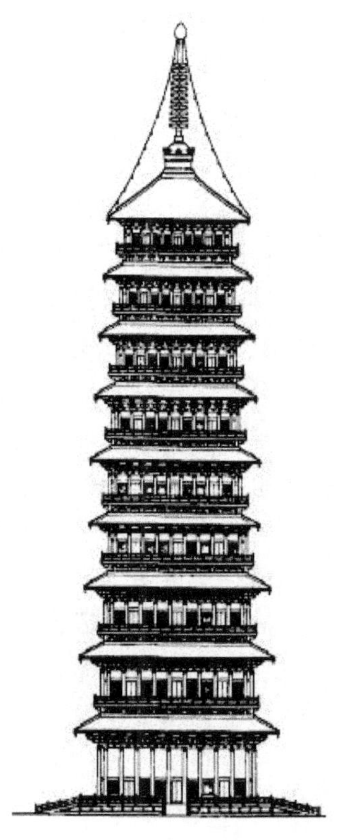

图 2-10　钟晓青永宁寺塔复原图

（图 2-9 采自杨鸿勋：《关于北魏洛阳永宁寺塔复原草图的说明》，《文物》1992 年第 8 期）

（图 2-10 采自钟晓青：《北魏洛阳永宁寺塔复原探讨》，《文物》1998 年第 5 期）

北魏正光年间，在嵩山地区还建有几座高塔，一是保存至今的嵩岳寺塔（图 2-11）。关于此塔的记载主要有以下文献，一是唐代北海太守李邕撰写的《嵩岳寺碑》记载：

> 嵩岳寺者，后魏孝明帝之离宫也。正光元年，榜闲居寺，广大佛刹，殚极国财。济济僧徒，弥七百众；落落堂宇，逾一

千间。藩戚近臣，逝将依止；硕德圆戒，作为宗师。及后周不详，正法无绪。宣皇悔祸，道什中兴。明诏两京，光复二所。议以此寺为观，古塔为坛。八部扶持，一时灵变。物将未可，事故获全。隋开皇五年，隶僧三百人；仁寿载改，题嵩岳寺，又度僧一百五十人。……十五层塔者，后魏之所立也，发地四铺而耸，凌空八相而圆，方丈十二，户牖数百。加之六代禅祖，同示法牙，重宝妙妆，就成伟丽，岂徒帝力，固以化开。其东七佛殿者，亦曩时之凤阳殿也。其西定光佛堂者，瑞像之戾止。昔有石像，故现应身浮于河，达于洛，离京毂也。万辈延请，天柱不回，惟此寺也，一僧香花，日轮俄转。其南古塔者，隋仁寿二年置舍利于群岳，以抚天下，兹为极焉。其始也，亭亭孤兴，规制一绝。今兹也，岩岩对出，形影双美。……明准帝庸光启象设，南有辅山者，古之灵台也，中宗孝和皇帝诏于其顶，追为大通秀禅师造十三级浮图。及有提灵庙极地之峻，因山之雄，华夷闻传，时序瞻仰。每至献春仲月讳日斋辰，雁阵长空，云临层岭，委郁贞栢，掩映天榆，迢进宝阶，腾乘星阁。作礼者，便登师子；围绕着，更摄蜂王。其所内焉，所以然矣。①

二是《魏书·冯亮传》记载：

亮既雅爱山水，又兼巧思，结架岩林，甚得栖游之适，颇以此闻。世宗给其工力，令与沙门统僧暹、河南尹甄琛等，周视嵩高形胜之处，遂造闲居佛寺。林泉既奇，营制又美，曲尽山居之妙。亮时出京师。延昌二年（513 年）冬，因遇笃疾，世宗敕以马舆送令还山，居嵩高道场寺。数日而卒。②

---

① 《全唐文》卷 263，上海古籍出版社 2007 年版，第 1181 页。

② 许嘉璐主编：《二十四史全译·魏书·冯亮传》，汉语大词典出版社 2004 年版，第 1627 页。

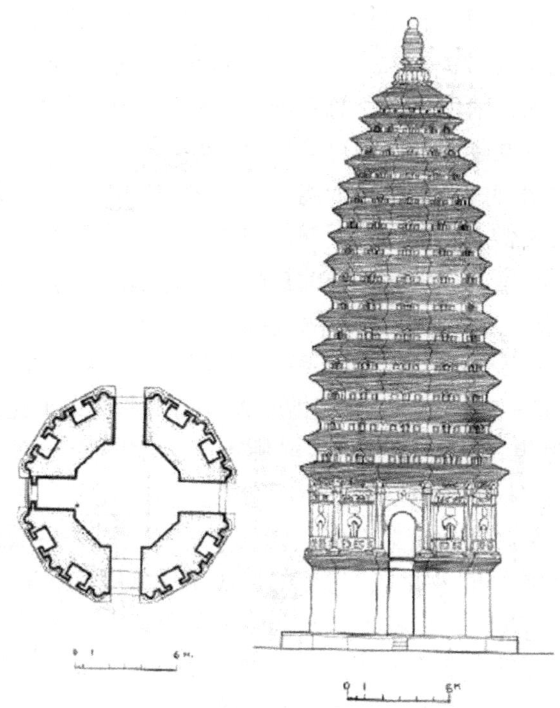

图 2-11　嵩岳寺塔的平面与立面图
（采自刘敦桢：《中国古代建筑史》，中国建筑工业出版社 1984 年版，第 92 页）

三是《魏书·道武七王·元叉》记载：

正光五年（524 年）秋，灵太后对肃宗谓群臣曰："隔绝我母子，不听我往来儿间，复何用我为？放我出家，我当永绝人间，修道于嵩高闲居寺。先帝圣鉴，鉴于未然，本营此寺者正为我今日"。①

四是《魏书·帝纪·肃宗元诩》记载：

① 许嘉璐主编：《二十四史全译·魏书·元叉传》，汉语大词典出版社 2004 年版，第 317 页。

神龟二年（519 年）“九月庚寅，皇太后幸嵩高山”①。

正光元年（520 年）秋七月，侍中元叉、宦官刘腾“幽皇太后于北宫，杀太尉清河王怿，总勒禁旅，决事殿中”②。

从以上的文献资料记载可得出以下几点：

一是嵩岳寺的沿革历史。嵩岳寺原名闲居寺，是宣武帝令隐士冯亮、沙门统僧暹、河南尹甄琛等在嵩山形胜之处修建的一所皇家寺院，作为皇室游幸之地，因此被称为北魏孝明帝的离宫。宣武帝（483—515 年）于太和二十三年（499 年）四月十二日即位，卒于 515 年。联系冯亮死于延昌二年（513 年），可知闲居寺建造于永平年间（508—511 年）的可能性较大。北魏孝明帝正光元年（520 年）正式榜题寺名，并大肆扩建佛寺。从孝明帝五六岁即位起，北魏王朝的实权就一直掌握在孝明帝的生母胡太后手中，可见，闲居寺的扩建与胡太后有关。但正光元年七月，胡太后被侍中元叉、宦官刘腾幽禁于北宫起，闲居寺的扩建工程就停了下来，一直持续到正光五年（524 年）秋天，胡太后杀死妹夫元叉重新掌握北魏大权后，闲居寺的扩建工程才重新开始。近年来考古工作者在塔下地宫中发现刻有（大魏正光四年）铭记的佛像，也证实了这一点。③隋仁寿元年（601 年）更名为嵩岳寺。唐武则天和高宗游览嵩山时，曾把嵩岳寺作为行宫，楼阁相连，亭殿交辉，盛极一时。

二是关于嵩岳寺塔的建造年代。此问题本来没有什么大的争论，从“十五层塔者，后魏之所立也”就基本上可以判定嵩岳寺塔是北魏时期的建筑作品，至于是北魏正光元年（520 年）还是正光四年（523 年）而建，学者们是有争论的，但从不否认嵩岳寺塔是北魏时期的佛塔。可自从北京大学的曹汛先生在《建筑学报》上发表了《嵩岳寺塔建于唐代》一文后，针对曹先生提出的“现

① 许嘉璐主编：《二十四史全译 · 魏书 · 肃宗元诩纪》，汉语大词典出版社 2004 年版，第 182 页。

② 许嘉璐主编：《二十四史全译 · 魏书 · 肃宗元诩纪》，汉语大词典出版社 2004 年版，第 184 页。

③ 河南省古代建筑保护研究所：《登封嵩岳寺塔地宫清理简报》，《文物》1992 年第 1 期。

存的嵩岳寺塔为唐代开元二十一年（733年）重建，重建时并没有按照北魏原样"① 的惊世骇俗的结论，建筑学术界迅速地给予了反应，沉寂60多年的结论又重新激活了，这主要表现在萧默先生的《嵩岳寺塔渊源考辨——兼谈嵩岳寺塔建造年代》②、朱永春先生的《论嵩岳寺塔唐代重建说不成立》③ 等论文中。这些论文批驳了曹文论据的缺陷，坚持了嵩岳寺塔北魏时期建造说，同时又推进了嵩岳寺塔的进一步研究。

三是根据文献记载和现存的嵩岳寺塔的实物，可知嵩岳寺塔是中国现存的最早的南北朝建筑实例，也是中国现存的最早的密檐式塔，显得很独特，也很突出。这主要体现在以下五个方面：（1）塔身平面呈正十二边形，各层各面都砌出一户二窗的形象。这与"发地四铺而耸，凌空八相而圆，方丈十二，户牖数百"的记载相一致。从当时的文献记载和石窟形象资料来看，平面呈四边形的楼阁式塔是主流，十二边形的平面是嵩岳寺塔的独特之处。（2）十五层的密檐式塔。嵩岳寺塔高达39.8米，全塔由塔身、塔檐、塔刹三部分组成。塔身建在低矮而简朴的台基上，显得十分高大，这为后来密檐式塔的建造提供了蓝本。塔身以叠涩平座分为上下两层，上层较下层显得略微粗大，呈现出不同的建筑风格，除了东西南北是贯穿塔身上下两层的入口之外，上层的其他八面都砌有单层亭阁式方塔壁龛，龛内置放砖雕狮子，造型古朴，栩栩如生；壁龛呈壶门状，龛门之间的十二个转角上都砌有八角形的倚柱，柱下都雕有莲瓣形的柱础，柱头雕作火焰、垂莲。相较于塔身上层的集中装饰，下层塔身则显得较为素朴，除入口之外的八面塔身均为光滑的砖面，没有任何雕饰。上层的装饰豪华繁复和下层的简单素朴在此形成鲜明的对比，给人以极强的视觉感受。上层塔身之上，叠涩

① 曹汛：《嵩岳寺塔建于唐代》，《建筑学报》1996年第6期。

② 萧默：《嵩岳寺塔渊源考辨——兼谈嵩岳寺塔建造年代》，《建筑学报》1997年第4期。

③ 朱永春：《论嵩岳寺塔唐代重建说不成立》，《合肥工业大学学报》（社会科学版）2000年第2期。

出密檐十五层，每层塔檐之间，距离都很短，密密实实的塔檐几乎遮蔽了塔身的形状。每层塔檐之间的每面塔壁都砌出一个带有尖拱形的小门，两侧各有一方形直棂小窗，但到了顶层由于收束迅速使其面宽过窄，只能在正四面设门，其余八面设窗。这些龛门和小窗的设置一方面用于象征塔身的层数，另一方面作为通风、采光和纯装饰之用。塔刹高约4米，全部用石头雕刻而成，自下而上分为覆莲、束腰、仰莲、砖砌的七层相轮和宝珠。这种形式的塔刹，一直为后来许多砖石密檐塔所采用。需要特别指出的是，其中仰莲以上部分为唐末宋初修缮时所加，① 原先的塔刹形式及高度已不可考。（3）塔的内部结构为空筒式，直通塔顶。在塔身的东西南北四周都有入口可以直接进入塔心内室，塔心室直通塔顶，无心柱，塔心室底层下段也作正十二边形平面，到上端以上改为正八边形，中间用木楼板分隔为十层。（4）砖塔。这是现存最早的一座砖塔。从佛教传入中国内地以来一直到隋朝统一，文献上记载佛塔的建筑材料除了基座部分用少许砖石包裹外层之外，基本上是土木，“从东汉第一座佛寺白马寺的塔开始，到三国徐州的浮图祠，都是大木塔。《洛阳伽蓝记》中记载的许多寺庙的塔，也都是木塔。永宁寺塔可说已经达到了木结构塔的一个高峰。所谓‘南朝四百八十寺，多少楼台烟雨中’，这些寺中的塔也都是木塔”②。但因为木构建筑容易腐朽、虫蛀及易燃等原因，使得中国的建筑工匠在塔的建筑材料上不得不考虑如何才能保存长久的问题，于是选择耐火、防腐的砖石就成了最好的方法。所以才有了《洛阳伽蓝记》中记载的杜子休舍宅为寺的故事中所说的太康寺三层佛图。此塔是文献记载的我国最早的一座砖塔，建于晋太康六年（285年），为襄阳侯王浚所造。当时的层数是三层，体量不是很大，估计建造技术也不是太复杂。但到了北魏正光年间的嵩岳寺塔，十五层的塔身全部用砖建造，高达40米的体量无论是技术要求还是艺术水准都要达到很

① 河南省古代建筑保护研究所：《登封嵩岳寺塔地宫清理简报》，《文物》1992年第1期。

② 罗哲文：《中国古塔》，中国青年出版社1985年版，第24页。

高的水平，这些嵩岳寺塔都做到了。（5）装饰的印度化。嵩岳寺塔的许多装饰都带有印度的装饰母体，例如以火焰形的券面做成的佛龛，内置雕刻的狮子；以火珠垂莲作柱头、覆盆形的莲瓣作柱础的八角柱等都具有异域的装饰色彩。

嵩岳寺塔这些建筑特色与当时流行的以永宁寺塔为代表的楼阁塔建筑类型相比确实显得造型别致，标新立异，给人一种不同于楼阁式塔的美观。但是这种标新立异的密檐式塔是否突然产生的，即它的渊源是什么？

傅熹年认为“嵩岳寺塔的造型和结构方法全然不同于北朝时期流行的多层方塔。其十二边形平面、底层高大而上部各层低矮的密檐佛塔立面构图，以及塔心中空的筒状结构方式，均为已知北朝佛塔形象中所未见。但此塔规模宏壮，造型精美，设计手法娴熟，当非滥觞时期作品”①。我们较为认同傅熹年的看法，也认为嵩岳寺塔的建筑造型风格绝不是建筑工匠的一时即兴之作，而是有其佛塔建筑造型的历史渊源的，以及由此而带来的中国人的宗教观念和人们对这种象征物的感受所发生的变化。

关于嵩岳寺塔以及密檐式塔形制的渊源问题，很多学者早就进行了研究，梁思成先生早在20世纪40年代就注意到了，指出嵩岳寺塔“这种形式是和过去三百年来传统的木结构形式毫无相似之处的。虽然没有文献记载可证，但是我们可以大胆地说它是模仿印度的一些塔型的。从这座塔上的许多雕饰部分看，例如以莲瓣为柱头和柱础的八角柱，以狮子为题做成的佛龛，火焰形的券面等，印度的装饰母体是非常明显的”②。梁先生只是从塔型、塔的装饰两个方面界定嵩岳寺塔肇源于印度，但他并没有进行详细论述。萧默先生也对嵩岳寺塔的渊源问题进行了考辨，并进行了详细的论述，他指出“嵩岳寺塔最令人注目的密檐实即（北凉）小石塔比例颇巨的层层相轮，其抛物线轮廓，与小石塔的相轮非常接近；它近于

① 傅熹年主编：《中国古代建筑史》（第二卷），中国建筑工业出版社2009年版，第212页。

② 梁思成：《梁思成谈建筑》，当代世界出版社2006年版，第178页。

圆形的平面也与小石塔最相接近；嵩岳寺塔塔身分为上下二段及上段所辟八座小室，与小石塔也皆相同”①，由此他得出结论：“嵩岳寺塔的近源是为北凉小石塔”②。“再加上中国的亶楼，才最终出现了嵩岳寺塔”③，“实际上，北凉小石塔与刘敦桢指出的公元2世纪开始出现的形体瘦而高的印度窣堵波就很有相通之处”④。从梁思成、萧默两位先生的结论可知，嵩岳寺塔的形制根源最终肇始于古印度的窣堵波，它的近源是来自十六国时期北凉的小石塔，远源是印度的窣堵波，而北凉的小石塔只不过充当了印度或波斯中亚与嵩岳寺塔之间的过渡环节。至于这个结论是否正确，还有待于文献资料的证实和研究的进一步深入，但是从逻辑的推理上来讲，最起码这个结论是言之有理的。

实际上，我们从当时嵩山地区的佛塔造型中也能进一步探究嵩岳寺塔的形制渊源。据东魏天平二年（535年）的《中岳嵩阳寺碑》碑文记载：

> 有大德沙门生禅师……浮沉嵩岭，道风远被，德香普薰，乃皇帝倾心以师资，朝野望风而屈膝。此山先来未有塔庙，禅师将欲接引众生……卜兹福地，创立神场，当中岳之要害，对众术之抠耳；乃北望高峰，南临广陌，西带峻涧，东接修林，于太和八年（484年）岁次甲子，建造伽蓝，筑立塔殿，布置僧坊，略深梗概……司空公裴衍……为寺檀主。……禅师乃构千善灵塔一十五层，始就七级，缘差中止。而七层之状，远望则迢亭巍峨，仰参天汉；近视则崔嵬俨嶷，旁魄绝望，自佛法

① 萧默：《嵩岳寺塔渊源考辨——兼论嵩岳寺塔建造年代》，《建筑学报》1997年第4期。

② 萧默：《嵩岳寺塔渊源考辨——兼论嵩岳寺塔建造年代》，《建筑学报》1997年第4期。

③ 萧默：《嵩岳寺塔渊源考辨——兼论嵩岳寺塔建造年代》，《建筑学报》1997年第4期。

④ 萧默：《嵩岳寺塔渊源考辨——兼论嵩岳寺塔建造年代》，《建筑学报》1997年第4期。

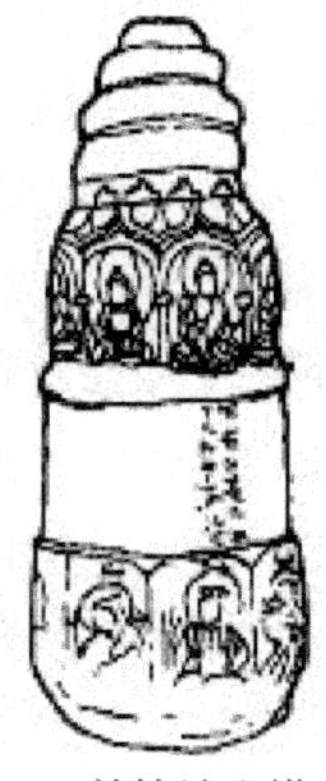

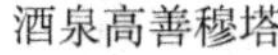

酒泉高善穆塔　酒泉程段儿塔　敦煌沙山塔　敦煌三危山塔

图 2-12　北凉小石塔

（采自萧默：《嵩岳寺塔渊源考辨：兼谈嵩岳寺塔建造年代》，《建筑学报》1997 第 4 期）

> 光兴，未有斯壮也。禅师指麾，成之匪日。禅师之后，虽复名工巧匠，无能陟其险峭。禅师大弟子沙门统伦、艳二法师……以师遗功，成兹洪业，分稟口砖，更罩两塔，并各七层，仰副师愿。①

这段碑文记载了北魏太和八年（484 年），高僧生禅师在嵩山开始创建佛寺、建造佛图的情况。佛寺名叫嵩阳寺，但在碑文中没有明确提出，据《说嵩》卷三记载：“（唐）奉天宫……故嵩阳寺也，寺建于元魏，司空裴衍尝为寺主。浮屠大者，高数十仞。”②可知佛寺则为嵩阳寺，这与《中岳嵩阳寺碑》名称相符。从其等级上说，应属于皇家佛寺的范畴。太和八年（484 年）早于少林寺

① 转引自严可均：《全上古三代秦汉三国六朝文 · 全后魏文》卷 58，中华书局 1965 年版，第 574 页。

② （清）景日昣：《说嵩》卷三，郑州市图书馆文献编辑委员会《嵩岳文献丛刊》，中州古籍出版社 2003 年版。

的初创年代,① 其说“此山先来未有塔庙”，似有一定道理。据《说嵩》卷二十一，汉明帝永平十四年，嵩山建大法王寺，号称中国建寺之始，但未记有无建塔，下文反提到该寺“后魏建佛图”。由此至少可以认为，嵩山皇家佛塔以嵩阳寺塔为始。②

佛塔的形制，从记载可知本来规划的是想建成十五层佛塔，但由于技术或其他的原因，只建造了七层，但就是这七层佛塔却能“仰参天汉”、“ 旁魄绝望”、“高数十仞”，这些描述虽有夸张，但可以想见此塔的高大雄伟。至于此塔是楼阁式塔还是密檐式塔，碑文没有明确指出，学者们也有不同的意见。傅熹年认为：“以其十五层之构想，恰与嵩岳寺塔相同，而当时平城佛塔形象中，未见逾九极者，疑其亦为密檐式塔。则此类佛塔，可能早在平城时期即已出现，但并不流行，迁都之后，嵩山以中岳之尊，得皇室重视，故嵩阳寺塔的形式，或开始引起人们的注意。据史料记载，北朝晚期已有层数多达十七层的佛塔,③ 应是与嵩岳寺塔同一类型的密檐砖塔。”④ 而徐永利、李靖认为：“‘以七层之状’而能‘仰参天汉’、‘旁魄绝望’、‘高数十仞’，虽有夸张，也能推测出此塔应为砖楼阁式塔，而且是个半成品；弟子‘更罩两塔’应该也是楼阁式。”⑤ 看来嵩阳寺塔的形制到底是楼阁式塔还是密檐式塔，还没有得出一致的结论。但有一点可以肯定，嵩阳寺的两座为生禅师弟子所造的塔都是砖塔。

嵩山还有一座中国最早的女僧寺院——明炼寺，它是北魏正光

① 少林寺创建于北魏太和十九年（495 年），是北魏孝文帝元宏为安顿印度僧人跋陀（又称佛陀）落迹传教而建造的。

② 徐永利、李靖：《从北魏皇室佛教活动看嵩岳寺塔的形制准备》，《华中建筑》2007 年第 11 期。

③ 《续高僧传》卷 26《释宝安传》：“仁寿元年（601 年），奉敕置塔于营州梵幢寺，即黄龙城也。旧有十七级浮图，权在其内，安置舍利。”

④ 傅熹年主编：《中国古代建筑史》（第二卷），中国建筑工业出版社 2009 年版，第 212 页。

⑤ 徐永利、李靖：《从北魏皇室佛教活动看嵩岳寺塔的形制准备》，《华中建筑》2007 年第 11 期。

二年（521 年）孝明帝的妹妹永泰公主出家的皇家尼寺，因其建在南朝梁武帝的女儿明炼公主塔旁，被称为明炼寺。唐朝时改为永泰寺，是源于唐中宗李显神龙二年（706 年）七月廿五日，嵩岳寺都维那憎道莹上奏朝廷，说明炼寺“依山带水，形胜幽栖，不假多工，便堪居住”。整修竣工后，因“天恩为永泰公主于前件，故伽蓝置寺一所，请以永泰为名，特望度僧二七人……”自此，明炼寺更名为永泰寺。金朝时又改为永禅寺，目的在于标榜自己是佛教禅宗的正脉。元、明之后，永禅寺复称为永泰寺。

据《永泰寺碑》碑文记载：“千佛二古塔者，昔明炼之所起，亭亭四照，嶷嶷遥空。龛室玲珑重光，回映其间。”① 可见，当时的明炼寺建造有两座高耸、巍峨的佛塔，上面有很多的佛龛，龛内置放佛像。其具体的形象虽未保存下来，但从北魏天安元年（466 年）曹天度造九层千佛石塔可以大体推测出明炼寺佛塔的建筑造型。曹天度造九层千佛石塔的建筑风格是：“全塔分底座、塔身、塔刹三部，总高约 2.5 米。基座四面，刻有供养人像及发愿文。塔身九层，除底层各面正中作龛外，各层四面满雕千佛。各层塔檐均作坡顶，并刻出檐椽与瓦垅。底层四隅，各立有一座三层小塔，塔顶亦雕作坡顶，上置鸱尾。塔刹残高 49.5 厘米，呈现为完整的单层方塔形象，是一个特例。刹顶部分的造型，下为山花蕉叶，中为覆钵，上为九重相轮。”② 从曹天度造千佛石塔的造型来看，可推测明炼寺塔与之相类似，都带有较多的佛塔造型的早期特点，如塔身满雕千佛，且未表现梁柱结构，唯塔檐采用汉地坡顶形式。

少林寺在初创时也建有佛塔。据唐开元十六年（728 年）裘漼的《皇唐嵩岳少林寺碑》碑文记载：

---

① 《永泰寺碑》，《嵩书》，中州古籍出版社 2003 年版，第 460 页。

② 转引自傅熹年主编：《中国古代建筑史》（第二卷），中国建筑工业出版社 2009 年版，第 205 页。史树青：《北魏曹天度造千佛石塔》，《文物》1991 年第 11 期。韩有福：《北魏曹天度造千佛石塔塔刹》，《文物》1980 年第 7 期。

> 沙门跋陀者……来游国都……太和中，诏有司于此寺处之。静供法衣，取给公府。法师乃于寺西台造舍利塔，塔后造翻经台。香水成涂，金绳为约，苦心精力，俾夜作昼，多宝全身之地，不日就工……西缘长涧，夹松柏之萧森，北距深岩，覆筠篁之冥密……空乐跋陀，息心兹地，乐静安居。①

少林寺初建于北魏太和十九年（495 年），是北魏孝文帝元宏为安顿印度僧人跋陀（又称佛陀）落迹传教而建造的。据此碑文记载可知当时寺中建有舍利塔，塔的造型不可知，建造的材质也不可知。

从上论述可知，从北魏太和年间（477—499 年）到正光年间（520—524 年）短短五十年的时间，嵩山地区就有四座北魏皇室建造的寺院及寺塔：嵩岳寺及寺塔、明炼寺及寺塔、嵩阳寺及寺塔、少林寺及舍利塔，从中可知北魏皇室崇佛、佞佛之风的强劲。不过，这些佛塔由于种种原因，只有嵩岳寺塔保存了下来，其余的化成了历史的废墟，因此很难断定消失的嵩阳寺“七层之状”佛塔、明炼寺“千佛二古塔”和少林寺“舍利塔”的具体建筑造型，这样也就很难搞清嵩岳寺密檐式塔的具体形制渊源。但是，我们还是认为嵩岳寺塔的建筑形制不是突如其来，至少它不孤单。正如徐永利、李靖所说：“嵩岳寺塔的形制似乎突如其来，不过我们在此可以发现‘十五层塔’（指生禅师乃构千善灵塔一十五层），这一点上它是不孤单的，早有先例。虽未必很有深意，但可以相信‘十五’也并不是一个偶然为之的数字。”②

与此同时，南朝佛塔的发展和北朝相同步，也是以楼阁式塔为主，兼有覆钵塔为辅的发展格局，关于南朝佛塔的技术系统及造型

① 转引自徐永利、李靖：《从北魏皇室佛教活动看嵩岳寺塔的形制准备》，《华中建筑》2007 年第 11 期。

② 徐永利、李靖：《从北魏皇室佛教活动看嵩岳寺塔的形制准备》，《华中建筑》2007 年第 11 期。

图 2-13　日本奈良法隆寺五重塔
（采自常青：《中国古塔的艺术历程》，陕西人民美术出版社 1998 年版，第 78 页）

特点，贺云翰先生曾在《六朝都城佛寺与佛塔的初步研究》① 一文中有详细的考证，自不赘述。但是“南朝佛塔所采用的应是与北朝土木结合方式有所不同的纯木构方式，塔身外观当较北朝木塔更为轻盈纤秀”。

而南方的佛塔因为多数是木构架的楼阁式塔，基本上没有保存下来，再加上现在发掘的不多，所以南方木塔的秀丽造型我们是看不到了。现在我们只能根据一些文献资料和现存日本飞鸟时代的佛塔来推想南方的佛塔了。

关于南朝的佛塔，很多学者进行了研究探讨，学术界基本上得

① 贺云翰：《六朝都城佛寺与佛塔的初步研究》，《东南文化》2010 年第 3 期。

出了关于塔的一些特点：南朝的佛塔不同于北朝土木混合的楼阁式塔，而是以木质楼阁式塔为主，其平面是方形，塔身中部有贯通上下的木质刹柱，刹柱外围以木构的多层塔身，刹顶上有宝瓶宝珠和承露金盘，并有垂幡、宝铎等饰物。并且这种形象和构造特点和日本现存飞鸟时代遗构法隆寺五重塔和法起寺三重塔基本相同，因此飞鸟二塔可作为我们研究南朝佛塔的形象资料。① 从审美文化的角度来看，我们可知南朝的佛塔相较于北朝的佛塔在造型上多了一份轻盈纤秀的优美，这主要从以下几个方面表现出来：一是体量上。从日本飞鸟时代遗存的法隆寺五重塔和法起寺三重塔的形象来看，因为是纯木结构，所以同样高度的佛塔在体量、面积上南朝佛塔要比北朝佛塔小。二是屋顶上。南朝楼阁式木塔屋顶曲线运用得非常明显，相较于北朝佛塔屋顶的平坡面、直檐口的直线运用，整个佛塔既减少了屋顶的沉重、呆板和压抑之感，又在视觉上有轻扬上举之势，呈现出一种飘飘欲飞之感。这种飞翘的屋顶曲线得益于纯木构的结构技巧，具体做法是："在下层建筑的屋顶构架上，于角梁和椽子上卧置柱脚方，四面的柱脚方在角梁上相交，围成方框，在柱脚方上立柱，建上屋构架。每层自柱脚方起自成一个单元，所立之柱比下层退入，上下层柱之间不需对位，甚至间数也可以改变，按需要自由立柱。"② 因为这种做法是用增减各小梁下垫托构件的高度来完成的，这样就很容易造成凹曲面的屋顶。这种形式的屋顶，近脊部陡峻，檐部平缓，对排水和多纳阳光都有好处。南朝木质楼阁式塔的实物现在虽然荡然无存，但从很多文献记载中我们还是能对这种飞檐的描述感受到这种结构之美。如（梁）沈约《光宅寺刹下铭》说光宅寺塔是"重檐累构，迥刹高骧"③，（陈）江

① 参见傅熹年主编：《中国古代建筑史》（第二卷），中国建筑工业出版社 2009 年版，第 313 页；贺云翱：《六朝都城佛寺和佛塔的初步研究》，《东南文化》2010 年第 3 期。

② 傅熹年主编：《中国古代建筑史》（第二卷），中国建筑工业出版社 2009 年版，第 312 页。

③ （清）严可均：《全上古三代秦汉三国六朝文》，《全梁文》卷 30，中华书局 1965 年版，第 3127 页。

总《怀安寺刹下铭》形容怀安寺塔是“飞甍巀嶭，累栋嶙峋”。梁简文帝《大爱敬寺刹下铭》则说此寺的七层塔是“悬梁浮柱，沓起飞楹，日轮下盖，承露上擎”。“重檐”、“累栋”、“悬梁”、“浮柱”、“飞楹”等词语既表明这些塔是多层木构架，又彰显了这些塔的飞动之美。

南朝最著名的佛塔是梁武帝所建的同泰寺九层塔，关于该塔的文献资料有以下几处：

《续高僧传》卷一《宝唱传》记载：

> 又以大通元年（527 年）于台城北，开大通门，立同泰寺，楼阁台殿拟则宸宫，九级浮图回张云表，山树园池，沃荡烦积。其年三月六日，帝亲临幸，礼忏敬接，以为常准。①

（隋）费长房《历代三宝纪》卷十一：

> （同泰寺）楼阁殿台，房廊绮饰，凌云九级，俪魏永宁。②

（唐）许嵩：《建康实录》记载：

> （同泰寺）浮图九层、大殿六所、小殿及堂十余所。……起寺十余年，一旦震火焚寺，唯余瑞仪柏殿，其余略尽。即更构造而作十二层塔，未就而侯景作乱，帝为贼幽馁而崩。③

从以上文献记载可知，同泰寺九层塔建成于 527 年，546 年塔

---

① （唐）道宣：《续高僧传》卷一《宝唱传》，《大正新修大藏经》卷五十五，日本大正一切经刊行会 1922—1934 年版。

② （隋）费长房：《历代三宝纪》卷十一《译经齐梁周》，《大正新修大藏经》卷四十九，日本大正一切经刊行会 1922—1934 年版。

③ （唐）许嵩著，张忱石点校：《建康实录》卷 17《高祖武皇帝》，中华书局 1986 年版，第 674 页。

被震火焚毁，后又建十二层塔，还未建成，因梁武帝在549年发生的侯景之乱中被幽困饿死，而被迫中止。关于此塔的建筑细节和结构之美，许多人作诗进行了描绘和咏赞，从中我们可以感受到此塔的奢侈和绮丽。如庾信《奉和同泰寺浮图诗》：

> 岧岧凌太清，照殿比东京。长影临双阙，高层出九城。拱积行云碍，幡摇度鸟惊。凤飞如始泊，莲合似初生。轮重对月满，铎韵拟鸾声。画水流全住，图云色半轻。露晚盘犹滴，珠朝火更明。①

王训《奉和同泰寺浮图诗》描述道：

> 王门虽八达，露塔复千寻。重栌出汉表，曾拱冒云心。昆山雕润玉，丽水莹明金。悬盘同露掌，垂凤似飞禽。②

王台卿《奉和同泰寺浮图诗》云：

> 朝光正晃朗，涌塔标千丈。仪凤异灵乌，金盘代仙掌。积拱承雕桷，高檐挂珠网。宝地若池沙，风铃如树响。刻削生千变，丹青图万象。……晨雾半层生，飞幡接云上。③

从这些诗中的“拱积行云碍”、“重栌出汉表，曾拱冒云心”、“积拱承雕桷，高檐挂珠网”等语句中，可知同泰寺塔有向外挑出数层的很复杂的斗拱，并且上面雕镂精巧。再联系“近年发现的

---

① （明）葛寅亮撰，何孝荣点校：《金陵梵刹志》，天津人民出版社2007年版，第655页。收录庾信的题作《望同泰寺浮图》。

② （明）冯惟讷：《古诗纪》卷968收录该诗，题作“奉和同泰寺浮图”。（明）葛寅亮撰，何孝荣点校：《金陵梵刹志》，天津人民出版社2007年版，第654页。收录王训的《望同泰寺浮图》。

③ （明）葛寅亮撰，何孝荣点校：《金陵梵刹志》，天津人民出版社2007年版，第654页。收录王台卿的《望同泰寺浮图》。

邯郸南响堂山北齐凿第 1、2 窟檐挑出二层华拱，和日本五座飞鸟遗构中有四座都挑出一层拱一层昂之例，梁代所建同泰寺塔至少也应挑出二层拱昂，甚至更多，这时斗拱已很成熟”①。假如这个结论正确的话，这就说明同泰寺塔的屋檐檐角上翘的幅度应该很大，其轻扬上举之势会更加明显，那么佛塔的活泼优美之感也就会更加突出。还有从“画水流全住，图云色半轻”、“昆山雕润玉，丽水莹明金”、“刻削生千变，丹青图万象”等语句中，可知同泰寺塔的壁画、彩绘内容是多么的非富多彩，色彩是多么的鲜艳，雕刻是多么的精巧细致，从中我们可以想象该塔奢华绮丽的装饰也是无与伦比的，怪不得隋朝的费长房赞叹同泰寺塔“凌云九级，俪魏永宁”。这样，我们就可以大致描述一下同泰寺九层塔的基本特征：塔身呈木构九层，高耸入云；檐下彩绘雕镂的斗拱层层叠起并使得檐角向上翘起，并且挂满了珠网，檐角亦挂满金铎，风吹过铃声响起，声音似鸾鸟鸣唱，悦耳动听；塔顶上置放了仰覆莲、承露盘、数重相轮，顶部置放了一个凤鸟，姿态展翅欲飞；刹柱上系有飞幡，随风飘动；塔身内外被精致的雕刻和内容丰富、色彩鲜明的丹青所覆盖，美轮美奂。

第二节　刚健质朴的隋唐古塔

隋唐时期是中国历史上最为强盛辉煌的时期，无论是政治、经济、文化都非常的强盛。政治上，科举制度的确立使知识分子凭借考试就能享受官阶爵禄，能够参与和掌握各级政权，突破了魏晋南北朝时期门阀士族的垄断地位，给了各个阶层的知识分子一个希望之路、升迁之路、开拓之路，使整个社会的精神面貌充满一种昂扬向上、积极进取的精神。经济上，长期的全国大统一局面使人民能在一个和平稳定的环境下安心进行生产；均田制、租庸调法，调动了农民生产的积极性；军事上的府兵制，减轻了人民的负担；生产

① 傅熹年主编：《中国古代建筑史》（第二卷），中国建筑工业出版社 2009 年版，第 312 页。

技术的进步也促进了生产水平的提高等。这一切都使得隋唐时期物质财富极为丰富，经济力量极为强大，为人民极力享受生活、回归社会现实提供了强大的物质基础，也为建筑的大规模营建提供了条件。文化上，南北文化的交流融合，异域文化的融会吸收使得隋唐文化充满了一种自信和大度，它能“无所顾忌、无所畏惧地引进和吸收，无所束缚、无所留恋地创造和革新”①，具有开阔的胸襟、昂扬的气势、鲜明的色彩、刚健的力度。反映在唐诗上，既有李白诗歌的汪洋恣肆、天马行空的自由，又有杜甫诗歌的沉郁顿挫的现实情怀；反映在绘画上，既有北方关仝山水的峭拔雄健，又有南方山水的清秀灵气；反映在书法上，既有颜真卿、柳公权楷书的端庄大气，又有张旭草书的笔走龙蛇、汪洋恣肆的自由；反映在歌舞上，既有中原庙堂之音的庄重典雅，又有胡音的激扬奔越；反映在城市、宫殿、里坊、陵寝、寺观等建筑上，既有整体造型上的大气磅礴、雄壮恢宏的气概，又有建筑单体上的轻盈飘逸的灵动和俊秀。按刘敦桢先生的话来说就是“规模宏大，气魄雄浑，格调高迈，整齐而不呆板，华美而不纤巧”②。这一切都使得隋唐的建筑审美文化充满了一种史诗般的豪情和束缚不住的大气磅礴。

隋唐时期，建造了大量的佛塔，以作为祈福的宗教活动场所之一。这些塔有高大的木构楼阁式塔、砖石密檐式塔，还有小型的砖石墓塔。隋唐时期的佛塔作为一种建筑物，不仅延续了南北朝时期佛塔的结构类型，还在形式上给人以高大雄壮的美感。如隋朝的宇文恺在长安的禅定寺修建的木佛图“高三百卅尺，周匝百廿步”③，“如按方形平面测算，每面基广计三十步，十五丈，合今尺40余米，与北魏洛阳永宁寺塔规模相当（基广十四丈，38米余），但高度不及后者（九层，四百九十尺）。‘文化大革命’期

① 汤里平：《中国建筑审美的变迁》，同济大学出版社2012年版，第62页。

② 刘敦桢：《中国古代建筑史》（第二版），中国建筑工业出版社1984年版，第171页。

③ 《两京新记》卷3，大庄严寺条。

间，塔基遭到破坏，出土石础全部被挖出运往别处。础方 1.4 米左右，一辆卡车只能载运石础两枚。佛塔的平面形式从此无法考证，惟其规模之大可以想见”①。静法寺“西园中有木佛图，抗（左武侯大将军，陈国公窦抗）弟琎为母成安公主立，高一百五十尺，皆伐抗园梨木充用焉”②。扬州白塔寺有七层木佛图③（仁寿中，601—604 年）。唐长安的慧日寺“有九层浮图，一百五十尺，贞观三年（629 年）沙门道说所立”④，与隋代静法寺的木佛图等高，有可能也是木塔。不仅楼阁式塔高大雄健、稳重大气，密檐式塔也是这样。如隋代营州梵幢寺内“旧有十七级浮图”，益州净惠寺内也有“十七级浮图，高数十丈”，隋文帝造长安清禅寺浮图“举高一十一级，竦耀太虚，京邑称最”⑤。可见这些佛塔都很高大雄健。关于这些佛塔的建筑形象，我们可从敦煌石窟中保留的壁画塔来加以印证。隋代敦煌石窟第 302 窟的人字披顶上，有一个四层的小塔，各层的屋檐出檐都很大，特别是第一层塔身的体量（面阔、层高、出檐）都比上层高大许多，显得非常稳重、大气。傅熹年先生结合法门寺塔塔基的发掘和隋代敦煌石窟第 302 窟中的壁画塔研究，他得出“隋唐木塔中出现了一种降低塔身高度而加大底层面阔的变化”的结论，并认为“这种变化的实质，是从佛塔的实际功用出发，更加强调并完善塔身底层作为礼佛场所的功能，而将上部塔身的层高压缩，使塔身整体造型中带有密檐式塔的特点”⑥。

虽说这种佛塔的形式是从宗教的礼佛功能出发，但是给人一种

① 傅熹年主编：《中国古代建筑史》（第二卷），中国建筑工业出版社 2009 年版，第 535 页。

② 《两京新记》卷 3，静法寺条。

③ 《续高僧传》卷 29《释慧达传》，《大正新修大藏经》，日本大正一切经刊行会 1922—1934 年版。

④ 《两京新记》卷 3，慧日寺条。

⑤ 《续高僧传》卷 17《释昙崇传》，《大正新修大藏经》，日本大正一切经刊行会 1922—1934 年版。

⑥ 傅熹年主编：《中国古代建筑史》（第二卷），中国建筑工业出版社 2009 年版，第 536 页。

稳重、大气之感，就像一座山稳稳地立在大地上，显得刚健、有力，这是隋唐自信、大度的审美文化最好的阐释，也是唐代“以肥为美”审美文化风尚的物质载体。这从对唐代最著名的大雁塔的造型特征分析就能体现出来。与唐慈恩寺大雁塔属于同一造型的还有始建于唐总章二年（669 年）、重建于大和二年（828 年）的长安南郊兴教寺内的玄奘塔和建于开耀九年的香积寺塔。

大雁塔，原名慈恩寺塔，位于唐长安城进昌坊内，《大唐三藏法师传》记载：

图 2-14　隋代第 302 窟中的塔
（采自萧默：《敦煌建筑研究》，文物出版社 1989 年版，第 167 页）

永徽三年（652 年）春三月，法师欲于寺端门之阳造石浮图，安置西域所将经像，其意恐人代不常，经本流失，兼防火难。浮图量高三十丈，拟显大国之崇基，为释迦之故迹。将欲营筑附表闻奏，敕使中书舍人李义府，报法师云。师所营塔功大恐难卒成，宜用砖造，亦不愿师辛苦。……于是用砖，仍改就西院。其塔基面各一百四十尺，仿西域制度，不循此旧式也。塔有五级，并相轮、露盘、凡高一百八十尺。层层中心皆有舍利，或一千二百，凡一万余粒。上层以石为室。南面有两碑，载二圣三藏圣教序记。其书即尚书右仆射河南公褚遂良之笔。①

据上述记载可知，慈恩寺塔是为保存玄奘法师从印度带来的梵文经卷和佛像而建，最初的形式是按照玄奘所带来的印度石造大塔样式所建，但高宗将其建在“西院”，并用砖造，建成的大雁塔是“塔基面各一百四十尺，仿西域制度，不循此旧式也。塔有五级，并相轮、露盘、凡高一百八十尺”②。据杨鸿勋先生考证，大雁塔的最初样式类似于印度的佛陀迦耶精舍，但塔体比佛陀迦耶精舍肥胖。因为经过武则天大修时改建，改为中国式样，即去掉塔壁的佛龛，通体包砖。后来又有明代很厚的包砖，塔体就更加肥胖了。③后来大塔塌毁，武则天长安年间（701—704 年）进行了首次重修。据《长安志》记载：“（慈恩）寺西院浮图六级，崇三百尺。其注曰：永徽三年沙门玄奘所立，初唯五层，崇一百九十尺，砖表土心，仿西域窣堵波制度。以置西域经像。后浮图心内卉木钻出，渐以颓毁，长安中更拆改造，依东夏刹表旧式，特崇于前。”④。“依东夏刹表旧式”即以仿木构的楼阁式塔替代了砖表土心的西域制的佛塔，内置木楼梯可以攀登而上，高度达到十层。⑤ 自神龙元年

① （唐）慧立、彦悰著，孙毓堂、谢方点校：《大唐三藏法师传》，中华书局 2000 年版，第 160 页。

② （宋）宋敏求：《长安志》卷 3 “进昌坊条”，《丛书集成初编》本，中华书局 1985 年版。

③ 杨鸿勋：《唐长安慈恩寺大雁塔原状探讨》，《文物建筑》第 1 辑，科学出版社 2007 年版。

④ （宋）宋敏求：《长安志》卷 8 “进昌坊条”，中华书局影印《宋元方志丛刊》，第 117 页。

⑤ （宋）张礼：《游城南记》：“（慈恩寺塔）长安中摧倒，天后及王公施钱重加营建，至十层。……塔自兵火之余，止存七层。”

图 2-15　现在的大雁塔及明代的大雁塔

（采自杨鸿勋：《唐长安慈恩寺大雁塔原状探讨》，《文物建筑》第 1 辑，科学出版社 2007 年版）

(705 年) 以来，进士及第后有登临、游览“雁塔题名”的活动，非常吸引人。五代后，塔又进行了修缮，而明代万历三十二年 (1604 年) “重加修饰，施梯使得至其颠”① 的重大维修活动，使唐代塔体外面用砖完全包裹了一层厚达 36 厘米至 60 厘米的包层，而且将塔刹安置于塔顶。我们现在看到的大雁塔已经是经过多次修缮的样式，其造型是：现存七层，塔身和台基加起来共有 63. 25 米，塔的四个平面基本上是 25 米多。塔身呈逐层收缩的方墩台，显得非常稳定，远远望去，端庄雄伟，质朴大方。塔内中空，但空间较小，形如一个厚壁围绕的大烟囱。塔内逐层铺设木楼板及木楼梯，可供人逐层攀登而上至塔顶，并可于每层四周的拱形塔窗眺望风景，因而具有了登高览胜的平台性质，也具有了旅游观光的功能。塔底层四面当心间各开了一个券门，以上每层都各开券窗。每

① 《陕西通志》卷四。

层都仿木构雕出柱子，柱间砌砖隐出阑额、柱头、栌斗。每层以叠涩出檐划分，檐下砌出菱角牙子。塔顶置宝瓶、葫芦。这些仿木构雕出的构件，不仅显示了这是一座仿木构的楼阁式塔，而且是佛塔的一种装饰，让观看此塔的游人具有了审美的观感。特别是“塔底层的四面券门均有青石雕刻的门楣、门框，犹以西面门楣上反映了唐代佛殿形象的‘说法图’最为珍贵。南面券门外两侧的佛龛内，嵌有初唐大书法家褚遂良书写的石碑，一块碑文是太宗李世民撰写的《大唐三藏圣教序记》。于是，书法与雕刻等艺术成分与帝文和塔名等文化因素相得益彰，使该塔已不仅具有了宗教的意味，同时还具备了审美的功能”①。虽然现在的塔体不是原来的样式，但其肥胖的身躯仍然契合了唐代“以肥为美”的审美观念。

关于大雁塔造型之美，王世仁先生描述到：“大雁塔和它相同类型的香积寺塔、兴教寺玄奘塔等，都是正方形的平面，每一层都用砖砌出仿木结构的梁、柱、斗拱，划分成整齐的间架，使人一望而知是木结构楼阁的再现。但它们只是神似而已，除了淡淡的几处传神点缀，并没有刻意去追求细节的真实，那是在木结构严格的逻辑机能和砖结构比较自由的塑形表现中追求一种综合和谐的内在力量。简练而明确的线条，稳定而端庄的轮廓，亲切而和谐的节奏，概念是清晰的，风格是明朗的，比例是匀称的，不夸张，不矫情，显示出人间的理性美。”②

实际上，更具有盛唐审美文化风尚的是位于唐长安城安仁坊荐福寺内的小雁塔，因为“大雁塔在明朝时曾包砌了一层厚砖，唐代的原貌已经看不到了。而小雁塔则从里到外，全部都是唐代的原状”，所以“从古建筑的角度来说，它保存了唐代建筑的完整性”③。小雁塔因为体量比大雁塔小而得名。它位于唐长安城安仁坊荐福寺内，该寺始建于文明元年（684 年），是皇室贵戚为死后

---

① 陈炎：《中国审美文化史》（唐宋卷），山东画报出版社 2000 年版，第 18 页。

② 王世仁：《塔的人情味》，《风景名胜》2006 年第 11 期。

③ 罗哲文：《中国古塔》，中国青年出版社 1985 年版，第 285 页。

图 2-16　西安荐福寺小雁塔及清康熙《重修荐福寺塔碑记》所刻的塔形象

［采自张驭寰：《中国古塔集萃》（3），天津大学出版社 2010 年版，第 162 页］

的唐高宗荐福的，时称“献福寺”。武则天天授元年（690 年）改为“荐福寺”。小雁塔是寺内一座著名的建筑物，是唐中宗景龙元年（707 年）中，“宫人率钱而立，浮图凡十五级，高三百尺”①，合现在的 88 米。该塔平面呈正方形，底层每面长 11. 38 米，原有 15 层密檐，高 46 米，后因明代地震，顶部两层塌陷，现余 13 层，高 34. 9 米。小雁塔是密檐式塔，各层密檐均以叠涩方法挑出，下面露出菱角牙子，各层距离除了第一层距离较大以外都很短。塔内中空，设木楼梯盘旋而上，但塔内空间狭小，光线差，登临很不方便，估计也不是为登临之用。“第一层塔身特别高大，南北开门，以供出入。门框均以青石做成，石制门楣上用线刻方法雕刻出供养

① 宋敏求：《长安志》卷七“安仁坊”条，《丛书集成初编》本，中华书局 1985 年版。

天人和蔓草图案，雕刻精细、线条流畅”①，非常具有审美的效果。而第一层塔身上层层密檐，五层以下逐层收分幅度较小，自六层以上，塔身外形急剧收刹，使塔的整体形象呈现中部腰粗而上下稍细的圆和流畅的外轮廓线，这条外抛式的弧线，给人以流畅、优美之感。

小雁塔的造型与结构，成为后来全国各地的密檐式塔模仿建造的标准，像河南登封法王寺塔、河南武陟妙乐寺方形塔、云南大理崇圣寺千寻塔等都是这种造型和结构。这种形式的佛塔“从外形上看，它继承了四方八面的传统建筑风格，立体线条，直中有折，方正而有变化。各层外壁逐层收进，并隐起柱枋、斗拱，覆以腰檐、塔檐的四角方中见圆，刚中带柔，层次分明，显得简洁、古朴、端庄、厚重”②。刘敦桢先生说唐代的“这些塔和公元6世纪初建造的登封嵩岳寺塔相比，除了塔的平面采用正方形这一重要差别外，在唐代的所有密檐塔中，多数只有朴素无饰但具有显著收分的塔身从扁矮的台基上建立起来，塔身以上是层层密叠的叠涩檐；相对地上面的出檐比较长，而且整座塔的卷杀在中段比较突出而顶部收杀比较缓和，这就使得唐朝的密檐塔的外形比北魏的嵩岳寺塔更加挺拔”③。唐代的这种密檐式塔“虽说继承了嵩岳寺塔的那种朦胧、夸张、深邃的格调，但更多的是吸收着现实人间的人性风味。它舍弃了多边性的模糊轮廓，以正方形的平面表现出明确的线条；底层塔身没有什么装饰（原来底层外面有木构回廊），上层的密檐只是简单地用砖挑出，但整体上还保留着丰满柔和的曲线，层层屋檐仍然显示着异域的风貌，干净利落而又令人心旷神怡，真仿佛面对着盛唐半裸的石刻菩萨像。也许是这种塔既包含着传统的理性精神而更多地却是表达了唐人佻达的神韵，所以它们似乎得到更多人的欣赏，从关中到燕蓟，从中原到洱海，都留下几乎同一造型

① 罗哲文：《中国古塔》，中国青年出版社1985年版，第286页。

② 徐华铛：《中国古塔造型》，中国林业出版社2007年版，第37页。

③ 刘敦桢：《中国古代建筑史》（第二版），中国建筑工业出版社1984年版，第143页。

的小雁塔式的砖塔——简练、明朗而又婀娜、强烈、生机勃勃，耐人寻味”①。

图 2-17　云南大理三塔

（采自刘敦桢：《中国古代建筑史》，中国建筑工业出版社 1984 年版，第 143 页）

隋唐时期除了这种高大雄健的楼阁式塔和密檐式塔的造型和结构能反映隋唐时期自信、大气而又刚健、雄浑的审美文化风格之外，还有很多单层、多层的墓塔也能充分彰显这种审美文化风格，如济南神通寺四门塔就是如此。四门塔建于隋大业七年（611 年），是一座亭式塔。该塔平面呈四方形，底边长 7.4 米，塔高 10.4 米，全部用青石建成。塔身四面正中各开一个呈半圆形拱顶的塔门，除此之外没有任何装饰。塔身上的塔檐呈五层，都以石块反叠涩挑出，从下到上逐层往外扩大，使塔檐呈现出弧线。塔顶成四角攒尖的锥状屋顶，上置石刻塔刹。塔内正中砌有四方形的塔心柱，柱身四面有四尊石佛像，皆螺发高髻，结跏趺坐，面容生动，衣纹流畅。四周有回廊环绕，以供礼拜。整座塔除了塔刹有山花蕉叶外，没有任何装饰，显得非常朴实无华。整座塔既没有过多的宗教气

① 王世仁：《塔的人情味》，《理性与浪漫的交织》，中国建筑工业出版社 1987 年版，第 276~277 页。

息，也没有浓郁的审美装饰，给人的只是一种稳重、踏实、端庄、厚重、质朴之感。还有唐兴教寺玄奘法师墓塔，该塔方形平面，五层塔身，高约 21 米。各层仿木构雕刻了倚柱阑额、柱头、栌斗等木构件。总体上也是给人一种稳重、大方、简洁、古朴的形式风

图 2-18　河南登封会善寺净禅师塔

（采自刘敦桢：《中国古代建筑史》，中国建筑工业出版社 1984 年版，第 150 页）

格。盛唐时期建造的河南登封会善寺净禅师塔就变成了八角形平面，塔身外壁雕刻的木构架、枋、斗拱、门窗等都准确和清楚，显示出木结构清晰、明确的层次关系。“中唐之后，出现更多的方形、八角、六角、圆形的小塔，它们几乎都采用同一种艺术手法，塔身忠实地表现出木结构的明确机能，而把更多的创造力发挥到塔刹上去。刹，再也不是‘累铜盘九重’的窣堵波了，而是盛开的荷花、丰硕的蕉叶、流畅的云水、圆润的珠宝。尽管下面埋藏着死

图 2-19　山东历城神通寺四门塔

[采自张驭寰：《中国古塔集萃》(2)，天津大学出版社 2010 年版，第 107 页]

去的和尚，上面却是一个蓬勃明朗的亭阁，它们的人情味更浓了。"①

隋唐时代的佛塔在装饰上大多很简洁，但有的佛塔也装饰得非常的精致、细腻，充满了审美之感，南京栖霞寺舍利塔就是代表。据记载该塔始建于隋仁寿元年（601 年），后来经过多次重建，我们现在看到的舍利塔是南唐时期由高樾、林仁肇主持重建的遗物，据《摄山志》记载："南唐高樾、林仁肇，并为江南国主大臣，勋贵无二，尊礼三宝，钦隆佛法。隋文帝所造舍利塔，岁久剥蚀，金碧毁落，二公同志兴修，复加严饰。"② 该塔为仿木结构的五层八面密檐式石塔，由塔基、塔身、塔刹三部分组成，通高 18.74 米。塔基是八角形的仰覆莲的须弥座，分为二层，第一层平面刻有海水纹以及龙、海马、凤、鱼、虾等吉祥图案，立面雕刻有缠枝莲花纹图案；第二层平面刻有八角连续图案，立面为凤凰及莲花图案。仰莲上置塔身，由五层密檐式塔室构成。第一层塔身较为高大，八面

① 王世仁：《塔的人情味》，《理性与浪漫的交织》，中国建筑工业出版社 1987 年版，第 276~277 页。

② （清）陈毅：《摄山志》卷三，《中国佛寺史志汇刊》第一辑第 34 册，（台北）明文书局 1980 年版。

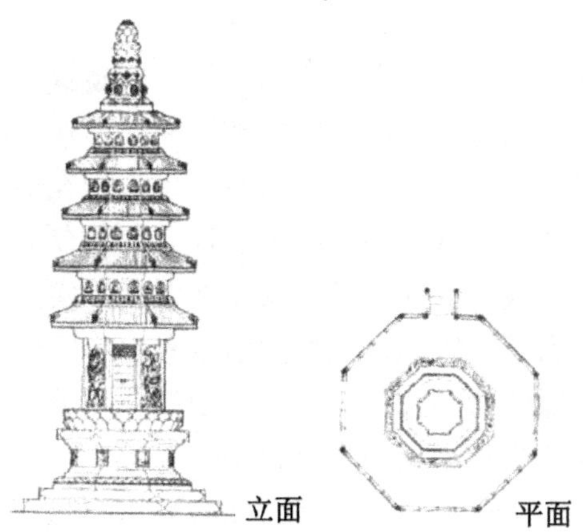

图 2-20　南京栖霞寺舍利塔立面、平面图

（采自侯幼彬、李婉贞：《中国古代建筑历史图说》，中国建筑工业出版社 2002 年版，第 61 页）

图 2-21　舍利塔上四门游观线描图

（采自范泠萱：《南京栖霞寺舍利塔南唐佛传浮雕研究》，南京艺术学院 2012 年硕士学位论文）

均有高浮雕的图像，四面为天王像，东西为文殊、普贤像，南北为版门。各像间的转角倚柱分别阴刻《金刚》、《提谓》等经。塔檐下的横楣上雕有飞天，每面两体，八面共 16 身。从第二层到第五层塔身之间距离较短，每面均雕有两圆拱形佛龛，内置坐佛像。塔

檐为斜坡瓦顶，出檐甚远，有点楼阁式塔的意味。该塔是宗教功能与审美功能的有机统一，上面布满的佛传故事及天王、力士、飞天的雕刻形象向人们传达了浓厚的宗教意味，但这些雕塑和绘画所采用的线刻的写实的艺术手法又使这些故事人物充满了现实感和人间性，在一定程度上降低了佛塔的神圣性。如雕刻的立人物随着姿态的变动其身上衣服纹饰的褶皱就跟着变动，现实感较强。另外人物活动的画面布满了现实感很强的生活场景，如宫殿墙壁的花纹、城墙的砖块、衣饰的褶皱线条、流云、山川、水流的波涛、龙纹上的鳞片、树叶的纹饰都刻画得细致精到，非常具有现实感和人间性。总的来看，全塔设计得小巧玲珑，周身满布细腻精湛的雕刻，看起来非常的典雅优美，具有较高的艺术价值和审美观感。

第三节　清秀典雅的宋代古塔

强盛的李唐王朝结束之后代之而起的是赵宋王朝的大一统局面。但是相较于唐朝审美文化的大气磅礴、刚健有力、开拓自信、兼收并蓄的男人气质，两宋时期的审美文化则是一种反观内敛、纤细文弱、典雅精致、轻灵飘逸的女人情调。当然这与宋代的时代风貌有极大的关系：首先，在政治上，“兴文教，抑武备”是其基本国策，在具体实施上则采用扩大科举制度的规模，使文人登科及第的人数大为增加；同时尽量促进科举制度的公平竞争，使不同阶层的知识分子都能通过科举制度进入统治集团，这样就造成了宋代文官执政的鲜明政治特色，即文人既是官员，又是能诗善画的人，许多大官僚是闻名于世的文学家、书法家、画家，像王安石、欧阳修、苏轼等都是如此，甚至连最高统治者如宋徽宗赵佶也热心跻身于书法家、画家的行列，可见，宋朝的文人在社会上取得了崇高的政治地位。当然，这势必也促进了文化的繁荣，使宋代真正达到了“郁郁乎文哉”的盛况。但“抑武备”的政策一方面避免了王朝内部的动乱，另一方面也造成了宋代在面对外部威胁时军事、外交上屡屡失败，这势必就打击了整个社会的自信心，使得整个社会陷入一种内敛保守，甚至偏安自保的社会心态。其次，在经济上，宋代的社会经济水平相较于唐代有了较大的发展与提高。这一是源于宋代可耕地面积的扩大，使宋代农业和手工业得到大的发展，也促进了商业的空前活跃，特别是商业的空前活跃，使得城市的市民阶层更加关注生活的世俗化和商业化，也产生了新的适合于他们的审美趣味；二是源于科学技术的进步。宋代的四大发明促进世界的发展，数学、天文、地理、物理、化学、航海、建筑等各方面都有新的开拓。最后，在文化上，宋代一改唐朝儒、释、道三家并尊的局面，对佛、道进行了限制和利用。在组织上，以朝廷颁发“度牒”名额的方式来限制佛、道信徒数量；在思想上，理学成了占据统治地位的意识形态。但此时的理学是儒、释、道三家融合的产物，它以纲常名教来规范社会秩序，以佛教的“心学”来疏导社会的情感，以道家的“玄道”来改造社会的“理”，这样就使儒家伦理获得一个本体论的框架和一种形而上的逻辑证明，以实现修身、齐家、治国、平天下的儒家理想。因此，宋代的审美文化在这种理学的影响下，总有一种理性的矜持，而缺少一种唐代审美文化自由、豪放的情调。与宋代审美文化充满理性的矜持相适应，宋代的建筑也趋于理性。这从两个方面体现出来，一是建造技术趋于理性。北宋李诫的《营造法式》对官式建筑的用材选择、结构标准、技术操作都规定了标准，使得两宋建筑技术走向模块化、标准化和审美定型化，这是理性文化在建筑上的充分体现；二是两宋的建筑群体布局和单体建筑成为社会伦理文化的验证工具，必定反映出严格的秩序和伦理理性，这也不可避免地抑制了建筑新形式的创造和发挥。

但是宋代的理性文化并不是呆板僵死的教条，而是充满了活泼的灵动气质，这主要源于理学“主养”、“主敬”和“主远”的理论主张。“主养”不仅主张在自然山水之中陶冶情性、修养身心，而且还要对山水自然进行穷形尽相，并把这看成一种修养身心的审美行为。这样活泼生动的山水自然审美属性就对道德提升、性灵安顿起到决定性的作用。“主敬”就是要凝神集中于一点，不敢有丝毫的懈怠，即程颐所说的“所谓敬者，主一之谓敬。所谓一者，无适之谓一”①。这反映了宋代理学文化的谨慎和小心翼翼，没有唐代文化的大气磅礴和无所拘束的气概。“主远”主要体现于对“韵”的追求，即要求审美对象要有深远无穷的意味，可以回味无穷。总的来看，宋代的审美文化虽然有理性的矜持和拘束，不如唐代审美文化的豪放与自由，但其强调在山水自然中陶冶性情、修养身心，从而滋润了内心的活泼和灵动，使对山水自然的审美达到了一种于平淡中见神奇，于形貌中见精细的“韵”的审美境界。这种境界也体现于郭熙在《林泉高致》中所提出来的“身即山川而取之”的审美命题和追求“三远”的审美境界之中。“身即山川而取之”强调了与山水自然融为一体，才能观察自然之深之广，才能达到“成竹在胸”、“身与竹化”的审美理想。这与理学的“主养”理论相一致，既体现出了自然山水能“快人意”、“获我心”的审美功能，又彰显了“万物生意最可观”的山水生机。而“高远”、“深远”和“平远”，尤其是“平远”的审美境界被宋人视为审美的最高境界，因为“平远之色有明有晦……平远之意冲融而缥缥渺渺”②，也就是说对于无限的山水自然来说，不是把其用巨大的尺度表现出来，而是用方寸之间的小空间寓于“远势”，引发人们的想象，并在有限中把握无限，从而体味其韵味无穷。“这种不求大而求韵味，不求宏丽简单而求有明有晦的美学思潮正和这一时期的城市和建筑不求宏大工整，追求自然中‘有明有晦’的生机变化，不一味强调人工的刚直，转而将自然的柔美表现出来建设方针和手法正是这一时期审美思潮和建筑营造互动的结果。”③

在宋代审美文化思想的影响下，宋代的建筑形成了具有自己时代文化特色的建筑风格。随着建筑技术规范的确定和技术的日益成熟，宋代的建筑形象也变得雅致成熟。“这时的建筑尺度较隋唐时

---

① 《河南程氏遗书》卷十五，商务印书馆1935年版。

② （宋）郭熙著，周远斌点校：《林泉高致·山水训》，山东画报出版社2010年版，第51页。

③ 汤里平：《中国建筑审美的变迁》，同济大学出版社2012年版，第76页。

代有所缩小，格局开始变得随意，尤其是城市中的建筑布局松弛、自由。隋唐时代充满刚性的方整格局被打破，曲柔的意蕴出现在宋代建筑上，这也反映了建筑不再追求强烈的形式特点，而成为‘意境’与‘远’的表现载体。”①

宋代的建筑总体上给人一种纤细、轻灵、飘逸的审美格调，处处充满了文人飘逸的雅致情趣。如在屋檐上，宋代的“屋檐檐口已没有唐代建筑屋檐的厚重，屋面起翘坡度加大，不像唐代建筑那样厚重沉稳。屋脊、屋角渐渐起翘，给人以轻灵、柔美的感觉，少了一分雄浑朴实的气势，却多了一分细腻丰富的情趣。斗拱尺度开始变小，但依然显示了结构力度，小木作做工趋于精细，门窗构件细部渐渐丰富，雕饰和彩绘也得到了充分而恰当的运用。总的来说，宋代建筑柔逸饱满而又落落大方，如果说唐代建筑像一个矫健豪迈、意气风发的男子，那宋代的建筑就恰似一位端庄婀娜、清水芙蓉般的少妇”②。

宋代的古塔作为一种建筑类型，在建筑造型上也契合了宋代建筑审美文化的审美风尚，那就是与唐塔的粗重、雄健、端庄、质朴相比，宋塔则显得纤细、飘逸、华丽、灵秀，更加世俗化。在塔基上，宋塔大多不做台基或基座，塔身直出地面，在塔的建筑平面上，相较于唐塔的多采用四方形，宋塔的建筑平面则多用六角形、八角形和十边形，其中八角形最为普遍。这种八角形的楼阁式塔，占全部宋塔的百分之八十，可见是宋塔的主流。这种楼格式塔“不仅建筑结构优美，显得圆浑、丰润、华丽，而且设计科学，符合结构力学原理，显示了三大优越性。其一是增强了抗震能力，因为建筑物的锐角或直角部分经受地震时受力集中，容易震坏，而六角形或八角形的角度都呈钝角或近似于圆角，受力较均匀，不易震坏；其二是增强了抗压力，和平面为正方形的塔相比，八角塔每个

① 汤里平：《中国建筑审美的变迁》，同济大学出版社 2012 年版，第 105 页。

② 汤里平：《中国建筑审美的变迁》，同济大学出版社 2012 年版，第 76 页。

壁面对地基的压力比较均匀，塔基的受力情况良好，从而使塔的刚度和整体性都有所增强；其三是减轻了塔身承受的风压，六角形或八角形高塔的受风压力比四方形的要轻得多。古塔结构和设计中的科学技术成就，体现了宋代建筑技艺的水平”①。宋代的楼阁式塔非常高大，层数多达13层，高度基本上在65米至70米之间。各层都有斗拱支撑的平座、腰檐。在砖石结构的宋塔上模仿木结构构件，如分间、柱额、梁枋、斗拱、平座、挑檐、门窗等是宋塔最为常见的一个特点。这表现了以木结构为代表的中国建筑文化已深深为人们所喜欢，更表明了这种礼仪文化的清醒理性精神代替了宗教文化的迷狂象征。在塔的内部结构上，宋塔总结了唐塔内部结构做空筒式易于倒塌的经验教训，把完全空筒式的唐塔内部结构改为壁内折上式，使塔梯、楼层外壁和壁内折上式三者结合为一体。这种方式主要有壁内折上式结构、壁边折上式结构、穿壁式结构、穿心绕平座式结构、穿心式结构、实心式结构、回廊式结构、错角式结构、扶壁攀登式结构以及混合式结构，② 等等。这种种方式可固定塔，使塔处于坚固耐久的状态，地震、失火、塔基下沉，对塔的本身不会造成大的破坏。③ 当然，由于南北方地域文化的不同，宋塔的造型艺术特征也不同，南方的宋塔基本上“都带有腰檐、平座、栏杆、挑角飞檐，具有玲珑瘦削、轻快秀巧的审美风格”④。如上海松江兴教寺方塔，该塔始建于北宋熙宁年间（1068—1077年），后来虽说经过明清时期的多次修缮，但其基本结构和形制并没有改变。虽然该塔方形平面是延续的唐塔建筑平面，但其塔身的构件体现了南方宋塔的建筑艺术风格。该塔为九层，砖身木檐，高达48.5米。该塔从下到上逐层收分，每层屋檐的檐角都上挑，显得非常轻灵、飘逸，其与屋檐的檐口构成弯曲柔和的曲线，非常美观

① 徐华铛：《中国古塔造型》，中国林业出版社2007年版，第39页。

② 关于宋塔的内部种种结构方式请参看张驭寰：《中国佛塔史》，科学出版社2006年版，第111~115页。

③ 张驭寰：《中国佛塔史》，科学出版社2006年版，第107~108页。

④ 张驭寰：《古塔实录》，华中科技大学出版社2011年版，第25页。

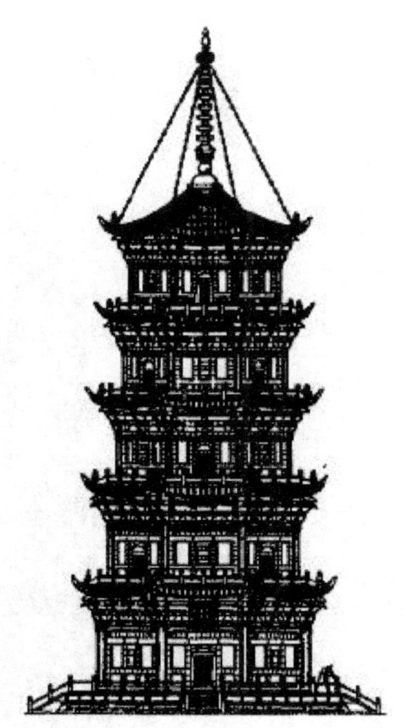

图 2-22 上海松江兴教寺方塔　　图 2-23 福建泉州开元寺仁寿塔立面图

（引自常青：《中国古塔的艺术历程》，陕西人民美术出版社 1998 年版，第 100、101 页）

漂亮。每层屋檐下面，都有楠木制作的斗拱支撑，斗拱制作精巧，且非常坚固。每层塔身都有平座，上面可以站立眺望，每层平座下也都有斗拱，这样和屋檐下的斗拱数目合起来共有 177 朵斗拱，其中宋代保留的斗拱就有 110 朵，这么多精美的斗拱给人一种赏心悦目的美感。该塔的塔刹没有刹座，而是直接在塔顶上倒扣覆钵，再加上露盘，直接构成一个须弥座，上置相轮九重，其上再置宝盖、宝珠、宝瓶。塔刹通高 7. 85 米，全部用铁制，显得高耸挺拔。塔内中空，每层都施以木制楼板楼梯，可以登临眺望，有“近海浮图三十六，怎如方塔最玲珑”的美称，可见是别有一番风味。该塔虽然没有华丽的雕刻、精美的纹饰，但其结构简洁明快，方形的塔身，层层分割的塔檐，显得非常稳重美观，其上翘的檐角则让塔

图 2-24　江苏苏州报恩寺塔

（采自刘敦桢：《中国古代建筑史》，中国建筑工业出版社 1984 年版，第 219 页）

身显得轻灵、飘逸，其塔檐所呈现的柔和曲线与支撑塔檐的柱子所呈现出来的直线交相辉映，使塔身刚健中又有柔美的风格。塔内中空，登临其上，走出每层的塔门，立于平座之上，可以眺望周围的山河美景，佛性的意蕴荡然全无，生活化的功能十分明显。

如果说上海松江兴教寺方塔还只是唐、宋塔之间的过渡产物，那么苏州报恩寺塔则是南方楼阁式塔的代表作品。该塔为南宋绍兴年间（1131—1162 年）的遗物，砖木混合结构，平面呈八角形，九层塔身，高 76 米。塔座和塔身用砖砌成，座下还有石质须弥座和栏杆。每层的塔檐和平座栏杆都用木制，平座下都用木制斗拱承

图 2-25 河北正定开元寺塔

（采自刘敦桢：《中国古代建筑史》，中国建筑工业出版社 1984 年版，第 228 页）

托，斗拱众多，非常具有装饰美感，第一层塔檐宽大，呈回廊式，以上逐层微收，翼角反翘，使沉重的塔身变得轻盈、灵动，非常优美。金属制作的塔刹高大、挺拔、秀丽。塔内中空，设置了可以登临的楼梯，人们可以拾级而上，走出塔身，立于平座之上，手扶栏杆眺望山河美景。总之，该塔造型优美，挺拔秀丽，具有江南建筑风格。与此类似的还有苏州罗汉院的双塔、杭州的六和塔、福建泉州开元寺塔等。

与南方的古塔所呈现出来的挺拔秀丽之美相比，北方的宋塔则是“梁、枋、斗拱加工细致，券门短檐，表现出庄严稳重、雄伟壮丽的气魄"①。如河北正定天宁寺木塔就是如此。该塔始建于唐咸通初（860年），宋、元、明、清各代均有修葺，但从现存的造型风格来看，此塔为宋金时代的产物。该塔因上半部全部为木构而得名。塔的平面为八角形，九层塔身，塔高为40余米。塔的下面四层均为砖砌塔身，木构塔檐，下三层斗拱和二、三、四层平座也用砖砌。从这四层来看，从下到上逐层收分，越往上收分越明显，其每层仿木结构的梁、枋、斗拱都雕刻得非常精细，装饰了古塔的塔身，使其非常具有木结构的纹理和属性。五层以上为木质结构，其每层塔身的高度相较于塔身的下四层可谓是高度急减，外部轮廓收分得也非常剧烈，使整个塔的塔身造型给人以稳定柔和的感觉。在塔的内部结构上，该塔还保留了塔心柱的结构形式，是因为塔心木柱没有插到底的缘故，这就为研究早期的木塔结构形式提供了实物结构原形，非常具有历史价值。

南北方宋塔不仅造型上具有瘦而美和淳朴雄健的审美风格的差异，在很多细节上南北方宋塔不同的做法也加深了不同审美风格的理解，具体来说，南方的宋塔在屋檐挑角上上挑很大，因而使屋檐呈现出优美的弧线样式，而北方的宋塔则刻意不做任何幅度上挑很大的挑角、挑檐之类，塔檐都是平直的，挑角略有升起，比较平直。另外，在平座的处理上，南方的塔几乎都有平座，且平座挑出较长，适宜人们站立其上眺望远处的山河景色，其中南方佛塔平座挑出最长的要以上海龙华寺塔为代表；而北方的宋塔做出平座的较少，就是做出了平座，其向外挑出的长度也较短，只是一种示意性质，不适宜人从塔身走到平座上，更不适合人站立其上。在门窗式样上，南方塔大多开圭角形门洞，北方塔则开券门为多，有的每层的塔窗各层都在一条线上，如河北景县开福寺塔、河北正定天宁寺塔、武安妙觉寺塔、浙江天台山国清寺塔、安徽广德天寿寺大圣塔等，这样的塔窗做法缺点是地震时容易造成塔身的开裂，塔身易受损害；有的隔层相错，如陕西邠州塔、江苏南京牛首山宏觉寺塔、苏州瑞光寺塔等，这是为防地震倒塌所设置的。在塔刹上，南方的

① 张驭寰：《古塔实录》，华中科技大学出版社2011年版，第25页。

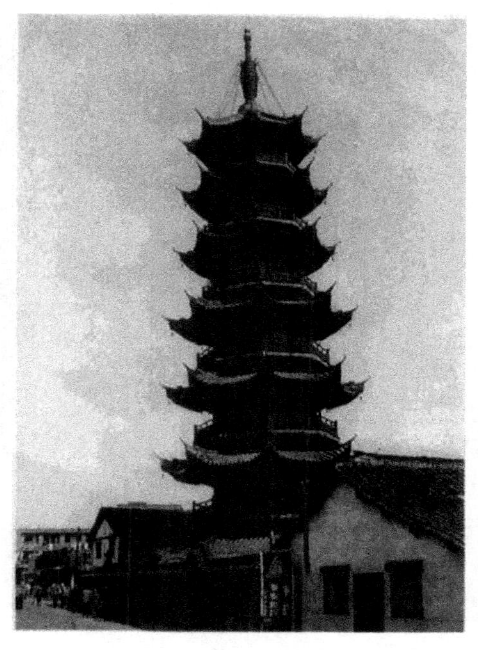

图 2-26 上海龙华寺塔的挑角

［采自张驭寰：《中国古塔集萃》（1），天津大学出版社 2010 年版，第 74 页］

宋塔塔刹多用铁刹，北方的则以砖石刹为主。如江苏吴江慈云寺塔、上海松江圣教寺塔为金属塔刹的代表，安徽蒙城万佛塔的塔刹则为砖石塔刹的典型。在塔的颜色上，南方塔多以白色为主，北方则以青灰色为主。

相较于唐塔装饰的简洁、朴素，宋塔在装饰上则逐渐走向了华丽、精致。我们知道，唐塔的装饰大多在塔身上隐处的柱额、梁枋、斗拱、门窗等，特别是柱额、斗拱这些仿木构件都显得十分巨大、粗犷，充满了一种豪放之气，但宋代砖石塔身上雕刻的仿木结构的构件，如柱额、梁枋、斗拱、门窗、平座、腰檐、分间等都显得十分逼真和精细，有时使得整座塔没有一个地方不被雕刻的仿木构件所覆盖，如安徽泾县圣寿崇宁塔就是如此。据《宁国府志》

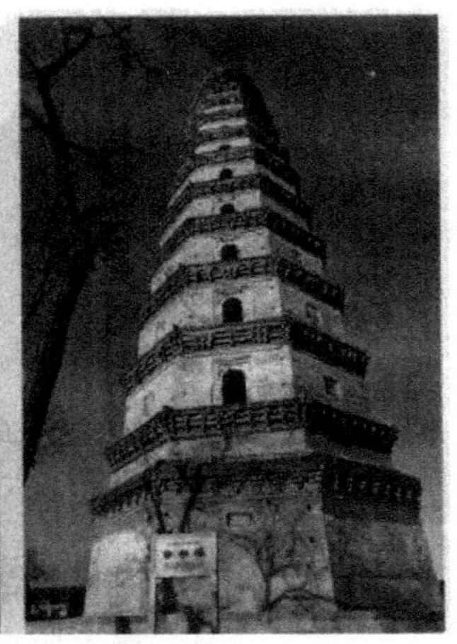

图 2-27　河北景县开福寺塔远景和近景

［采自张驭寰：《中国古塔集萃》（1），天津大学出版社 2010 年版，第 55 页］

和《泾县志》记载，该塔建于北宋大观二年（1108 年）的安徽泾县宝胜寺内，又称大观塔，平面八角形，七层塔身，塔高约 37 米。第一层做成仿木构造的八面围廊，一方面增加了塔的雄伟壮观，另一方面还可供人登临、站立、围坐。廊柱之檐下做斗拱，拱头一朵，补间两朵，各朵出双抄，斗拱雕刻得非常美观、华丽，增加了游人对佛塔的审美感受。“从第二层至第五层其高度与式样基本相同。各层都有带有栏杆的平座，平座用砖叠涩出檐承托，十分美观。檐下有仿木结构的斗拱，非常的精致和美观。各层塔身转角作倚柱，柱头做卷刹，阑额直插入柱头中，不做普柏枋，檐下斗拱转角一朵，补间两朵，各朵出单抄，上承令拱，在斗口枋上做菱角牙子砖叠涩挑檐。塔的第七层塔身缩小，亦用叠涩出檐再承八角顶。塔刹用铁制，开始用承露盘，相轮七重，再承空网式伞盖，八角施拉链，再置刹球宝珠收尾。”① 不仅数量最多，而且大多保存完整

① 张驭寰：《中国佛塔史》，科学出版社 2006 年版，第 117 页。

图 2-28　安徽泾县圣寿崇宁塔及其细部装饰

［采自张驭寰：《中国古塔集萃》(2)，天津大学出版社 2010 年版，第 213 页］

的宋代砖塔周身雕刻了精美、华丽的仿木结构构件，宋代的石塔也是如此，如福建的泉州开元寺双塔、长乐南门石塔、连江仙塔、浙江瑞安观音寺塔、四川邛崃石塔等，其中以福建的泉州开元寺双塔最为有名。福建的泉州开元寺双塔是指开元寺的东西二石塔，东塔名镇国，西塔名仁寿，原为木塔，后经火焚毁，宋时才改建为双石塔。明代蒋德璟在《双塔记略》中就记载了开元寺双塔的修建历史，记载说：

> 东镇国塔，唐咸通中（873 年）文偁禅师以木为之，凡九级成之。北宋天禧（1017—1021 年）中，改为十三级。南宋绍兴己亥（1155 年）灾毁。淳熙丙午（1186 年）僧了性重建，宝庆丁亥（1227 年）复灾……嘉熙戊戌（1238 年）僧本洪始易以石，仅一级而止。法权继之，至第四级。天竺讲主（即天锡）作第五级及合尖，凡十年始成。凡大柱四十，大小梁各四十，大斗百九十二，小斗四百四十，杆四千，大拱百十有二，小拱八十，皆巨石为之。西仁寿塔建于五代梁。贞明二年（916 年），号无量寿塔。北宋政和甲午（政和四年，1114 年）十月十日，有青黄光起塔中，高侵云，须臾五色，质明乃灭，因赐名仁寿。南宋绍兴乙亥（绍兴廿五年，1155 年）灾，淳熙间（1174—1189 年）僧了性再造，复灾。僧守淳易以砖。绍定元年（1228 年），僧自征始易以石盖，嘉熙元年（1237 年）始竣工，实先东塔十年云。①

从现存的实物来看，上述记载是可信的。其中镇国塔周身满布仿木构件的雕刻，其中有大柱、梁枋、大小斗拱、平座、栏杆、门窗等，雕刻得非常精致、华丽。在塔身的四正面辟门，其余四斜面设佛龛。“门侧刻天王、力士，龛两旁刻文殊、普贤及其他菩萨、天神、佛弟子等。有的三头六臂，手托日月，有的手持葫芦或执杖，形态极为生动。塔身每层转角处雕作圆形椅柱，制作特异，为一般古建筑上所罕见。每层塔身之外，均设有装饰性的平座栏杆，人们可以走出塔身立于其上凭栏眺望。”② 另外，“在镇国塔低矮的须弥座上，雕刻了莲花、卷草各一层，八个转角处，雕有承托巨座的力士像各一。束腰部分壶门内刻佛传故事及狮、龙等动物形相三十九幅。座上塔基周绕石栏杆。基座的四正面，各设踏步五级。

---

① 《道光晋江县志》卷六十九《寺观志・城中寺观・开元寺》引（明）蒋德璟《双塔记略》。

② 罗哲文：《中国古塔》，中国青年出版社 1985 年版，第 208~209 页。

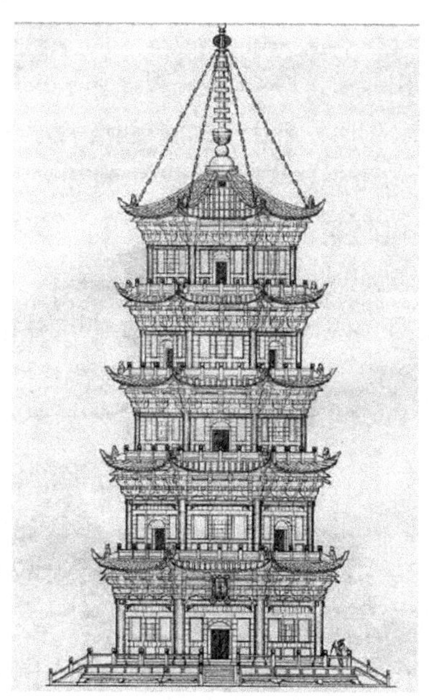

图 2-29　福建泉州开元寺仁寿塔立面图

（采自刘敦桢：《中国古代建筑史》，中国建筑工业出版社 1984 年版，第 225 页）

该塔体形宏大，出檐深远，勾栏环绕，门户洞开，望之宛如木构一般，充分显示了闽南地区古代石工技艺的水平"①。不仅砖、石塔雕刻装饰精美、华丽，宋塔中还出现了很多的铁塔，如广州光孝寺内的东铁塔和西铁塔、湖北省当阳县玉泉寺内的棱金铁塔、山东济宁的铁塔寺铁塔等，这些铁塔较为忠实地模仿了木结构构件形式，雕刻精美、逼真、华丽，体现了当时的金属冶炼技艺。另外，宋塔中还出现了一座琉璃塔，那就是河南开封佑国寺琉璃塔，始建于北宋皇祐元年（1049 年），又名为上方寺塔、开宝寺塔。该塔塔身因全部用以红褐色调为主色的琉璃砖砌成，远望似铁色，故误称为铁塔，又称开封铁塔。铁塔的前身据宋人王襄《輶轩杂录》"造开宝

① 罗哲文：《中国古塔》，中国青年出版社 1985 年版，第 208～209 页。

寺塔藏佛舍利，高三百六十尺，费亿万计，逾八年始成”① 和“其土木之宏壮，金碧之炳耀。自佛法传入中国，未之有也”②，再加上欧阳修《归田录》“塔初成，望之不正，而势倾西北。人怪而问之，浩曰：‘京师地平无山，而多西北风，吹之不百年，当正也’”③ 的记载，可知此塔是北宋著名的建筑大师喻皓所设计和监造，是为供奉舍利而建的一座规模宏大、金碧辉煌的楼阁式木塔。该塔于北宋庆历四年（1044 年）不幸被火焚毁。皇祐元年（1049 年），宋仁宗下诏以木塔原式样重建，并改用防火的琉璃砖瓦，就是现存的这个塔。该塔是一座仿木结构的八角十三层的楼阁式砖塔，其塔身外部模仿木结构，雕刻了门窗、柱子、斗拱、额枋、塔檐、平座等，它们均由 28 种不同标准型砖制构件拼砌而成，造型逼真、工艺精美，并且在塔身外壁、角柱、门窗、额枋等构件上，均以各色琉璃砖加以装饰，这些琉璃砖上雕刻了各式各样的装饰花纹，具体有佛像、菩萨、飞天、天王力士、狮子、麒麟、伎乐、牡丹花、宝相花等，还有许多胡僧、胡人的形象，共五十余种之多，可谓是我国早期大型的琉璃雕制烧成的艺术品。

如果说开封佑国寺塔的装饰体现了宋代审美文化的典雅与精致，那么开封的繁（音：pó）塔和安徽蒙城的万佛塔则将这种典雅与精致推向极致，而趋于繁缛富丽之美。开封繁塔原名兴慈寺塔，因处于当时北宋汴京东南郊的风景名胜之地——繁台而得名。据北宋熙宁四年（1071 年）王瓘所撰的《北道刊误志》记载：“天清寺在繁台下，周显德二年（955 年）置在清远坊，六年徙于此，有兴慈塔，开宝（968—975 年）中建。”④ 明成化《河南总志》中则称：“天清寺……五代周世宗显德中创建……内有兴慈砖

① （清）周城、单远慕点校：《宋东京考》，中华书局 1988 年版，第 255 页。

② （清）周城、单远慕点校：《宋东京考》，中华书局 1988 年版，第 254 页。

③ （明）李濂著，周宝珠、程民生点校：《汴京遗迹考》，中华书局 1999 年版，第 156 页。

④ （北宋）王瓘：《北道刊误志》，中华书局 1991 年版，第 9 页。

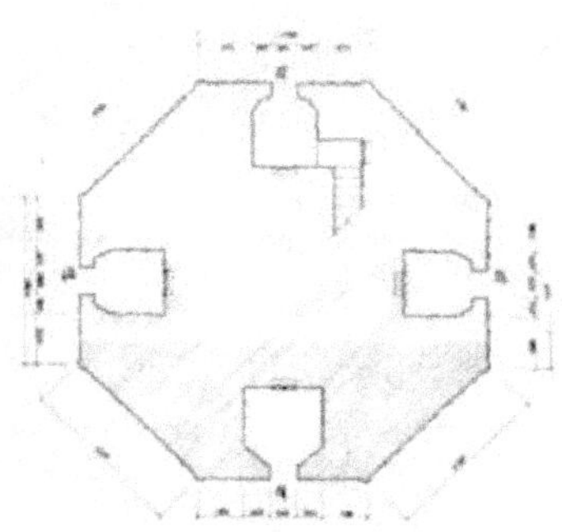

图 2-30　佑国寺塔及其底层平面

（采自张武军：《开封佑国寺塔建筑分析》，《中原文物》2013 年第 3 期）

塔，俗名繁塔，宋太宗太平兴国二年（977 年）重修。"① 从上述两则文献资料可知天清寺创建于五代周世宗显德二年（955 年），后来重修天清寺时于开宝年间又修建了兴慈砖塔，俗名繁塔。据塔内现存陈洪进舍银入缘碑"窃以繁台真境，大国名兰，六洞灵仙，曾留胜迹，九层宝塔，近立崇基"记载，可知繁塔初建时是想造一座九层的宝塔，建成后"高二百四十尺"，合今日 73 米。据元代的曹伯启在元泰定（1324—1327 年）初所写的《陪诸公登梁王吹台》诗，"……幽人欲作登高赋，朕镳沽酒上繁台……百鸟喧啾塔半摧……"② 可知，元泰定初年繁塔已有残损。又据万历四十五年（1617 年）陈嘉俞撰写的《繁塔寺重修记》中记载："元末兵燹，寺塔俱废，国初重建而削塔之顶，仅留四级，则空同子（李

① （明）胡谧：《河南总志》，河南大学图书馆藏。

② （清）沈傅仪、俞纪瑞、黄舒丙：《祥符县志》卷二十二《丽藻》，清光绪二十四年刊本，第 22～23 页。

图 2-31　佑国寺塔各种琉璃砖雕饰
（采自张武军：《开封佑国寺塔建筑分析》，《中原文物》2013 年第 3 期）

梦阳）所考产王气耳。"① 可知明朝在建国之初，为了铲除元朝的王气，又对繁塔进行削顶，仅留四级。后来又经过清朝桂山和尚在三级残塔上建造平台，平台上置一座 6.5 米高的七级实心小塔，就

① （清）沈傅仪、俞纪瑞、黄舒丙：《祥符县志》卷二十二《金石》，清光绪二十四年刊本，第 21 页。

图 2-32　河南开封繁塔全景

（采自常青：《中国古塔的艺术历程》，陕西人名美术出版社 1998 年版，第 94 页）

形成了我们如今看到的下粗上尖，形如古代“编钟”的独特塔形。

该塔的装饰艺术真正应了一个“繁”字，这首先表现在现存的三层塔身外壁上镶嵌有数十种形态各异的砖刻佛像上万躯，使得三层塔身没有一点空白之处，呈现出雕镂的繁缛富丽之美；其次，塔内各层存有以宋代为主的二百余方雕刻，主要雕刻的是宋代书法家赵安仁所书的“三经”。“三经”分别雕刻于塔内上下两层，在塔的第一层南门的门洞内，东西两壁嵌有石刻六方，东壁是《金刚般若波罗蜜多心经》，西壁为《十善业道经要略》，并附有《佛说天请问经第二》。第二层南面门洞内也嵌有石刻六方，为天平兴国七年（982 年）所刻的《大方广元觉修罗了义经》。这些经书以楷书书写，字体方正端庄，遒劲浑厚，有欧柳书法之长。“三经”周围均雕刻有莲瓣开花纹图案，精妙绝伦。这众多的楷书石刻题记和精妙的莲花图案，一方面使得塔内装饰很“繁”，充满佛性的意味；另一方面书法艺术的呈现使塔具有了审美的功能。

图 2-33　各种造像砖
（采自张武军：《开封繁塔探析》，《中原文物》2013 年第 3 期）

第四节　雄健华丽的辽金古塔

与两宋对峙的少数民族政权分别是契丹族建立的辽和女真族建立的金。这两个少数民族政权由于地处边陲，经济文化落后，在文化上主要吸收中原地区的先进文化为已所用，因此可以说在一定程度上延续和发展了中国的传统文化。同时，这两个少数民族政权的皇帝都很崇信佛教，在其所辖各地大建佛寺与佛塔作为信众修行与崇拜的对象，因此辽金佛塔的建造，特别是辽代佛塔的建造在中国古塔发展史上具有很重要的地位。梁思成先生曾把辽代的砖塔与宋、金砖塔一起并入中国砖塔发展的繁丽时期的代表，① 可见辽金

① 梁思成：《梁思成全集 · 佛塔》（第八卷），中国建筑工业出版社 2001 年版，第 135～172 页。

砖塔所取得的艺术成就是巨大的。从塔的形制上来看，辽金塔“尽管有大有小，有高有低，有粗有细，然而其形制基本上是相仿的。辽代塔平面大都为八角形，有繁复的基座；第一层塔身特别高（4~6 米），自第二层始做密植式，内部做实心结构。辽代也建造过一部分楼阁式塔，那是仿中原地区唐代的楼阁式。例如，河北涿州普寿寺塔等一部分塔，西京区万部华严经塔，上京区庆州白塔，都是楼阁式的，只是没有多大发展，单纯的模仿唐代造塔式样而已”①。可见，在塔的造型上，辽代塔主要是实心密檐式塔，“是因为辽代造塔主要为寺院对佛的崇拜，用于奉佛，同时辽代的地理位置偏于北方，一年四季寒冷的时间长，不适于登塔眺望，必然要做实心塔”②。辽塔在造型上受唐、北宋塔形制的影响较大，但因地域和审美文化的影响使得辽塔与唐塔、宋塔有明显不同的地方，主要表现在以下几个方面：

首先，不像唐、宋塔没有基座，塔身直出地面。辽塔拥有稳重而雕饰华丽的基座，辽代塔大多具有基座，且主要由台基、基座、莲花座三个部分组成，构成一种标准式样，即最下面的是台基一层，上承基座二层，基座上施斗拱承担平座，平座上再置莲花座一层。辽代砖塔基座按处理方法的不同可分为“台基+须弥座+仰莲座”和“台基+须弥座+平座勾栏+仰莲座”两种形式。③

从上述辽代砖塔的基座形制可以看出，第一层台基都没有雕饰花纹，显得简单、平直。有的台基砌得很高，如上京南塔台基就是如此；有的台基砌得比基座宽出许多，显得宽大舒展，如上京南塔、朝阳黄花滩塔、北镇崇兴寺双塔等都是如此。基座是辽代砖塔主要装饰的部分，往往“在第二层须弥座束腰上半部即施用斗拱、承托平座、栏杆，斗拱式样亦不同，一般有一朵至三朵，有的用45°斜拱，栏杆均模仿木构建筑制作，十分逼真。下部做栏板，上

① 张驭寰：《中国佛塔史》，科学出版社 2006 年版，第 144 页。

② 张驭寰：《中国佛塔史》，科学出版社 2006 年版，第 150 页。

③ 张晓东：《辽代砖塔建筑形制初步研究》，吉林大学 2011 年博士学位论文，第 21 页。

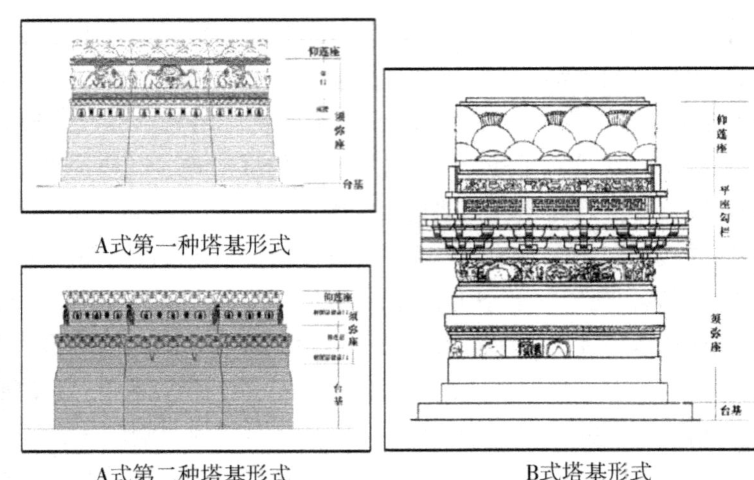

A式第一种塔基形式

A式第二种塔基形式

B式塔基形式

图 2-34　辽代砖塔的主要塔基形式

（采自张晓东：《辽代砖塔建筑形制初步研究》，吉林大学 2011 年博士学位论文）

部做斗子蜀柱扶手，在基座的束腰部位做壶门，每面有 4～5 个，壶门内雕出狮子，形象逼真生动，如海城金塔。辽塔在平座栏杆上，再做一朵莲花座，花瓣硕大，美观大方，并用大莲瓣围绕塔身，一般做三层花瓣，十家子塔每面四瓣，绥中塔子沟小塔每面三瓣，蔚县白塔每面三瓣，花瓣圆润，弧度向里。易州太宁寺塔花瓣系向外翻卷，朝阳黄花滩塔花瓣做成宝相华式雕刻图案，均甚美观。莲花座是辽代佛塔的一个重要构成部分，已成定制，以后影响到北方元明清时代的砖塔大都采用此台基基座，影响可谓深远”①。

其次，辽塔的第一层塔身特别高大，占全塔身比例的五分之一，是人们的视觉中心，也是装饰最为集中的地方。辽塔的塔身部分普遍于塔身转角处做倚柱，倚柱形式丰富多彩，有的采用缠龙柱，如丰润天宫寺塔、呼和浩特万部华严经塔的转角倚柱就是缠龙

① 塔身处理参见张驭寰：《中国佛塔史》，科学出版社 2006 年版，第 152 页。

图 2-35 内蒙古赤峰市辽中京大塔

(引自常青:《中国古塔的艺术历程》，陕西人民美术出版社 1998 年版，第 103 页)

柱代表；有的倚柱处做塔，用小塔来代替倚柱，表现出塔上还有塔，同时又使塔增加艺术变化，达到装饰和美观的作用，如蔚县塔、十家子塔就是用密檐塔来代替倚柱的实例；有的还用经幢来代替倚柱，如中京城大塔就是如此。在柱上施阑额、普柏枋承托仿木构的砖砌斗拱，辽塔斗拱往往在第一层塔檐施用斗拱，其他各层做叠涩出檐，这是辽塔的普遍做法。辽塔的斗拱材料用砖制作而成，其尺寸大小、构造式样都严格模仿木构建筑，非常地逼真和细致。辽塔的斗拱式样大多仿照唐代的斗拱式样，华拱卷刹分瓣做得细致，还普遍采用 45°斜面拱和 60°斜面拱。斗拱按其部位分为转角斗拱、补间斗拱，每面一朵至三朵，必要的简化斗拱可至五朵，每朵华拱出一挑，最多的可出两挑。① 塔身壁面要么安置佛像，要么设置券门、假窗。如义县光胜寺塔、朝阳云接寺塔、辽阳白塔、宁城中京大明塔、开元崇圣寺塔等就是在塔身的各个壁面安置佛像、

① 张驭寰:《中国佛塔史》，科学出版社 2006 年版，第 152 页。

图 2-36 北京天宁寺塔
(引自张晓东:《辽代砖塔建筑形制初步研究》,吉林大学 2011 年博士学位论文)

装饰浮雕,而不设门窗。有的则在塔的四个正壁设券门或假门,四个隅面设假窗,而壁面不安置造像或装饰浮雕,如涿州普寿寺塔、已毁的云居寺南塔就是如此;还有的在塔身各壁面中至少一面,即正面,设券门或假门,其他壁面或设假门、假窗,或兼安置佛像和装饰浮雕,如朝阳南塔、北京天宁寺塔就是这样。①

最后,辽塔大多是实心结构,不能登临。辽塔在第一层高大的塔身之上做了层层的密檐,各层之间距离极短,并且檐下采用仿木结构的砖雕斗拱承托砖雕檐椽,再以施木造或砖造椽飞,上覆筒板瓦或砖制筒瓦瓦顶为主要特征。密檐的层数以单数为律,计有三、五、七、九、十一、十三层,其中以八角十三层密檐式塔为典型,最为有名。塔的檐顶,坡度较为平缓。塔内除第一层有一个很小的塔室外,其余各层都是实心,不能登临。

除了具有上述的形制特征外,辽塔给人印象最为深刻的还是装

① 张晓东:《辽代砖塔建筑形制初步研究》,吉林大学 2011 年博士学位论文,第 22 页。

饰得繁缛富丽。辽塔总体上是把佛塔作为宗教崇拜的象征物而看待的，因此在佛塔身上雕刻出佛龛、佛像、金刚力士、托塔金刚、铜镜、伞盖、飞天等佛教就很正常了。这彰显了辽塔佛性意味浓厚的宗教特征，但也体现了其审美，是崇拜与审美的统一。如在佛像的雕刻上，辽塔主要继承了唐代佛像雕刻的一佛二菩萨和一佛二弟子浮雕图案，还有一些塔在塔身每间即每面雕刻一尊站立佛像或坐佛，如朝阳黄花滩塔、绥中塔子沟塔等。辽塔早期的佛像浮雕形象都十分高大雄健，“如万部华严经塔天王高约 3. 8 米，力士高约 3. 5 米，且金刚力士大多赤裸上身，肌肉暴突，英武威严；辽阳白塔的坐佛像高约 2. 5 米，胁侍高约 3. 2 米，非常的宏大威严”①。

图 2-37　丰润天宫寺塔

图 2-38　圣塔院塔

（采自张晓东：《辽代砖塔建筑形制初步研究》，吉林大学 2011 年博士学位论文）

① 刘蕴中：《辽塔浮雕装饰艺术研究》，苏州大学 2008 年硕士学位论文，第 12 页。

佛像结痂跌坐于金刚宝座上，右肩偏袒，头戴宝冠，作降魔印，从而呈现出一种庄严、慈悲、雄伟的气势。从雕刻手法上来看，辽塔的佛教人物刻画较为写实，非常注重人物塑造的细节，如天王战袍的褶皱、服装的花纹以及力士的手臂、腿部的肌肉结构都雕刻得精细、逼真。而这种细节真实的雕刻在一定程度上也凸显了佛像整体气势的雄伟、力度的刚健和比例的协调、结构的准确。同时在佛像的周围都雕刻有伞盖，表示对佛的尊崇，伞盖突出于墙面，纹样细致，璎珞鲜明。佛像的上面还有飞天环绕，使得整个佛像威严而又不失活泼。

图 2-39

从左至右分别为：朝阳白塔菩萨像；庆州白塔武士；天宁寺塔力士

（采自刘蕴中：《辽塔浮雕装饰艺术研究》，苏州大学 2008 年硕士学位论文）

总之，辽塔造像手法细腻、工整、写实，使佛像整体呈现出一种雄健豪迈、具有力度和气势的阳刚之美。它在一定程度上契合了契丹民族马背上的豪迈、奔放的游牧生活，处处呈现出一种高大雄伟、气势恢宏的艺术特征。相较于辽塔的雄健豪放的人物雕刻，宋塔的佛像人物在体量上则显得小巧、玲珑，在线条的运用上则匀称美观，它们一个个被精心镶嵌于模块化的四方形的浮雕砖的正中，放置于塔身的除门窗之外的所有位置，犹如一颗颗精心雕琢的珍珠装饰着宋塔的塔身，使宋塔的装饰呈现出精细、华丽的审美风格。

如建于北宋的河北临城普利寺塔，第一层塔身四壁雕有974个方形佛龛，龛内各置佛像一尊；开封的繁塔、铁塔和尉氏兴国寺塔上也有不少这样的雕饰，尤以开封繁塔上的佛像砖最为精美。辽塔除了佛教人物雕刻之外，还有很多的植物纹饰和动物纹饰。植物纹饰既有富有佛教意味的莲花纹、卷草纹等，还有中国传统文化意味浓厚的牡丹、松、柏、梅、菊等；动物纹饰既有佛教的狮子、怪兽等，还有中国味道浓厚的麒麟、龙、凤、羊、马、鹿、雁、仙鹤等。除了这些纹饰以外，辽塔上还有一些回字纹、牙字纹、连云纹、亚字纹、曲尺形纹、斜交方格纹等几何纹饰。这些植物、动物和几何纹饰有规律、均衡地和人物纹饰融合为一体，使辽塔在装饰上呈现出繁复华丽、装饰精美的审美风格。这些纹饰主要集中于辽塔高大的基座上，在基座上装饰了众多的力士、乐伎、兽头、各种花卉、动物纹样和各种建筑构件纹饰，各种纹饰的融合，使辽塔的基座装饰呈现出雕饰华丽的审美风格。与唐宋塔不甚注重基座的发展与装饰不同，辽塔的基座高大、稳重且装饰繁缛富丽的审美风格较为突出。

在塔身上，“唐塔的塔身装饰较少，给人一种简洁、大方、质朴的美感。如香积寺塔，塔身全部用平素的砖墙砌筑；小雁塔塔身上也没有任何的仿木结构的构件存在；玄奘塔底层塔外壁平素无任何雕饰，等等”①。与唐塔塔身装饰的简洁、质朴的审美风格相比，辽塔在塔身上则装饰了众多的浮雕纹样，且主要集中于第一层高大的塔身上。在第一层塔身上不仅雕饰有众多的与佛教内容密切相关的释迦牟尼佛、菩萨、飞天、金刚力士等佛教人物和佛龛、佛塔、铜镜、伞盖等佛教事物外，还雕刻有城楼、角楼、飞桥、城门、城墙、窗户、柱子等各种仿木构的建筑形象，在各层檐下还增加了斗拱、椽子、飞头等各种仿木构件，这些构件不是作为建筑支撑物构件，而是作为装饰物而存在。这种种纹饰使得辽代密檐式塔外表装饰达到了一个繁复、富丽的高峰，这是唐代密檐式塔所无法比

① 刘蕴中：《辽塔浮雕装饰艺术研究》，郑州大学2008年硕士学位论文，第19页。

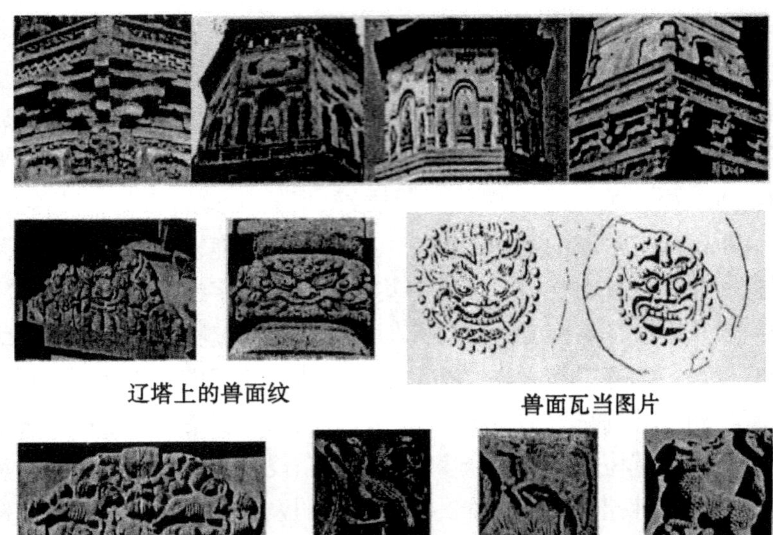

图 2-40　辽塔上的各种纹饰

（采自刘蕴中：《辽塔浮雕装饰艺术研究》，苏州大学 2008 年硕士学位论文）

拟的。

注重装饰纹样的多样，是宋塔与辽塔在装饰风格上的相同之处。但是在审美风格上，宋塔装饰追求一种精致、典雅、秀丽的审美文化风格，“其线条追求一种匀称、细腻和美观，使得整个雕刻以精工细致而取胜”①。如河北定县的料敌塔，在塔基的下层暗室内保存的斗拱彩画图案线条细腻流畅，色彩鲜艳生动，做工精巧细致。

苏州的虎丘塔，塔内每层都绘有彩色牡丹壁画，色彩之鲜艳、技法之精细、构图之有序均衡，不可多得。宋塔上的佛像一般位于精雕细刻的方形造像砖中央，体量纤小单薄，面容和蔼可亲，气质

① 刘蕴中：《辽塔浮雕装饰艺术研究》，郑州大学 2008 年硕士学位论文，第 19 页。

图 2-41　上京南塔及其斗拱

（采自张晓东：《辽代砖塔建筑形制初步研究》，吉林大学 2011 年博士学位论文）

柔弱，缺少一种阳刚之气，世俗化的色彩浓厚，雕刻繁缛细致。与宋塔相比，辽塔的各种人物、植物、动物纹饰，追求一种盈实厚重、饱满圆浑、气魄雄健的审美风格。辽塔的浮雕雕刻盛行剔地而起的圆刀法，刀锋线条圆转有力，使得浮雕纹饰造型丰满、层次分明，具有立体效果。如辽塔上无论是人物、动物，还是花草图案都完全从砖石中凸显出来，使这些浮雕造型充满空间感和体积感，显得很有气魄。“如灵山塔塔座有牡丹、芍药花等浮雕纹样，采用这种圆刀法雕刻，使得花形叶脉雍容大方、生动逼真；天宫寺塔壶门内雕刻的人物、鸟兽、花卉等纹样也采用剔地凸起的手法雕刻而成，姿态各异，栩栩如生；庆化寺花塔，在须弥座束腰的转角处各雕刻了一尊姿态各异的金刚力士，这些力士像头部硕大，满面横肉，怒目狰狞，充满剽悍勇猛之气，雄健有力的雕刻使人物凸筋暴骨，肌肉隆起，整个造像充满欲待喷发的强劲之力”①；大明塔上

① 刘蕴中：《辽塔浮雕装饰艺术研究》，苏州大学 2008 年硕士学位论文，第 19 页。

的天王造型，战袍衣带随风摆动，面容圆浑，肩宽背厚，充满了游牧民族尚勇、豪迈的气概。①

可见，辽代佛塔的造像中本民族的文化色彩较为浓厚，佛像一般面形饱满，两肩宽厚，身躯圆浑，上半身偏长，给人以凛凛堂堂、伟岸端庄之感，相较于河北蓟县白塔胁侍菩萨以及大明塔佛像，可以看出这些风格的一致性。②

图 2-42　河北料敌塔上的斗拱彩画（北宋）
（采自马瑞田：《定县开元寺料敌塔塔基彩画》，《文物》1983 年第 5 期）

综上所述，辽塔的造型审美风格吸收了唐塔的粗壮稳重而不同于宋塔的纤细秀丽；装饰上辽塔的繁缛华丽、雄健不同于宋塔的精致、典雅、秀丽，更与唐塔的简洁、大方、质朴相差甚远。

辽塔建筑造型和装饰追求繁缛富丽之美的审美文化风格在此时盛行的花塔上达到登峰造极的地步。“花塔又称华塔，是一种供人观赏、膜拜的佛塔，是我国古塔中较为特殊的一种形式。它装饰华美，尤其是塔的上部密布着佛龛、佛像、菩萨及各种动物、花卉，

① 参见刘蕴忠：《辽塔浮雕装饰艺术探究》，苏州大学 2008 年硕士学位论文，第 19~25 页。

② 金申：《谈辽代佛像的一种样式》，《美术研究》1991 年第 12 期。

远看形如花束而得名。”① 花（华）塔在唐末开始出现，盛行于宋、辽、金时期，到元代基本绝迹。关于其渊源问题，罗哲文先生推测“可能有两方面的因素：一方面，在我国，塔这种艺术，从原来的朴质向华丽发展，从可登临眺览向纯粹崇拜观赏方向发展。从宗教的角度上说，更增添了对佛的神秘、迷惑的成分。另一方面，受到印度、东南亚一些佛教国家寺塔越来越多的雕刻装饰的影响。其结果原有的一些实用价值的成分，例如登临眺览、导航指路等作用都失掉了，成了纯粹的艺术品”②。徐华铛先生认为花塔在宋、辽、金时代的盛行可能与当时密教在中土的传播有关。③ 但不管怎样，花塔的装饰风格与宋、辽、金时代佛塔装饰上追求繁缛富丽的审美文化风格是一致的，它的出现标志着我国的古塔此时已逐渐成为审美的艺术品。我国最早的花塔是建于唐长庆四年（824年）的山西五台佛光寺的解脱禅师塔，其最为突出的特色是把顶部的塔刹装饰为连续重叠的大型仰莲瓣，开了花塔的先河，但其装饰程度还是较为简单朴实。到了宋辽金时代，花塔的装饰走向了繁丽时期，最具代表性的是现存于河北省正定县的广惠寺花塔。

该塔始建于金代，后经明清时代多次修葺保存至今，现位于正定县城内生民街路东原广惠寺内，寺院建筑早已不存，独存此塔于丘冈之上。“该塔是三层八角形楼阁式花塔，全部用砖砌，高 40.5 米。从造型上来看，该塔造型很奇特，第一层塔身平面为八角形，又在其四个角附建扁平的六角形单层小塔，有如金刚宝座塔的意味。塔身正面和小塔正面都有圆形拱门加以装饰，塔檐下还设有斗拱。第二层塔身平面为正八角形，四正面设龛门，门旁设格子假窗，其余四面，正中设直棂假窗，两旁为格子假窗。第二层塔身，上出斗拱承托塔檐。檐上设八角形平座，座上置第三层塔身。第三层塔身突然收小，仅正面辟方门，其余三正面设假门，四隅面则隐

① 徐华铛：《中国古塔造型》，中国林业出版社 2007 年版，第 46 页。
② 罗哲文：《中国古塔》，中国青年出版社 1985 年版，第 40 页。
③ 徐华铛：《中国古塔造型》，中国林业出版社 2007 年版，第 46 页。

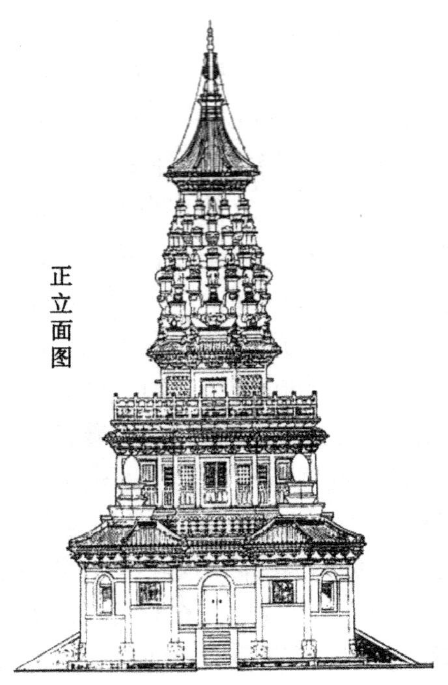

图 2-43　河北正定广惠寺花塔立面图

［采自李士莲：《河北正定县广惠寺花塔勘察报告（下）》，《古建园林技术》1997 年第 2 期］

作出斜纹格子窗。”① 从装饰上来看，花塔之名确实名副其实，是我国花塔中装饰最为富丽的一个。上面用砖雕镂了各种仿木结构的木构件，有梁柱、阑额、斗拱、平座、圆拱形的门和直棂假窗、塔檐等，自第一层塔檐部分以上可谓是雕镂得繁缛富丽，特别是第三层塔身之上，即花塔的上半部花束形塔身，呈圆锥形，约占塔身全高的三分之一。圆锥形塔身的外部按八面八角的垂直线，雕刻出虎、豹、狮、象、龙及佛、菩萨等佛像图案，排列参差、变化有致，形成一个形似巨大花束的塔体。虽说这些图案原是彩绘，现在都已斑驳脱落，但仍可想象当时花团锦簇、五彩缤纷、光彩夺目的

① 罗哲文：《中国古塔》，中国青年出版社 1985 年版，第 107~108 页。

景象，花塔的名称也由此而来。自花束状塔身以上，以砖雕刻出斗拱和椽、飞、枋子，上覆八角形塔檐屋顶。屋顶之上置塔刹，可惜现已残损。①

第五节　繁复华美的明清古塔

明清时期是中国封建社会的最后阶段，也是一个动荡衰落的时期。在文化上，“一个突出的表现是矛盾对立意识的强化，反映在美学思想上，就是对崇高美理想的追求和崇高美形态的独立；另一个突出的表现是对传统的发展和反思，在美学思想中，就是对古典和谐美的总结和极端化表现。”② 也就是说明清审美文化在一种激烈动荡中进行着自己的变化和转型，一方面旧的思想观念、文化体制仍然发挥着巨大影响，并最终走向了极端化发展；另一方面新的思想观念冲击着旧观念，并最终走向独立。具体来说：一方面，明清时期传统的伦理文化进一步禁锢。明代的统治者借敕撰儒家的《四书大全》、《五经大全》和《性理大全》等经典攫取了文化意识形态上的话语权，以“八股取士”的具体措施来树立朱熹及其理学的绝对权威性，从而巩固了政权。明代对有异议的新思想和社会异端学说采取肉体消灭政策，而清代则大兴文字狱，使许多知识分子成为刀下之鬼，于是就造成了文化思想的僵化和教条化。表现在建筑上，《清式作法则例》则是传统伦理文化僵化和教条化在官式建筑上的直接表现，于是官式建筑更重建筑群的方正中则、轴线清晰、条理分明。在严谨得当、疏密适度又充满理性的审美把握中赋予了建筑众多的社会伦理意义，社会伦理文化依然笼罩在建筑审美之上，成为建筑发展的决定性因素。在大一统的皇权制度下，明清的统治者仍然继承了秦汉、隋唐“无壮丽无以重威”的建筑审

① 参见罗哲文：《中国古塔》，中国青年出版社 1985 年版，第 107～108 页。

② 周来祥主编，周纪文著：《中华审美文化通史》（明清卷），安徽教育出版社 2006 年版，第 6 页。

美文化传统，在官式建筑的布局上依然体现出强烈的王权意志和政治伦理意义，故宫建筑群就是这一文化传统的最好诠释。

另一方面，社会经济领域中资本主义商品经济的发展，使得思想领域中出现了以高扬人的主体意识为主导的哲学思想的反叛，从而掀起了思想解放的潮流，集中表现为李贽的“童心说”、汤显祖的“唯情说”、公安派的“性灵说”。它们都围绕着一个“情”字展开。这个“情”是个人自我的真心、真情、真性情，是个体自我真实存在和表现的标尺，故李贽说：“盖声色之来，发乎情性，由乎自然，是可以牵合矫强而致乎？故自然发乎情性，则自然止乎礼义，非情性之外复有礼义可止也。”① 可见，对个人自我“真心”、“真情”、“真性情”的张扬实质上就是摆脱世俗礼法加在人身上的各种束缚，做回“真人”，说出“真言”，找回“童心”。“夫童心者，真心也。”② 这些思想领域中对主体意识的个性、个体、真情的提倡标志着明清审美观念已走向展现世俗人情为主，审美主体的地位又逐渐彰显，这是对教条主义和复古主义美学的有力冲击。世俗化的审美情趣对明清艺术影响巨大，表现在文学创作上，小说、戏曲成为最为繁荣的艺术形式，其内容主要是“极摹人情世态之歧，备写悲欢离合之致”的市民生活，这种生活有对人情世俗生活的津津乐道，对荣华富贵的渴望期盼，对男女之情的渴望欲求，对神怪奇谈的好奇幻想等，完全是一种世俗生活的百态图。明代的“三言二拍”就是这方面“市民文学”的代表作。表现在绘画上，明清的文人画出现了以绘现实生活的细节、人物仕女、一草一木、一山一水等世俗生活场景为主的世俗画的繁荣。清代，像石涛、八大山人和扬州八怪等一些明末遗民画家取材于现实生活中的花草树木、山水、人物、生活物品等，不拘泥于古法，又不脱离传统，以表现艺术家的内心世界、抒发个人的真实情感为目

① 李贽：《焚书》卷三，北京大学中国哲学史教研室：《中国哲学史教学资料选》，中华书局1981年版。

② 李贽：《焚书》卷三，北京大学中国哲学史教研室：《中国哲学史教学资料选》（下册），中华书局1981年版。

标，开辟了艺术审美的新纪元。

与现实生活紧密相连的建筑艺术更是受到这种世俗化审美情趣的影响，使得明清建筑呈现出明显的工艺化特征，就是在建筑的各部位出现了精工细雕的繁琐的装饰构件。这些构件以江南民居上的“三雕”——砖雕、石雕和木雕最为有名，雕刻的内容多以象征吉祥、喜庆的图案为主，也有的取材于民间故事、戏文故事、生活时事等内容，雕刻手法圆润、细腻、丰满，显示出一种来自民间的健康、自然的审美风格。这些精美的建筑构件“一方面表现了工匠们追求‘情’‘趣’充分表达的愿望，更重要的是兴建者观照内心情感，希望通过新的途径酣畅淋漓地表达内心原始的情感和对物欲的追求。这种装饰的复杂、繁琐和对细部的关注最能体现带有宣泄情绪的审美追求，就像西方洛可可风格的出现一样”①。也就是说明清建筑在建筑造型上不再追求创新发展，而是在建筑细节上精雕细刻，以细节的冲动来突破人们对形式创新的关注。因此，“这种追求细节的冲动也带来了一些建筑风格的转变。例如，斗拱的结构作用淡化后，装饰作用凸现，尺度缩小很多，出跳减少但跳数没有减少，相反却增加了。出檐缩小，导致屋顶与屋身的比例变化，为了平衡比例关系，屋顶坡度增加，屋顶变高，因此建筑形象不如以前舒展。对细部的过分关注使得对建筑的审美情趣也发生了变化，对建筑物整体意蕴的考量抵不过建筑细部传达的信息。比如天坛祈年殿，建成之初三重檐分别使用三色琉璃瓦，完全处于通过细节附会意义的考虑，直到后来修葺时才改为统一的颜色”②。

明清时代，统治者信奉佛教并建造了大量的佛塔，使佛塔的发展又进入了一个高潮期。特别是明代建造了种类齐全的佛塔，有楼阁式塔、密檐式塔、喇嘛塔等，并开创了金刚宝座塔、云南傣族的佛塔群和风水塔、文峰塔。明清时代的佛塔数量虽然很多，但独创

① 汤里平：《中国建筑审美的变迁》，同济大学出版社 2012 年版，第 88 页。

② 汤里平：《中国建筑审美的变迁》，同济大学出版社 2012 年版，第 88 页。

的成就不及宋辽金元，因为在塔的造型上基本上是全盘继承了宋辽金元时代的古塔造型风格，没有自己独创的塔型。从塔的平面来看，明塔常以方形、六角、八角形居多，其中以八角形楼阁式塔为主，和宋辽塔一致，但高度多以十三层居多，且多主张建高大宏丽的塔。明塔都做基座，并且做得都很细致精巧，上面布满佛教故事浮雕，不像唐宋塔塔身直出地面。塔身各层都做带有栏杆的平座。塔的门窗南北方不同，北方开券门，南方开圭形门或壶门。塔的门扇板门减少，精美的菱花式样增多。早期明塔仿木结构建筑较少，晚期则数量增多，模仿得形象而逼真，且增加如挂落（雁翅板）一样的许多花纹。券门的门楣、券面，则多有浮雕。塔的檐部和塔身上大量出现垂莲柱是明塔的显著特征。斗拱比例缩小，朵数增多，上有精美的花纹，增加了装饰的繁缛富丽。塔的重点部位如塔檐之下的斗拱的拱眼壁、梁枋部位，增加了大量的装饰花纹，雕刻精巧，使塔显得非常华丽。但因为明塔减少了曲线，使整个塔身的轮廓线显得平直呆板，虽说细节做得精细华丽，但总体上水平不高。①

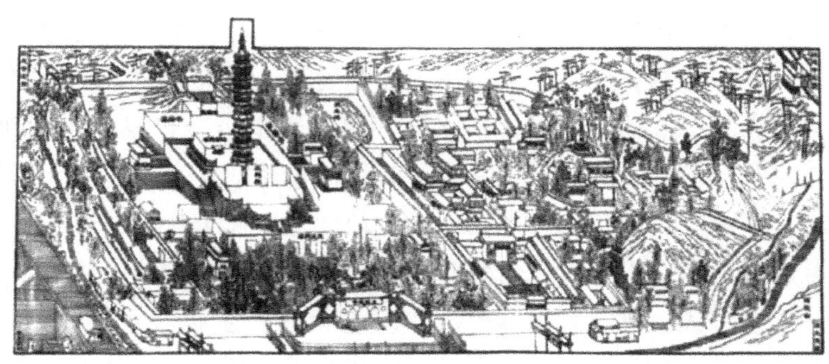

图 2-44　明代南京大报恩寺全图

（采自葛寅亮：《金陵梵刹志》，天津人民出版社 2007 年版）

从审美风格上来看，明清时代的佛塔相较于宋塔，面积大、塔身高、雄伟华丽是其主要的审美特征，原因一方面在于明清时代的

① 张驭寰：《中国佛塔史》，科学出版社 2006 年版，第 215 页。

造塔材料（砖）及造塔技术的发展；另一方面是装饰审美的工艺化。这主要从明代所建的高大、宏丽的楼阁式塔表现出来，其代表就是南京大报恩寺塔。据《金陵梵刹志》记载“永乐十年，敕工部重建梵宇，皆准大内式，中造九级琉璃塔，赐额大报恩寺”①。可知该塔建于明初永乐十年至宣德六年（1412—1431 年）间。关于此塔建造的缘起，据永乐十一年《重修报恩寺敕》载：“朕念皇考、皇妣罔极之恩无以报称，况此灵迹岂可终废？乃用军民人等勤劳其力，趋事赴工者如水之流下，其势莫御，一新创建，充广殿宇，重作浮屠。比之于旧，工力万倍。以此胜因，上荐父皇、母后在天之灵，下为天下生民祈福，使雨旸时若，百谷丰登，家给人足，妖孽不兴，灾沴不作，乃名曰大报恩寺”②。可知朱棣建寺塔是为报答其被冤死的母后碽妃而建。关于塔高，据《金陵梵刹志》“至浮屠之胜，高百余丈，直插霄汉”③ 和“下周广四十寻，重屋九级，高百丈”④ 的记载，可知塔高约在“百丈”左右，只是一个约数。也有具体数字的记载，据《金陵大报恩寺塔志》载：“通高地面至宝珠顶，二十四丈六尺一寸九分。地面至覆莲盆口高二十丈六存。”⑤ 又《金陵大报恩寺塔志》卷首《江南报恩寺琉璃宝塔全图》说大报恩寺塔“高二百七十六英尺七英寸强，合中国木尺为三十二丈九尺四寸九分”⑥。按照现在的尺寸换算，学术界认为大报恩寺塔高度在 100 米左右。关于塔的造型，据《琉璃塔记》

① （明）葛寅亮撰，何孝荣点校：《金陵梵刹志》（下）卷三十一，天津人民出版社 2007 年版，第 459 页。

② （明）葛寅亮撰，何孝荣点校：《金陵梵刹志》（下）卷三十一，天津人民出版社 2007 年版，第 465 页。

③ （明）葛寅亮撰，何孝荣点校：《金陵梵刹志》（下）卷三十一，天津人民出版社 2007 年版，第 459 页。

④ （明）葛寅亮撰，何孝荣点校：《金陵梵刹志》（下）卷三十一，天津人民出版社 2007 年版，第 473 页。

⑤ 张惠衣：《金陵大报恩寺塔志》（《中国佛寺志丛刊》第 27 册），江苏广陵古籍刻印社 1996 年版。

⑥ 张惠衣：《金陵大报恩寺塔志》（《中国佛寺志丛刊》第 27 册），江苏广陵古籍刻印社 1996 年版。

载："外旋八面，内绳四方。外之门牖，实虚其四，不施寸木，皆埏埴而成。"① 可知大报恩寺塔是八面九层的琉璃塔。"外旋八面"寓意奉天中兴，八面来朝；"内绳四方"寓意海宇悦服，四境平安。塔下有高大的基座，"连大官后，叠玉砌数级，上为五色莲台座，高拥寻丈"②。据叶灵凤翻译的《鸦片战争与江南文物的劫难》记载："塔身是建筑在一座坚实的砖石基础上，高出地面大约有十尺，从地面进入塔门，要跨上十二级的石级。"③ 塔身之上有塔刹，"尽九级之上，为铁轮盘。盘上轮相叠起数仞，冠以黄金宝珠，顶维以铁綷，坠以金铃"④。《塔图附志》对此描述更为详细："顶上铜锅二口，重九百斤，天盘一个，计重四百三十斤，顶上铁圈九个，大圈方圆六丈三尺，小圈方圆一丈四尺，计重三千六百斤。面顶以黄金风波铜镀之以存久远，其色不晦，上九霄龙头，挂铁索八条，垂铃七十二个。"⑤ 关于此塔的审美风格，据永乐二十二年《御制大报恩寺左碑》称大报恩寺塔为"高壮坚丽，度越前代"⑥。关于其高大、坚固的审美风格，我们已前述，下面就看其"丽"的方面。此塔之"丽"主要从装饰上呈现出来，据陈沂的《琉璃塔记》的记载在塔的基座、塔身、塔刹上都有精美的雕刻"上为五色莲台座，高拥寻丈，乃列朱楹八面，辟为四门，悬十有六牖于八隅，门绕以曼陀优钵昙花，壁刻以天王金刚四部大神，具头目手足异相，冠簪缨胄，衣带琐甲异制，戈戟轮铎，器饰异执，

① （明）葛寅亮撰，何孝荣点校：《金陵梵刹志》（下）卷三十一，天津人民出版社 2007 年版，第 473 页。

② （明）葛寅亮撰，何孝荣点校：《金陵梵刹志》（下）卷三十一，天津人民出版社 2007 年版，第 473 页。

③ 叶灵凤译：《鸦片战争与江南文物的劫难》，江苏古籍出版社 2000 年版。

④ （明）葛寅亮撰，何孝荣点校：《金陵梵刹志》（下）卷三十一，天津人民出版社 2007 年版，第 473 页。

⑤ 张惠衣：《金陵大报恩寺塔志》（《中国佛寺志丛刊》第 27 册），江苏广陵古籍刻印社 1996 年版。

⑥ （明）葛寅亮撰，何孝荣点校：《金陵梵刹志》（下）卷三十一，天津人民出版社 2007 年版，第 466 页。

种种不类载。以狮象承以棼橑，井拱翔起，光彩璀璨。覆以碧瓦鳞次，螭头豹尾，交结上下。又蔽以镂槛雕楹，青琐绣闼于外。二级至九级，不设琐闼，惟楹，槛皆朱，壁皆黝。至榱拱则间以玄朱。其花萼旋绕，牖户悬辟之制，皆如初级焉。尽九级之上，为铁轮盘。盘上轮相叠起数仞，冠以黄金宝珠，顶维以铁綷，坠以金铃。每级飞栏，皆悬鸣铎，明牖以蚌蛎薄叶障之，罥出楹外，凡百四十有四。昼则金碧照耀云际，夜则百四十有四篝灯，如火龙自天而

图 2-45　江苏南京大报恩寺琉璃塔全图及出土的琉璃建筑构件

（采自贺云翰：《郑和与金陵大报恩寺关系考》，《东南文化》2007 年第 4 期）

降，腾焰数十里，风铎相闻数里，响振雨夜。舍利如火珠，数颗次第出入，轮相间有声。浮屠之内，悬梯百蹬，旋转而上。每层布地以金，四壁皆方尺小释像，各具诸佛如来因缘，凡百种，极致精巧，眉须悉具，布砌周遍。井拱叠起，皆青碧穹覆如华盖。列牖设篝灯处若蜗壳，宛转一窍穿出门，至绝级，亦洞敞，首不低缩”①。从上述文献详细的描写中，我们可知明大报恩寺塔的装饰是多么精

① （明）葛寅亮撰，何孝荣点校：《金陵梵刹志》（下）卷三十一，天津人民出版社 2007 年版，第 473 页。

丽，难怪明王世贞在游览报恩寺塔后称赞其“雄丽冠于（千）浮屠，金轮耸出云表，与日竞丽”①。《康熙江宁府志》称赞“其壮丽甲古今佛刹矣”②。盛时泰在《报恩塔赋》中赞美其“外侈极于弘丽，内缜致于精微”③，可谓中肯之语。可惜这样一座被外国人推崇为中世纪奇迹之一的“南京瓷塔”，在耸立了400多年之后，于19世纪中叶被毁坏了。但是20世纪以来在佛塔的遗址处出土了大量的琉璃构件，包括浮雕的佛像、飞天、瑞兽、莲花、须弥座、立柱、梁枋、斗拱、藻井等，④ 使我们还可以想象当年这座宝塔的金碧辉煌。

如果说南京大报恩寺塔在太平天国隆隆的炮声中化为废墟，其高大壮丽的形象只能活在人们的追忆之中，那么现如今位于山西洪洞广胜上寺塔院中的飞虹塔则形象地矗立于人们面前，虽说体量上不如南京大报恩寺塔高大，但其造型与装饰却与南京大报恩寺塔有诸多相似之处，一定程度上可谓是南京大报恩寺塔的缩小版。关于飞虹塔的建造历史，据《霍山志》卷一“地舆志”记载：“昔阿育王造佛舍利塔八万四千，有十九塔于震旦（中国），霍山之塔为其一。塔在今广胜上寺，北周保定二年（562年）神僧法江于塔故址虔诚拜祷，空中降真舍利。有司上闻，奉敕建造舍利宝塔，亦称‘飞虹塔’，时称为‘中原第二塔’。塔顶放光，二、三月青色，五、六月放白毫光。明正德间达连和尚改建琉璃塔，共十三级，高三百六十尺。工程伟大，功德庄严，在中国为有名之大观。天启三年（1623年）大会和尚建立塔房。”⑤ 由此记载可知，飞虹塔原先

---

① （明）葛寅亮撰，何孝荣点校：《金陵梵刹志》（下）卷三十一，天津人民出版社2007年版，第474页。

② 张惠衣：《金陵大报恩寺塔志》（《中国佛寺志丛刊》第27册），江苏广陵古籍刻印社1996年版。

③ 张惠衣：《金陵大报恩寺塔志》（《中国佛寺志丛刊》第27册），江苏广陵古籍刻印社1996年版。

④ 南京市博物馆：《大报恩寺遗址考古发掘报告》，《金陵佛教》2010年7月特刊。

⑤ 释力空：《霍山志》卷一《地舆志》，山西人民出版社1986年版。

图 2-46　南京大报恩寺遗址出土的琉璃塔各种建筑构件

为舍利塔，后塌毁，在明正德年间（1506—1521 年）皇帝敕建为十三级的琉璃塔，到明天启三年（1623 年）由大会和尚又增建了塔房（即底层的回廊）。该塔为八角形平面的十三层楼阁式塔，通高 47.31 米，“自下而上逐层递减，塔檐几乎可以连成一条直线，形如锥体。塔身全部为砖砌，底层周设回廊，南面入口处凸出双层龟须间一座，十字歇山顶，建造精致，秀丽端庄，比例和谐，犹如一座小型楼阁。塔刹为宝瓶式铜铸，相轮为铁铸，流苏为绿色琉璃。各层皆有琉璃出檐，用黄、绿、蓝、白、赭、褐、黑七色琉璃装饰，琉璃枋木构斗拱与莲瓣隔层相间，第三至第十层各面均砌筑有佛龛，门洞和枋心。内置佛、菩萨、童子像，门洞两侧镶嵌琉璃盘龙、宝珠等饰物。塔身第二层设平座一周，施琉璃勾栏、望柱，平座之上有佛、菩萨、天王、弟子、金刚等像。第三层东、西、南、北四面施券拱门，各面正中有琉璃烧造的四大天王像，正南天王像两侧有明王驾龙琉璃像，正北则以凤凰居中，二金刚披甲跨兽

图 2-47　山西洪洞广胜寺飞虹塔　　图 2-48　北京香山宗镜大召琉璃塔
（采自常青：《中国古塔的艺术历程》，陕西人民美术出版社 1998 年版，第 114、116 页）

胁侍两旁。第二层以上塔身外表全部镶嵌有琉璃仿木构件，各层檐下俱施琉璃花罩和垂莲柱，以及屋宇、楼阁、亭台、角桂、佛龛、花卉、人物、翔凤、狮、象等琉璃构件，一层一层图案，形式多样，造型优美，制作精巧，色彩绚丽，色泽长新，金碧辉煌，在阳光照射下不时发出彩虹之光，飘动欲飞，故以'飞虹'名塔。飞虹塔雄伟壮观，玲珑秀丽，是国内琉璃塔中罕见的精品"①。

明清时期建造很多仿木构的楼阁式琉璃塔，如北京香山宗镜大召琉璃塔（1780 年），承德避暑山庄内的永佑寺舍利塔（1751 年），承德须弥福寿之庙琉璃塔（1780 年），太原晋祠原奉圣寺塔院中的舍利生生塔（1751 年），北京颐和园花承阁多宝琉璃塔，等等。这些琉璃塔是仿木构的多层楼阁式塔，塔身上都雕刻了柱子、拱门、斗拱、额枋、檐椽、瓦垄等仿木结构的建筑构件，并且在塔

① 霍泽仁：《五彩绚烂看"飞虹"——山西洪洞广胜寺及飞虹塔》，《佛教文化》1998 年第 4 期。

檐上镶嵌有各种颜色的带有装饰花纹的琉璃瓦，显得非常雄伟壮丽。

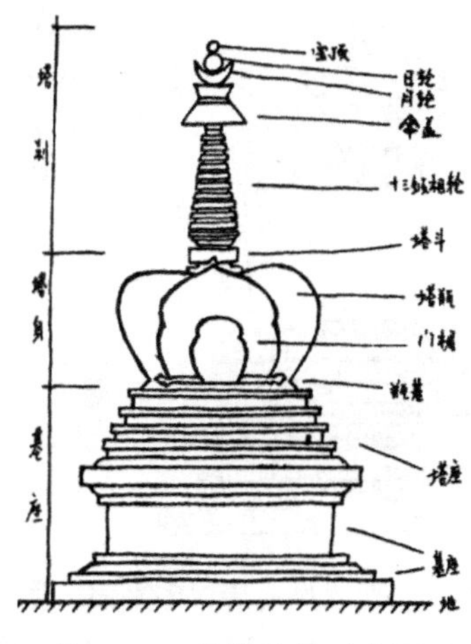

图 2-49　佛塔结构示意图

明清时期除了楼阁式塔的大量建造外，还大量建造了喇嘛塔和金刚宝座塔。喇嘛塔的建造始于元朝。元朝（1206—1368 年）是中国历史上第一个由少数民族（蒙古族）建立并统治中国全境的封建王朝。它在中国严格意义上的历史是从元世祖忽必烈 1271 年定都汉地，改国号为大元始至 1368 年明军攻占大都为止，共 98 年。在此期间，中国传统建筑审美文化理论发展受到很大限制，其最大的亮点就是在佛教及其建筑上。元代统治者提倡藏传佛教，并在全国各地大建覆钵式喇嘛塔，为中国古塔又增加了一种新塔型，并与楼阁式塔、密檐式塔呈三足鼎立之势。

喇嘛塔在造型上与印度的窣堵波相似。它主要由塔座、塔身和塔刹三部分组成。塔座主要由台基、须弥座、莲花座三部分构成。台基处于塔座的最底层，常做成宽大厚实之状来承托上面的须弥座，台基之上是带有束腰的须弥座，须弥座往往高大厚实，常比台基高出许多，须弥座之上是莲花座，有的是仰莲，有的是覆莲，其体量在塔座之中最小。塔身位于高大稳重的塔座上，是喇嘛塔最具

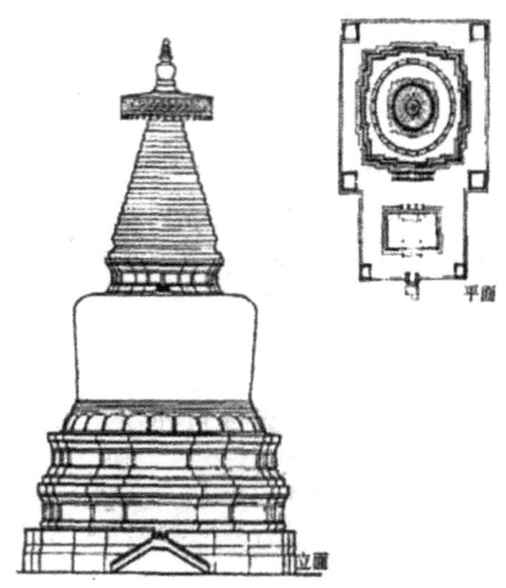

图 2-50　北京妙应寺白塔平面、立面图

（采自常青：《中国古塔的艺术历程》，陕西人民美术出版社 1998 年版，第 129 页）

有特征的部分，塔身下部是一个巨大的圆形塔肚，塔肚之上置放一个圆锥形的塔颈，号称“十三天”。圆形塔肚和圆锥形的塔颈合起来形如细颈圆腰的瓶，因此喇嘛塔又称为瓶式塔。塔身白皙，显得文静素雅，无论从何处观看，体态都始终一致，非常具有观赏价值。塔身上置塔刹，其造型各有千秋，有的如圆帽垂珠，有的如两耳垂环，有的形似仰月，有的则头顶宝珠。喇嘛塔的装饰主要集中于塔座与塔刹上，塔座的繁复纹饰与塔身的简洁形成了鲜明的对比。喇嘛塔是富有宗教象征意义的佛塔，是佛教文化思想的最好象征。“佛教认为地、水、火、风是组成世界物质的四大元素。喇嘛塔的方形基座代表地，圆形的塔瓶代表水，立面呈圆锥体的十三天代表火，华盖部分代表风，而塔刹顶端的宝珠则代表心。整座塔体现了佛教‘四大和合’的思想。”① 元代最具有代表性的喇嘛塔是

① 吴庆洲：《蓝天白云映衬银装素裹——北京妙应寺白塔》，《广东建筑装饰》2000 年第 1 期。

北京妙应寺白塔。妙应寺白塔是因塔身外壁涂抹着白灰，颜色洁白而得名。该塔是尼泊尔工匠阿尼哥为元世祖忽必烈在辽塔旧址所建的一座喇嘛塔。该塔高达 50.9 米，是中国现存最高大的一座喇嘛塔。“全塔由台基、塔身和塔刹三部分组成：台基是两层平面呈‘亚’字形的须弥座，座上用砖雕出了巨大的莲花座承托塔身；塔身是一个巨大的圆形覆钵丘，下部微有内收，显得外形粗壮稳健；塔刹的刹座平面也是‘亚’字形的，座上树立着下大上小、呈圆锥形的十三重相轮，相轮之上是铜制的华盖，华盖四周悬挂着 36 块宽 1 米、高 2 米的流苏铜花瓣，每一块花板下都缀着一个铜铃，在华盖的上面是一座 5 米高的铜制鎏金覆钵式塔，作为这座宝塔的刹顶。”①

清代继承和发展了元代的喇嘛塔，并把其造型审美风格由粗狂与雄壮之美变为清秀与典雅之韵。清代最有代表性的喇嘛塔，是北海琼华岛之巅的永安寺白塔。该塔建于清顺治八年（1651 年），高 35.9 米。塔的造型与元朝所建的北京妙应寺白塔一样，都是喇嘛塔。因两者建造时间相距 372 年，所以永安寺白塔相较于妙应寺白塔在造型风格上有一些变化。“一是瓶身比例变得高且窄；二是瓶身正面出现塔门（眼光门）；三是十三天圆锥体下大上小情形有变化，虽下面大些，但只比上面略大；四是天盘宝盖流苏变成天地盘；五是塔刹由一座小型窣堵波变为月、日、火焰（或宝珠）组成的日月刹。”②

元代不仅建造了宗教意味浓厚的喇嘛塔，还建造了适应信徒简约性礼拜的过街塔。过街塔，顾名思义就是建在交通要道上的塔，其形状犹如古代的城门。可见，过街塔的建造形制就是在塔的下部建成城门洞的形式，上部是塔。因过街塔在元代开始盛行，故上面的塔也是喇嘛塔样式。过街塔的出现和流行是中国佛教宣传上的一

① 常青：《中国古塔的艺术历程》，陕西人民美术出版社 1998 年版，第 129 页。

② 吴庆洲：《佛塔的源流及中国塔刹形制研究》，《华中建筑》2000 年第 1 期。

图 2-51　北京北海永安寺白塔　　　图 2-52　江苏镇江云台山过街塔

（采自常青：《中国古塔的艺术历程》，陕西人民美术出版社 1998 年版，第 136、130 页）

大创举，它改变了过去佛教信徒修行上的苦修礼拜，而给以非常简约化的礼佛要求，因为塔在交通要道的上面，凡是从塔下经过的人，就算是向佛礼拜了，根本不需要再去寺庙焚香跪拜了。现存的过街塔不多，主要有北京居庸关过街塔，据元代诗人葛罗禄乃贤“三塔跨于通衢，车骑皆过其下者”的记载，可知居庸关云台上曾有三座并列的喇嘛塔，但现已不存。现存最好的过街塔是江苏镇江昭关石塔。该塔建于元末，下部是石制门框楼子，上置一个小型的喇嘛塔，塔高 4. 69 米，由塔座、塔身、塔刹三部分组成，塔座由两个同样的须弥座叠加而成，式样别致。塔身呈扁鼓状，造型优美。再上为十三天相轮且带有浮雕纹饰，非常华美，上置法轮和圆形仰莲小座，上面刻有“八宝”图案。总之，此塔造型小巧别致，浮雕优美异常。

关于金刚宝座塔，从汉魏时期就有这种塔形，但只是出现于石窟的浮雕中，并没有实物出现。明清时代该塔大量建造，如北京碧云寺金刚宝座塔、北京大觉寺金刚宝座塔、北京妙高峰金刚宝座塔等。金刚宝座塔下有宽阔厚实的台基，高度不一，上面满布排列整齐的佛像雕刻，且栩栩如生，呈现出繁复的装饰之美。塔基之上是五座佛塔，中间一座高大，四隅四个佛塔较小，形成四塔围合一塔的布局方式。塔形各有千秋，有覆钵塔、楼阁式塔、密檐式塔等各种样式，丰富多彩。王世仁认为金刚宝座塔“参差错落的轮廓是丰富而动人的，每一个单体——从单独的小塔造型到各种雕刻细部又多保留着人们所熟悉的形式和传统特征。因而人们也就能够用比较简单的常人眼光去品鉴它们。它们的每一个单体建筑，每一个构件，每一处花饰，每一种比例尺度都非常成熟妥帖，几乎集中了当时最成熟的建筑程序，完美到无懈可击的程度。然而恰恰就是因为它们太‘成熟’了、太‘完美’了，因而也使人感到一般了，好像是科场的应制诗，孔庙的中和乐，堂会的加官舞，如意馆的字画，织造衙的锦绣……那样‘成熟’‘完美’的僵滞呆板，死气沉沉。结果，使得它们在总体构图上的创造力终于没有进入新的境界，多少使人觉得似曾相识，有点人老珠黄的味道。对于它们，人们感到由衷的遗憾——产生佛塔的人情味时代基础不复存在了，它们貌新而实旧，是明日黄花，生不逢辰的落伍者”①。

① 王世仁：《塔的人情味》，《风景名胜》2006 年第 11 期。

第三章　塔在寺庙中的位置

我们知道寺与塔之间是密不可分的，但是在古印度佛教的早期阶段，塔是独立存在的，并且这种塔分为两种：一是埋藏佛舍利、佛骨的，称为“窣堵波”，二是没有舍利的，称为“支提”。最初，这两种形式的塔基本上是一致的，都是半圆形的覆钵造型，只是后来发生了改变。“窣堵波”发展成为一种由台基、覆钵、平头、竿、伞盖以及围绕周围的栏楯、陀兰那艺术装饰的门等几部分构成的形似坟墓的佛塔，而“支提”却发展成为一种“刻有纪念性佛塔和其他雕刻的石窟，塔在窟的后部，塔前有一个较大的礼佛集会的场所”，又被称为“塔庙”或“精舍”，即把去掉周围栏楯的“窣堵波”移到了石窟里面，塔仍然是石窟的中心。这两种形式的佛塔传入中国以后，被中国建筑文化加以改造，发生了很大改变。“窣堵波”的建筑造型传入中国之后，与中国固有的亭台楼阁相互结合，发展成为中国式的寺塔并成为中国佛塔的主要建筑形式，一直保存到现在。“支提”传到中国以后，发展成为中国的石窟寺。

第一节　塔位于寺庙中心

一、宫塔式寺院

从这两种佛塔传入中国后所发生的变化，我们可以知道寺、塔是紧密结合的，即在早期，是有寺必有塔，有塔必有寺，并且塔是整个寺院的中心，这是佛教精神性崇拜占主导地位在建筑形式上的表现。白马寺被称为佛教传入中国后所建的第一座寺院，至于是否当时在寺院中建塔，不得而知。关于白马寺中建造佛塔最早是在魏收的《魏书·释老志》当中有记载：

> ……自洛中构白马寺，盛饰浮图，画迹甚妙，为四方式。凡宫塔制度，犹依天竺旧状而重构之，从一级至三、五、七、九。世人相称，谓之“浮图（浮屠）”或云“佛图”。①

我们知道，魏收的这一记载距公元前68年汉明帝感梦求法而建造白马寺已有400多年，魏收肯定不能确定四百多年前的白马寺的建筑布局，但至少能够记载下他本人所处时代白马寺的寺、塔情况，这是毫无疑问的。从这一记载来看，魏收时代的白马寺的建筑布局应该是以塔为主的布局形式，就是以一个大型方木塔为中心，在其周围绕以廊庑门殿，并且这种建筑布局作为建筑样式通行各地，凡是在寺院中建造佛塔，都要参照天竺的样式而重新加以设计建造，层数从一层到三、五、七、九层都有。人们相继不断照样建造，把它们称作“佛图”或“浮屠”。这里魏收提出了一个“宫塔制度”的概念，关于这个概念学术界有不同的看法：有学者认为，“佛图每层壁面布满佛龛，象征‘天宫千佛’，所以称为‘宫塔’”②。可见，持这种看法的人认为佛塔上面布满雕刻的佛龛，里面放置佛像，象征“天宫千佛”，这种塔身上布满佛像的佛塔就是“宫塔”；还有的学者认为“文中提到‘宫塔制度’。宫，是中国式的宫殿。印度塔原来并没有宫殿伴随，只是到了中国之后，才把它与中国的官衙相结合。这里称为宫，又把它的地位提高了。所依的式样，最重要的还是窣堵波。塔里是佛骨，也就是佛本身的所在。匠师们把它尊崇抬高到塔的顶上最高处，变成了‘刹’。其他的高楼、门殿廊庑则仍是中国原有的形式”③。很显然，持这种看

① 许嘉璐主编：《二十四史全译·魏书·释老志》，汉语大词典出版社2004年版，第2443页。

② 张弓：《汉唐佛寺文化史》（上），中国社会科学出版社1997年版，第155页。

③ 罗哲文：《中国古塔》，中国青年出版社1985年版，第11页。

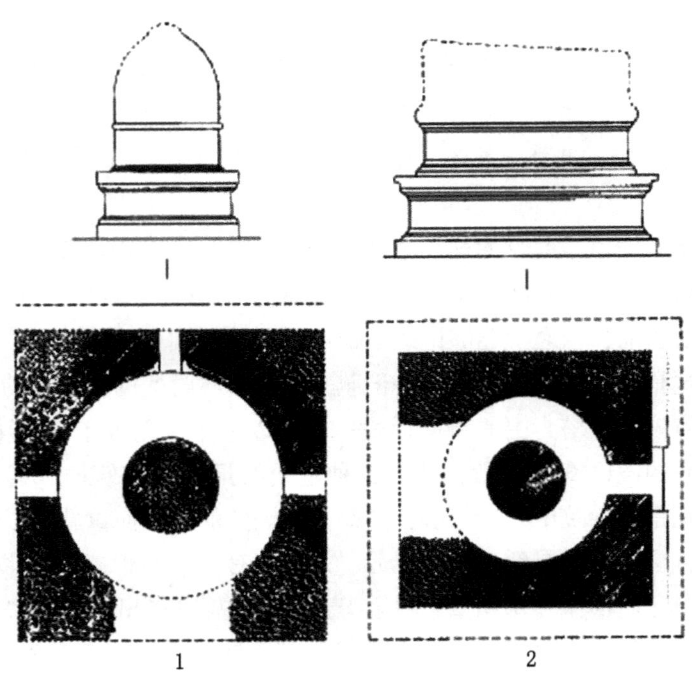

图 3-1　米兰佛寺平面图 1. M. III 2. M. V
（采自陈晓露：《西域回字形佛寺源流考》，《考古》2010 年第 11 期）

法的人直接把“宫塔”分成“宫殿”和“塔”两个概念。我们认为佛像雕刻附丽于的佛塔称为“宫塔”较为准确，而不是“宫殿”与“佛塔”两个建筑合成“宫塔”，因为在印度的犍陀罗地区所发现的伽蓝精舍中的佛塔都是寺院的主体建筑，且佛像雕刻附丽于其塔身之上。如在释迦牟尼得道处菩提伽耶有“菩提伽蓝”，里面有佛图“高百六七十尺，下基面广二十余步，垒以青砖，涂以石灰。层龛皆有金像，四壁镂作奇特，或连珠形，或天仙像，上置金铜阿摩落迦果。亦谓宝瓶，又称宝壶”①。还有印度释迦牟尼首次讲法

① （唐）玄奘撰，董志翘译注：《大唐西域记》卷八《菩提树垣》，中华书局 2012 年版，第 500 页。

的鹿野苑所建的“鹿野伽蓝”：

> 区界八分，连垣周堵，层轩重阁，丽穷规矩。……大垣中有精舍，高二百余尺，上以黄金隐起，作庵没罗果。石为基阶，砖作层龛，龛匝四周，节级百数，皆有隐起黄金佛像。①

玄奘法师在公元7世纪所看到的印度“菩提伽蓝”、“鹿野伽蓝”的建筑布局都是以石构基座，砖构塔身，层龛数百，内塑佛像的佛塔为中心，周匝以垣墙阁道，这是一种典型的立塔为寺。在汉晋之际传入中国西域地区之后，在此地区发现了很多这种宫塔式寺院。据张驭寰先生考证，我国新疆地区所发现的东汉末年的土塔都是建在寺院正中，是典型的以塔为中心的崇拜。② 同样，斯坦因1906年发掘楼兰城址，共发现十四处寺院，其中2号遗址是一处塔院式的建筑；3号遗址是一座外方内圆的建筑，中间是一座用土坯砌造的窣堵波，直径2.7米，四周有方形的围墙，围墙每边长9米，窣堵波周围有1.2米宽的回廊，回廊壁上还画有有翼天使。在LB遗址发现寺院，内有土坯垒砌的窣堵波。5号遗址在3号遗址的南部，也是一座方形寺院，建造形式与3号遗址相同而稍大，中间也是一座直径4米的窣堵波，窣堵波周围是宽2.1米的回廊，上面绘有壁画。③ 在这些塔身残壁上，发掘者发现“几尊嵌在壁龛中大同人身的雕像残迹”；基座四周由犍陀罗式立柱分隔的柱龛中“排列了六座趺坐无头的大像”，“从膝以上约高七英尺强”；基座周围的过道上有坐像的大佛头。④ 在于阗地区，东晋高僧法显曾亲见了于阗国的十四大僧伽蓝，其中王新寺：

① （唐）玄奘撰，董志翘译注：《大唐西域记》卷七，中华书局2012年版，第395页。

② 张驭寰：《中国佛塔史》，科学出版社2006年版，第3~5页。

③ ［英］斯塔因著，向达译：《西域考古记》，商务印书馆2013年版，第83页。

④ ［英］斯坦因著，向达译：《西域考古记》，商务印书馆2013年版，第118页。

作来八十年，经三王方成，可高二十五丈，雕文刻镂，金银覆其上，众宝合成。塔后作佛堂，庄严妙好。梁柱户扇窗牖，皆以金箔。别作僧房，亦严丽整饰，非言可尽。①

此寺以高大壮丽的佛塔为主体，塔后建有佛堂，周围有僧房，装饰华丽，布局严整。斯坦因也曾在于阗地区的和田县东北约四十公里处玉陇哈什河的对岸考古发现了拉瓦克寺院遗址，它的平面接近正方形，寺院中间有一座三层的窣堵波，窣堵波直径约 9 米，周绕以围墙，长边近 50 米，宽约 43 米，在南墙以及西墙交接的一段掘得八九躯的佛像浮雕。② 斯坦因还描写了于阗东北丹丹乌里克一处唐代的小寺遗址，他写道："这是一座小室，四面围以相等距离的墙垣"；方室中央有一方形基座，"以前上面当立有一座大佛像，佛像足部现具存在"；基座四周"成一四角形过道，这是为绕行之用"。③ 可见，"于阗、鄯善等地的寺院主要靠平地垒砌，寺院中心设窣堵波，周围以院墙，院墙和窣堵波之间形成右旋礼拜的回廊，回廊内装饰壁画并塑像"④。

我国西域的北部大国是龟兹国，该国"其城三重，中有佛塔庙千所"⑤。现在在这里发现了很多佛寺遗址，主要有苏巴什佛寺遗址、博其罕那遗址、都尔杜尔阿胡尔遗址等。这些佛寺遗址中都遗留有很多佛塔，如苏巴什佛寺遗址中就发现了三座塔，这些塔位

① （东晋）法显撰，田川译注：《佛国记》，重庆出版社 2008 年版，第 44 页。

② 吴焯：《佛教东传与中国佛教艺术》，浙江人民出版社 1991 年版，第 272 页。

③ ［英］斯坦因著，向达译：《西域考古记》，商务印书馆 2013 年版，第 65 页。

④ 吴焯：《佛教东传与中国佛教艺术》，浙江人民出版社 1991 年版，第 286 页。

⑤ （唐）房玄龄等：《晋书》卷 97《四夷传·龟兹国》，中华书局 1974 年版。

于寺院的中心位置，基座呈四方式，一面开券门；塔身为圆柱形，约与塔基等高，周身佛龛密布，龛中供佛，以便右旋绕塔礼拜。

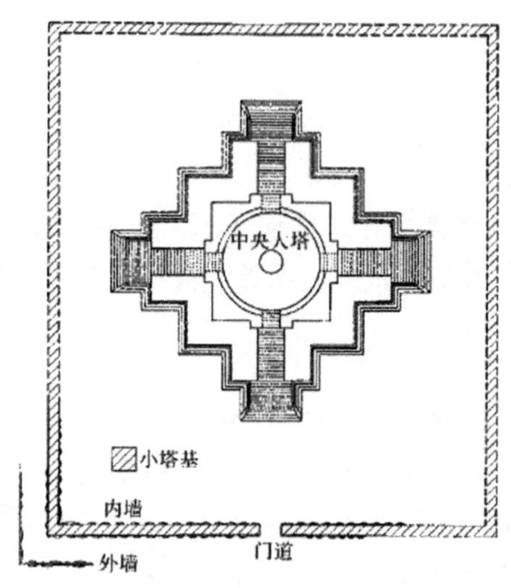

图 3-2　热瓦克佛寺平面图
（采自陈晓露：《西域回字形佛寺源流考》，《考古》2010 年 11 期）

这是我国西域地区佛教初传时寺、塔之间的关系，毫无疑问是以塔为中心，佛教的精神崇拜还处于主导地位，印度的建筑文化还主宰着西域的佛教建筑风格。因为《四分律》卷四十九有记载："若客比丘欲入寺内，应知有佛塔。若声闻塔，若上座。……至下篱墙处，逾墙而入。开门时，彼于塔边左行过。护塔神嗔。佛言：'不应左行过，应右绕塔而过。'"① 可见，在佛寺中围绕佛塔设置礼拜的塔道是印度佛寺的基本要求，充分彰显了佛教的教义和礼拜的仪式，是佛教文化在建筑上的充分表现。相较于西域，同时期的中国内地寺、塔情况又是怎样的呢？

① （姚秦）佛陀耶舍共竺佛念等译：《四分律》，《大正新修大藏经》，日本大正一切经刊行会 1922—1934 年版。

二、楼塔式寺院

在中国内地，《后汉书·陶潜传》记载的寺、塔的位置关系是：

> (中平元年) 初，同郡人笮融，聚众数百，往依于谦，谦使督广陵、下邳、彭城运粮，遂断三郡委输，大起浮图寺。上累金盘，下为重楼。又堂阁周回，可容三千余人。作黄金涂像，衣以锦彩。每浴佛，辄多设饮饭，布席于路，其有就食及观者且万余人。①

《三国志·刘繇传》也记载笮融曾在中平五年到初平四年 (188—193 年) 在徐州“大起浮图祠，以铜为人，黄金涂身，衣以锦采。垂铜槃九重，下为重楼阁道，可容三千余人”②。

从两书笮融建造寺、塔的文献记载来看，《后汉书》对寺、塔之间的位置关系略微清晰，“上累金盘，下为重楼”可谓楼阁式塔，“又堂阁周回，可容三千余人”，说明此塔周围以廊阁围绕。至于佛像，应该是放置于廊阁之中。这就较为明晰地说明了笮融所建的佛图祠是以楼阁式塔为中心，周围绕以廊阁的建筑布局。“重楼、堂阁、阁道，属中国传统的建筑样式；相轮是佛教建筑的标志。楼塔式寺院，是中华与天竺两种建筑传统相结合的产物，是中国化佛寺的早期型制。楼塔式寺院的出现，同汉地佛教的发展以及功德行事的变化有关。楼塔与宫塔的主要区别之一，是楼塔内置佛像，塔外周身的千层佛龛消失。这一重大变化的缘起，在于堂内诵经取代了绕塔瞻礼。徐州寺环塔堂阁，可容三千信众‘课读佛经’，正是适应新行事的需要。梵宫诸佛走下逼仄的云中层龛，进

① 许嘉璐主编：《二十四史全译·后汉书·陶谦传》，汉语大词典出版社 2004 年版，第 1448 页。

② 许嘉璐主编：《二十四史全译·三国志·刘繇传》，汉语大词典出版社 2004 年版，第 121 页。

入巍峨宽敞的堂殿。宫塔式精舍化为楼塔式寺院。华梵互融，变梵为华，徐州浮屠寺作为它的早期结晶，显示了华夏木石传统，在建筑组合上的灵活性，堪称见于史籍的中国楼塔第一寺。”① 塔处于中心，也说明了中国人虽然对佛塔进行了中国文化的改造，但佛教精神性的崇拜仍然居于主导地位。

前凉时代，张天锡在姑臧（今武威）建宏藏寺，“有七层木浮图”，“高一百八十尺，层列周围二十八间，面列四户八窗，一一相似”②。这“大概是见于记载的中古时代我国最西端的楼塔式佛寺”③。

另外，《魏书·释老志》还记载北魏开国皇帝拓跋珪“好黄老，颇览佛经”,④ 但由于建国初期，战争不断，经济凋敝，统治者没有财力来建造寺院、佛塔，因此，寺院、佛塔并不多。后来才“于京城建饰容范，修正官舍，令信向之徒，有所居止。是岁（天兴元年，398 年），始作五级佛图，耆阇崛山及须弥山殿，加以缋饰。别构讲堂，禅堂及沙门座，莫不严具焉”⑤。这里，拓跋珪所建的寺院是以五层的佛塔作为寺院的主体，还有灵鹫山、须弥山殿以及讲经堂、禅堂和沙门座等，一切都布置严整。可见这是一座布置严整、结构齐全的寺院。但从圣殿、讲堂、禅堂等建筑来看，寺院主要以讲经、禅诵为主要功能，而非“层龛千佛”，可见也是一座楼塔式寺院。皇兴二年（468 年），献文帝拓跋弘在平城建永宁

---

① 张弓：《汉唐佛寺文化史》（上），中国社会科学出版社 1997 年版，第 160~161 页。

② 《金石萃编》卷 69《凉州卫大云寺碑》（唐景云二年），转引自张弓：《汉唐佛寺文化史》（上），中国社会科学出版社 1997 年版，第 161 页。

③ 张弓：《汉唐佛寺文化史》（上），中国社会科学出版社 1997 年版，第 161 页。

④ 许嘉璐主编：《二十四史全译·魏书·释老志》，汉语大词典出版社 2004 年版，第 2444 页。

⑤ 许嘉璐主编：《二十四史全译·魏书·释老志》，汉语大词典出版社 2004 年版，第 2444 页。

寺，“构七级佛图，高三百余尺，基架博敞，为天下第一”①。从“基架博敞”可知这是一座高大雄健的楼阁式塔，塔应是寺院的主体建筑，整座寺院也应是一座楼塔寺院。

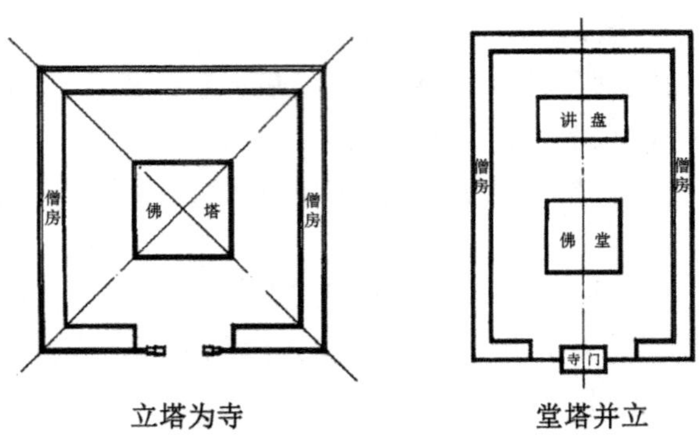

图 3-3　汉地佛寺形态示意图

（采自傅熹年：《中国古代建筑史》（第二卷），中国建筑工业出版社 2009 年版，第 189 页）

不管宫塔式还是楼塔式寺院，塔是寺院的主体建筑是确定无疑的，但以上这些记载，虽然对寺塔本身说得较为具体，但塔居于寺院中的位置尚不明确。明确指出塔在寺院中心位置的是北魏杨衒之的《洛阳伽蓝记》一书。在书中开篇“永宁寺”这一条中，对寺、塔之间的关系进行了详细的描述：

> 永宁寺，熙平元年灵太后胡氏所立也。……中有九层浮图一所，架木为之，举高九十丈。有金刹复高十丈，合去地一千尺。去京师百里，已遥见之。初，掘基至黄泉下，得金像三十躯，太后以为信法之征，是以营造过度也。刹上有金宝瓶，容二十五斛。宝瓶下有承露金盘三十重，周匝皆垂金铎。复有铁锁四道，引刹向浮图四角。锁上亦有金铎，铎大小如一石瓮

① 许嘉璐主编：《二十四史全译·魏书·释老志》，汉语大词典出版社 2004 年版，第 2452 页。

子。浮图有九级，角角皆悬金铎，合上下有一百二十铎。浮图有四面，面有三户六窗，户皆朱漆。……浮图北有佛殿一所，形如太极殿。……僧房楼观，一千余间，雕梁粉壁，清琐绮疏，难得而言。……寺院墙皆施短椽，以瓦覆之，若今宫墙也。四面各开一门。南门楼三重，通三阁道，去地二十丈，形制似今端门。……东西两门亦皆如之，所可异者，唯楼两重。北门一道不施屋，似乌头门。①

这样详细的记载就明确了寺与塔之间的位置关系，“中有九层浮图一所”点明了浮图在寺院中的位置，再以塔身“九十丈”的举高加上塔刹“复高十丈”，共“去地一千尺”的雄伟高度，耸入云霄，使得“去京师百里，已遥见之”，即塔成了方圆百里人们的视觉中心，这就证明了塔在寺中的中心地位。“浮图北有佛殿一所，形如太极殿”说明了佛殿在塔的后面，“僧房楼观，一千余间……”围绕在周围。总的来说，永宁寺的布局，是以塔为中心，佛殿在塔后，僧房楼观在周围环绕。这是当时中国寺院建筑布局的主要样式。1979 年至 1994 年间，中国社会科学院考古研究所对永宁寺佛塔遗址进行了科学发掘，证明了这个建筑布局。

永宁寺塔位于寺院的中心，正对着寺院的南门，塔基的平面呈方形，有上下两层，下层的台基东西有 101 米，南北有 98 米，使用夯土板筑的技术，厚度可达 2. 5 米；在下层座的中心部位，筑有 2. 2 米高的上层台基，四面用青石包砌而成，边长约为 38. 2 米；在上层台基的上面发现了 124 个方形的柱础石，分为 5 圈排列着，自外数第 2 圈的柱础以内用土坯垒砌了一个实心的方柱体，长宽约有 20 米，残留高度为 3. 6 米。在实心方柱体的南、东、西、壁面上各保存了 5 所佛龛，背面没有佛龛，这里也许是原来架设登塔木

① （北魏）杨衒之著，尚荣译注：《洛阳伽蓝记》，中华书局 2012 年版，第 17~23 页。

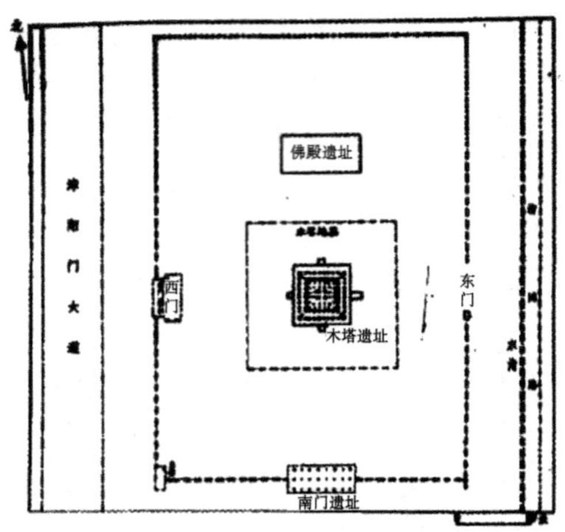

图 3-4 河南北魏洛阳永宁寺塔遗址平面图

（采自《北魏洛阳永宁寺——1979—1994 年考古发掘报告》，中国大百科全书出版社 1996 年版）

梯的位置；实心方柱体的四周就是第 1、第 2 圈柱础间的绕塔礼拜道。①

“永宁寺塔的发掘资料具有重大意义。一是在寺院中心设塔，塔后建殿的做法，取代了以往的一塔独秀局面，表明了佛殿的地位正在上升。”② 这一样式在《洛阳伽蓝记》中所记载的其他寺院中也有体现。“瑶光寺……有五层浮图一所，去地五十丈。仙掌凌虚，铎垂云表，作工之妙，埒美永宁。讲殿尼房，五百余间。绮疏连亘，户牖相通，珍木香草，不可胜言。”③ “胡统寺……在永宁

① 中国社会科学院考古研究所：《北魏洛阳永宁寺——1979—1994 年考古发掘报告》，中国大百科全书出版社 1996 年版。

② 常青：《中国古塔的艺术历程》，陕西人民美术出版社 1998 年版，第 49 页。

③（北魏）杨衒之著，尚荣译注：《洛阳伽蓝记 · 瑶光寺》，中华书局 2012 年版，第 64 页。

南一里许。宝塔五重，金刹高耸。洞房周匝，对户交疏。"① "秦太上君寺……中有五层浮图一所，修刹入云，高门向街，佛事庄饰，等于永宁。诵室禅堂，周流重叠。"② 从瑶光寺、胡统寺、秦太上君寺等描绘的寺塔情况来看，这些寺院的建筑布局和永宁寺一样，都是以塔为中心，四周环绕禅堂廊阁，塔后建殿的寺塔布局形式。二是寺院中出现了中轴线，且寺院主要单体建筑山门、木塔、佛殿等排列在中轴线上，木塔两侧布置僧房、四门直对木塔，周围以围墙围合成一个闭合的长方形院落。这种严谨规整、讲究对称的建筑布局形式，显然与西域的佛寺不尽相同，具有中国传统建筑的特点。

同时期的江南地区，寺院布局形式与北方大体相同。赤乌十年，吴主孙权为康僧会在建康建了建初寺，并在寺中建塔，开江南建塔之始。据《金陵梵刹志》记载："东晋太康年间，有刘萨河者在掘得舍利，于长干寺里。"③ "晋简文帝咸安元年（371 年），敕造长股寺三层塔。梁武帝大同年间又昭修长干寺塔。"④ 西晋末年，道安在襄阳造檀溪寺，"建塔五层，起房四百"，塔内"罗列尊像"⑤，此寺是座以五层楼塔为中心的寺院。南朝梁武帝所建的同泰寺"楼阁台殿，拟则宸宫；九级浮图，回张云表"⑥ 也是一座楼塔式寺院。

从文献记载和考古发掘的资料来看，这种前塔后殿的寺院布局

---

① （北魏）杨衒之著，尚荣译注：《洛阳伽蓝记·胡统寺》，中华书局 2012 年版，第 80 页。

② （北魏）杨衒之著，尚荣译注：《洛阳伽蓝记·秦太上君寺》，中华书局 2012 年版，第 133 页。

③ （明）葛寅亮撰，何孝荣点校：《金陵梵刹志》，天津人民出版社 2007 年版。

④ 转引自张驭寰：《中国佛塔史》，科学出版社 2006 年版，第 9 页。

⑤ （梁）释慧皎撰，朱恒夫、王学均、赵益译注：《高僧传》卷 5《释道安传》，陕西人民出版社 2010 年版，第 241 页。

⑥ 《续高僧传》卷 1《释宝唱传》。

方式符合佛教教义，也适应了佛教信徒绕塔礼拜的要求。① 从总体上来看，这种建筑布局方式精神崇拜的因素占据主导地位，佛塔的神圣性得以张扬。这主要源于信徒们的崇拜心理。我们知道，在印度本土佛塔主要是埋藏佛祖释迦牟尼的佛骨舍利，而佛骨舍利则被佛教信徒们视为启迪人类智慧、修成正果的神圣之物，建塔以藏舍利，塔与舍利融为一体，塔就如舍利一样神圣，因此，佛塔在印度就是佛祖释迦牟尼的化身，塔就是佛，佛就是塔，塔就获得了如佛祖在信徒心目中一样的地位：崇高与神圣。在印度小乘佛教盛行时期，佛教不主张偶像崇拜，而为了宣传佛陀的功德，就采取了印度传统的泛神论方式，把神寓于万事万物之中，与自然同在，自然皆有神性，自然界的万事万物都是神性的表达，于是佛教把各种动物、植物等形象都看作佛陀往世时的法身，以其温柔可人、乐善好施的形象来宣传佛陀的美好并启迪人们走向涅槃的境界。在佛塔的建造上一切都围绕着佛陀而存在，佛性意味十足。佛塔的覆钵式造型虽然形似坟墓，但因珍藏佛祖的佛骨舍利及其器物、法器而变成了涅槃的象征，给人以超越生死的希望，同时圆形的覆钵形如天空，又使佛塔与宇宙联系起来，更增加了佛塔的崇高与神圣。正如约翰·弗莱明所指出的，“对佛的自然遗骸的礼拜使朝圣者认为佛是一个存在于宇宙万物之中的实体，一个有一定结构的、按照一定的比例关系和神秘意义相结合的明确体系而精心调整和设计的宇宙图形。它包括一个半球体的实体，象征着天国的穹庐。顶部有一方

---

①　绕塔又名旋塔，《提谓经》云：“旋塔有五功德：一后世得端正好色，二得声音好，三得生天上，四得生王侯家，五得泥洹道。何因缘故？得端正好色，尤见佛像喜欢故。何缘得声音好？由旋塔说经故。何缘得生天上？由旋塔时意不犯戒故。何缘得生王侯家？由头面礼佛足故。何缘得泥洹道？由有余福故。佛言旋塔有三德：一足举时，当念足举。二足下时，当念足下。三不得左右顾视，唾寺中地。”至于绕塔形式，经律之中，制为右绕，若左绕行，为神所诃。而且佛经对绕塔有严格的戒律规定，《三千威仪经》云：“绕塔有五事：一低头视地，二不得蹈虫，三不得左右顾视，四不得唾佛前地，五不得中住与人语。”《贤者五戒经》云：“旋塔三匝者，表敬三尊：一佛，二法，三僧。（敬三宝也）亦念灭三毒：一贪，二嗔，三痴。”

形的平台，平台中心有一中心柱竿，代表从底部宇宙的水中通向天空的世界之轴。柱竿上三个被称佛邸的华盖，是天界的象征。最上面是梵天，这可能也是佛教的‘三宝物’——即‘佛、法、僧’。从‘三宝物’与作为世界主人的遗物三个华盖相似来看，也可以说明佛是宇宙万物的统治者”①。半圆形的覆钵体与栏楯之间宽阔的通道，使得瞻仰的信众们从东门进入，按顺时针绕塔礼拜，据说这是与太阳运行的轨道相一致，表示与宇宙周天的运行相协调，这样可使灵魂超生到佛境。在窣堵波的四个牌楼（梵文名叫 Torana，汉译为“陀兰那”）上雕刻有各种形象与图案，构成了所谓的“陀兰那艺术”。这些形象与图案都与佛陀有关，佛性意味浓厚，如“一只小象暗示着佛陀的脱胎；摩耶夫人坐在莲花上，周围有小象向她喷水，暗示着佛陀的降生；有时也用一朵莲花来表示降生；一匹空鞍的马象征佛陀出家；一棵树和一个空座位，象征佛陀悟道成佛；法轮的形象代表佛陀说法；伞盖代表佛，等等”②。到了大乘佛教时期，因其盛行偶像崇拜和把佛陀神秘化，再加上希腊文化“神人同性”的影响，于是佛像开始出现并盛行起来，但佛塔的崇高与神圣并没有稍弱，反而因为佛像雕刻附丽于佛塔身上而使佛塔的佛性更为增强，因为塔像一体中的佛像所传达的佛性意味要比一些动植物的暗示象征来得更为直接，崇高性和神圣性更强。

鉴于此，印度的佛塔不是一个单体的建筑物，而是一个建筑组群。在这个建筑组群中，“中央是一座大窣堵波，其中埋有释迦的佛骨或佛教圣徒的遗骨、经书、遗物，大窣堵波周围还建有若干小窣堵波，即由信众所建的‘还愿窣堵波’，其中不一定有佛教圣徒的遗骨、遗物。遗骨、遗物一般保存于窣堵波底层中央小室的一只匣子里。按照佛教的传统，兴建窣堵波是一种功德，许多还愿窣堵波就是出于积累功德而兴建的。在这些还愿窣堵波周围还建有若干

① ［英］休·昂纳、约翰·弗莱明著，毛君炎等译：《世界美术史》，国际文化出版公司 1989 年版，第 181~182 页。

② 邱紫华：《印度古典美学》，华中师范大学出版社 2006 年版，第 298 页。

间小礼拜堂，其中供奉着佛陀的雕像、佛本生故事雕像，或与佛教神话故事有关的圣贤的雕像，这一切构成了佛教窣堵波的院落。许多窣堵波建筑群不只一个院落，有的院落又有上、下院之分”①。可见，院落中央建造大窣堵波，突出大窣堵波主要是为了彰显大窣堵波的崇高和神圣。上述无论是我国西域的宫塔式寺院，还是内地的楼塔式寺院，都是佛塔居于寺院的中心地带，从所处地位上来讲，中国的这种立塔为寺的早期寺院建筑布局就如印度寺院布局一样是为了彰显佛塔的崇高与神圣。

关于以永宁寺为代表的佛寺建筑平面布局的来源问题，很多学者依据文献材料和考古材料对此进行了推测性探讨研究，如宿白先生根据《三国志·吴志·刘繇传》：“笮融者，丹阳人。……乃大起浮图祠。以铜为人，黄金涂身，衣以锦彩；垂铜盘九重，下为重楼阁道，可容三千余人。”②《后汉书·陶谦传》：“同郡人笮融，聚众数百……大起浮图寺。上累金盘，下为重楼，又堂阁周回，可容许三千人。”③这两段文献资料推测：“笮融所建佛塔周围有宽阔的周阁（阁道、堂阁），此周阁约即于绕塔礼佛相应，其外垣兼具围墙作用。这也印证了《释老志》所记白马寺浮图甚妙之画迹，据《理惑论》系‘千乘万骑绕塔三匝’作礼拜佛塔之像。”④据此，他认为这种佛寺布局方式其原型可能来源于印度，而汉明帝洛阳白马寺和东汉末年笮融所建浮屠祠是中国古代佛教寺院的原始形式。

孙宗文根据大量的文献资料和考古材料推测：“我国佛教寺院与印度的不同，印度没有‘寺’这一名称。佛教的建筑除石柱、

① 邱紫华：《印度古典美学》，华中师范大学出版社 2006 年版，第 296~297 页。

② 许嘉璐主编：《二十四史全译·三国志·吴志·刘繇传》，汉语大词典出版社 2004 年版，第 761 页。

③ 许嘉璐主编：《二十四史全译·后汉书·吴志·陶谦传》，汉语大词典出版社 2004 年版，第 1448 页。

④ 宿白：《东汉魏晋南北朝佛寺布局初探》，《庆祝邓广铭教授九十华诞论文集》，河北教育出版社 1997 年版，第 32 页。

石垣（围绕塔或圣地所用的玉石栏杆）、覆钵式塔（梵名窣堵波）外，一般都有石构窟殿。印度塔有造在露天的，小型的则造在石窟殿内（梵名制底）。从文献记载或考古发掘所得的资料来看，以塔为中心，殿为附属建筑也是我国寺院的早期形式之一。”① 孙宗文的意思很明确：我国佛寺不同于印度佛寺，因为印度佛寺包括的建筑内容比我国佛寺丰富，我国佛寺没有石柱、石垣等。但我国早期的前塔后殿的佛寺建筑布局很有可能从印度早期的寺院布局得到启发。

如果说宿白与孙宗文在前塔后殿的寺院布局的探源上都倾向于印度早期寺院布局对中国的影响，那么，王世仁先生却认为北魏的这种寺院平面布局方式来源于中国的明堂制度。他认为佛教初传中国内地主要依附黄老之学，因此汉魏时期“人们是把佛寺叫做‘浮屠祠’……那是和明堂、辟雍、太庙、灵台等礼制祠庙一样看待的。……考古发掘出的西汉长安的明堂、辟雍和十几处祠庙以及东汉洛阳的灵台都是十字对称，正方形的楼台建筑”②。据此，他推测“三国时笮融在徐州建佛寺。顶上‘垂铜盘九重，下为重楼阁道’，就是在类似明堂、灵台那样的楼台顶上，放上一个以九层铜盘为刹的窣堵波。上面是‘浮屠’，下面是祠庙，合成了‘浮屠祠’”③。很明显，王世仁先生认为中国的佛寺平面建筑布局就是借鉴了中国的礼制建筑明堂、辟雍等的十字形平面布局，而把印度的窣堵波作为装饰放置于楼阁顶端，是儒家清醒的理性精神对佛教神秘象征意义的结合与改造。刘加全认为“西域地区的寺院只是在建筑布局上大体与洛阳永宁寺接近，它们的建筑布局并不规整，更谈不上对称以及中轴线的设定。洛阳永宁寺的建筑布局形制另有渊源，四面筑围墙以长方形院落构成一个闭合空间，利用中轴线将

① 孙宗文：《我国佛寺平面布局沿革考》，《法音》1985 年第 2 期。

② 王世仁：《理性与浪漫的交织——中国建筑美学论文集》，中国建筑工业出版社 1987 年版，第 275 页。

③ 王世仁：《理性与浪漫的交织——中国建筑美学论文集》，中国建筑工业出版社 1987 年版，第 275 页。

山门、木塔、佛殿等单体建筑紧密排列在一起，木塔两侧布置僧房，四门直对木塔，这种严谨规整、讲究对称的建筑布局形制，显然是借鉴了两汉以来明堂、辟雍等礼制建筑平面十字对称的形制"①。接着，他详细比较了两汉以来明堂、辟雍与洛阳永宁寺在建筑布局形式上的相同与不同，"相同点：1. 平面基本上呈比较规整的方形或长方形。2. 周围皆筑夯土院墙，围成一个闭合院落，四面设门。3. 院落中央都有一主体建筑，门楼、殿房等建筑都围绕中央的主体建筑而设，且以主体建筑的中轴线为基准在平面上呈严整对称的格局。不同点：明堂、辟雍等礼制建筑有两条相互交叉的中轴线，平面上呈十字对称格局，这样就使位于院落正中的构图主体呈向四周扩张之势，周围构图因素的建筑尺度远比它低小，四面围合，而呈向中心收敛之势，由此取得平面上的构图平衡；而永宁寺则只有一条中轴线，这条中轴线贯穿寺院南北，主要建筑依次排列其上，平面上呈东西单线对称的格局，位于正中的构图主体（佛塔）呈向前扩张之势，前方及左右两侧空旷开阔，后方构图因素（佛殿）的建筑尺度和体量较低小，与之难以抗衡，使得主体建筑的形象更加突出，整个建筑群布局谨严，主次分明，错落有致"②。由此，他在文化意义上总结道：明堂、辟雍等礼制性建筑是中国古代最为重要的国家宗教建筑，它以祭祀天地社稷祖宗，由此在信仰意义上为政权的合法化披上神圣的外衣。而以永宁寺为代表的北魏寺院，正是借用儒家的礼制性建筑布局来突出佛塔，以便为佛教服务，将佛教在物质层面上提高到与儒家礼教近乎对等的政治地位。③

这些关于中国早期寺院建筑平面布局的溯源研究，由于文献资料和考古发掘资料的匮乏还不能得出让人一致认同的结论，但是笔

① 刘加全：《北魏洛阳永宁寺研究》，中央美术学院 2010 年硕士学位论文，第 29~30 页。

② 刘加全：《北魏洛阳永宁寺研究》，中央美术学院 2010 年硕士学位论文，第 30~31 页。

③ 参见刘加全：《北魏洛阳永宁寺研究》，中央美术学院 2010 年硕士学位论文，第 31 页。

者较为认同王世仁与刘加全的看法。不过，从审美文化的角度来审视这种建筑布局，笔者较为认同王世仁的分析而不太同意刘加全的看法。这种建筑布局从审美文化上所表现出来的宗教的非理性的精神崇拜表面上看似非常强烈，实际上是中国人清醒的理性精神在起主导作用，而佛教只不过是充当了国家意识形态控制和个人权力地位巩固的工具，从中所流露出来的世俗性、实用性的审美文化色彩非常鲜明。

永宁寺这种以围墙周围围护、四面开门，山门、木塔、佛殿等主要建筑由南往北纵向排列在一条中轴线上，前后左右开敞空阔，东西两侧对称分布僧房楼观的平面布局方式是中国院落文化的一种体现，而院落文化实质上在中国古代就是一种“礼制文化”，其核心是尊卑有序、上下有别的等级文化。这种等级文化最显著的标志就是“中正”地位的确立，以“中正”来显示尊卑的差别、等级的秩序，所谓的“中正无邪，礼之质也”就是这种观念的表达。表现在建筑上就是主要建筑应该建在中轴线上接近中心的最重要的位置，这一观念，又叫做“择中论”。因此，中轴线的确立是中国古代建筑在平面布局上强调“尊者居中”等级严格的儒家之礼的最为注重者。正如梁思成先生所说：“……宫殿、官署、庙宇，乃至于住宅，通常均取左右均齐之绝对整齐对称之布局。庭院四周绕以建筑，庭院数目无定。其所最注重者，乃主要轴线之成立。”①

永宁寺平面布局上中轴线的确立，中间位置上最重要的建筑——佛塔的设置，就是这种礼制文化的形象反映，只不过中间位置最为尊贵的不是皇帝的宫殿，而是佛教的佛塔，表面上看似佛教的地位超越了儒家的地位，实际上如果我们把永宁寺塔上面具有象征意义的窣堵波去掉，那高耸千尺的楼阁恰恰就是北魏的帝王们最为显贵的政治地位的象征，而具有神秘意义的窣堵波放置于楼阁的顶端作为装饰而不再成为人们视觉的中心，也证明了佛教地位的下降，儒家现实地位的提升。

① 梁思成：《梁思成文集》（三），中国建筑工业出版社 1982 年版，第 239 页。

中国审美文化这种清醒的、实用的现实理性精神，不仅表现在永宁寺建筑的平面布局上，而且表现在永宁寺的建筑单体上。实际上我们发现，如果去掉永宁寺塔上面具有象征佛教意义的窣堵波，那么永宁寺中的所有单体建筑及其组合就是具有儒家礼制特色的建筑类型，最为明显的就是严格按照等级秩序建造建筑单体，如“寺院墙皆施短椽，以瓦覆之，若今宫墙也”①。“宫墙”的设定在古代有严格的等级规定，其中以朱红色粉涂墙壁是其主要特点，只有皇宫才有权用此色，其余官署、大臣住宅是不能用的，否则就是僭越。考古发掘证明了这一点，“墙一般宽 1.2 米~1.4 米。内外墙面皆施一层厚约 0.01 米的白灰膏，表面抑或另加朱红色彩绘”②。

永宁寺周围所开的四门，都按等级秩序加以建造，其中南门是整个佛寺的正门（山门），在规制和体量上修建得如同皇宫的端门一样最为高大雄伟、华丽壮观，《洛阳伽蓝记》记载：

> 四面各开一门。南门楼三重，通三阁道，去地二十丈，形制似今端门。图以云气，画彩仙灵，列钱青琐，赫奕华丽。拱门有四力士，四狮子，饰以金银，加以珠玉，庄严焕炳，世所未闻。东西两门亦皆如之，所可异者，唯楼两重。北门一道不施屋，似乌头门。③

考古发掘报告也证实了杨衒之所记载的永宁寺的四门虽略有夸张，但形制基本接近事实。④ 可见，永宁寺的四门也是按照严格的

① （北魏）杨衒之著，尚荣译注：《洛阳伽蓝记·永宁寺》，中华书局 2012 年版，第 23 页。

② 中国社会科学院考古研究所：《北魏洛阳永宁寺 1994 年考古发掘报告》，中国大百科全书出版社 1996 年版，第 6 页。

③ （北魏）杨衒之著，尚荣译注：《洛阳伽蓝记·永宁寺》，中华书局 2012 年版，第 23 页。

④ 中国社会科学院考古研究所：《北魏洛阳永宁寺 1979—1994 年考古发掘报告》，中国大百科全书出版社 1996 年版。

儒家等级礼制加以规范建造。

永宁寺佛塔后面的佛殿也仿照北魏的皇宫正殿太极殿加以建造，《洛阳伽蓝记》记载："浮图北有佛殿一所，形如太极殿。"①根据考古发掘报告可知佛殿基础"整体呈东西向的长方形，东西长 54 米，南北宽 25 米"。考古工作者据："南门的开间、进深标准估计，佛殿或为面阔九间，进深三间的大型建筑。"② 根据文献记载，太极殿是北魏洛阳正殿，宣武帝景明三年造，是北魏皇帝举行大朝会等重要礼仪活动的主殿，它高踞在高大的台基上，有马道通上殿陛，大殿面阔十二间，南、东、西三面有廊庑环绕，北面有墙与寝殿隔开，形成宫内最大的殿庭。

根据考古资料和文献记载得知：杨衒之记载的佛殿，在规模和体量上稍逊于洛阳皇宫的太极殿，近似于太极殿。

综上可知，洛阳永宁寺的院墙、四门、佛殿等基本上按照北魏洛阳皇宫的等级规范和装饰效果加以建造，怪不得使杨衒之一看到永宁寺就能联想到北魏洛阳的皇宫宫殿建筑，它虽然是个佛教寺院，但却充满了儒家礼制建筑的文化特色，这也表明了北魏王朝在追求佛教的精神崇拜时，仍然保持着儒家清醒的、实用的现实生活理性。

不仅儒家清醒的、现实的礼制文化在一定程度上降低了佛教精神崇拜的纯粹性和非理性的迷狂，永宁寺内外由众多的花草树木所营构的园林景观也在一定程度上淡化了宗教氛围，增加了世俗化、生活化的色彩。

但是，这种以塔为中心，塔后建殿，周围廊阁回绕的佛寺布局形式在北魏时期也发生了变化，这主要是受当时"舍宅为寺"的风尚影响而产生的。"舍宅为寺"是当时崇信佛教的皇室贵族、豪强士族、商贾百姓把自己的住宅捐献出来作为寺院供僧人讲经礼拜

---

① （北魏）杨衒之著，尚荣译注：《洛阳伽蓝记·永宁寺》，中华书局 2012 年版，第 22 页。

② 中国社会科学院考古研究所：《北魏洛阳永宁寺 1979—1994 年考古发掘报告》，中国大百科全书出版社 1996 年版，第 10 页。

的一种风尚。《洛阳伽蓝记》中的很多寺院大多数是“舍宅为寺”而建的。如“平等寺，广平武穆王怀舍宅所立也”①，“高阳王寺，高阳王雍之宅也”②，“追先寺，在寿丘里，侍中尚书令东平王略之宅也”③，“开善寺，京兆人韦英宅也”④，等等。可见，这些舍宅为寺者都是一些达官贵人，有权有势，积累了大量的社会财富。因此，建造的住宅也大多雕梁画栋、廊庑连绵，颇有气势。如“平等寺……堂宇弘美，林木萧森，平台复道，独显当世”⑤，“高阳王寺……居止第宅，匹于帝宫。白壁丹楹，窈窕连亘，飞檐反宇，轇轕周通”⑥。随着此风渐胜，很多平民百姓也加入其中，把自己的住宅也捐献出来，但因为自己的资财有限，所造住宅肯定不如达官贵人的宅邸，于是仅供几尊佛像，设几间僧舍的小型寺庙。我们知道，这些舍宅为寺的住宅不管是宏伟壮观的寺院还是几间简单的寺庙，都是按照中国传统的住宅样式建造的，而中国传统的住宅基本上“是把一个或几个庭院组成一个统一的、周围有墙的四合院，有时形式很复杂。总的纵轴线总是（或最理想的是）南北向，而主要建筑物（‘正厅’、‘正房’）或大殿总是和纵轴线垂直安排。于是就布置成一进一进，而每座建筑物的主要入口总是位于南向长边的中央。这些长方形的建筑有的则用各种敞廊连接起来。较小的建筑（‘配厅’、‘厢房’）分别在庭院两边。这种体系在扩建时不增加层数，而只是在横向上，或者更理想的是在纵向

① （北魏）杨衒之著，尚荣译注：《洛阳伽蓝记·平等寺》，中华书局2012年版，第151页。

② （北魏）杨衒之著，尚荣译注：《洛阳伽蓝记·高阳王寺》，中华书局2012年版，第247页。

③ （北魏）杨衒之著，尚荣译注：《洛阳伽蓝记·追先寺》，中华书局2012年版，第314页。

④ （北魏）杨衒之著，尚荣译注：《洛阳伽蓝记·开善寺》，中华书局2012年版，第300页。

⑤ （北魏）杨衒之著，尚荣译注：《洛阳伽蓝记·平等寺》，中华书局2012年版，第151页。

⑥ （北魏）杨衒之著，尚荣译注：《洛阳伽蓝记·高阳王寺》，中华书局2012年版，第247~248页。

上重复已有的单元"①。也就是说，中国的四合院里主要宫殿或正房应该是住宅的中心，一切都要围绕处于南北纵轴上的主要宫殿或正房而建，而周围围绕的回廊即厢房都是附属建筑。因此，变为寺院以后，基本上只是房屋的名称和功能改变了，但房屋的位置和地位没有变，佛殿仍然是寺院的中心，讲堂、僧房等成了寺院的附属建筑。《洛阳伽蓝记》中记载，尔朱世隆改建的建中寺便是"以前厅为佛殿，后堂为讲室。金花宝盖，遍布其中"，并没有建塔。因为其建筑布局早已完成，其内的建筑物都可依佛教功能来沿用，唯缺佛塔。"宅内立塔，位置和体量必受限定，因此并非都有立塔的可能。"② "《洛阳伽蓝记》共记录了洛阳近五十个佛寺，其中只有十五寺有塔，而有十三座塔是立在新建寺中，只有两座塔立在由住宅改建的寺中。由此可见，脱胎于传统院落式住宅、中心无塔因而也是以佛殿为寺中主要建筑的佛寺，即使在早期也已有相当数量。"③ 由此可知，南北朝时期是我国佛教寺庙建筑布局由一塔为中心的布局结构向以佛殿为中心过渡的重要阶段，此时的佛塔逐渐消失于寺院之内。

从以塔为中心逐渐往以佛殿为中心的寺院建筑样式的转变，说明了中国人在以自己的世俗文化、官署化、衙署化的建筑文化来改造佛教文化、佛教建筑方式，它为以后佛教在中国的世俗化打下了坚实的基础。但这毕竟是一个过渡阶段，这个时代仍然是一个"笃信弥繁，法教愈盛"时期。佛塔传入中国，开始时肯定不是为了审美的愉悦，就像印度以桑奇大塔为代表的窣堵波，尽管有精美的浮雕，但仍以精神的崇拜为中心，以成佛为最高理想境界，优美的艺术不过是宣传佛教教义的工具而已。所以尽管我们对窣堵波进行了楼阁式的改造，但塔本身所具有的佛性色彩、神秘意味至少在

① ［英］李约瑟著，汪受琪译：《中国科学技术史》（第四卷第三分册），科学出版社、上海古籍出版社 2008 年版，第 65 页。

② 傅熹年主编：《中国古代建筑史》（第二卷），中国建筑工业出版社 2009 年版，第 190 页。

③ 萧默：《敦煌建筑研究》，文物出版社 1989 年版，第 63~64 页。

唐代之前，尤其是北魏时期特别浓厚。许多佛塔都以“舍利”塔来命名，不管塔下是否真有佛陀的“舍利”，但都被看成“佛”的象征，在寺院中处于中心地位。从营建寺院的布局上，我们前面所引证的永宁寺塔的建筑布局仍然是以右旋绕塔为主，这是直接沿袭印度的式样，佛教信徒们在修习前和出定后，都要绕佛塔或塔柱（石窟中的塔柱窟）行礼膜拜，在他们心中，佛就是塔，塔就是佛，佛虽肉体灭亡，而塔却是佛陀精神的再现，是永恒不灭的，拜佛塔和绕塔礼拜就成了早期佛教徒们获取无上佛力的方式。

但是，这种浓厚的佛教崇拜和神秘的宗教气氛在传入中国后逐渐加以淡化，逐渐世俗化、生活化。印度的佛塔就是佛陀的化身，佛陀在广大信徒心目中是一座精神的丰碑，是不可逾越、高不可攀的。因此，信徒们只能虔诚地礼拜佛陀的象征物——佛塔，但传入中国之后，楼阁式塔取代了古印度的窣堵波，窣堵波只是成为楼阁式塔自身的装饰和佛教精神的象征，而塔身却成为整个佛塔的主体部分。虽说有可能楼阁式塔最初是严禁登临的，但在中国皇权高于一切的专制制度下，佛教基本上就是统治阶级手中的统治工具，如胡太后建好永宁寺塔之后，“明帝与太后共登浮图，视宫内如掌中，临京师若家庭，以其目见宫中，禁人不听升”。

第二节　佛塔逐渐游离于寺院之外

隋至唐初，这种以塔为主、塔后建殿的寺院布局方式基本上还在延续，如隋文帝为皇后所立，由工部尚书宇文恺督建的禅定寺，其“木浮图高三百三十尺，周匝百二十步。寺内复殿重廊，天下伽蓝之盛，莫与之比”①，“僧人昙崇毕十年之功，于长安清禅寺内立砖浮图一区，‘举高一十一级，竦耀太虚，京邑称最’”②。

① 《两京新记》卷3，日本金泽文库旧藏古写本残卷。转引自傅熹年主编：《中国古代建筑史》（第二卷），中国建筑工业出版社2009年版，第509页。

② 转引自傅熹年主编：《中国古代建筑史》（第二卷），中国建筑工业出版社2009年版，第509页。

但是，这样的寺、塔布局形式在如今的现实实物中已不多见。我们可从敦煌壁画中窥见一斑，如第 15 窟西壁阿弥陀经变的佛寺就是以一座两层佛塔为中心的寺院。

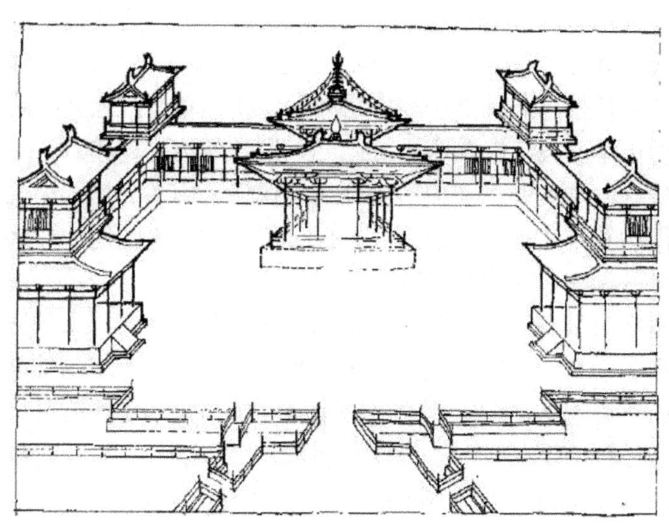

图 3-5　西千佛洞中唐第 15 窟西壁阿弥陀经变的佛寺
（采自萧默：《敦煌建筑研究》，文物出版社 1989 年版，第 75 页）

但从隋唐开始，佛塔在寺院中的位置就出现了变化：有的虽然处于殿的前面，但相较于佛殿则体量较小。如唐长安青龙寺，据发掘证实该寺平面布局为由南向北在中轴线上依次设立中门、佛塔及佛殿，回廊自中门两侧向北环绕塔、殿，构成南北长 135 米，东西宽 98 米的长方形院落。寺内佛殿殿址面阔十三间，进深五间，长宽 57.2 米×26.2 米，尺度相当于唐代宫中主殿。而塔基面方仅 15 米，为殿基面阔的三分之一。此寺平面虽保持了南北朝佛寺前塔后殿的传统格局，但佛塔的体量已明显小于佛殿。① 有的则在殿的两侧，未在寺院的中心位置，如唐长安光明寺“寺内有二浮图，东

① 中国社会科学院考古研究所西安唐城队：《唐长安青龙寺遗址》，《考古学报》1989 年第 2 期。

西相值，隋文帝立”;① 有的则处于专门的塔院中，分布于寺院的东西两侧，如唐长安的大安国寺设有“东禅院，亦曰木塔院”②；千福寺有“东塔院额，高力士书。西塔院，玄宗皇帝题额”③；兴唐寺有“东塔院”④，等等。有的则干脆不立佛塔，这种情况，在晚唐佛寺中多见。“五台诸寺，别院众多，却罕见塔院。敦煌莫高窟五代第61窟壁画《五台山图》中，诸寺皆以高阁为主体，而塔形建筑多位于寺外，其中榜题塔名的，多是单、双层砖石小塔。似乎表明中晚唐以后，佛寺中已主要以殿、阁为主体建筑。尽管仍为不少佛寺，特别是前代旧寺中，继续保持着中院立塔的格局，并且这种做法直到唐代以后也还在采用，但总的看来，居中立塔以及中院立塔的做法，在唐代佛寺中已非主流。”⑤

隋唐时期佛塔在寺院中位置的变迁主要是因为禅宗的影响。禅宗是在唐朝初、中叶形成的一个佛教流派。它是印度的佛教在融合中国庄玄思想的基础上创立的一个具有中国化的佛教哲学体系。中国禅宗主张“我心即佛”、“佛即我心”的心性修养，把自心与成佛等同，特别是“顿悟成佛”的禅法思想，摒弃了原来佛教繁琐空泛的教义，使得佛教徒无需累世历劫苦修，只要悟对内心中永恒的、绝对的、灵明不昧的“真如佛性”，即可成佛。这种教义从内部将佛教的神秘性给以彻底瓦解，破除了先前信众们对佛祖的神秘崇拜，把原来历世苦修、修成正果的客观崇拜形式变成了“顿悟

① 《两京新记》卷3，日本金泽文库旧藏古写本残卷。转引自傅熹年主编：《中国古代建筑史》（第二卷），中国建筑工业出版社2009年版，第509页。

② （唐）段成式：《寺塔记》卷上“长乐坊安国寺”条下，人民美术出版社1983年版，第5页。

③ （唐）张彦远：《历代名画记》卷3“千福寺”条下，人民美术出版社1963年版，第58页。

④ （唐）张彦远：《历代名画记》卷3“兴唐寺”条下，人民美术出版社1963年版，第53页。

⑤ 傅熹年主编：《中国古代建筑史》（第二卷），中国建筑工业出版社2009年版，第511页。

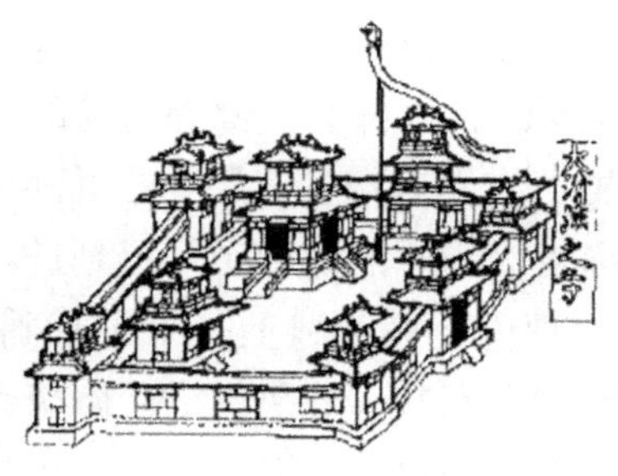

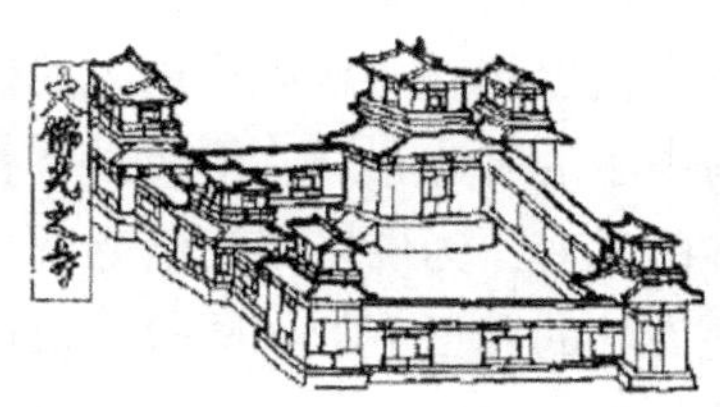

图 3-6 敦煌莫高窟第 61 窟西壁五台山图的几座佛寺
（采自萧默：《敦煌建筑研究》，文物出版社 1989 年版，第 70 页）

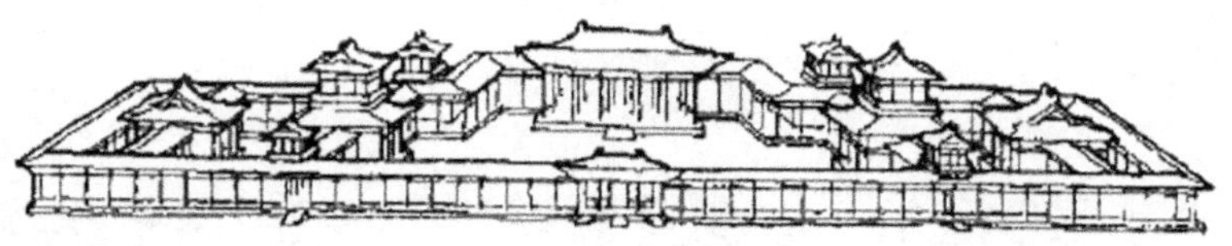

图 3-7 盛唐第 148 窟南壁弥勒经变的佛寺
（采自萧默：《敦煌建筑研究》，文物出版社 1989 年版，第 81 页）

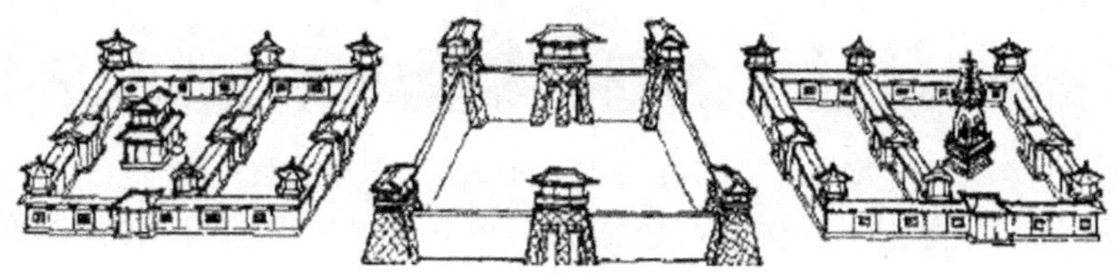

图 3-8 晚唐第 85 窟西顶弥勒经变的佛寺
（采自萧默：《敦煌建筑研究》，文物出版社 1989 年版，第 81 页）

成佛”、“我心即佛”的主观唯心形式，这种简便易行的教义一经产生，就受到了当时各阶层僧众人士的青睐。因此，早期被视为“佛”的象征物古塔也就失去了原有的佛性魅力，基本退出了佛寺的中心舞台，或屈居寺旁，或独居一处，原来还多少保留一点佛教象征的塔刹，也变成了纯装饰性的花式雕刻，塔的佛性意蕴得以淡化并逐渐向世俗繁华方面转变，到宋代以后的佛塔，大多变成了没有佛性意蕴的建筑物。① 唐高宗时期，律宗创始人道宣（596—667年）撰写了《关中创立戒坛图经》（简称《戒坛图经》）和《中天竺舍卫国祇洹寺图经》（简称《寺经》）两部有关佛寺布局的著作，提倡“正中佛院中门内为前佛殿，左右有楼各三层”的以佛殿为中心的佛寺布局，使我国原有的以塔为中心的佛寺布局得到进一步的改变，为佛塔游离于寺院之外从理论上和实践上打下了基础，使寺院的布置更加中国化。宋辽金时期，有些寺院仍然沿用隋唐寺院的建筑布局模式，有的仍然是前塔后殿的早期布局，如山西应县佛宫寺释迦塔、山西浑源圆觉寺释迦塔等；有的是塔的位置不在中轴线上，而是偏居一隅，如虎丘云岩寺塔、房山云居寺塔、莆田广化寺塔等；有的是双塔并立于佛殿之前，如苏州罗汉院、东京大相国寺双塔等。

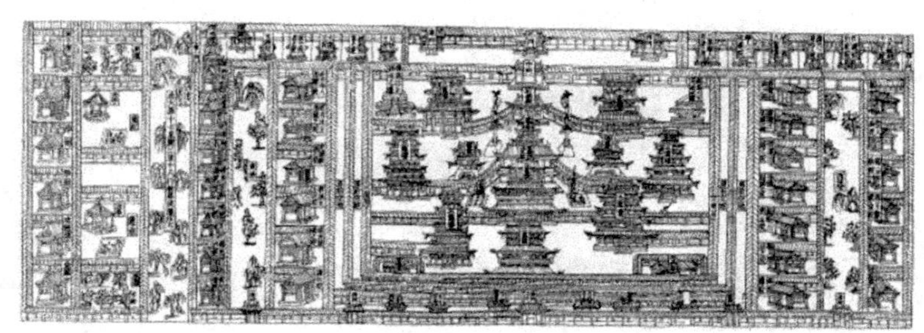

图 3-9　（唐）道宣《戒坛图经》寺院图

（采自刘敦桢：《中国古代建筑史》，中国建筑工业出版社 1984 年版，第 166 页）

但更多的是以高大的佛殿、佛阁为中心的寺院布局形式且已成定型，如辽代蓟县独乐寺、奉国寺、宋代的河北正定寺等。当然这与当时禅宗盛行的“七堂伽蓝”制度有关，这是唐德宗、宪宗时期（780—820 年）百丈大智禅师创立的禅刹制度，它规定禅宗佛

① 刘宝兰：《从中国古塔在寺庙中位置的变迁看其佛性意蕴的世俗化》，《五台山研究》1999 年第 3 期。

寺有七堂，即为山门、佛殿、法堂、僧房、厨房、浴室、西净(便所)。著名的杭州灵隐寺就是其中的代表，该寺在中轴线的建筑有山门、佛殿、卢舍那殿、法堂、前方丈室、方丈室、坐禅室等，而在佛殿的东西两侧分别建了库院与僧堂。这样看来禅宗寺院的“七堂伽蓝”制度根本就没有佛塔的位置。明、清两代基本上继承了宋、辽、金时代的禅宗寺院布局形式，只是塔的形式、类型、功能及用途上更加丰富多彩，塔的原始佛性被世俗繁华所替代。这正是佛教及其建筑与中国具体情况相结合的必然结果。

佛塔逐渐游离于寺院中心，滥觞于南北朝后期，大规模从隋唐时期开始，从佛教而言，表明佛塔所蕴含的精神崇拜意味由强盛转向衰弱。究其原因，无论是南北朝时期的“舍宅为寺”，还是隋唐时期《戒坛图经》对寺院布局的规定及南宋禅宗的“伽蓝七堂”制度的影响，实质上都是一种礼佛崇拜对象的变化，即由佛祖象征物的崇拜转向佛像的崇拜决定了佛塔在寺院中位置的变迁。这一变迁，从寺院建筑布局而言，表明了中国人以自己的世俗的宗法文化来冲淡神性的宗教文化。“这种建筑形制上的变化，并非出自于建筑学上的理由，而与其宗教信仰的内在模式密切相关，中国大量佛教建筑格局的逐渐变化，都意味着中国人的佛教信仰发生了实质性变化，释迦牟尼所开创的高度形而上的精神信仰，实际上逐渐被某种非佛教化的，甚至可以说是非宗教化的心理趋势所淡化了，这一变化导致了中国寺庙在结构布局上向着某种更具中国特色的形制演变，其中，最出人意料的一种变化就是寺庙在造型上的神圣性大大降低。这种神圣性降低的极其明显的表现形式之一，就是寺庙从以高耸的佛塔为中心的具有立体感的建筑群，转变为仅仅向着纵深平面铺开的整体格局。在向着纵深铺开的格局中，印度佛寺原有的那种以塔为精神核心的格局再也看不见了，相反，寺庙有了另一种核心，十分世俗化的中心。如果说印度佛教所宣扬的是以非人的神为信仰对象，由此将人与非人分成两个明显的等级观念，这种观念表现在寺庙建筑上就是塔统率着殿，那么世俗的中国观念所宣扬的则是人与人之间的等级观念。它不喜欢有一座与殿的格局截然不同的塔凌驾于众殿堂之上，而更喜欢在殿与殿之间分出等级来，由此我们也就看到，在诸多中国寺庙的格局上，每个建筑群中的各个单体建筑单位之间都是等级森严的，它们的大小、高低以及位置的排列，直到相互之间的空间关系都体现出一种严格的等级观念。究其原因，这正是因为中国各地的寺庙的建筑格局，都在不同程度上吸收了从皇宫直到一般官员的办公场所所特具的那种形制，一种更中国化的建筑观念与精神取向。”①

① 傅瑾、沈冬梅：《中国寺观》，浙江人民出版社1996年版，第69~70页。

第四章　塔与寺院园林的关系

第一节　印度以佛塔为中心的寺院园林

在古印度，佛教是一个讲究出家修行的宗教，修行的地方要求安静以便于沉思，因此，佛教的经典对此有具体化的要求。

《禅秘要法经》云：

> 佛告阿难，佛灭度后，佛四部众弟子，若修禅定，求解脱者……当于静处若冢间，若林树下，若阿兰若①处，修行甚深，诸圣贤道。②

《楞伽经》也指出：

> 宴坐山林，下中上修，能见自心妄想流注。③

《付法藏因缘传》卷二载：

> 山岩空谷间，坐禅而龛定，风寒诸勤苦，悉能忍受之。④

---

① 阿兰若：原意为树林，意译为“寂静处”、“远离处”、“空家”。

② （姚秦）鸠摩罗什译：《禅秘要法经》，常州天宁寺刻经处，1921 年版。

③ （宋）释正受：《楞伽经集注》，上海古籍出版社 2011 年版。

④ 参见刘慧达：《北魏石窟与禅》，宿白：《中国石窟寺研究》，文物出版社 1996 年版。

这些佛教经典都明确指出了山居禅观是佛教理想的修行方式。这从印度的石窟所处的地理环境中能够充分地体现出来。如古印度最著名的石窟——阿旃陀石窟位于今印度德干高原马哈拉施特拉邦重镇奥兰加巴德西北约106公里的深山密林中，此处茂林掩映，叠岭连嶂，清流交带，闲旷幽邃，最适宜出家僧人雨季安居，静坐覃思。唐代高僧玄奘在《大唐西域记》中最早记载了阿旃陀石窟的地理环境、建筑结构和雕刻题材，曰：

基于幽谷，高堂邃宇，疏崖枕峰，重阁层台，背岩面壑，精舍四周雕镂石壁，作如来在昔修菩萨行诸因地事。证圣果之祯祥，入寂灭之灵应，巨细无遗，备尽镌镂。伽蓝门外南北左右，各一石像，闻之土俗曰：此象时大声吼，地为震动。①

“精舍”是佛教徒定居的寺院，它改变了早期佛教徒们居无定所的漫游传道，使众多的信徒有了一个安身之地，便于静修和沉思悟对。佛陀时代较大的精舍有祇园精舍、竹林精舍、大林精舍等。这些大的精舍，“有佛塔和房屋，房屋有佛堂、讲堂、说戒堂、僧房和其他多种生活用房。佛塔和佛堂用于僧徒礼拜。讲堂用于高僧讲解教义和戒律，僧徒也在这里诵经。说戒堂主要用来集会，僧徒定期忏悔和自我检讨。僧房用于起居。其他生活用房有伙房、食堂、库房、病房等。”② 当然，这些较大的精舍不仅有这些建筑，还有树木、山石杂其间，与建筑一起构成园林景观。东晋高僧法显在《佛国记》中就描述了“祇园精舍”的建筑景观：

出城南门千二百步道西，长者须达起精舍，精舍东南向，开门户两厢，有二石柱，左柱上作轮形，右柱上作牛形。池流

① （唐）玄奘撰，董志翘译注：《大唐西域记》，中华书局2012年版，第654页。

② 晁华山：《佛陀之光——印度与中亚佛教胜迹》，文物出版社2001年版，第15页。

清静，林木伤茂，众华异色，蔚然可观，即所谓的祇洹（园）精舍也。①

唐代高僧玄奘的《大唐西域记》卷六中也记载了“祇园精舍”的建筑和一定的园林化景观：

城南五六里有逝多林，唐言胜林。旧曰祇陁，讹也。是给孤独园。胜军王大臣善施为佛建精舍。昔为伽蓝，今已荒废。东门左右各建石柱，高七十余尺。左柱镂轮相于其端，右柱刻牛形于其上，并无忧王之所建也。室宇倾圮，唯余故基，独一砖室岿然独在，中有佛像。

善施长者仁而聪敏，积而能散，拯乏济贫，哀孤恤老，时美其德，号给孤独焉。闻佛功德，深生尊敬，愿建精舍，请佛降临。世尊命舍利子随瞻揆焉，唯太子逝多园地爽垲。寻诣太子，具以情告。太子戏言：“金遍乃卖。”善施闻之，心豁如也，即出藏金，随言布地。有少未满，太子请留，曰：“佛诚良田，宜植善种。”即于空地建立精舍。世尊即之，告阿难曰：“园地善施所买，林地逝多所施，二人同心，式崇功业。自今已去，应谓此地为逝多林给孤独园。”②

从法显与玄奘的记载来看，祇园精舍有房屋、石柱、池塘、树木等，已经初具了一定的园林化景观，有点类似于中国的寺院，只是祇园精舍的佛塔在记载中并未出现。但从很多有关古印度的伽蓝记载来看，窣堵波是伽蓝里面的中心建筑，应该是毫无疑问的。

不仅现实中的精舍、伽蓝和石窟寺具有一定的园林化景观，就

---

①（东晋）法显撰，田川译注：《佛国记》卷三“中天竺、东天竺游记”，重庆出版社 2008 年版，第 103 页。

②（唐）玄奘撰，董志翘译注：《大唐西域记》，中华书局 2012 年版，第 333~334 页。

是佛教幻想中的高于人界的天神世界以及至高无上的佛国净土都被描绘为重楼华宇、碧池荡漾、花木繁茂的园林化景观。例如：在天神世界里，佛教所幻想的位于须弥山上的四天王的城郭是：

> 须弥山王东，去须弥山四万里，有提头赖天王城郭，名贤上王处。广长二十四万里。以七宝作，七重栏楯，七重交露七重行树姝好，周匝围绕。金碧银门，银壁金门。琉璃壁水精门，水精壁琉璃门。……门上有曲箱盖交露，下有园观浴池。有种种树，种种叶，种种花，种种实，种种香出，种种飞鸟相和而鸣。
>
> 须弥山王南去四万里，有毗楼勒天王城郭，名善见。广长二十四万里。王处亦有七宝七重壁。七重栏楯。七重交露。七重行树。周匝围绕姝好。门上有曲箱盖交露，下有园观浴池树木，飞鸟相和而鸣。
>
> 须弥山西去四万里，有天名毗留罗。有城郭。广长二十四万里，王处亦有七宝七重壁，七重栏楯，七重交露，七重行树，周匝围绕姝好。门上有曲箱盖交露，下有园观浴池树木，飞鸟相和而鸣。
>
> 须弥山北去四万里，有天王名毗沙门。有三城郭，广长各二十四万里。王处一者名沙摩。二者名波伽罗曰。三者名阿尼槃。亦有七宝作七重壁，七重栏楯，七重交露，七重行树，周匝围绕姝好。门上有曲箱盖交露，下有园观浴池树木，飞鸟相和而鸣。①

在天神世界里，这四大天王的城郭都以相似的手法被塑造为楼观四起、园池交汇、花木繁茂并有飞鸟相鸣的清幽的园林化景观。

> 须弥山王顶上，有忉利天，广长各三百二十万里。上有释提桓因郭城，名须利，广长二千里，周匝有垣墙。水底皆金

① 《大正新修大藏经》，日本大正一切经刊行会 1922—1934 年版。

> 沙，水凉且清。浴池周匝，以四宝作重壁，栏楯交露树木姝好。中生青莲华、黄莲华、白莲华、赤莲华，光照二十四里，浴池周匝有阶。……须陀延城中，有忉利天帝参议殿舍，广长各二万里，高四千里，以七宝作。七重栏楯，七重交露，七重行树，周匝围绕二万里。殿舍上有曲箱盖交露楼观，以水晶琉璃为盖，黄金为地，殿舍中柱。……中有天帝释座……两边各十六座。殿舍北有天帝释后宫，广长四万里。皆以七宝作，七重壁，七重栏楯，七重交露，七重行树，周匝围绕甚姝妙。殿舍东有释园观，名粗坚。广大各四万里，亦以七宝作。七重壁、栏楯、交露、树木，周匝围绕甚姝好。门高千二百里，广长八百里，门上有曲箱盖交露楼观，下有园观浴池，中有种种树木叶华实，种种飞鸟相和而鸣。粗坚园观中有香树，高七十里，皆生华实，劈者出种种香。……殿舍南有天帝释园观，名乐画。……忉利殿东有天帝释园观，名愦乱。……忉利天殿舍西有园观名歌舞。①

这则须弥山王顶上的忉利天中的城郭布置得十分规整：中央是天帝释的宫城，城的中央是宫殿，宫殿后面是后宫，宫殿四面有四个园观围绕，其面积之大、建筑装饰之豪华都使人瞠目结舌，而水质的清洌、树木的繁茂、飞鸟的相和而鸣等形成的清幽园林景观杂居其间又使人流连忘返、安于自然。

佛教净土宗的《大乘无量寿经》和《佛说阿弥陀经》等佛经所描绘的极乐世界那美好的园林风光更是充满了诱惑感，使人心向往之，不能自已：

> 无量寿佛（即阿弥陀佛）讲堂精舍楼观栏楯，亦皆七宝自然化成，复有白珠摩尼以为交络，明妙无比。诸菩萨众所居宫殿亦复如是。……又其讲堂左右，泉池交流，纵广深浅，皆各一等……湛然香洁……岸边无数旃檀香树，吉祥果树，华果

① 《大正新修大藏经》，日本大正一切经刊行会 1922—1934 年版。

恒芳，光明照耀。修条密叶，交复于池，出种种香，世无能喻。随风散馥，沿水流芳。

所居之宅，称其形色……楼观栏楯，堂宇房阁，广狭方圆，或大或小，或在虚空，或在平地，清静安稳，微妙快乐。①

这是佛教想象中的极乐世界，但它却是人间园林生活的真实写照。“佛教用寺院的宫殿式建筑和园林景色，为佛教神仙提供人间的宫殿和苑囿，并极力向世人展示天国的景象，寺院殿宇楼阁和自然环境构成的园林仙境与人间苦难生活形成强烈对比而产生极大诱惑力，吸引人们对宗教世界的向往。”②

由此可见，园林化景观的塑造是印度佛寺普遍的追求，这不仅是佛教教义的规定，而且是僧人们出家修行的现实需要。但是，必须指出的是印度佛教建筑主要是塔和石窟。塔是不住僧人的，石窟才住僧人。塔因为保存佛陀的舍利及与佛陀有关的器物，于是成为佛陀的化身，因而在信徒心灵中获得了一种崇高的地位，只是供僧侣们敬仰与朝拜。自从阿育王把塔与政治王权结合以来，塔作为一种文化意识形态的符号就一直居于社会精神崇拜的中心，随之进入人们的视野，成为面对广大公众的具有社会公共空间的塔。而石窟及其僧人却退隐山林，把矗立在蓝天下的塔移到石窟里面，作为他们的宗教虔诚和沉思对象的塔依然是石窟的中心，因而，塔与石窟实际上是一回事，都是以塔为中心。只不过无遮拦的蓝天下的“塔更多代表的是一种佛与政治文化的关系，石窟体现了佛与僧侣的关系。更主要的是，石窟体现了一种印度僧侣远离社会和政治的‘隐’的志趣”③。这样，在印度，塔就和园林结合在一起，成为以塔为敬仰与沉思中心，园林营造静修境界的伽蓝或精舍。在印度

① 《大乘无量寿经》。

② 傅瑾、沈冬梅：《中国寺观》，浙江人民出版社1996年版，第36~37页。

③ 张法：《佛教艺术》，高等教育出版社2005年版，第132页。

佛教戒律经书中关于寺院的布局有具体的规定，如《僧祇律》记载："初起僧伽蓝时，先规定好地……盖得为佛塔四面造种园林花果，是中出花，应供养塔。若树，檀越（即施主）自种，是中花供养佛，果以僧食。"《十诵律》也说："僧园中树花，听取供养佛塔，若有果者，使人取供，僧啖。"这在唐玄奘《大唐西域记》中有很多记载：

> 城西南二十余里至小石岭，有伽蓝，高堂重阁，基石所成。庭宇寂寥，绝无僧侣。中有窣堵波，高二百余尺，无忧王之所建也。
>
> 城东南四十五里至石窣堵波，无忧王建也，高二百余尺。池沼十数，映带左右。雕石为岸，殊形异类。激水清流，汩淴漂注，龙鱼水族，窟穴潜泳。四色莲花，弥漫清潭。百果具繁，同荣异色。林昭交映，诚可游玩。傍有伽蓝，久绝僧侣。①
>
> 从此东行五十余里，至孤山，中有伽蓝，僧徒二百余人，并学大乘法教。花果繁茂，泉池澄净。傍有窣堵波，高二百余尺，是如来在昔于此化恶药叉令不食肉。②

从《大唐西域记》中众多的关于佛教伽蓝的记载来看，印度寺院的基本布局是："每一寺旁或寺中都以佛塔为主体，佛塔周围种植园林花果，鲜花用来供养佛塔和佛像，果实既可作佛教仪式的供品，也可作寺院经济的来源，或供僧人充饥。"③ 佛塔四周还有各种佛教殿堂，能满足作讲经、诵经、忏悔、集会等各种佛教仪式之用，有的还能满足僧徒们起居、做饭、医疗等生活之用。寺院里

① （唐）玄奘撰，董志翘译注：《大唐西域记·僧诃补罗国》，中华书局 2012 年版，第 199 页。

② （唐）玄奘撰，董志翘译注：《大唐西域记·僧诃补罗国》，中华书局 2012 年版，第 202 页。

③ 傅瑾、沈冬梅：《中国寺观》，浙江人民出版社 1996 年版，第 36 页。

面泉池交汇，水质清冽，花果繁茂，营造出一种清幽寂静的园林景观。

第二节　中国古塔与汉地的寺院园林

一、汉地佛寺园林与印度佛寺园林的差异

随着佛教从东汉末年传入中国内地，佛教的建筑佛塔和佛寺一起由西域传入中国内地，就像佛塔传入中国内地之后，中国人以自己的建筑文化对其进行了加工改造，逐步形成了以楼阁式塔、密檐式塔为主导的具有中国特色的佛塔造型风格，这些我们上文已有详述，同样的，印度以佛塔为主导，各种僧房围绕，兼有园林化景观的佛寺传入中国内地之后，也逐步与中国内地的玄学等汉地文化理念相结合，使汉地佛寺走向了一条由模仿印度佛寺样式到逐渐汉化的演变历程。在此演变历程中，汉地佛寺与印度佛寺相比具有三个明显的变化：

一是寺院的称呼发生了改变。汉地佛寺一般称为“寺庙”，而印度佛寺常称为“伽蓝”或“精舍”。至于为何汉地佛寺称为“寺庙”，这与“寺”这个字的发展演变有关。许慎《说文解字》释曰：“寺，廷也，有法度者也。从寸，之声。”① 由此可知，“寺”是官员依照法度处理公务的地方，即官署。当然许慎的解释只是先秦以后的意义了。《释名》曰：“寺，嗣也。官治事者，相嗣续于其内也。”② 根据《释名》的解释来看，恐怕“寺”在先秦之前主要是一种内廷官署。《周礼・天官・寺人》曰：“寺人掌王之内人及女宫之戒令。相道其出入之事而纠之。若有丧纪、宾客、祭祀之事，则帅女宫而至于有司，佐世妇治礼事。掌内人之禁令。凡内人

① （东汉）许慎：《说文解字》，中华书局 1963 年版。

② （东汉）刘熙：《释名》，中华书局 1985 年版，第 90 页。

吊临于外，则帅而往，立于其前而诏相之。"① 由此可知，寺人在周代的时候是专管内侍及女宫的小官，地位有可能不高。所以，汉代的郑玄就把"寺"解释为"内小臣也"，"掌内人之禁令也"。

这样就又衍生出另一个意义，即"寺人"就是"阉人"。因为统治者害怕侍奉后宫的寺人与女宫发生不测，所以中国古代常用某种有生理缺陷之人（即阉人）来充当寺人。因此，孔颖达认为"寺人，亦奄人也"。如《诗·小雅·巷伯序》云："寺人伤于馋。"② 即由于谗言受宫刑之人。男子被阉割丧失了男子的尊严，形同妇人，被认为是不可教诲之人，所以，我国第一部诗歌总集《诗·大雅·瞻印》中才出现："匪教匪诲，时维妇寺"③ 这样的话。

因为寺人常常干侍奉人的工作，所以"寺"通"侍"。《毛传》曰："寺，近也。"孔颖达疏："寺，即侍也，侍御者必近其傍，故以寺为近。"④ 也就是说，"寺"就是指宫中侍奉贵族之人，随着社会的发展，"寺人"就慢慢发展为一种职业，成为一种官职，这样，人们慢慢就把"寺人"所居住的地方称为官舍，"寺"就由宦者变为了宦者所居住的建筑。秦代立国，以寺宦任外廷之职，开宦官掌握实权之始。如大宦官嫪度被封长信侯，权倾天下，门下舍人数千。始皇时大宦官赵高被提拔为中车府令兼行符玺事，二世时专擅朝政。这样，随着寺宦之流由内廷走向外廷，其所居之所也由专属内廷官署变为外廷官署，与一般的外廷官署就平起平坐了。

寺，大概在汉朝时期由专门的宦者所居住的建筑变为一般的官署建筑，如《汉书·何雅传》曰："令骑奴还至寺门。"⑤ 颜师古

---

① 杨天宇：《周礼译注·天官·寺人》，上海古籍出版社 2004 年版，第 114 页。

② 《诗经·小雅·巷伯序》，三秦出版社 1996 年版，第 217 页。

③ 《诗·大雅·瞻印》，三秦出版社 1996 年版，第 327 页。

④ （唐）孔颖达等：《毛诗正义》，上海古籍出版社 2013 年版。

⑤ 许嘉璐主编：《二十四史全译·汉书·何雅传》，汉语大词典出版社 2004 年版，第 1600 页。

注曰："谓官曹之所，通乎为寺。"又注《汉书·元帝纪》"城郭官寺"曰："凡府厅所在，皆谓之寺。"① 孔颖达更是认为："凡九卿所居皆谓之寺。"因此，我们经常在中国古代官府中看到像太常寺、大理寺等机构设置。秦汉以来，除了皇帝，中央政府最高的官员就是三公九卿，当然各个朝代名称稍有变化，其中三公所居住的建筑称作某某府，而九卿所居住的地方就称为某某寺。在九卿当中，有一个官职称作"典客"，职责是掌管外交和民族事务。后来"典客"这个官职改为"大鸿胪"，其办公地点是"鸿胪寺"，相当于我们现在所说的"外交部"，其职责就是负责各邻国诸侯以及使节的送往迎来之事。当时，西域的两位高僧摄摩腾、竺法兰来到洛阳，就被安排到鸿胪寺居住，后来逐渐把招待佛教僧人留居的馆舍以及专门为佛教信徒建造的建筑物称为佛寺。

从文化上来看，"寺"的这种变化也是一件很有因缘的事。在中国文明初期，所谓的"寺人"即盲者或刑余之人常常是中国最早的知识分子，他们往往掌管民族历史讲述、音乐演奏以及求神占卜等多种文化事业，特别是他们能够担当神与人之间沟通的联络人这一职责，使得他们在早先的部落首领、后来的帝王及一般的民众当中具有了崇高的、神秘的地位。他们享有这种地位是靠他们掌握的求神占卜技巧来向凡人传达来自神圣世界的声音，使人们对神秘的大自然充满敬畏之情而获得的。地位决定权力，权力利于推行自己的意识形态话语，这些寺人就靠自己的智慧把求神占卜的技巧固化为民族的意识形态，从而推行到整个民族教育当中，控制着人们的精神意识。这种从事神人关系的宦者称为"寺"或"寺人"，这与佛教传入后我国的佛教庙宇称为"寺"，没有必然的联系，完全是一种巧合。但是从神人关系来看两者竟有惊人的一致，这也算是偶然中的必然吧。不过，秦汉以后从事神人之间沟通任务的不再是生理残缺的宦者，而是身体健康的士人。那么"寺"的含义也由宦者变为官府的建筑物，住在"寺"中的是掌握国家政治、经济、

---

① 许嘉璐主编：《二十四史全译·汉书·元帝纪》"城郭官寺"，汉语大词典出版社2004年版，第111页。

文化等各方面事务的中央政府要员，虽然神人之间的沟通有专人负责，况且这种神圣性也大为降低，但是从整个中国古代社会一直重视祭祀祖先的传统来看，渴望从祖先的荫庇当中获得现世的幸福却是中国人的集体无意识，这也就是古印度佛教“精舍”或“伽蓝”传入中国以后人们把此称为“塔庙”的原因。

在此需要补充的是汉地佛寺用“寺庙”这一名称，一开始就将这种建筑形式纳入了汉文化的礼制规范，因为“寺”非宗教建筑之称，而是政府机构官署之名，因此用此命名，就使佛寺获得了稍逊于皇宫的尊贵的地位。汉地佛寺又称为“庙”，则显出了佛寺在高等级中的宗教性特征。“庙在中国是用来供奉死去的祖宗的一种建筑形式，祖宗已属不同于人的神的世界，因此庙又是神的居所。佛从西来，也被看成是神之一种，因此佛寺又被称为庙。”① 这样，汉地佛寺的“寺庙”称呼一开始就被纳入汉文化的礼制规范，一方面具有尊贵的等级，另一方面又具有宗教的神性。比起印度佛寺这种纯粹的宗教性特征“伽蓝”或“精舍”的称呼，汉地佛寺的政治性色彩要鲜明得多。

二是建筑的布局发生了变化。既然汉地佛寺一开始是由汉地官署的建筑形式转化而来的，因此，具有汉地官署的建筑布局特点就是显而易见的。这个建筑布局特点鲜明之处就是南北中轴线的设立，而主要建筑就以等级大小依次排列在中轴线上。“汉地建筑从最高范本的皇宫，到稍逊于皇宫的官署、府邸，再到最小最低的四合院民居，都是按照统一的礼制和观念而建造的。”② 因此，汉地建筑的特点就是：“建筑坐北朝南，纵轴展开，左右对称，堂堂正正，尊卑分明，秩序井然。”③ 这样，汉地佛寺从外形上来看和世俗的皇宫、官署、府邸、民居等没有什么大的差别，只是规模和尺度上有大有小，建筑单体的名称和功用发生了变化，如“前厅为佛殿，后堂为讲室”都源于魏晋南北朝时期“舍宅为寺”的社会

---

① 张法：《佛教艺术》，高等教育出版社 2005 年版，第 137 页。

② 张法：《佛教艺术》，高等教育出版社 2005 年版，第 136 页。

③ 张法：《佛教艺术》，高等教育出版社 2005 年版，第 136 页。

风尚。另外，等级性是汉地建筑的主要特色，汉地佛寺也不例外。从庙的建筑等级就可以看出来，如周代，“天子七庙，三昭三穆与太祖之庙而七。诸侯五庙，二昭二穆与太祖之庙而五。大夫三庙，一昭一穆与太祖之庙而三。士一庙”①，“这时的七、五、三，指的是单体建筑中的多室。但之所以如此，在于庙本已为群体建筑‘前宫后庙’、‘明堂宗庙’中的一个部分，当宫与庙分开来之后，庙也就根据自己的等级和其他因素而成为独院式、二重、三重或多重院式的形制了。正如在远古之时前宫后庙的‘离离在宫，肃肃在庙’（《诗经·大雅·思齐》）的庙宫一体格局中，庙服从和服务于宫一样，在重现世的汉文化中，宫与庙虽然在小空间上已经分开，但在大空间上仍然一体，庙仍然是汉文化整个建筑体制中的一个有机部分，仍然服从和服务于宫（皇权）”②。这样，汉地佛寺在宗教性上一直受制于中国内地的王权控制，建筑布局上也以汉文化建筑体系的面貌出现。

三是佛塔由印度佛寺中的孤高耸立的突出到汉地佛寺中成为整体风景的一个有机部分的变化。在印度佛寺中主要建筑就是佛塔，因为佛塔就是佛陀的化身，是信徒心目中的崇拜偶像。因此，在位置上，佛塔基本上位于寺院的中心位置；高度上，佛塔的高度在力所能及的技术条件下和材料使用上能建多高就建多高，寺院中的一切建筑单体都不能超越佛塔的建筑高度；装饰上，佛塔的装饰尽可能地繁缛富丽，就是早期的素朴简洁，也要以周围栏楯上雕镂的繁复细密来加以衬托；园林景观上，花果的繁茂是作为供奉佛塔的祭品，泉池的清冽交汇、树木的清幽是为了净化僧徒们敬拜佛塔的心灵，等等。因此，这一切是为了礼拜佛塔、突出佛塔，佛塔是寺院的中心，主导着周围的一切，而不是佛塔为了一种整体的寺院园林景观而移动位置、降低高度、减少装饰等委屈自己。但到了汉地佛寺，佛塔的孤高耸立的非理性的宗教精神特征逐步发生了改变，表现在：位置上，由寺院的中心位置逐步游离于寺院的边缘，就是在

① 冯国超主编：《礼记·王制》，吉林人民出版社 2005 年版，第 95 页。

② 张法：《佛教艺术》，高等教育出版社 2005 年版，第 137 页。

中心位置，其崇拜的中心也单纯地由佛塔向塔殿一体转移，舍宅为寺的社会风尚则使佛塔逐渐消失于寺院园林之中；佛塔的造型上，由涅槃象征与宇宙象征一体的半圆形的窣堵波为主变为汉地的楼阁为主，窣堵波作为装饰放置于楼阁顶端，佛塔的精神性大为降低；佛塔的高度上，虽说还尽力往高空发展，但佛塔由不限制地往高空发展逐步变为与整个寺院建筑布局成为有机的统一整体，成为中国整体风景的一部分；装饰上，以中国特有的木构架的部件、色彩等装饰佛塔，就是以砖石建筑的佛塔也雕镂成各种木构架式样，极力迎合汉文化礼制建筑的造型特征；园林景观上，花果的繁茂、泉池的交汇逐渐由供奉佛塔变为人们欣赏、品评的审美对象。

二、汉地佛寺园林兴起与发展的原因

自然美的独立和士人园林、皇家园林①的发展是汉地佛寺园林兴起的主要原因。

中国人对山水自然的审美欣赏是从东晋以降才正式开始的，在此以前自然美往往依附于社会美，一直被社会美所遮蔽。先秦时期，山水自然常常成为“兴”物感发的媒介手段，而不是出于审美欣赏的需要。如“蒹葭苍苍，白露为霜”②、“淇水滺滺，桧楫松舟，驾言出游，以写我忧”③、“瞻彼淇奥，绿竹猗猗”④、“荟兮蔚兮，南山朝隮”⑤。在这些诗中所描写的自然景物芦苇、水、竹、山、云等都是作为比兴手法，通过其或动或静的状态来触动欣赏者，引发他们的情感抒发。儒道产生之后，在继承山水自然比兴手法的基础上，儒家发展出了“比德”与“比道”两种山水自然观念。所谓“比德”就是以山水自然的形态来和人类道德上的“仁”和“知”相关联，其代表性言论是：“知者乐水，仁者乐山。

① 关于士人园林和皇家园林的兴起和发展，很多学者进行了研究，取得了丰硕的成果，在此不再详述。

② 《诗经·秦风·蒹葭》，中华书局2010年版，第166页。

③ 《诗经·陈风·衡门》，中华书局2010年版，第178页。

④ 《诗经·卫风·淇奥》，中华书局2010年版，第73页。

⑤ 《诗经·曹风·候人》，中华书局2010年版，第193页。

知者动，仁者静。知者乐，仁者寿。”① 朱熹在《论语集注》对此解释道：“知者达于事理，而周流无滞，有似于水，故乐水。仁者安于义理，而厚重不迁，有似于山，故乐山。”② 即山水的自然特性可以影响人的心理发展变化，那就是水的不停息的动的现象让知者思维活跃、通达，从而感到茅塞顿开的喜悦；而山的旷阔宽阔，岿然不动的静的身姿，又能让仁者时刻处于“旷然无忧愁，寂然无思虑”③ 的虚静状态，从而得以健康长寿。因此，水，令人产生动态，能使人思维活跃，从而获得茅塞顿开的喜悦；山，令人产生静态，静能使人释放躁动不安的心灵，从而使人达到心情平和“静然可以补病”④ 的效果。在这里，人类道德品格的彰显得靠自然景物的姿态来加以比附，因为二者之间有相似性，这就大大超越了《诗经》的简单比兴。

所谓“比道是通过观察自然万物的四时变化，来进行有关生命本体论的哲学思考，并体悟‘道’的超越精神”⑤，其代表性言论是：“子在川上曰：逝者如斯夫，不舍昼夜”⑥。在这里，虽然表面上是看到水流昼夜流动不息的自然现象而产生的一种人生短暂、时光流逝的感叹，但深层次却蕴含了对于人生的思考和对无限的追求。这种由山水而来的审美体验就是“比道”的境界。“天何言哉？四时行焉，百物生焉，天何言哉？”⑦ 孔子在《论语·阳货》中对“天”的质问中阐释了“天”的本质只是运行不息、生生不已的自然规律本身，并不是什么道德律令，这就表明了孔子通过四时变化和万物运作，直视天地间生生不已的“道”，这是一种

① 《论语·雍也》，岳麓书社 2009 年版，第 70 页。

② （宋）朱熹：《论语集注》，齐鲁书社 1992 年版，第 57 页。

③ 戴明扬校注：《嵇康集校注·养生论》，人民文学出版社 1962 年版，第 135 页。

④ 王世舜注译：《庄子·外物》，齐鲁书社 1998 年版，第 379 页。

⑤ 傅晶：《魏晋南北朝园林史研究》，天津大学 2003 年博士学位论文，第 89 页。

⑥ 《论语·子罕》，岳麓书社 2009 年版，第 106 页。

⑦ 《论语·阳货》，岳麓书社 2009 年版，第 218 页。

精神的超越和升华。在这一命题上，“曾点言志”最能阐释比道的境界。“莫春者，春服既成，冠者五六人，童子六七人，浴乎沂，风乎舞雩，咏而归。”① 在这里，“曾点言志”的自由境界，彰显了儒家对身心放纵于山水之乐，以便获得一种“游”的快乐的向往和追求。当然，这里追求的快乐不仅是山水风物所带来的感官之乐，更是与天地万物相融合的审美境界、道的境界。这也表明了儒家在欣赏山水自然的时候，已逐渐超越了山水自然所带来的感官愉悦，进入了与山水自然融合为一体的道的境界、美的境界。在宋代，这种天人凑泊、生机盎然的美的境界被视为最高的审美境界。对此朱熹解释得十分透彻：

> 曾点见得事事物物上皆是天理流行。良辰美景，与几个好朋友行乐，他看那几个说底功名事业，都不是了。他看见日用之间，莫非天理，在在处处，莫非可乐。②

老庄道家追求的是一种“道”的最高精神境界。在道家看来，“道”既是形而上的最高理想，又是形而下的日常生活存在。形而上的最高存在牢牢掌控着天下的万事万物，是宇宙万物之母、之源，形而下的日常存在又让人感到“道”就在身边，须臾不可离开，因此，一切和于“道”、顺因“道”就成为道家审美文化的最高目标和理想。鉴于此，在行为方式上，追求天然，反对人为，主张“无以人灭天，无以故灭命”的“无为无不为”成为最佳的做事原则；在人的目标上，精神的逍遥游成为人的最高境界；在审美理想上，追求心与物的和谐大美是其最高理想。所以，道家在天与人、人与自然的关系上，侧重的是人与自然的和谐，追求的是“天乐”而不是“人乐”，人最理想的审美化的生存方式是一切顺应自然、和于自然，以自然为最高准则，以和于自然为最大快乐、最高的美。当然，道家的所谓“自然”不是现代的自然，而是近

① 《论语·先进》，岳麓书社 2009 年版，第 133 页。

② （宋）朱熹：《四书章句》，中华书局 2011 年版，第 117 页。

似于本来如此、天生如此，是什么样就是什么样的“天然”。从这个角度来说，道家对自然山水的赞美实际上是为了阐释“道”的本性，并没有改变先秦时期对自然山水兴物发感，比德、比道的观念。如《道德经》中对“水”的赞美就是如此：

> 上善若水。水善利万物而不争，处众人之所恶，故几于道。居善地，心善渊，与善仁，言善信，政善治，事善能，动善时。夫唯不争，故无尤。①
>
> 天下之至柔，驰骋天下之至坚。无有入无间，吾是以知无为之有益。②
>
> 天下莫柔弱于水，而攻坚强者莫之能胜。以其无以易之，弱之胜强，柔之胜刚，天下莫不知莫能行。③

庄子也说：“天地有大美而不言。”④ 秦汉时期，随着以君主专制政权为核心的国家大一统局面的形成并占主导地位，儒家思想成为社会的主导意识形态。董仲舒为了让人们接受“罢黜百家，独尊儒术”的思想观念，就把儒家思想与阴阳五行观念结合起来创立了内在的“天人感应”的思维方式，进一步把儒学神化、政治化，再加上统治阶级外在的、事功性的开疆拓土的行为方式，这些共同塑造了秦汉时期人的主体的自觉性、主动性、开拓性和事功性，同时也展开了对自然山水的积极体认。这一时期对山水自然的观念是盛赞其“视之无端，察之无涯”的宏阔壮丽，并以“模山范水，体象天地”的建筑行为来昭示人的“欲与天地试比高”的雄心抱负和开拓进取精神。如“表南山之巅以为阙，为复道，自

---

① 徐兴东、周长秋编著：《道德经释义》第八章，齐鲁书社 1991 年版，第 17 页。

② 徐兴东、周长秋编著：《道德经释义》第四十三章，齐鲁书社 1991 年版，第 104 页。

③ 徐兴东、周长秋编著：《道德经释义》第七十八章，齐鲁书社 1991 年版，第 187 页。

④ 王世舜注译：《庄子·知北游》，齐鲁书社 1998 年版，第 292 页。

阿房渡渭，属之咸阳，以象天极阁道绝汉抵营室也”① 的秦始皇咸阳宫；“以水银为百川江河大海，机相灌输，上具天文，下具地理”② 的秦始皇陵墓；“视之无端，察之无涯”③ 的上林苑的山水景观；“离宫别馆，弥山跨谷”④ 的上林苑的建筑景观；“其宫室也，体象乎天地，经纬乎阴阳，据坤灵之正位，仿太紫之圆方”⑤ 的西汉宫苑；“左牵牛而右织女，似云汉之无涯”⑥ 的昆明池；“复庙重屋，八达九房，规天矩地，授时顺乡”⑦ 的东京宫室；“其规矩制度，上应星宿”⑧ 的鲁灵光殿，等等。秦汉时期，在园林的建筑中逐渐形成了以蓬莱神话为主导的“一池三山”园林建筑布局。如《秦始皇本纪》云：“始皇都长安，引渭水为池，筑为蓬、瀛。”⑨（建章宫未央殿）“其北治大池，渐台高二十张，名曰泰液，池中有蓬莱、方丈、瀛洲、壶梁，象海中神山龟鱼之属。”⑩“武帝广开上林……穿昆明池象滇河，营建章、凤阙、神明、渐台、泰液，象海水周流方丈、瀛洲、蓬莱。”⑪ 这些秦汉时期的山水观念虽然带有很强的楚文化的浪漫主义色彩，充满了对仙界的幻想和追求，但实际上是统治阶级人间享乐生活的缩影和积极乐观、开拓进取的现世情怀的彰显。

在汉代，随着人工改造自然山水的大规模展开和对自然山水审美特征的精准观察，在人工改造的自然山水中逐渐越来越多地融入了自然山水的美感因素。如《淮南子·本经训》载：“凿污池之

① （汉）司马迁：《史记·秦始皇本纪》，中华书局1959年版。
② （汉）司马迁：《史记·秦始皇本纪》，中华书局1959年版。
③ （汉）司马相如：《上林赋》，《昭明文选》，中华书局1959年版。
④ （汉）司马相如：《上林赋》，《昭明文选》，中华书局1959年版。
⑤ （汉）班固：《西都赋》，《昭明文选》，中华书局1959年版。
⑥ （汉）班固：《西都赋》，《昭明文选》，中华书局1959年版。
⑦ （汉）张衡：《东京赋》，《昭明文选》，中华书局1959年版。
⑧ （汉）王延寿：《鲁令光殿赋》，《昭明文选》，中华书局1977年版。
⑨ （汉）司马迁：《史记·秦始皇本纪》，中华书局1959年版。
⑩ （汉）《汉书·郊祀志下》，中华书局1962年版。
⑪ （汉）《汉书·扬雄传》，中华书局1962年版。

深，肆畛崖之远，来溪谷之流，饰曲岸之际，积牒旋石，以纯脩碕，抑減怒濑，以扬激波。"① 这里细致地描述了如何利用叠石的方法使池岸曲折多姿，从而使得水势获得自然跌宕的变化，继而水流的动态、声响成为独立的审美对象。

魏晋南北朝时期，是中国审美文化的一个重要的大转折时期，也是人们对山水自然的审美得以真正独立的时期。当然它也经历了一个发展变化的过程，那就是："从魏晋之际的偏于社会美、人格美，逐渐转向了自然美、山川美。换句话说，自东晋起，古代现实美领域所发生的一个突出事件，就是自然美终于从社会美的遮蔽中挣脱出来，走向了独立。"② 当然，这是由于魏晋南北朝时期的自然美在不同时期的哲学、美学的社会语境中呈现出不同的审美特征决定的。我们知道，在魏晋南北朝长达四百年的历史过程中，中国的社会在思想文化语境上基本是被儒释道相互融合而形成的两大哲学、美学话语，即玄学话语和佛学体系所主导。它们以东晋为分界点，东晋以前，玄学话语在士人生活中占据主导地位；东晋以后，佛学体系则成了社会的主流意识形态。

所谓玄学，从字面意义上来讲，一般指魏晋时期以研究《老子》、《庄子》、《周易》这三本号称"三玄"的书而得名；从审美文化思潮上来讲，主要指魏晋之际，确切地说是三国西晋时期产生并盛行的一种反映门阀士族生活情趣、思维方式、审美理想等生活状态的一种哲学文化思潮。这种哲学文化思潮主要探讨的是"本末"、"有无"、"形神"、"动静"、"体用"、"名教与自然"等关系问题，表现了一种极强的理性主义思维方式。玄学的理论核心是"贵无"说，在阐释此说时采用的是"统无御有"、"体用如一"的话语模式，即一方面强调"无"对"有"的本源、本体作用，另一方面则并不排斥"有"的存在。这样，"无"对"有"来说

① 陈广忠译注：《淮南子·本经训》，中华书局2012年版，第404~405页。

② 仪平策：《中古审美文化通论》，山东人民出版社2007年版，第300页。

就是“道”、“本”、“母”，而“有”对“无”来说则是“器”、“末”、“子”，而有、无的关系则是一种“道器”、“本末”、“母子”、“神形”等关系。从“贵无”说发展而来的“得意忘象”论、“形神”论等都是如此，它们在强调以神为本、以意为主时，又不简单地忽视形、否定象，而是把形、象视为达到神、意的中介手段，如同无与有之间一样，也是一种本末、体用的关系模式。

郭象的“崇有”论更是在“独化于玄冥之景”中将“贵无”与“崇有”统一起来。他指出“有”、“无”都不能成为万物之本源，“无也，则胡能造物哉？有也，则不足以物众形”①；认为万物“块然而自生”，“故造物者无主而物各自造”。② 在郭象看来，万物是自生、自造的，是具有生命的自然。郭象又在审美观照中采用《庄子·天子方》中孔子所谓的“目击道存”的认识方式，认为事物存在即合理。无与有的关系，形如《易》所说的“形而上与形而下”的关系。在此思想基础上，郭象借庄子的“自然”概念，提出了“名教即自然”，“圣人虽在庙堂之上，然其心无异于山林之中”③ 的观点，这就比嵇康的“越名教而任自然”的提法前进了一大步。④ 很明显，嵇康是把“名教”（即以正定名分为主的封建礼教秩序）和“自然”（主要指人性的天然状态和心情的自得境界）相对立，并抑前者扬后者，而郭象则把二者统一起来，指出圣人在形体上可以是现实社会的最高统治者，在内心精神上却因顺自然，达到超然的境界。这就从根本上解决了关注事物感性形象与精神超越之间的矛盾纠结，从而将深受魏晋士人尊崇的庄学心性逍遥引向了审美的境界。而此时，现实的山水自然也已逐渐走向了“人”的生活，成为“人”的生活的重要组成部分，甚至已经成为人的重要审美对象了。

---

① 郭象：《庄子·齐物论》注。

② 郭象：《庄子·齐物论》注。

③ 郭象：《庄子·逍遥游》注。

④ 本书关于郭象对山水的论述参见傅晶：《魏晋南北朝园林史研究》，天津大学 2003 级博士学位论文，第 94~95 页。

在魏晋时期，随着人物品藻的产生和发展，社会上出现了一种以人物美相标榜的魏晋风度，而自然山水也常常成为士人们神情风貌、个性才情之美的一种背景、喻体和外在的形式。在《世说新语》中就记载了很多将自然风景与人物品行、才情气质、神情风采相比拟和联想的例子，如：

> 世目李元礼，谡谡如劲松下风。①
>
> 王武子、孙子荆各言其土地人物之美。王云："其地坦而平，其水淡而清，其人廉而贞。"孙云："其山崔巍以嵯峨，其水泇渫而扬波，其人垒砢而英多。"②
>
> 嵇康身长七尺八寸，风姿特秀。见者叹曰："萧萧肃肃，爽朗清举。"或云："肃肃如松下风，高而徐引。"山公曰："嵇叔夜之为人也，岩岩若孤松之独立；其醉也，傀俄若玉山之将崩。"③
>
> 时人目王右军"飘如游云，矫如惊龙"。有人叹王公形茂者，云："濯濯若春月柳。"
>
> 唯会稽王来，轩轩如朝霞举。④

从上面这些拿自然景物的形色品质来赞美人物的形貌之美来看，魏晋人对山水自然的形态、特征的审美观察及认识，已经达到了一种比较精深、细致的地步。但山水自然之美此时还没有独立，还只是一种外在的形式，尚未达到山水两忘俱一的程度，更多地充当了士人们自我人格的一种背景、一种喻体。这在很大程度上还是

① （南朝宋）刘义庆撰，黄征、柳军晔注释：《世说新语·赏誉》，浙江古籍出版社1998年版，第174页。

② （南朝宋）刘义庆撰，黄征、柳军晔注释：《世说新语·言语》，浙江古籍出版社1998年版，第30页。

③ （南朝宋）刘义庆撰，黄征、柳军晔注释：《世说新语·容止》，浙江古籍出版社1998年版，第256页。

④ （南朝宋）刘义庆撰，黄征、柳军晔注释：《世说新语·容止》，浙江古籍出版社1998年版，第263~264页。

对儒家“比德”山水审美观念的一种继承和发展。

儒家的山水“比道”观念在魏晋时期也有很大的发展，典型的就是宗炳在《画山水序》中提出的“仁者所乐何也？在于山水之形与其所媚之道也”①。在这里，宗炳明确提出了山水之形和自然之道的紧密契合。山水之形蕴含自然之道，自然之道外化为山水之形，山水之形还是充当了自然之道的物质载体，即“道”的具体体现。当欣赏者观赏山水的美妙形态的时候，就能从中悟“道”，而一旦悟到了“道”，就可以获得精神的愉悦和心灵的超脱，实现天人的和谐，这正是儒家追求的“能尽物之性，则可以赞天地之化育”② 的天地审美境界。

那么这种“山水以形媚道”实质上是晋人以感性直观的心灵去体认和开掘山水精神，从而实现了山水感性形态与审美超越的融合，故此使魏晋士人由“以玄对山水”③ 变为“以情对山水”。如：

王子敬云：“从山阴道上走，山川自相映发，使人应接不暇，若秋冬之际，尤难为怀。”④

> 望秋云，神飞扬。临春风，思浩荡。⑤
> 登山则情满于山，观海则意溢于海。⑥

东晋南朝，随着佛学话语体系逐渐占据主导地位，⑦ 自然美才真正开始走向独立。如：

---

① （东晋）宗炳：《画山水序》，人民美术出版社 1985 年版。

② （宋）朱熹：《四书集注》，中华书局 1983 年版。

③ （南朝宋）刘义庆撰，黄征、柳军晔注释：《世说新语·容止》，浙江古籍出版社 1998 年版。

④ （唐）房玄龄等：《晋书·王羲之传》，中华书局 1974 年版。

⑤ （南朝宋）王微：《叙画》，人民美术出版社 1985 年版。

⑥ （南朝梁）刘勰：《文心雕龙·神思》，线装书局 2012 年版。

⑦ 关于般若佛学与山川之美的关系，参见仪平策：《中古审美文化通论》，山东人民出版社 2009 年版，第 304~305 页。

顾长康从会稽还。人问山川之美。顾云："千岩竞秀，万壑争流，草木蒙笼其上，若云兴霞蔚。"①

东晋作家、音乐家袁崧在《宜都记》中说：

常闻峡（指三峡之一的西陵峡）中水疾，书记及口传，悉以临惧相戒。曾无称有山水之美也。及余来践跻此境，既至，欣然始信之，耳闻不如亲见矣。其叠崿秀峰，奇构异形，固难以辞叙，林木萧森，离离蔚蔚，乃在霞气之表。仰瞩俯映，弥习弥佳，流连信宿，不觉忘返，目所履历，未尝有也。既自欣得此奇观，山水有灵，亦当惊知已于千古矣。②

从以上所引东晋的两则材料来看，不仅出现了"山川之美"、"山水之美"这样的命题，还真实地描绘了会稽和西陵峡本身的"山川"和"山水"之美。这种山水之美不再是比拟了"道德"而美，也不再是衬托了"人物"而美，而是山水、山川本身之美。会稽和西陵峡的美基本上是一致的：一是都有外在的形态之美：奇构异形的秀岩、湍急的水流、萧森的草木、氤氲的云霞；二是美丽的山水给人有灵气之感，使人惊叹、留恋，以至于忘返。关于山水之美的细腻感受还是陶弘景说得好，他说：

山川之美，古来共谈。高峰入云，清流见底。两岸石壁，五色交辉。青林翠竹，四时俱备。晓雾将歇，猿鸟乱鸣。夕日欲颓，沉鳞竞跃。实是欲界之仙都。③

---

① （南朝宋）刘义庆撰，黄征、柳军晔注释：《世说新语·言语》，浙江古籍出版社1998年版，第54页。

② （北魏）郦道元著，陈桥驿校正：《水经注校正》卷三十四《江水》，中华书局2013年版，第759页。

③ 陶弘景：《答谢中书书》，《全上古三代秦汉三国六朝文·全梁文》，商务印书馆1999年版。

三、塔与寺庙园林的关系

中国的寺庙园林“根据所在地方和构景特征，一般可把园林寺庙归为城市型、山林型和综合型三类。城市型一般位于城市和近郊，寺外无园林环境，常有独立的寺院，园内以人工造景为主，其风格和构景特征与私家园林差异不大；山林型一般位于自然风景优美的山林村野，寺外具有园林环境或山林环境，以自然景观为主，辅以人工造景；综合型一般位于风景条件较好、地形复杂的近郊，既有自然景观为主的构景，也有人工景观为主的构景，两种构景方式综合并用”①。魏晋六朝时期是我国汉地佛寺园林发展的初期，也是我国寺庙园林中佛塔建造较为自觉和建造较多的时期，而佛塔在此时期的园林中具有较浓厚的宗教礼拜色彩，同时又不自觉地勾勒了园林的景观。它们的分期可从西晋末年至东晋初年为界，在此以前多为城市佛寺园林，多集中于“东汉魏晋的洛阳、东吴的武昌、建业（东晋健康）以及十六国时期石赵的邺城、苻坚的长安、北凉的姑臧等地”②，究其原因，是因为“佛教进入中国，主要以统治阶层为主要宣道目标，多数外来僧人进入中国后，都首先往赴当时的政治中心城市……因此，一时一地的政治中心城市，往往是佛寺最先出现和开始发展的地方”③。在此之后多为山林佛寺园林，主要集中于“长江中下游的江陵、庐山、豫章、寿春、会稽等地”④。这主要是因为东晋以后政局动荡、朝代更迭频繁，很多佛教僧人为避乱往往隐居于山林之间，静修讲学，其次因为是江南各地得山水形盛之便，便于修建山林佛寺。

① 段玉明：《中国寺庙文化论》，吉林教育出版社1999年版，第186页。

② 傅熹年主编：《中国古代建筑史》（第二卷），中国建筑工业出版社2009年版，第176页。

③ 傅熹年主编：《中国古代建筑史》（第二卷），中国建筑工业出版社2009年版，第176页。

④ 傅熹年主编：《中国古代建筑史》（第二卷），中国建筑工业出版社2009年版，第176页。

1. 城市佛寺中有塔型的寺庙园林

城市佛寺“多由皇帝敕建，国家供养，以后逐渐出现王公贵族与各级官吏建寺”①。洛阳作为东汉的首都，据史料记载，东汉末年佛教传入之际就为僧人居住建造了白马寺，除此之外还有菩提寺等。西晋时洛阳作为佛教中心，城内佛寺有四十二所之多，② 据汤用彤先生考证，就有十所。“西晋亡后，汉族政权从洛阳南迁建康，偏安一隅；北方少数民族割据势力起而代之，统治中原。但这时洛阳废败，城中佛寺俱毁，遂失去佛教中心的地位。佛教僧人或留北地，或下江左，南北方逐渐形成各自的佛教中心：南方为东晋建康，北方则为后赵邺城及前秦长安。”③ 一直到北魏孝文帝太和十九年（495 年）迁都洛阳，洛阳的佛寺才慢慢恢复起来，后来在胡太后及北魏几代皇帝的崇佛佞佛风气的影响下，到北魏末年，仅洛阳就有佛寺 1368 所，其中很多是建筑与园林景观和谐统一的寺院园林，形成了我国历史上城市佛寺园林出现的高潮。关于北魏洛阳时期达官贵人城市佛寺园林建设的盛况，杨衒之在《洛阳伽蓝记·寿丘里》中记载：

> 当时四海晏清，八荒率职，缥囊纪庆，玉烛调辰。百姓殷阜，年登俗乐。鳏寡不闻犬豕之食，茕独不见牛马之衣。于是帝族王侯，外戚公主，擅山海之富，居川林之绕，争修园宅，互相夸竞。崇门丰室，洞户连房，飞馆生风，重楼起雾。高台芳榭，家家而筑；花林曲池，园园而有。莫不桃李夏绿，竹柏冬青。④

① 傅熹年主编：《中国古代建筑史》（第二卷），中国建筑工业出版社 2009 年版，第 176 页。

② （北魏）杨衒之著，尚荣译注：《洛阳伽蓝记·序》：“至晋永嘉（307—313 年），唯有寺四十二所。”中华书局 2012 年版，第 1 页。

③ 傅熹年主编：《中国古代建筑史》（第二卷），中国建筑工业出版社 2009 年版，第 177 页。

④ （北魏）杨衒之著，尚荣译注：《洛阳伽蓝记·寿丘里》，中华书局 2012 年版，第 303～304 页。

北魏洛阳的这些最有代表性的佛寺园林都被记载于杨衒之的《洛阳伽蓝记》中，从中我们可以看出北魏城市佛寺园林化布局的特色，同时这也是魏晋南北朝城市佛寺园林化的代表。

北魏洛阳佛寺园林从建造来源上大致可分为皇家建立、贵族官员建立和舍宅为寺三大类；从佛寺的建筑布局上可分为有塔型和无塔性。当然，这两种分类虽然所采用的标准不同，但在佛寺的园林化景观上基本上相似，“都追求园林与寺庙建筑融为一体，成为寺院的一部分，构成了独有的艺术特色”①。我们主要从佛寺中佛塔与园林景观的位置关系来论述北魏洛阳佛寺园林的审美文化意蕴。

北魏洛阳的佛寺布局“大致仍保持了佛塔居中并在体量上成为寺院主体的格局。特别是皇室所建的永宁寺、瑶光寺、秦太上公二寺以及嵩山闲居寺（后称嵩岳寺）等，均采用这种布局方式”②。而园林化的景观所营造的清幽环境也是为了信徒们净化心灵，便于以虔诚之心礼拜佛塔，突出佛塔。如洛阳最大的佛寺——永宁寺，据《洛阳伽蓝记》记载：

> 永宁寺“中有九层浮图一所，架木为之，举高九十丈。有金刹复高十丈，合去地一千尺。去京师百里，已遥见之。初，掘基至黄泉下，得金像三十躯，太后以为信法之征，是以营造过度也。刹上有金宝瓶，容二十五斛。宝瓶下有承露金盘三十重，周匝皆垂金铎。复有铁锁四道，引刹向浮图四角。锁上亦有金铎，铎大小如一石瓮子。浮图有九级，角角皆悬金铎，合上下有一百二十铎。浮图有四面，面有三户六窗，户皆朱漆。扉上各有五行金铃，合有五千四百枚。复有金环铺首，殚土木之功，穷造型之巧，佛事精妙，不可思议。绣柱金铺，

① 薛瑞泽：《读〈洛阳伽蓝记〉论北魏洛阳的寺院园林》，《中国历史地理论丛》2001 年第 2 辑。

② 傅熹年主编：《中国古代建筑史》（第二卷），中国建筑工业出版社 2009 年版，第 193 页。

骇人心目。至于高风永夜，宝铎和鸣，铿锵之声，闻及十余里”。①

从上述记载可知，永宁寺中佛塔居于寺院的中心位置，且体量十分高大，不仅是寺院的主体建筑，还是整个洛阳的标志性建筑，“去京师百里，已遥见之”；另外，金碧辉煌的装饰给人一种“骇人心目”的强烈的心灵震撼。永宁寺内“浮图北有佛殿一所，形如太极殿”②，还有“僧房楼观，一千余间，雕梁粉壁，青琐绮疏，难得而言”③，再加上“栝柏松椿，扶疏檐溜；藂竹香草，布护阶墀”④夹杂其间，这样就形成了这些雕梁画栋的极富视觉冲击力的宗教建筑与松柏、香草枝繁叶茂、高低疏密有致的交相映衬，显示出了永宁寺的壮观景象和美丽景色。正如杨衒之引用常景碑云：“须弥宝殿，兜率净宫，莫尚于斯也。”⑤关于须弥宝殿，兜率净宫的园林化景观，我们上文已有详细论述，两项比较中可见洛阳永宁寺园林景色的美好与建筑的高大雄伟与气势辉煌，以及二者融为一体的园林化景观。另外，从永宁寺门外的路途设计上也显现出寺院园林整体构建的特色，“四门外树以青槐，亘以绿水，京邑行人，多庇其下。路断飞尘，不由渰云之润；清风送凉，岂藉合欢之发？”⑥可见永宁寺内、寺外都是景色宜人的园林景色。

洛阳瑶光寺是由北魏“世宗宣武皇帝所立。在阊阖城门御道

① （北魏）杨衒之著，尚荣译注：《洛阳伽蓝记》，中华书局2012年版，第20页。

② （北魏）杨衒之著，尚荣译注：《洛阳伽蓝记》，中华书局2012年版，第22页。

③ （北魏）杨衒之著，尚荣译注：《洛阳伽蓝记》，中华书局2012年版，第22页。

④ （北魏）杨衒之著，尚荣译注：《洛阳伽蓝记》，中华书局2012年版，第22页。

⑤ （北魏）杨衒之著，尚荣译注：《洛阳伽蓝记》，中华书局2012年版，第22页。

⑥ （北魏）杨衒之著，尚荣译注：《洛阳伽蓝记》，中华书局2012年版，第23页。

北，东去千秋门二里”。

> 千秋门内道北有西游园，园中有凌云台，即是魏文帝所筑者。台上有八角井，高祖于井北造凉风观，登之远望，目极洛川。台下有碧海曲池。台东有宣慈观，去地十丈。观东有灵芝钓台，累木为之，出于海中，去地二十丈。风生户牖，云起梁栋，丹楹刻桷，图写列仙。刻石为鲸鱼，背负钓台；既如从地踊出，又似空中飞下。钓台南有宣光殿，北有嘉福殿，西有九龙殿，殿前九龙吐水成一海。凡四殿，皆有飞阁，向灵芝往来。三伏之月，皇帝在灵芝台以避暑。①

从西游园建筑布局来看，整个园林是以高大的台、观为主体建筑来统领整个园林的视觉审美焦点，但是台、观又高低错落，再加上雕梁画栋、图写列仙的美好装饰，极富视觉美感；同时台、殿周围都以曲池清水环绕，极富动感和清凉之意；而围绕灵芝台的四殿皆有彩虹般的飞阁相连，登临之上有凌虚清波之感。总之，这是一个以高大雄伟的建筑为主体、以曲池清水环绕的极富清凉之意的整体园林景观。

这个高低错落的园林与当时的瑶光寺遥相呼应，成为洛阳的一处美景。在瑶光寺内：

> 有五层浮图一所，去地五十丈。仙掌凌虚，铎垂云表，作工之妙，埒美永宁。讲殿尼房，五百余间。绮疏连亘，户牖相通，珍木香草，不可胜言。牛筋狗骨之木，鸡头鸭脚之草，亦悉备焉。椒房嫔御，学道之所，掖庭美人，并在其中。亦有名族处女，性爱道场，落发辞亲，来仪此寺，屏珍丽之饰，服修道之衣，投心八正，归诚一乘。②

---

① （北魏）杨衒之著，尚荣译注：《洛阳伽蓝记》，中华书局 2012 年版，第 63 页。

② （北魏）杨衒之著，尚荣译注：《洛阳伽蓝记》，中华书局 2012 年版，第 64 页。

瑶光寺的整个园林景观是清幽典雅的。一是以高大体量、作工之妙的佛塔为佛寺的主体建筑，统领了整个佛寺的建筑布局，同时也延伸了平面铺排的讲殿尼房的天际线，变二维平面为三位一体。二是“讲殿尼房，五百余间”都“绮疏连亘，户牖相通，珍木香草，不可胜言。牛筋狗骨之木，鸡头鸭脚之草，亦悉备焉”①。可见，瑶光寺的寺院建筑与花草树木浑然一体，达到了和谐与统一。三是清幽典雅环境的塑造吸引了众多的椒房嫔妃、名族处女等来此修道。

> 宝光寺，在西阳门外御道北。有三层浮图一所，以石为基，形制甚古，画工雕刻。隐士赵逸见而叹曰：“晋朝石塔寺，今为宝光寺也!”人问其故，逸曰：“晋朝三十二寺，尽皆湮灭，唯此寺独存。”指园中一处曰：“此是浴堂。前五步，应有一井。”众僧掘之，果得屋及井焉。井虽填塞，砖口如初，浴堂下犹有石数十枚。当时园地平衍，果菜葱青，莫不叹息焉。园中有一海，号咸池。葭菼被岸，菱荷覆水，青松翠竹，罗生其旁。京邑士子，至于良辰美日，休沐告归，征友命朋，来游此寺。雷车接轸，羽盖成阴。或置酒林泉，题诗花圃，折藕浮瓜，以为兴适。②

宝光寺除了有佛塔所标明的佛寺所具有的宗教性、神秘性之外，还有一个引人注目的面积很大的园池，园池四周美景如画，吸引了大批的民众在良辰美景之时来游此园，佛寺因此具有了公共园林的性质，这充分说明了此时汉地佛寺逐渐往世俗化、审美化发展。

---

① （北魏）杨衒之著，尚荣译注：《洛阳伽蓝记·瑶光寺》，中华书局2012年版，第64页。

② （北魏）杨衒之著，尚荣译注：《洛阳伽蓝记》，中华书局2012年版，第281~282页。

景明寺，宣武皇帝所立也。景明年中立，因以为名。在宣阳门外一里御道东。其寺东西南北方五百步，前望嵩山、少室，却负帝城。青林垂影，绿水为文，形胜之地，爽垲独美。山悬堂观，一千余间。复殿重房，交疏对溜，青台紫阁，浮道相通。虽外有四时，而内无寒暑。房檐之外，皆是山池，松竹兰芷，垂列阶墀，含风团露，流香吐馥。至正光年中，太后始造七级浮图一所，去地百仞。……妆饰华丽，侔于永宁。金盘宝铎，焕烂霞表。寺有三池，萑蒲菱藕，水物生焉。或黄甲紫鳞，出没于蘩藻；或青凫白雁，浮沉于绿水。礳硙舂簸，皆用水功。伽蓝之妙，最得称首。①

景明寺的佛塔虽说是后来增建的，但景明寺却以其独特的地理位置，再加上巧夺天工的布局，使寺内的讲堂、佛殿等建筑与青林花木、山池绿水等景观交汇而成为一个和谐统一的园林整体，因此在洛阳佛寺园林中获得了一个“最得称首”的崇高地位。

东有秦太上公二寺，在景明南一里。西寺，太后所立；东寺，皇姨所建。并为父追福，因以名之。时人号为双女寺。并门邻洛水，林木扶疏，布叶垂阴。各有五层浮图一所，高五十丈。素采画工，比于景明。至于六斋，常有中黄门一人监护，僧舍衬施供具，诸寺莫及焉。②

秦太上君寺，胡太后所立也。当时太后正号崇训，母仪天下，号父为秦太上公，母为秦太上君，为母追福，因以名焉。在东阳门外二里御道北，所谓晖文里。……中有五层浮图一所，修刹入云，高门向街，佛事庄饰，等于永宁。诵室禅堂，周流重叠。花林芳草，遍满阶墀。常有大德名僧讲一切经，受

① （北魏）杨衒之著，尚荣译注：《洛阳伽蓝记》，中华书局2012年版，第191~195页。

② （北魏）杨衒之著，尚荣译注：《洛阳伽蓝记》，中华书局2012年版，第207页。

> 业沙门，亦有千数。①

秦太上公二寺和秦太上君寺都是皇家大寺，不仅寺院建筑与园林环境融为一体，清幽静谧，而且佛事活动庄严崇高，在洛阳诸寺中地位十分崇高。

> 白马寺，汉明帝所立也。佛教入中国之始。寺在西阳门外三里御道南。……浮图前荼林蒲萄异于余处，枝叶繁衍，子实甚大。荼林实重七斤，蒲萄实伟于枣，味并殊美，冠于中京。帝至熟时，常诣取之。或复赐宫人，宫人得之，转饷亲戚，以为奇味。得者不敢辄食，乃历数家。京师语曰："白马甜榴，一实直牛。"②

白马寺作为佛教传入中国之后建立的最早的佛寺，寺中最为醒目的是佛塔前遍植的石榴树和葡萄树，其果实大而味甘，常作为宫中贡品，价值不菲。

魏晋南北朝时期，建康是东吴、东晋、南朝的宋、齐、梁、陈六个王朝的都城。建康的佛寺建筑可分为两个时期："第一期为东吴至西晋；第二期为东晋至南朝。"③ 东吴时期建康的第一个佛寺为"建初寺"，是吴主孙权惊诧于康僧会祁现佛舍利出现的神异现象而为康僧会所建的，因此又称"天子寺"。

> 康僧会，其先康居人，世居天竺……僧会欲使道振江左，兴立图寺，乃杖锡东游，以赤乌十年，初达建邺，营立茅茨，设像行道。……权大嗟服，即为建塔，以始有佛寺，故号

① （北魏）杨衒之著，尚荣译注：《洛阳伽蓝记》，中华书局 2012 年版，第 130~133 页。

② （北魏）杨衒之著，尚荣译注：《洛阳伽蓝记》，中华书局 2012 年版，第 276~278 页。

③ 贺云翱：《六朝都城佛寺和佛塔的初步研究》，《东南文化》2010 年第 3 期。

“建初寺”，因名其地为“佛陀里”。由是江左大法遂兴。①

第二座佛寺是孙皓所建的建安寺，记载云：

> 吴时于建业后园平地，获金像一躯……孙皓得之，素未有信，不甚尊重，置于厕处，令执屏筹。至四月八日，皓如戏曰：今是八日浴佛日，遂尿头上。寻即通肿，阴处犹剧，痛楚号叫，忍不可禁。太史占曰：犯大神圣所致。便边祀神祇，并无效应。宫内伎女素有信佛者曰：佛为大神，陛下前秽之，今急可请也！皓信之，伏枕归依，忏谢尤恳，有顷便愈。遂以车马迎沙门僧会入宫，以香汤洗像，忏悔殷重。广修功德于建安寺，隐痛渐愈也。②

东吴后期，在秦淮河南岸的长干里又建了一座小型的“长干里”③ 佛寺，一直到西晋好像再没有出现过新的佛寺。

可见，从三国时期的东吴到西晋时期，建康的佛寺建造不是很多，虽然此时的佛寺建筑布局由于缺乏直接的考古材料，不是很清楚，但有一点是肯定的，那就是寺中建有佛塔。据《高僧传》记载：

> 至晋成咸和（326 年至 335 年）中，苏峻作乱，焚会所建塔，司空何充复更建造。平西将军赵诱，世不奉法，傲慢三宝，入此寺，谓诸道人曰：“久闻此塔屡放光明，虚诞不经，所未能信，若必自睹，所不论耳。”言竟，塔即出五色光，照曜堂刹，诱肃然毛竖，由此信敬。于寺东更立小塔，远由大圣

① （梁）释慧皎撰，汤用彤校注：《高僧传》卷第一，中华书局 1992 年版，第 15~16 页。

② （唐）道世：《法苑珠林·敬佛灾·感应缘》。

③ （唐）许嵩《建康实录》卷三所载东吴权臣孙琳所毁塔寺即为后来的长干寺旧址，参见《南史·扶南等国传》。

神感，近亦康会之力，故图写厥像，传之于今。①

从东晋到南朝时期，是南方佛寺大发展时期。至于南方佛寺究竟有多少，唐人杜牧有“南朝四百八十寺，多少楼台烟雨中”②的形象说法。而唐法琳《辩正论》则记载了南朝各个朝代的佛寺数量：东晋（317—420 年），享国祚 104 年，有佛寺 1768 所；刘宋（420—479 年）享国祚 60 年，有佛寺 1913 所；南朝齐（479—502 年）享国祚 24 年，有佛寺 2015 所；萧梁（502—557 年）享国祚 56 年，有佛寺 2846 所；南朝陈（557—589 年）享国祚 33 年，有佛寺 1232 所。由此可见，南朝佛教兴盛的状况。但要明确一点，各个朝代的佛寺数量都叠加了前朝的佛寺，因此，真实的南朝地区的佛寺究竟有多少，目前学术界还有争议。不过建康是南朝的都城，其佛寺数量据《辩正论》记载“郭内大寺三百余所”。王贵祥认为这应该是比较接近历史真实的一个数字。③ 可见，建康是南朝各代最为重要的佛教中心，其寺院建筑也应该最有代表性。

关于这个时期建康都城佛寺建筑布局的特点，有学者总结出以下两点：“一是逐步形成了寺庙的特有格局。以寺门、木塔、佛殿、讲堂、僧舍等构成佛寺的基本功能空间。其中对‘讲堂’的特别重视，全木结构佛塔的建造、供奉大型佛像的佛殿的出现等，应该被视为六朝都城佛寺的重要特征。二是出现了‘平地式’佛寺和‘山林式’佛寺或‘规整式’佛寺和‘自由式’佛寺两种不同风格的佛寺。如栖霞寺、上定林寺都属于郊野‘山林式’佛寺。以上定林寺为例，它的总平面不讲究‘中轴对称’，大殿和僧舍等以及其他建筑物随山形布置，呈现出顺应天然、自由布局的思想；而建造于都城内的佛寺，特别是皇家或贵族出资建造的佛寺可能更

① （梁）释慧皎撰，汤用彤校注：《高僧传》卷第一，中华书局 1992 年版，第 18 页。

② （唐）杜牧：《江南春》。

③ 王贵祥：《东晋与南朝时期南方佛寺建筑概说》，《中国建筑史论汇刊》（第陆辑），2012 年 8 月 31 日。

多地讲究布局的严整和规范。”①

南朝第二时期的寺庙建筑特点与第一期寺庙建筑特点相比，有两点：一是空间逐渐扩大，建筑内容不断增加，即在“佛寺内除中院（即主体建筑如塔、殿所在的院落，称为‘中院’）外，又设立众多的‘别院’（即职能院、僧房院及陆续扩建的佛殿院、佛塔院等），是南朝大型佛寺布局中的一个突出特点”②。如梁武帝在建康所建的大爱敬寺，“中院之去大门，延袤七里，廊庑相架，檐溜临属。旁置三十六院，皆设池台，周宇环绕”③。二是“寺内建筑物布局自由，是南朝佛寺的另一个特点”④。这主要是因为江南山川形胜之地使得南朝佛寺的建筑布局不得不依山临水而建，布局较为自由活泼；还有南朝士人崇尚悠游山水的审美意识也使得佛寺主要向山林转移，使得佛寺建筑与山水自然融为一体。如：

> 庄严寺院接连南涧，因构起重房，若鳞相及，飞阁穹窿，高笼云雾，通碧池以养鱼莲，构青山以栖羽族，列植竹果，四面成阴，木禽石兽，交横入出……⑤

从审美文化的角度来看，南朝都城佛寺园林的“艺术”化、“自然”化、“意趣”化特征要强于北朝都城佛寺园林。光宅寺，是梁武帝舍宅为寺而建，里面人工构造的园林景观非常美丽精致，萧纲对此寺咏赞到：

---

① 贺云翱：《六朝都城佛寺和佛塔的初步研究》，《东南文化》2010 年第 3 期。

② 傅熹年主编：《中国古代建筑史》（第二卷），中国建筑工业出版社 2009 年版，第 194 页。

③ 《续高僧传》卷 1《释宝唱传》，《高僧传合集》，上海古籍出版社 1995 年版。

④ 傅熹年主编：《中国古代建筑史》（第二卷），中国建筑工业出版社 2009 年版，第 194 页。

⑤ 《续高僧传·梁大僧正南涧寺沙门释慧超传》，《高僧传合集》，上海古籍出版社 1995 年版。

陪游入旧丰，云气郁青葱。紫陌垂青柳，青槐拂慧风。八泉光绮树，四柱暖临空。翠网随烟碧，丹花共日红。方欣大云溥，慈波流净宫。①

可见，寺中的青葱绿地、紫陌青柳、青槐拂风、绮树丹花等虽然都是人造的自然美景，但却非常精致，给人一种清新美好之感。还有王筠在《北寺寅上人房望远岫玩前池诗》中咏赞了都城佛寺的园林美景，诗曰：

安期逐长往，交甫称高让。远迹入沧溟，轻举驰昆阆。良由心独善，兼且情由放。岂若寻幽栖，即目穷清旷。激水周堂下，屯云塞檐向。闲牖听奔涛，开窗延叠嶂。前阶复虚沿，沵迤成洲涨。雨点散圆文，风生起斜浪。游鳞互瀺灂，群飞皆哢吭。莲叶蔓田田，菱花动摇荡。浮光曜庭庑，流芳袭帷帐。匡坐足忘怀，讵思江海上。②

北寺，是同泰寺之前院，位于宫门北掖，属于都城佛寺。从“入沧溟”、“驰昆阆”来看，该寺地势高耸入云，有出落尘世之仙境，是安期、交甫等神仙人物的神往之所。寺内周堂激水、檐椽屯云；闲暇时，听奔腾的水流于牖侧，观层峦于窗前；下雨时，雨点圆文，风生斜浪；游鱼互瀺，群飞皆哢；莲叶、菱花随风摇动。这里水乃人引，山为人砌，莲叶、菱花均为手植，游鱼群飞皆为人养。人造佳境如此，真乃巧夺天工。置身其中，庭庑生辉、帷帐流芳，让人忘却俗世烦恼、清心澄怀。

建康都城佛寺园林最有名的还是梁武帝的同泰寺。关于同泰寺的文献资料主要有《建康实录》，记载曰：

帝创同泰寺，寺在宫后，别开一门，名大通门，对寺之南

① （南朝梁）萧纲：《游光宅寺诗》。

② （清）王筠：《北寺寅上人房望远岫玩前池诗》。

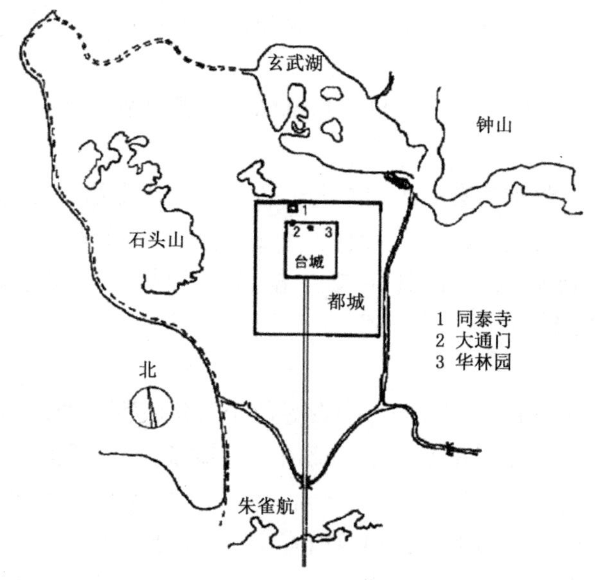

图 4-1　同泰寺位置示意图

（采自傅晶：《魏晋南北朝园林史研究》，天津大学 2003 年博士学位论文，第 258 页）

门，取返语以协同泰为名。帝晨夕讲议，多游此门，寺在县东六里。案，舆地志：在北掖门外路西，寺南与台隔，抵广莫门内路西。梁武普通中起，是吴之后苑，晋廷尉之地，迁于六门外，以其地为寺，兼开左右营，置四周池堑，浮图九层，大殿六所，小殿及堂十余所。宫各像日月之形，禅窟禅房山林之内，东西般若台各三层，筑山构陇，亘在西北，栢殿在其中。东南有璇玑殿，殿外积石种树为山，有盖天仪，激水随滴而转。起寺十余年，一旦震火焚寺，唯余瑞仪柏殿，其余略尽，即更构造而作十二层塔，未就而侯景作乱，帝为贼幽馁而崩。①

① （唐）许嵩：《建康实录·高祖武皇帝》卷第十七注引《舆地志》，中华书局 1986 年版，第 681 页。

十二年四月，是夜，同泰寺为天火所烧略尽。①

后大通四年三月，因荆州送佛像到建康供养，武帝：

又敕于同泰寺大殿东北起殿三间，两厦施七宝帐座，以安瑞像。又造金铜菩萨两躯。筑山穿池，奇树怪石，飞桥栏槛，夹殿两阶又施铜镬一双，各容三十斛。三面重阁，宛转玲珑。②

从上述文献记载可知，同泰寺位于梁建康宫城的北门，背依鸡笼山，原先是东吴的后苑，晋朝的廷尉之地，后梁武帝将“晋廷尉之地，迁于六门外”，于梁普通八年（527年）在此地建成的皇家大寺。该寺规模庞大，建筑内容丰富，包括一座九层佛塔、六所大殿、小殿及堂十余所、禅窟禅房、三层的般若台、瑞仪柏殿、三层大佛阁、璇玑殿、盖天仪等，并且较好地把建筑与山水园林融为一体，是南朝皇家大寺的典型代表。梁中大同元年（546年），同泰寺九层佛塔遭受雷火，殃及其他建筑，除瑞仪柏殿尚存外，全寺化为灰烬。梁武帝又建佛塔十二层，但因侯景之乱未建成。关于同泰寺的建筑布局，“是以宏伟的九层佛塔为中心，周匝合院建筑群，山树园池罗列期间”③。关于这种建筑布局，有学者结合仿自初唐中国佛寺的日本京都法胜寺和法成寺的建筑布局实例，认为梁武帝同泰寺的建筑布局具有他所提出的“天象论”、佛家的“须弥山”宇宙论和中国“盖天说”相融合而形成的崭新的宇宙图式的象征性寓意，是该图式的象征性展示，又是梁武帝宣扬儒、佛文化

① （唐）许嵩：《建康实录·高祖武皇帝》卷第十七，中华书局1986年版，第689页。

② 《法苑珠林》卷二十一，中华书局1995年版。

③ 傅晶：《魏晋南北朝园林史研究》，天津大学2003年博士学位论文，第259页。

精神和践行政教合一理想的特殊舞台。① 兹不赘述。

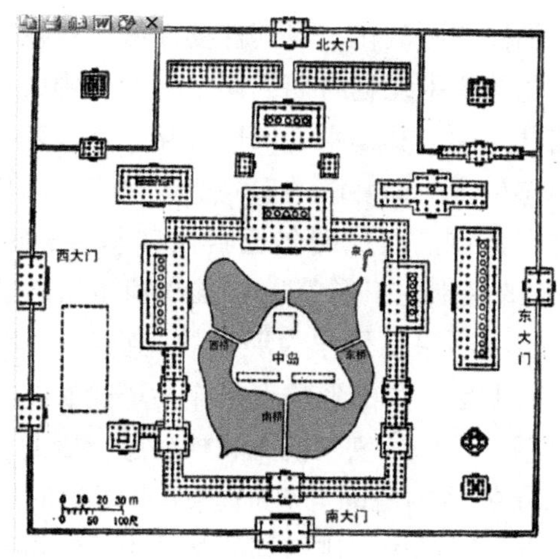

图 4-2　法成寺平面复原图

（采自张十庆：《〈作庭记〉译注与研究》，天津大学出版社 2004 年版）

上述这些城市佛寺园林，以佛塔为寺院园林的主体建筑，统领着整个佛寺的建筑布局，园林美化使寺院建筑和园林美景融为一体。从佛教的角度来看，以佛塔为主体，兼有园林化景观的佛寺是对印度佛寺的一种继承和发展，“它意味着由释迦牟尼开创的佛教所恪守着的某种历史悠久的精神价值的延续，也即佛教原来所具备的那种纯粹的精神信仰，还基本上保持着它的形而上的意义”②。

从审美文化上来说，宗教的神秘性往往和审美性相互融合为一体，才能发挥某种震撼人心的效果，因为两者有某种相似性。正如列·斯托洛维奇所说的“在文化的历史发展过程中暴露出审美意识和宗教意识的复杂交织”，“由此产生宗教体验和审美体验的心

① 傅晶：《魏晋南北朝园林史研究》，天津大学 2003 年博士学位论文，第 260 页。

② 傅瑾、沈冬梅：《中国寺观》，浙江人民出版社 1996 年版，第 69 页。

理结构的共同性”。① 我们可以把这句话作为分析佛塔与园林关系的基础。佛塔是宗教的一种建筑类型，虽说它传入中国之后受到儒道文化的浸染，佛性有所淡化，但其神秘性依然存在，特别是在佛教初传中国内地的魏晋南北朝时期。这个时期，佛塔以其高耸的形象矗立于寺庙园林当中，其自身的佛性意味非常强烈，并影响到寺庙园林整体的神秘色彩，即佛塔的形象所流露出来的佛性色彩渲染了周围园林的神秘氛围。正如费尔巴哈在《基督教的本质》中所说：“宗教与哲学的区别在于形象”，“谁拿掉了宗教的形象，谁就拿掉了它的本质……形象就是作为形象的实物”。② 佛塔就是当时寺庙园林中突出的形象，塔的形象就是作为塔的实物。塔所突出的就是宗教的神秘感，园林景色也就充满神秘感，因此，魏晋南北朝时期的寺庙园林景色因佛塔的存在而呈现出清幽的氛围。具体来说，在有塔型的寺庙园林中，佛塔与园林的关系有两点：一是以高耸的身姿、精美的外观装点了园林，丰富了景观；二是烘托了园林的神秘、清幽气氛，利于人们避俗涤虑，静心修身。如长秋寺“中有三层浮图一所，金盘灵刹，曜诸城内。作六牙白象负释迦在虚空中。庄严佛事，悉用金玉，作工之异，难可具陈”③。

瑶光寺内“有五层浮图一所，去地五十丈。仙掌凌虚，铎垂云表，作工之妙，埒美永宁”④。

胡统寺“在永宁南一里许。宝塔五重，金刹高耸”⑤。

---

① ［苏］列·斯托洛维奇著，凌继尧译：《审美价值的本质》，中国社会科学出版社 1984 年版，第 100~101 页。

② ［德］费尔巴哈：《基督教的本质》，北京大学哲学系外国哲学史教研室编译：《十八世纪—十九世纪初德国哲学》，商务印书馆 1975 年版，第 540 页。

③ （北魏）杨衒之著，尚荣译注：《洛阳伽蓝记·长秋寺》，中华书局 2012 年版，第 60 页。

④ （北魏）杨衒之著，尚荣译注：《洛阳伽蓝记·瑶光寺》，中华书局 2012 年版，第 64 页。

⑤ （北魏）杨衒之著，尚荣译注：《洛阳伽蓝记·胡统寺》，中华书局 2012 年版，第 80 页。

明悬尼寺“有三层塔一所，未加庄严”①。

秦太上君寺“中有五层浮图一所，修刹入云，高门向街，佛事庄饰，等于永宁”②。

景明寺“至正光年中，太后始造七级浮图一所，去地百仞。……妆饰华丽，侔于永宁。金盘宝铎，焕烂霞表”③。

秦太上公二寺“各有五层浮图一所，高五十丈。素采画工，比于景明”④。

冲觉寺“为文献追福，建五层浮图一所，工作与瑶光寺相似也”⑤。

王典御寺“门有三层浮屠一所，工逾昭仪。宦者招提，最为入室”⑥。

白马寺“浮图前有荼林蒲萄异于余处，枝叶繁衍，子实甚大”⑦。

宝光寺“有三层浮图一所，以石为基，形制甚古，画工雕刻”⑧。

融觉寺“有五层浮图一所，与冲觉寺齐等”。

---

① （北魏）杨衒之著，尚荣译注：《洛阳伽蓝记·明悬尼寺》，中华书局2012年版，第97页。

② （北魏）杨衒之著，尚荣译注：《洛阳伽蓝记·秦太上君寺》，中华书局2012年版，第133页。

③ （北魏）杨衒之著，尚荣译注：《洛阳伽蓝记·景明寺》，中华书局2012年版，第194页。

④ （北魏）杨衒之著，尚荣译注：《洛阳伽蓝记·秦太上公寺》，中华书局2012年版，第207页。

⑤ （北魏）杨衒之著，尚荣译注：《洛阳伽蓝记·冲觉寺》，中华书局2012年版，第265页。

⑥ （北魏）杨衒之著，尚荣译注：《洛阳伽蓝记·王典御寺》，中华书局2012年版，第275页。

⑦ （北魏）杨衒之著，尚荣译注：《洛阳伽蓝记·白马寺》，中华书局2012年版，第278页。

⑧ （北魏）杨衒之著，尚荣译注：《洛阳伽蓝记·宝光寺》，中华书局2012年版，第281页。

大觉寺“永熙年中，平阳王即位，造砖浮图一所。是土石之功，穷精极丽”①。

上述这些佛塔以其高大的体量、富丽堂皇的外部装饰，居于佛寺中心位置的尊贵地位而成为佛教的先圣释迦牟尼精神不死的象征、人们虔诚礼拜的对象、精神崇拜的丰碑。这其中永宁寺塔以其位于洛阳城的中心位置，耸入云霄、高达上千尺的高度，豪华奢侈、富丽堂皇的外观装饰，高风永夜，宝铎和鸣的美妙声音而成为当时洛阳城最为耀眼的佛教建筑，如“去京师百里，已遥见之”、“绣柱金铺，骇人心目”。它是僧侣心目中最为崇高的精神丰碑，如永熙三年二月，永宁寺塔被火所焚烧的时候，“百姓道俗，咸来观火，悲哀之声，振动京邑。时有三比丘，赴火而死”。它成为各个寺院佛塔建筑竞相模仿的对象，如瑶光寺的五层浮图“作工之妙，埒美永宁”；秦太上君寺的五层浮图“佛事庄饰，等于永宁”；景明寺的七级浮图“妆饰华丽，侔于永宁”。

对于北方的北魏和南方的梁陈以崇佛、佞佛为尚的封建王朝来说，洛阳和建康这种以佛塔为主体建筑的城市佛寺园林，佛塔造型和装饰对于崇信佛教的信徒和一般的民众来说不仅具有形式外观的美感，而且具有更为强烈的心灵震撼。这种精神上的强烈震撼不仅让人们感受到佛陀的崇高与伟大，神圣与神秘，还能加强审美的力度，使游览寺庙园林的人在惊叹于人间美丽的同时更加感受到佛教所宣扬的天国的美好。如游学中土的波斯僧人菩提达摩见永宁寺内“金盘炫日，光照云表，宝铎含风，响出天外；歌咏赞叹，实是神功。自云：年一百五十岁，历涉诸国，靡不周遍，而此寺精丽，阎浮所无也。极佛境界，亦未有此。口唱南无，合掌连日”②。可见，永宁寺塔鬼斧神工的建造，所流露出来的神圣性、崇高性给波斯僧人菩提达摩强烈的心灵震撼，再加上佛寺精致的园林建筑风光，使

---

① （北魏）杨衒之著，尚荣译注：《洛阳伽蓝记·大觉寺》，中华书局2012年版，第327页。

② （北魏）杨衒之著，尚荣译注：《洛阳伽蓝记》，中华书局2012年版，第27页。

他发出了极佛境界也不如的感叹，于是就“口唱南无，合掌连日”。

另外，审美对宗教也有补充作用，它能使人们对宗教产生亲近感，利于人们理解宗教、走进宗教。正如列·斯托洛维奇所说：“在文化史上宗教价值有时同审美价值和艺术价值联在一起。……宗教价值中存在着审美根源。”① 宗教需要审美的补充。这从寺庙园林中优美的自然风景就能体现出来。

2. 城市佛寺中无塔型的寺庙园林

在北魏洛阳城市寺院园林中，除了以佛塔为主体建筑的寺院园林之外，还出现了很多没有佛塔的寺院园林或原先没有只是后来再加以补建佛塔的寺院园林，这种现象的出现始于东晋时代达官贵人舍宅为寺的社会风尚，到北魏末年的“河阴之变”之后，舍宅为寺的社会风尚达到高潮，随之寺院园林发展也达到顶峰。据《魏书·释老志》记载：“河阴之酷，朝士死者，其家多舍居宅以施僧尼。京邑第宅，略为寺矣。”② 杨衒之在《洛阳伽蓝记》中也说：“经河阴之役，诸元歼尽，王侯第宅，多题为寺。寿丘里闾，列刹相望，祇洹郁起，宝塔高凌。”③ “舍宅为寺的社会风尚使得豪门贵族把自己的私宅舍给寺院，同时宅院中原先拥有的园林景观也自然而然成为寺院园林的一部分，从而使寺院园林也具有达官贵人园林的特色，即奢侈豪华、胜概一时。”④ 《洛阳伽蓝记》中记载了很多达官贵人舍宅为寺的寺院园林，如“愿会寺，中书侍郎王翊舍宅所立也。佛堂前生桑树一株，直上五尺，枝条横绕，柯叶傍布，形如羽盖。复高五尺，又然。凡为五重，每重叶椹各异。京师

---

① ［苏］列·斯托洛维奇著，凌继尧译：《审美价值的本质》，中国社会科学出版社 1984 年版，第 106 页。

② 许嘉璐主编：《二十四史全译·魏书·释老志》，汉语大词典出版社 2004 年版。

③ （北魏）杨衒之著，尚荣译注：《洛阳伽蓝记》，中华书局 2012 年版，第 312 页。

④ 薛瑞泽：《读〈洛阳伽蓝记〉论北魏洛阳的寺院园林》，《中国历史地理论丛》，第 16 卷第 2 辑，2001 年版。

道俗，谓之神桑。观者成市，布施者甚众。帝闻而恶之，以为惑众。命给事黄门侍郎元纪伐杀之。其日云雾晦冥，下斧之处，血流至地，见者莫不悲泣"①。愿会寺园林的特别之处就是对佛堂前的桑树的描写，桑树的高大神奇为寺院增色不少，这也加深了对佛教神秘性信仰的推崇。在北魏洛阳城东的绥民里东有崇义里，里内有京兆人杜子休宅。因杜子休听信了隐士赵逸说此宅是晋朝的太康寺，于是"舍宅为灵应寺"，"时园中果菜丰蔚，林木扶疏"②。从杜子休宅邸里种植水果、蔬菜来看，此时的园林还带有农业经营性质的特点。"正始寺，百官等所立也"，寺内"檐宇清净，美于景林。众僧房前，高树对牖，青松绿柽，连枝交映。多有枳树，而不中食"③。正因为是百官所建，所以楼阁殿宇园林景色媲美于景林寺的豪华超群。"平等寺，广平武穆王怀舍宅所立也。在青阳门外二里御道北，所谓孝敬里也。堂宇宏美，林木萧森，平台复道，独显当世。"④ 因为庙宇殿堂高大华美，再加上园内树木茂密，因而平等寺成为洛阳寺院园林的精品，并"独显当世"。"景宁寺，太保司徒公杨椿所立也。在青阳门外三里御道南，所谓景宁里也。"⑤景宁寺很有意思，是杨椿"分宅为寺"得立，即把自己的住宅一分两半，一半是住宅，一半是佛寺。寺内"制饰甚美，绮柱朱帘"，可见也很豪华优美。值得注意的是太保司徒杨椿、冀州刺史杨慎（杨椿之弟）、司空杨津（杨慎之弟）弟兄三人因"立性宽雅，贵义轻财"，于是"四世同居，一门三从"。在当时是"朝贵

① （北魏）杨衒之著，尚荣译注：《洛阳伽蓝记》，中华书局 2012 年版，第 76 页。

② （北魏）杨衒之著，尚荣译注：《洛阳伽蓝记》，中华书局 2012 年版，第 120 页。

③ （北魏）杨衒之著，尚荣译注：《洛阳伽蓝记》，中华书局 2012 年版，第 140 页。

④ （北魏）杨衒之著，尚荣译注：《洛阳伽蓝记》，中华书局 2012 年版，第 151 页。

⑤ （北魏）杨衒之著，尚荣译注：《洛阳伽蓝记》，中华书局 2012 年版，第 170 页。

义居，未之有也”。杨家被尔朱世隆灭门后，“舍宅为建中寺”①。“高阳王寺，高阳王雍之宅也。在津阳门外三里御道西。雍为尔朱荣所害也，舍宅以为寺。”因元雍曾为“贵极人臣，富兼山海”的宰相，所以此寺内既有豪华奢侈、壮观富丽的建筑“居止第宅，匹于帝宫。白壁丹楹，窈窕连亘，飞檐反宇，轇轕周通”，还有“竹林鱼池，侔于禁苑，芳草如积，珍木连阴”② 的美景。豪华壮观的建筑因竹林、鱼池、芳草、珍木等的映衬而增添它的奢华，成为寺院以后也因园林的盛景而独步京师。“冲觉寺，太傅清河王怿舍宅所立也。在西明门外一里御道北”，寺内“西北有楼，出陵云台，俯临朝市，目极京师，楼下有儒林馆、延宾堂、形制如清暑殿。土山钓池，冠于当世。斜峰入牖，曲沼环堂，树响飞嘤，阶丛花药”③。可见冲觉寺也具有楼、观、殿、堂与曲池、树木、飞鸟、花药等相互融合的园林景观。“大觉寺，广平王怀舍宅立也。在融觉寺西一里许。北瞻芒岭，南眺洛汭，东望宫阙，西顾旗亭。禅皐显敞，实为胜地。……怀所居之堂，上置七佛。林池飞阁，比之景明。至于春风动树，则兰开紫叶；秋霜降草，则菊吐黄花。名德大僧，寂以遣烦。永熙年中，平阳王即位，造砖浮图一所。是土石之功，穷精极丽。”④ 大觉寺，面水背山，左朝右市，地理位置极佳，园林景观极为优美静寂，成为名德大僧“寂以遣烦”的胜地佳境。“凝玄寺，阉官济州刺史贾璨所立也。……迁京之初，创居此里，值母亡，舍以为寺。”因寺内“地形高显，下临城阙，房庑精丽，竹柏成林”的优美清幽的园林景观，于是成为僧人“净行息心之

① （北魏）杨衒之著，尚荣译注：《洛阳伽蓝记》，中华书局 2012 年版，第 170 页。

② （北魏）杨衒之著，尚荣译注：《洛阳伽蓝记》，中华书局 2012 年版，第 247~248 页。

③ （北魏）杨衒之著，尚荣译注：《洛阳伽蓝记》，中华书局 2012 年版，第 260~261 页。

④ （北魏）杨衒之著，尚荣译注：《洛阳伽蓝记》，中华书局 2012 年版，第 327 页。

所也”，也引得许多“王公卿士来游观为五言者，不可胜数”①。

除了上述许多舍宅为寺的寺院园林外，还有许多达官贵人修建的寺院园林，《洛阳伽蓝记》中也有许多记载：“景乐寺，太傅清河文献王怿所立也。”寺内“有佛殿一所，像辇在焉。雕刻巧妙，冠绝一时。堂庑周环，曲房连接，轻条拂户，花蕊被庭”②，这样优美静谧的园林环境更适合寺尼的修禅礼佛。

> 景林寺，“在开阳门内御道东。讲殿叠起，房庑连属。丹槛炫日，绣桷迎风，实为胜地”③。景明寺，“宣武皇帝所立也。景明年中立，因以为名。在宣阳门外一里御道东。其寺东西南北方五百步，前望嵩山、少室，却负帝城。青林垂影，绿水为文，形胜之地，爽垲独美。山悬堂观，一千余间。复殿重房，交疏对溜，青台紫阁，浮道相通。虽外有四时，而内无寒暑。房檐之外，皆是山池，松竹兰芷，垂列阶墀，含风团露，流香吐馥”④。永明寺，“宣武皇帝所立也，在大觉寺东。……房庑连亘，一千余间。庭列修竹，檐拂高松，奇花异草，骈阗阶砌”⑤。龙华寺，“广陵王所立也。追圣寺，北海王所立也。并在报德寺之东。法事僧房，比秦太上公。京师寺皆种杂果，而此三寺，园林茂盛，莫之与争”⑥。建中寺，“普泰元年尚书令乐平王尔朱世隆所立也，本是阉官司空刘腾宅。……建义

① （北魏）杨衒之著，尚荣译注：《洛阳伽蓝记》，中华书局 2012 年版，第 343 页。

② （北魏）杨衒之著，尚荣译注：《洛阳伽蓝记》，中华书局 2012 年版，第 69~70 页。

③ （北魏）杨衒之著，尚荣译注：《洛阳伽蓝记·景林寺》，中华书局 2012 年版，第 85 页。

④ （北魏）杨衒之著，尚荣译注：《洛阳伽蓝记·景明寺》，中华书局 2012 年版，第 191~192 页。

⑤ （北魏）杨衒之著，尚荣译注：《洛阳伽蓝记·永明寺》，中华书局 2012 年版，第 329 页。

⑥ （北魏）杨衒之著，尚荣译注：《洛阳伽蓝记·龙华寺》，中华书局 2012 年版，第 227 页。

元年尚书令乐平王尔朱世隆为荣追福，题以为寺。朱门黄阁，所谓仙居也。以前厅为佛殿，后堂为讲室。金花宝盖，遍满其中。有一凉风堂，本腾避暑之处，凄凉常冷，经夏无蝇，有万年千年之树也"①。

到北魏末年由于"舍宅为寺"的社会风尚极为盛行，洛阳的城市佛寺园林中出现了众多的以佛殿为寺院主体建筑的寺院园林，而此种寺院园林中的佛塔要么是后来增建的，要么就干脆没有佛塔，佛塔就消失于寺院园林之中。

"寺院建筑的充分园林化的造型特色，又是佛教利用中国传统园林艺术文化作宗教传道特殊手段的结果。"② 一方面利用宫殿式建筑和美好的园林景色极力展示佛教天国的美好，与人间苦难的现实生活形成强烈的对比，使人们产生对宗教世界的崇拜和向往；另一方面美好的园林景观点缀，使寺院过分突出的宗教气氛得到了局部的缓和，也使得各地的寺庙更易于吸引一般信仰者，为佛教的广泛流布打下了坚实的基础。

园林化清幽环境的营造也是为了佛教徒们净化心灵，以便于虔诚地礼拜佛塔、体味佛学义理、觉悟般若智慧的需要。如景林寺"在开阳门内御道东，讲殿叠起，房庑连属。丹槛炫日，绣桷迎风，实为胜地。寺西有园，多饶奇果。春鸟秋蝉，鸣声相续。中有禅房一所，内置祇洹精舍，形制虽小，巧构难比。加以禅阁虚静，隐室凝邃，嘉树夹牖，芳杜匝阶，虽云朝市，想同岩谷。净行之僧，绳坐其内，餐风服道，结跏数息"③。这里供僧人静修的禅房本身修建得安静清幽，加上其隐藏在茂密的树林之中，伴随着春鸟秋蝉的鸣叫，显得深邃与寂静，台阶上被馥香的杜若草覆盖，显示

① （北魏）杨衒之著，尚荣译注：《洛阳伽蓝记·建中寺》，中华书局2012年版，第53~57页。

② 傅瑾、沈冬梅：《中国寺观》，浙江人民出版社1996年版，第36页。

③ （北魏）杨衒之著，尚荣译注：《洛阳伽蓝记·景林寺》，中华书局2012年版，第85~86页。

出人迹的罕至，这一切使人产生一种“虽云朝市，想同岩谷”的禅意，更适合僧人们“绳坐其内，餐风服道，结跏数息”。

《世说新语·栖逸》记载：“康僧会在豫章，去郭数十里，立精舍。旁连岭，带长川，芳林列于轩庭，清流激于堂宇。”在这样优美的山川环境中，他“乃闲居研讲，希心理味。……加已处之怡然，亦有以自得”。山岭依傍、芳林穿插围绕，清流激荡于寺院堂宇之间的清幽氛围，显然有助于僧人在一种怡然自得的心境中研习佛学义理，体悟宇宙真相。与此类似的还有《高僧传·慧远传》中记载高僧慧远在庐山“创造精舍，洞尽山美，却负香炉之峰，傍带瀑布之壑，仍石垒基，即松栽构，清泉环阶，白云满室。复于寺内别置禅林，森树烟凝，石径苔合，凡在瞻履，皆神清而气肃焉”①。高僧慧远的寺院很明显就是一座山林园林，以庐山为背景，瀑布、松林、清泉、白云以及隐藏于其间的讲堂、僧房等建筑融合为一个和谐的园林整体，进入其中，其清幽的环境使人神清而气肃。还有凝玄寺，因为其“地形高显，下临城阙，房庑精丽，竹柏成林”②，这样优美清幽的园林园境使得这里是最佳的“净行息心之所也”。

从审美文化的角度来看，美丽静谧的寺院园林环境在一定程度上降低了寺院浓厚的宗教氛围，使寺院逐渐呈现出世俗化、生活化、审美化的审美文化意蕴。这主要从两个方面表现出来：

一是寺院园林虽说还有带经济目的的果树，但寺院环境却逐渐向具有审美意义的自然化、风景化转变。从《洛阳伽蓝记》的记载来看，北魏洛阳的寺院园林中出现了很多具有审美意义的花草树木。树木类，如栝树、柏树、松树、枳树、椿树、柽树等，其中像栝树、柏树、松树这一类树都是常青树木，木质坚硬，从先秦时代起人们就开始关注这些树木，一是利用其木质坚硬常制作船舶；二

① （梁）慧皎撰，汤用彤校注：《高僧传》卷第六，中华书局1992年版，第212页。

② （北魏）杨衒之著，尚荣译注：《洛阳伽蓝记》，中华书局2012年版，第343页。

是利用其四季常青、不落叶的特点在陵寝上栽种，取其长久之意，以寄托对先人的思念。因为我国的寺院和陵寝在一定意义上都具有神性，因此，在寺院栽植柏树、松树就和在陵寝上栽植一样既寄托着长久之意，又作为绿化之树营造寺院的静谧和神圣。当然，不光要利用这些不落叶的常青树木作为绿化观赏的园林景观，还要利用落叶的乔木，如水边就常用绿柽（即三春柳或红柳）来映衬水的流动，房前常用椿树用来驱蚊。如《洛阳伽蓝记》中的永宁寺中就有“栝柏椿松”，正始寺中“青松绿柽，连枝交映”，宝光寺中“青松翠竹，罗生其旁”，景明寺中“松竹兰芷”，凝玄寺中“竹柏成林”，永明寺中“檐扶高松”等。

除了这些观赏性的树木之外，洛阳的寺院园林中还有很多的果树。值得注意的是这些果树除了具有供人享用的经济价值之外，还具有观赏价值，因为很多果树所结的果实都是“奇果”。如白马寺中“浮图前有荼林蒲萄异于余处，枝叶繁衍，子实甚大。荼林实重七斤，蒲萄实伟于枣，味并殊美，冠于中京。帝至熟时，常诣取之。或复赐宫人，宫人得之，转饷亲戚，以为奇味。得者不敢辄食，乃历数家。京师语曰：‘白马甜榴，一实直牛’”①。白马寺的石榴树所结的石榴竟然重达七斤，如果不是杨衒之夸张的话，确实是“奇果”了，再加上“奇味”和“奇价”（即“白马甜榴，一实直牛”），确实让得到皇帝赏赐的宫人及其亲戚们“不敢辄食”，于是“乃历数家”成为人们的观赏对象。还有如景林寺“寺西有园，多饶奇果”②，灵应寺“时园中果菜丰蔚，林木扶疏”③，劝学里“有大觉、三宝、宁远三寺。周回有园，珍果出焉。有大

① （北魏）杨衒之著，尚荣译注：《洛阳伽蓝记·白马寺》，中华书局2012年版，第278页。

② （北魏）杨衒之著，尚荣译注：《洛阳伽蓝记·景林寺》，中华书局2012年版，第85页。

③ （北魏）杨衒之著，尚荣译注：《洛阳伽蓝记·灵应寺》，中华书局2012年版，第120页。

谷梨，承光之柰。承光寺亦多果木，柰味甚美，冠于京师”①。

珍贵花草的种植更是让寺院景色秀美，从而使其可居可游。据《洛阳伽蓝记》记载，这些花草有竹子、香草、合欢、鸡头鸭脚之草、兰、菊、萍、荷花、蒹葭等。如瑶光寺“珍木香草，不可胜言。牛筋狗骨之木，鸡头鸭脚之草，亦悉备焉”②。景林寺“芳杜匝阶”，高阳王寺“其竹林鱼池，侔于禁苑，芳草如积，珍木连阴”③，大觉寺“兰开紫叶，秋霜降草，则菊吐黄花”，法云寺“伽蓝之内，花果蔚茂，芳草蔓和，嘉木被庭”④。总而言之，这些花草树木让寺院景观变得绿树如茵、芳草如积、清香扑鼻，不可胜言。

二是当时洛阳的许多优美的佛寺园林基本上充当了京邑士女游玩品赏的胜景美地，具有一定程度的公共园林的性质。这从我们上面所引“宝光寺”条目中就能体现出来，宝光寺“园中有一海，号咸池。葭菼被岸，菱荷覆水，青松翠竹，罗生其旁。京邑士子，至于良辰美日，休沐告归，征友命朋，来游此寺。雷车接轸，羽盖成阴。或置酒林泉，题诗花圃，折藕浮瓜，以为兴适”⑤。宝光寺就是因为院中有一个面积很大的园池，四周环境优美，就吸引众多的京邑士子，在良辰美景之日呼朋唤友来游此寺。于是就出现了众多的车子发出的声音如同雷声一样响亮，羽毛做成的车盖如树阴一样遮天蔽日的壮观景象。寺院里的游人有的在树林泉水旁饮酒畅谈，有的在花圃里作诗唱和，有的竟折藕浮瓜前来助兴等，完全是

---

①（北魏）杨衒之著，尚荣译注：《洛阳伽蓝记·报德寺》，中华书局2012年版，第216页。

②（北魏）杨衒之著，尚荣译注：《洛阳伽蓝记·瑶光寺》，中华书局2012年版，第64页。

③（北魏）杨衒之著，尚荣译注：《洛阳伽蓝记·高阳王寺》，中华书局2012年版，第248页。

④（北魏）杨衒之著，尚荣译注：《洛阳伽蓝记·大觉寺》，中华书局2012年版，第327页。

⑤（北魏）杨衒之著，尚荣译注：《洛阳伽蓝记·宝光寺》，中华书局2012年版，第281～282页。

一幅活生生的生活画。此时的宝光寺一改平时的庄重严肃、静谧典雅的宗教氛围而变成了市民欢乐游玩的公共游乐场，世俗化、生活化的意味非常浓厚。还有景乐寺，优美的园林景观使“得往观者，以为至天堂”，原先人们一直认为是尼寺，故男士不敢进入，等到太傅清河文献王元怿去世后，“寺禁稍宽，百姓出入，无复限碍”。后来他的弟弟汝南王元悦又重修了景乐寺，经常在寺院里举行大型演出，其中有罕见、稀有的珍禽异兽在殿前的表演；空中飞舞的幻术世所罕见；惊险极端的魔术极度刺激等，使“士女观者，目乱睛迷”。看来景乐寺也成为百姓的游乐场地。宗圣寺，因为有一尊佛像“端严殊特，相好毕备”，因此“城东士女，多来此寺观看也”。“凝玄寺，阉官济州刺史贾璨所立也。……迁京之初，创居此里，值母亡，舍以为寺”，因寺内“地形高显，下临城阙，房庑精丽，竹柏成林，实是净行息心之所也”，于是“王公卿士来游观为五言者，不可胜数”。还有“四月初八日，京师士女多至河间寺。观其廊庑绮丽，无不叹息，以为蓬莱仙室亦不是过。入其后园，见沟渎蹇产，石磴嶕峣，朱荷出池，绿萍浮水，飞梁跨阁，高树出云，咸皆唧唧，虽梁王兔苑想之不如也”①。

如果说魏晋南北朝时期寺院园林在一定程度上充当了公共园林的角色，那么隋唐、宋之后这种游园观赏之风日益盛行，寺院真正成了人们消遣娱乐的公共场所。唐代时人们游园的意识就很炽盛，据《开元天宝遗事》记载：“长安春时，盛于游赏，园林树木无闲地。故学士苏颋应制诗曰：‘飞埃接红雾，游盖飘青云。’”② 如《隋京师静觉寺释法周传》记载：“曲池之静觉寺，林竹丛萃，莲沼盘游。纵达一方，用为自得。京华时偶，形相义举。如周者可有十人，同气相求，数来欢聚，偃仰茂林，赋咏风月。时即号之为

① （北魏）杨衒之著，尚荣译注：《洛阳伽蓝记·寿丘里》，中华书局2012年版，第312页。

② （五代）王仁裕：《开元天宝遗事》，中华书局2006年版。

‘曲池十智’也”。① 还有唐长安慈恩寺，中举的新科进士在进行完一系列宴饮之后，最后常至慈恩寺游览赏花，并登塔题名。这个我们上文已有论述，不再赘述。我们通过许多人写的游览赏花之诗作也能看出当时游园之风的炽盛，像权德舆的《和李中丞慈恩寺清上人院牡丹花歌》、韦应物的《慈恩寺南池秋荷咏》、李瑞的《同苗员外宿荐福寺僧舍》、韩诩的《题荐福寺衡岳禅师房》、皇甫冉的《清明日青龙寺上方赋得多字》、许棠的《和薛侍御题兴善寺松》等。宋代游园之风更盛，如邵雍在《咏洛下园》中就有“洛下园池不闭门，遍入何尝问主人”② 的游园之盛的描写。北宋的游园活动集中于《东京梦华录》中。当时东京城及附近的寺观园林大多在节日或一定的时期向游人开放，任人游览。这些活动除了带有宗教意义的庙会、斋会之外，还有游园活动，不仅吸引众多的市民前往，还引得皇帝前去观赏，如《东京梦华录》卷六“十四日车驾幸五岳观”条，就详细描绘了皇帝去五岳观游览的盛况并赐宴群臣归来的盛况。还有正月十五日去相国寺看花灯的盛况：“贵家车马，自内前鳞切，悉南去游相国寺。寺之大殿前设乐棚，诸军作乐。两廊有诗牌灯云：‘天碧银河欲下来，月华如水照楼台’，并‘火树银花合，星桥铁索开’之诗。其灯以木牌为之，雕镂成字，以纱绢幂之，于内密燃其灯，相次排定，亦可爱赏。”③ 每年新春灯节之后，市民们大多去游春、探亲、访友，常去的地方大多是寺观，有玉仙观、一丈佛院子、祥祺观、巴娄寺、铁佛寺、两浙尼寺等，这些寺观“四时花木，繁盛可观”，他们所见的皆是“万花争出，粉墙细柳，斜笼绮陌；香轮暖辗，芳草如茵；骏骑骄嘶，香花如秀；莺啼芳树，雁舞晴空；红妆按乐于宝榭层楼，白面行歌

---

① （唐）道宣：《续高僧传》卷二十六《隋京师静觉寺释法周传》，《高僧传合集》，上海古籍出版社 2011 年版。

② （宋）邵雍：《咏洛下园》。

③ （宋）孟元老撰，姜汉椿译注：《东京梦华录》，贵州人民出版社 2009 年版，第 111 页。

近画桥流水”①。明代游园之风也如宋代一样，如袁宏道写的《虎丘记》：

> 凡月之夜，花之晨，雪之夕，游人往来，纷错如织，而中秋为尤胜。每至是日，倾城阖户，连臂而至。衣冠士女……莫不靓妆丽服……从千人石上至山门，栉比如鳞，檀板丘积，樽罍云泻。远而望之，如雁落平沙，霞铺江上，雷辊电霍，无得而状。②

3. 山林佛寺中佛塔的位置、体量变化

“山寺”又称山林佛寺，在《高僧传》中就有很多记载。唐法琳《辩正论》中也说：“后梁二帝治在江陵三十五年，寺有一百八十所。山寺有青溪、鹿溪、覆船、龙山、韭山等。并佛事严丽，堂宇雕奇。僧尼三千二百人。”③ 山林佛寺是一种不同于城市佛寺的佛教寺院，它主要位于偏僻的山林深处，多数由“精舍”发展而成。因受山地环境的制约，山林佛寺建筑布局较为自由，城市佛寺较为规整的中轴线上布置塔、殿等主要建筑物的布局形式基本上不再适用。它主要出现于东晋十六国时期。在北方，主要是在“石赵时期的北方燕赵地区，释道安在避乱过程中曾到过的太行山、王屋山、女休山与飞龙山……佛图腾弟子僧朗在山东泰山开辟的寺院”④。在南方，主要是在“成帝、康帝之际（326—344 年），王（导）、庾（亮）谢世，东晋佛教一度转为消沉，佛教僧人与当朝名士相继隐迹山林，群集游处，相应而建造起一批山林佛寺”⑤。

① （宋）孟元老撰，姜汉椿译注：《东京梦华录》，贵州人民出版社 2009 年版，第 116~117 页。

② 袁宏道：《虎丘记》，《袁宏道集笺校》，上海古籍出版社 2008 年版。

③ （唐）法琳：《辩正论》，《大正新修大藏经》第 52 卷《史传部分》，日本大正一切经刊行会 1922—1934 年版。

④ 王贵祥：《东晋与南朝时期南方佛寺建筑概说》，《中国建筑史论汇刊》（第陆辑），2012 年 8 月 31 日。

⑤ 傅熹年主编：《中国古代建筑史》（第二卷），中国建筑工业出版社 2009 年版，第 177 页。

这些山林佛寺主要集中于“长江中下游的江陵、庐山、豫章、寿春、会稽等地”①。关于这些地方的山林佛寺，王贵祥曾在《东晋与南朝时期南方佛寺建筑概说》中有详细罗列：建康东北的钟山(蒋山)有延贤寺、大敬爱寺、宋熙寺、宗熙寺、灵曜寺、定林寺、定林上寺等；栖霞山（摄山）有庆云寺、栖霞寺、摄山寺等；浙江会稽的剡山有小岭寺、齐兴寺等；会稽的天柱山、若邪山有天柱山寺、若邪山云门寺等；江陵的山寺有青溪、鹿溪、覆船、龙山、韭山等；钱塘的灵隐山有灵隐山寺；虎丘山有虎丘寺、虎丘西寺、虎丘东寺、虎丘东山寺等；江西的庐山有西林寺、东林寺、龙泉精舍、庐山寺、陵云寺、庐山西寺、禅阁寺等；安徽的涂山、浙江的天台山，罗浮山等都建有大量的寺院。② 这些山林寺院主要有皇帝赐建、达官贵人捐建和高僧自建等几种，现拣重要的记载罗列如下：

> (梁武帝）于钟山北涧建大爱敬寺，结构伽蓝，同尊园寝。经营雕丽，奄若天官。中院之去大门，延袤七里，廊庑相架，檐溜临属。旁置三十六院，皆设池台，周宇环绕。……中院正殿有旃檀像……（像）乃高二丈有二，相好端严，色相超挺……梁武帝又于寺中龙渊别殿造金铜像，举高丈八，躬申供养……千有余僧，四事供给。③
>
> (大爱敬寺）面势周大地，萦带极长川。棱层叠嶂远，迤逦嶝道悬。……落英分绮色，坠露散珠圆。当道兰藿靡，临阶竹便娟。……攀缘傍玉涧，褰陟度金泉。长途弘翠微，香楼间紫烟。④

① 傅熹年主编：《中国古代建筑史》（第二卷），中国建筑工业出版社2009年版，第176页。

② 王贵祥：《东晋与南朝时期南方佛寺建筑概说》，《中国建筑史论汇刊》(第陆辑)，2012年8月31日。

③ 《续高僧传·梁杨都庄严寺金陵沙门释宝唱传》，《高僧传合集》，上海古籍出版社1995年版。

④ （梁）萧衍：《游钟山大爱敬寺》。

(善觉寺) 飞轩绛屏若丹气之为霞，绮井绿泉如青云之入吕。……聿遵胜业，代彼天工。四园枝翠，八水池红。花疑凤翼，殿若龙宫，银城映沼金铃响，风露含月珠幡扶空。①

开善寺：诘屈登马岭，回互入羊肠。稍看原蔼蔼，渐见岫苍苍。……兹地信闲寂，清旷惟道场。玉树琉璃水，羽帐郁金床。紫柱珊瑚地，神幢明月珰。牵罗下石蹬，攀桂陟松梁。涧斜日欲隐，烟生楼半藏。②

达官贵人捐建的寺院如庐山东林寺：

桓乃为远复于山东更立房殿，即东林是也。远创造精舍，洞尽山美，却负香炉之峰，傍带瀑布之壑，仍石垒基，即松栽构，清泉环阶，白云满室。复于寺内别置禅林，森树烟凝，石筵苔合。凡在瞻履，皆神清而气肃焉。远闻天竺有佛影，是佛昔化毒龙所留之影，在北天竺月氏国那竭呵城南古仙人石室中……每欣感交怀，志欲瞻睹。会有西域道士叙其光相，远乃背山临流，营筑龛室，妙算尽工，淡彩图写，色疑积空，望似烟雾，晖相炳暖，若隐而显。③

僧人自建的佛寺主要有：

康僧渊在在豫章，去郭数十里，立精舍。旁连岭，带长川，芳林列于轩庭，清流激于堂宇。乃闲居研讲，希心理味。庾公诸人多往看之。观其运用吐纳，风流转佳，加已处之怡然，亦有以自得，声名乃兴。后不堪，遂出。④

---

① (梁) 梁元帝：《善觉寺碑》。

② (梁) 萧统：《开善寺法会寺》。

③ (梁) 释慧皎撰，汤用彤校注：《高僧传》卷第六，中华书局 1992 年版，第 212~213 页。

④ (南朝宋) 刘义庆：《世说新语 · 栖逸》，上海古籍出版社 2007 年版。

《水经注》中还记载有一些不知名的山林寺院，也颇具园林化的趣味，如：

> 肥水西径寿春县故城北，右合北溪。水导北山，泉源下注，漱石颓隍，水上长林插天，高柯负日。出于山林精舍右，山渊寺左。道俗嬉游，多萃其下，内外引汲，泉同七净，溪水沿注，西南径陆道士解南。精庐临则川溪，大不为广，小足闲居，亦胜景也。①
>
> 沮水南迳临沮县西，清溪水注之，水出县西青山，山之东有滥泉，即青溪之源也。口径数丈，其深不测，其泉甚灵洁，至于炎阳有亢，阴雨无时，以秽物投之，辄能暴雨。其水导源东流，以源出青山，故以青溪为名，寻源浮溪，奇为深峭。盛弘之云：稠木傍生，凌空交合，危楼倾崖，恒有落势，风泉传响于青林之下，岩猿流声于白云之上，游者常若目不周玩，情不给赏，是以林徒栖脱，云客宅心，泉侧多结道士精庐焉。②

这些山林佛寺的出现，预示着此时佛寺的一种变化：那就是由园林化逐渐向山林化转变。都说“天下名山僧占多”、“可怜湖光山色好，十分风景属僧家”，自从佛教于东汉末年传入中国之后，主要是从上层社会开始传播的，所建造的寺院、佛塔也多集中于城市，并且这些寺院大多是由官署或者是由大户人家“舍宅为寺”转变而来，因而中国的寺庙从一开始就具有较多的世俗建筑特色，像方正的庭院、中轴对称的建筑布局、亭台楼阁的建筑单体、精巧设计的优美园林等都在很大程度上使寺庙的神圣性大为降低，转而表现出许多的尘世气息。再加上由于魏晋以后，玄学思想中的寄情

① （北魏）郦道元著，陈桥驿校证：《水经注·卷三十二》，中华书局2013年版，第718页。

② （北魏）郦道元著，陈桥驿校证：《水经注·卷三十二》，中华书局2013年版，第721页。

山水、旷达放荡、崇尚自然之风渗入佛教，使得佛教中山水之趣也日益浓厚，这些促使了中国寺庙建筑加速向园林化布局趋势的转变，于是魏晋之后寺庙追求山水之趣就成了大异于其宗教氛围的另一种气氛。

在很大程度上中国寺庙的园林化主要还是一种都市化，因为它主要是为了适应和满足上流社会和知识阶层的审美趣味，是他们奢靡、豪华、舒适的享乐主义生活环境的一种真实表征。这对于最初传入中国内地的佛教来说，无疑具有非常重要的作用，因为任何宗教的传播要想在中国内地传播开来，必须满足两个条件：一是要得到中国社会统治精英的认可并能产生一定的影响；二是要符合中国人现实感非常强的生活方式，至少也是可以被融合到这种生活方式之中的。① 那么，通过我们上面重点论述的永宁寺、塔的高度秩序化的建筑结构布局，我们已经看到了佛教与中国社会精英在精神上的同构，而园林化的寺庙建筑布局更是中国人极富生活情趣的现实生活方式的一种体现，这些体现了一种富人的宗教价值观念。而这种精美化的寺庙园林布局让生活贫穷、简朴的平民百姓走进、面对，使他们不由得产生一种对佛教的反感、抵触情绪，这就势必对佛教大规模地向平民传播造成很大的障碍。随着信奉佛教的人不再限于中国上层士大夫阶层，平民百姓信奉佛教的人数越来越多，这就势必会超越上流社会特有的审美爱好，流露出某种新的精神需求，由此势必会改变寺庙在都市中造成的园林化的布局方式："即佛寺以佛塔为主体，佛塔四周种植园林花果。寺院中的鲜花用来供养佛塔和佛像，寺院园林中的果实既可作佛教仪式的供品，也可作寺院经济的来源，或供僧人充饥。"②

中国寺庙从都市中的园林化走向名山大川的山林化开始于东晋的慧远法师，他在庐山造的东林寺被清人潘耒称为"东林寺于山最古……自莲社盛开……而山亦遂为释子所有……"即"东林寺

① 傅谨、沈冬梅：《中国寺观》，浙江人民出版社 1996 年版，第 38 页。
② 傅谨、沈冬梅：《中国寺观》，浙江人民出版社 1996 年版，第 36 页。

开创了寺观建筑山林化的风气之先河”①。《高僧传·慧远传》说慧远大师（334—416 年）造的东林寺是：“造精舍，尽山林之美。”② 明确指出了慧远的东林寺是“尽山林之美”。史料记载，东林寺并不是庐山最早的佛寺，在慧远到达庐山之前，其师兄慧永已经在庐山香炉峰下的西林寺修行，据《庐山东·西林寺通志》记载：“东晋太和元年（366 年），光禄卿浔阳陶范为慧永法师建西林寺。”③ 后来是慧永法师提议江州刺史桓伊为慧远法师修建东林寺的。据《庐山东·西林寺通志》记载：“（东晋）太和九年（374 年）桓伊任江州刺史，接受慧永提议，为慧远建东林寺。”“（东晋）太和十一年（378 年），东林寺建成，慧远法师自此居东林寺。”④ 可见，西林寺比东林寺要早建 18 年，但是东林寺却获得了“开创了寺观建筑山林化的风气之先河”的美誉。究其原因，一是得益于慧远大师的盛名；二是得益于著名文人的足迹；三是得益于建筑的环境。慧远大师是中国佛教史上了不起的人物，他对中国佛教的贡献主要有两个方面：一是他把中国的人文理想融入佛教，开创了佛教“净土宗”，倡导“弥陀净土法门”，主张出世和因果报应，宣传抛弃尘世上的一切，经过修道获得精神的解脱，为佛教的中国化迈出了坚实的一步。二是他在东林寺结佛教社团白莲社，凝聚了一大批的高僧和名士，改变了佛教信徒与僧人单独活动的情形，形成了独具南方特色的庐山僧团，使得东林寺成为中国古代南方的佛教中心。寺因人名，慧远大师的盛名远播，也吸引了众多的高僧和名士前来交流与谒拜，当时著名的译经大师佛陀跋陀罗尊者、僧人慧永、慧持、道生以及东晋著名的名士陶渊明、刘遗民、谢灵运、宗炳、雷次宗等共 123 人都在此译经、讲座，这些无疑使东林寺的名声日隆。再加上东林寺不是建在深山里面，而是建在扼

① 傅谨、沈冬梅：《中国寺观》，浙江人民出版社 1996 年版，第 40 页。

② （梁）释慧皎撰，朱恒夫、王学均、赵益译注：《高僧传》，陕西人民出版社 2010 年版，第 282 页。

③ 《庐山东·西林寺通志》，香港天马图书有限公司 2002 年版。

④ 《庐山东·西林寺通志》，香港天马图书有限公司 2002 年版。

庐山的交通要道处，即要进入庐山必经过东林寺，正是这个特殊的建筑位置使得东林寺成为从平原都市进入宜于隐修的名胜的必经之路，也昭示了中国的寺庙走上了一条从园林化到山林化的道路。

东林寺的建筑布局无疑也有当时寺庙都具有的建筑单体，如山门、殿堂、亭阁等，但因为它背负高耸的庐山，所以建筑单体的气势就被高耸的庐山吞没了，使得这些建筑单体成为整个庐山自然环境不可分割的部分，于是，东林寺的特殊韵味也从这个整体环境中呈现出来，即“它使中国的寺院不再局限于城市型寺院内部的庭院点缀，大大拓展了寺院的园林空间，它一反以前的寺庙将自然山水纳入宗教建筑，将其作为寺庙的一个组成部分的结构方法，而将自身纳入到自然山水其间，使得自身也成为宏观的自然山水在人文领域的延伸”①。基于此，胡适先生认为“慧远的东林代表中国佛教化与佛教中国化的趋势”②。确实如此，随着魏晋之后“名士风度”与“山林”之间关系的日益紧密，以及高僧的日益名士化，也使得“寄情山水、呼啸山林”成为佛教信徒们的特殊追求，这就势必对佛教寺庙向山林发展起到了一个推波助澜的作用。由此形成了中国佛教的四大名山：四川峨眉山、山西五台山、浙江普陀山、安徽九华山。就是五岳，也逐渐形成了儒、释、道三家共存的文化景观。

这种山林化的寺院对建筑的布局影响也很大。因为是山地，山势陡峭、地形复杂，所以寺院建筑往往依山临水而建，布局自由灵活。有学者曾指出南北朝时期北方与南方的佛寺建筑布局特点的不同：“大致北朝建寺依循传统、追求正统的观念较强，故平面较为规整，以塔、殿居中者为多；南朝佛寺则保持东晋山林佛寺的特点，因地制宜、布局自由。这种差异，与两地自然环境的不同有关。南朝都城建康的地势，本就在山水之间，故既是都下佛寺，也往往依山临水而建；北魏都城洛阳的情形则不同，城郭之内，御道

① 傅谨、沈冬梅：《中国寺观》，浙江人民出版社 1996 年版，第 40 页。

② 胡适：《庐山游记》，商务印书馆 1937 年版。

纵横，坊里规整，佛寺多临街或依坊曲范围设置。”① 可见，自然环境的差异使得南北方的佛寺建筑呈现出不同的建筑风格。这种不同最先体现在佛塔在佛寺中位置和地位的变迁。北方的洛阳因为地面较为平坦，所以其佛寺中的塔、殿常常位于中轴线上依次排列，塔在寺院的中间部位，后面紧接着的是佛殿，布局较为规整和重点突出；而南方的山川形胜之地让山林佛寺常常“傍高峦而建刹”，“跨曲涧而为室”②。而佛塔的建造也常常“创塔包岩壑之奇”，“中院之去大门，延袤七里”③。由此可知，当时的“寺塔不乏依崖构造之例，其余建筑物，也都就地而建，故佛寺形态，颇多跌宕错落”④。基于此，这样也就极有可能会造成南朝山林佛寺的佛塔不像北朝那样位于寺院的中间部位，且体量巨大，占有寺院很大面积的情况，而是会出现佛塔偏离寺院的中心位置或游离于寺院外的情况。如“谢丽塔于郊郭，殊世间于城傍”⑤，这就表明佛塔已逐渐成为风景景观的一部分。从审美文化的角度来看，佛塔这一改变已由信徒们精神崇拜的中心、佛陀精神不死的象征逐渐变成了勾勒自然美景的重要因素、中国整体风景的一部分。

我们知道，山寺的建筑要凭依山势地形而建，如齐明帝时（494—498年在位）续建的鄂州头陀寺，“层轩延袤，上出云霓……飞阁逶迤，下临天地”⑥，这是典型的山寺建筑布局风格。因受地形限制，山寺建筑的体量、高度都要有所局限，而追求建筑和自然山水融为一体就成为山寺园林的主要追求，也是中国古典园

① 傅熹年主编：《中国古代建筑史》（第二卷），中国建筑工业出版社2009年版，第193页。

② （梁）梁宣帝：《游七山寺赋》，《广弘明集》卷29，上海古籍出版社1987年版，第348页。

③ 《续高僧传·梁杨都庄严寺金陵沙门释宝唱传》，《高僧传合集》，上海古籍出版社1995年版。

④ 傅熹年主编：《中国古代建筑史》（第二卷），中国建筑工业出版社2009年版，第194页。

⑤ （南朝宋）谢灵运：《山居赋》。

⑥ 《昭明文选》卷59《头陀寺碑文》，中华书局1977年版，第814页。

林审美文化的根本精神。如“房廊相映属，阶阁并殊异”、“深林生夜冷，复阁上宵烟”、“北窗被溱道，重楼雾中出”、“虚檐对长屿，高轩临广液”、“鹫岭三层塔，庵园一讲堂”、“长廊欣目送，广殿悦奉迎”、“法堂犹雁集，仙竹几成龙”，等等。山寺佛塔的建立不能如城市佛寺园林中那样处于寺院的中心位置，因为山寺的地理环境不如城市佛寺平坦、开阔，如梁朝皇室为名僧宝志和尚所建的开善寺环境是：“开善寺有志公履，唐神龙郑克后取之长安。今洗钵池尚在，塔西二里法云寺基方池是也。寺西有道光泉，以僧道光穿斫，得名。有宋熙泉，以近宋熙寺基之侧。有八公德水在寺东悟真庵之后，一云泉在寺北，高峰绝顶，寺东山巅有定心石，下临峭壁，寺西百余步有白莲池，乃策禅师退居之所。”① 由此记载可知，山寺的建造大多依山临水而建，建筑物因借自然，如开善寺塔就造在钟山独龙阜上，是梁武帝的女儿“永定公主以汤沐之资，造浮图五级于其上，（梁天监）十四年（515 年），即塔前建开善寺”②。看来开善寺的五级浮图也已游离于寺院之外了，成为整个风景的一部分。有的山寺里的佛塔体量不大、高度较低，完全和寺院周围的景色融为一体，如沈炯的《同庾中庶肩吾周处士弘让游明庆寺诗》：

鹫岭三层塔，庵园一讲堂。驯乌逐饭磬，狎兽绕禅床。摘菊山无酒，燃松夜有香。幸得同高胜，于此莹心王。③

在这首游明庆寺中，诗人主要写了五个方面的内容：一是写寺院的主要建筑有三层的佛塔、庵园、讲堂等；二是写在怒放的菊花、绿色的松树等自然景色中对山寺的游览；三是写“乌逐饭

① （唐）许嵩：《建康实录》，中华书局 1986 年版。

② （宋）张敦颐撰，张忱石点校：《六朝事迹编类》，上海古籍出版社 1995 年版，第 111 页。

③ 逯钦立：《先秦魏晋南北朝诗·陈诗》卷一，中华书局 1990 年版，第 2448 页。

磬”、“兽绕禅床”的人与自然亲密无间；四是写寺院的生活“无酒”、“有香”；五是写与友人游山寺所受的感染。实际上和谐美是这首诗最大的审美特色。一是佛塔等建筑与菊花、松树等自然景色相互融合为一体，是和谐的，因佛塔只有三层，没有高大的体量，对人没有压抑感。二是“驯乌逐饭磬”、“狎兽绕禅床”显示的是人与自然亲密无间的情景，人与自然是和谐的；三是在人与自然之间的和谐关系中诗人更庆幸能与友人同赏眼前的“高盛”，得以澄心净怀、澡雪精神，这是人的内心的和谐。看来人与自然之间的和谐之美恰恰能使人的内心情感得以净化，人的内心和谐了，人才会以审美的眼光观照自然的一切，才会发现自然中的美，像这首诗中的佛塔、讲堂、菊花、松树等都成了游人的审美对象，都能使诗人在不经意的审美观照中感悟佛理、体验情感。

陆罩的《奉和往虎窟山寺诗》：

> 鸡鸣动睟驾，柰苑眷晨游。朱镳陵九达，青盖出层楼。嵊华满芳岫，虹彩被春洲。葆吹临风远，旌羽映九斿。乔枝隐修径，曲涧聚轻流。徘徊花草合，浏亮鸟声遒。金盘响清梵，涌塔应鸣桴。慧云方靡靡，法水正悠悠。实归徒荷教，信解愧难酬。①

这首诗既写了随梁简文帝萧纲去虎窟山寺出发的盛大场面，也写了虎窟寺美丽静谧的自然景色：乔枝修径、曲涧轻流、花草合香、鸟声嘹亮，更写了为了迎接贵人的到来，僧人们奏响金盘发出清脆悦耳的梵音，击鼓的声音使涌塔相回应，最后写佛法的隆盛流布于水云之间，使游人们难以表达对佛法的感情。虽说这首诗还是为了阐发佛理，体验佛情，但佛塔的形象既是佛的象征，那么佛法流布于自然风景之间，佛塔也应该和整体自然风景相一致。

如果说陆罩的“涌塔应鸣桴”中的佛塔还有很强的佛法象征，时时刻刻提醒人们佛的存在，那姚察的《游明庆寺诗》中的佛塔

① （梁）陆罩：《奉和往虎窟山寺诗》。

则完全化为自然美景的一部分，诗曰：

> 月宫临镜石，花赞绕峰莲。霞晖间幡影，云气合炉烟。迥松高偃盖，水瀑细分泉。含风万籁响，裛露百花鲜。①

“幡”一般指佛教建筑物悬挂的旌旗，在这里指佛教建筑物，当然也包括佛塔。这首诗里面的霞晖幡影、云气炉烟、山石飞瀑、迥松鲜花等寺庙的自然美景，好像扑面而来，令人应接不暇，颇使人心向往之，哪里还有半点的佛法意味，完全是一幅美丽的自然风景画。

阴铿的《游巴陵空寺诗》：

> 日宫朝绝磬，月殿夕无扉。网交双树叶，轮断七灯辉。香尽奁犹馥，幡尘画渐微。借问将保见，风气动天衣。②

这首诗里写了寺院中很多的物事，有宫殿、相轮（指佛塔）、佛奁、佛幡等，表明了佛的无处不在。但用“绝”、“无”、“断”、“尽”等字，表明了一种落寞破败之象，给人一种空寂感。这种空寂感是以寺院的一种整体感呈现出来的。

四、“何分西土东天，倩他装点名园”（乾隆《月地云居》）——佛塔在园林中的构景

如果说南朝时期佛塔逐渐成为勾勒自然美景的因素，整体风景的一部分还只是初露萌芽的话，那么明清时期佛塔成为构景因素，和园林美景融为一体就是人们的主动追求，是当时很普遍的现象。至于原因就是我们上文分析的明清时期盛行风水术，塔就与自然风景结合起来。到清代中、晚期塔则与皇家园林与私家园林联系起来，成为造园理景的一个重要构成要素。如明代北京城朝阳门外的

① （隋）姚察：《游明庆寺诗》。

② （梁）阴铿：《游巴陵空寺诗》。

月河梵院里寺塔就与院中的各种美景融为一体，成为园林造景的一个构景因素。据《天府广记》卷三十七引《月河梵院记》载：

> ……窖东为春意亭，亭四周皆榆杜桑柳，丛列密布。游者穿小径，逼仄以行，亭东为板凳桥，桥东为弹琴处，中置石琴，上刻苍雪山人作。西为下棋处。少北为独木桥，折而西曰苍雪亭，亭为击壤处，有坐石三。逾下棋处，为小石浮图。浮图东循坡陀而上，凡十余弓，为灰堆山。山上有聚景亭，上望北山及宫阙，历历可指……①

看来月河梵院里面的佛塔并不是很高大，也不是院中的主要景致，它的存在只不过是标明此处是寺院而已，即只起到一种点景的作用。塔与众多的寺院景色融合为一个有机的整体，而塔只不过是众多园林构景因素之一而已。

清代中、晚期，中国的皇家园林与江南的私家园林造园艺术水平发展到中国园林史上最为鼎盛的时期。在这些“皇家园林里建造了大量的寺、观、祠庙，尤以佛寺为最多。几乎每一座稍大的园林都有不止一所的佛寺，其规模之大、规格之高，并不亚于当时的第一流敕建佛寺，有的佛寺成为一个景域或主要景区内的主景，甚至全院的重点和构图中心。这固然由于清王朝的满族统治者以标榜崇弘佛法来巩固自己的统治地位，而与当时为团结、笼络蒙、藏上层人士以确保边疆防务、多民族国家统一的政治目的也有更直接的关系。因此，乾、嘉时期的皇家园林中佛寺之盛远远超过上代。有些园林甚至可以视为寺观园林与皇家园林的复合体”②。

我们知道一个好的审美艺术作品应该是一个主次关系明确而又和谐统一的审美整体。只有首先确立了艺术品的主体或中心，这个

---

① （清）孙承泽：《天府广记》卷三十七引《月河梵院记》，北京古籍出版社2001年版。

② 周维权：《中国古典园林史》，清华大学出版社1990年版，第188~189页。

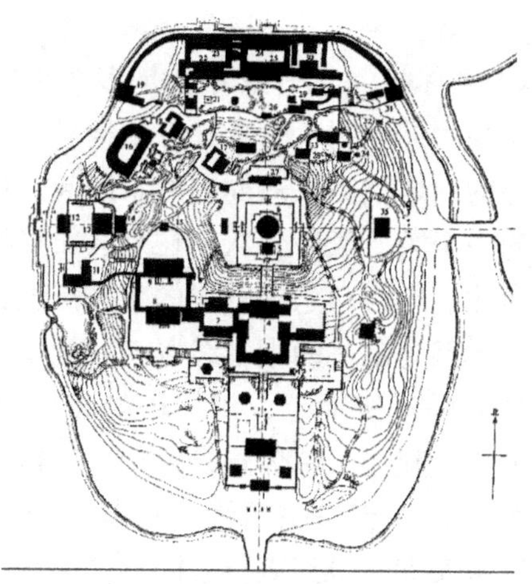

图 4-3　北京北海琼华岛示意图（中心圆点是白塔）
（采自周维权：《中国古典园林史》，清华大学出版社 1990 年版，第 193 页）

审美艺术品的基调才能定下，大的方向才会明确，才不会变，次要的方面才会好安排，才会成为一个好的艺术品。就如小说、戏曲需要主人公、音乐需要主调、雕塑群需要主像、建筑群需要主建筑或建筑布局需要建筑中心一样，园林也需要一个标胜引景的主体，那么清代皇家园林里面的佛塔以其高耸的身躯和美妙的造型成为皇家园林的主体建筑就是顺理成章的事。

寺观园林中的佛塔常常因其高耸的造型审美风格而成为园林中的一个主要建筑，一个园林艺术构图的中心或重点，塔这种醒目而集中向上的园林建筑所构成的风景线常常控制着整个景区周围的建筑、山水、花木，使得这些周围的风景都以塔为中心向其朝拱，这时的塔就有一种驾驭全局、唯我独尊的主体地位的优越感。正如古代的山水画论所说的“凡画山水，先立宾主之位，决定远近之形，然后穿凿景物，排布高低”①，“写山水家，万壑千岩经营满幅，

① （宋）李成：《画苑补益 · 山水诀》，《四库全书存目丛书》子部第 71 册，齐鲁书社 1995 年版。

其中要先立主峰。主峰立定，其余层峦叠嶂，旁见侧出，皆血脉流通"①。可见园林中主体控制、引景标胜是多么重要，清代皇家园林中佛塔就常常充当主体控制、引景标胜的构景作用，如乾隆时期北海的琼华岛中心的白塔就对该岛周围的景区起到这种作用。琼华岛是北京西苑中的一个重要景区，从现在景区布局特点来看，白塔就位于琼华岛上南北、东西两条中轴线的交叉点上，该交叉点处正是琼华岛的最高处，因为南北的中轴线以南坡的永安寺开发最为着力，其地势是由低到高逐级而上，到白塔处正好是全岛最高的地方，南坡除在中轴线上建造了单体建筑以外，还依地势的高低、对称性布置其附属建筑，并有庭院围绕，有白塔处于最高位置的控制，使得整个南坡永安寺建筑充满皇家园林的大气。而东西中轴线以西坡开发最为用力，但因为西坡地势逼仄又高低不平，因此西坡建筑较少，并显得单体建筑更低，但却彰显了白塔的高大壮丽。因此，白塔高耸于琼华岛之巅，再加上其高达 35.9 米的塔高，白色优美的喇嘛塔造型，使得白塔不仅成为琼华岛本处的主体建筑、构图主体、人们的视角焦点，还成为周围景区的主体建筑。如果你站在白塔前往东眺望，东面是金瓦红墙的紫禁城；南面是殿阁参差错落、碧波荡漾的中南海，还有远处的人民大会堂、历史博物馆和许多高楼大厦直扑眼底，真是一个绝妙的观光景点。正如一副对联所写的"四面波光动襟袖，三山烟霭护瀛洲"，就写出了白塔的主体控制和引景标胜的作用。

同样著名的还有北京颐和园中万寿山上的佛香阁，它也是园林景区主体控景的典型作品。据乾隆年间官方修撰的《钦定日下旧闻考》卷八四《国朝苑囿》记载："慈福楼西为大报恩延寿寺，前为天王殿，为钟鼓楼，内为大雄宝殿，后为多宝殿，为佛香阁，又后为智慧海。"② 可知，佛香阁属于大报恩延寿寺，高耸于万寿山山腰高台上。这里原来建造的不是佛香阁，而是一座佛塔——延寿

① （清）朱和羹：《临池心解》，上海书店出版社 1994 年版。

② （清）于敏中：《日下旧闻考》卷八四，北京古籍出版社 1985 年版，第 1396 页。

塔，乾隆在御制诗中曾多次提到，“山前建延寿塔，今至第五层，已高出山顶矣”①，“构塔已至第八层，尚未毕工”②，不过就在建到第八层时，“万寿山延寿塔遵旨停修”，“未做第九层塔身并九霄头停地面油画等项”③，然后改建为佛香阁，“宝塔初修未克终，修楼改建落成功”④。现如今佛香阁坐落在一个汉白玉须弥座的台基上，三层八面四重檐，⑤ 是一座琉璃瓦八角攒尖顶的类似于高层佛塔的建筑，高达 40 米，上下有明显的收分，体形粗壮雄健，非常威武。它以高大的体量耸立于高台之上，雄视着脚下的万寿山和周围的昆明湖，显示出“据一园之形胜”的雍容宏大的气魄。“从其审美功能来看，一方面，它打破了万寿山单调刻板的格局，使建筑和山势相结合，产生了起伏高下的情势，并有了丰富多彩的色调；另一方面，佛香阁前体量特大的石砌高台以及‘八’字形的朝真磴，又以其大面积的几何体的规整造型反衬出山形的变化多样。总之，这类相生相破的空间关系，造成了颐和园这一主体景观的美。在这个主景区里，从万寿山南坡顶到昆明湖畔，建筑组群中的个体建筑，都拱向佛香阁这一主体。例如湖滨呈直线形的彩画长廊，经过‘云辉玉宇’牌坊处特地呈现出弧形，其围拱、面向主体排云殿——佛香阁的趋势是十分明显的。再看以这一牌坊作为起点的中轴线上，佛香阁居于中心，前有排云门、排云殿、德辉殿、后有众香界、‘智慧海’，东有‘转轮藏’，西有五方阁……这都是佛香阁宏观的审美控制的范围。阁中有联云：‘暮霭朝岚常自写，侧峰横岭尽来参。’一个‘参’字，写尽了它统驭控制，唯我独尊

① 《清高宗御制诗文全集》（第三册）《雨后万寿山》，中国人民大学出版社 1993 年影印本，第 338 页。

② 《清高宗御制诗文全集》（第三册）《雨后万寿山》，中国人民大学出版社 1993 年影印本，第 554 页。

③ 第一历史档案馆所藏乾隆二十三年工程奏销文件。

④ 《清高宗御制诗文全集》（第四册）《新春游万寿山报恩延寿寺诸景即事杂咏》，中国人民大学出版社 1993 年影印本，第 274 页。

⑤ 佛香阁的资料转引自王鸿雁：《清漪园宗教建筑初探》，《故宫博物院院刊》2005 年第 5 期。

的主体地位，写尽了周围建筑、山水、花木无不向其朝揖参拜的特点。再扩而大之，就整个颐和园来说，高耸于万寿山腰的佛香阁，也可说是一个有这强烈辐射性的艺术‘场’。司空图《诗品·雄浑》说：‘大用外腓，真体内充。返虚入浑，积健为雄。具备万物，横绝太空……’佛香阁就具备这种品格。它那崇高的体量似乎含蕴着真气，巨大的作用向四面八方伸张；磅礴之气，横绝于广袤的艺术空间，雄浑之概，笼罩园内万物，使它们获得了美的力量。它可说是颐和园整体的灵魂。”①

清漪园花承阁中的多宝琉璃塔也是一个构景的主体建筑。花承阁是万寿山后山东区的一处重要景点，它是与中部的莲座盘云佛殿和西部的六兼斋等共同组成的一处园林与建筑融合为一体的风景区，位于一个七米高的半月形砖台上。花承阁坐东朝西，依陡坡而建，为面东一层，面西两层的错层楼房，其南面有一处塔院，院中置一座多宝琉璃塔，据院中竖立的一块用满、蒙、汉、藏四种文字镌刻的乾隆御制多宝塔颂的塔碑云：“万寿山阴花承阁西，五色琉璃合成宝塔，八面七层，高五丈余，黄碧彩翠，错落相间。飞檐宝铎，层层周缀。榱桀户牖，不施寸木。黄金为顶，玉石为室。千佛瑞像，一一具足。坐莲花座，现宝塔中。轮相庄严，凌虚标胜。用稽释典，名曰多宝佛塔。”② 从此碑文再加上现在的实物可知，多宝琉璃塔位于花承阁最高的层台上，“八面七级，高 17.6 米，八脊攒尖七重檐，汉白玉的台基，塔身用浮雕着 596 个佛像的琉璃砖镶砌而成，配以汉白玉的须弥座，平安如意雕花石栏，镀金宝顶，造型精美，色彩绚丽”③。多宝琉璃塔坐落于整个建筑群的最高处，再加上其高达 17.6 米的塔身，挺拔秀丽的造型、做工精丽的琉璃砖装饰，使得它在万绿丛中显得非常突出、非常光彩夺目。这也就使它成为该景区的主体建筑、构景中心，因为周围都能看到其秀丽

① 金学智：《中国园林美学》（第二版），中国建筑工业出版社 2005 年版，第 284 页。

② 《乾隆御制多宝塔碑》。

③ 王鸿雁：《清漪院宗教建筑初探》，《故宫博物院院刊》2005 年第 5 期。

挺拔的身姿。

佛塔不仅在清代皇家园林中主要起到主体控景的作用，还由此延伸出借景的作用。借景是中国古典园林艺术意境塑造的一个重要手法，其目的就是让园内的有限空间与园外的无限空间融为一体，从而扩大空间，使境界含蓄不尽，富于诗情画意之美，可分为远借、近借、邻借、仰借、俯借等几种。正如计成在《园冶·借景》中所说："夫借景、林园之最要者也。如远借、近借、邻借、仰借、应时而借。然物情所逗，目寄心期，似意在笔先，庶几描写之尽哉!"佛塔往往因其高大的体量、挺拔的身姿、优美的造型、精丽的装饰等成为园林借景的主要因素之一。如北京西面玉泉山的顶峰耸立着一座挺拔优美的玉峰塔，该塔是一座仿木构的楼阁式塔，八角七层，高 30 多米，每层塔身距离基本相同，上下收分也不是太明显，塔身每层八面都开门窗，塔檐是用砖叠涩而出，檐面较为平直，没有上翘的檐角，塔身内部中空，内有盘旋式的楼梯层层上达，可伫立每层通过门窗眺望。该塔造型古朴、塔身挺拔优美，以高大的塔身雄踞于玉泉山之山巅，实为玉泉山的主体建筑，又是颐和园和周围园林的借景。

在江南苏州园林中，佛塔也往往成为附近或远处园林的借景，如苏州的拙政园是江南园林的突出代表，其园林布局以水为主，亭台楼榭则环绕水体而建，高低错落，再加上园内以林木决胜，因此呈现出曲折通幽、自然天成的美感。但是就其园林本身来看，其园内因没有高大的建筑引景标胜，所以拙政园的园林在平面铺排上曲折有致，而往高处伸展则平白无力，总给人一种单调之感。为了弥补这一缺憾，于是拙政园的"造园家却巧妙地在西面的树冠丛中，特意'实中求虚'，留出一路虚灵的借景空间，把远方的北寺塔借进园内。摄影家还结合'应时而借'，捕捉到了霞光夕辉映衬的北寺塔。逆光远视，亭亭的塔影，光影反差极大，犹如一幅色彩既单纯而又绚烂丰富的油画，而塔尖倒影入池，更令人遐想。这是造园家唯道集虚、借景如画的大手笔"①。

① 金学智:《中国园林美学》(第二版)，中国建筑工业出版社 2005 年版，第 323 页。

佛塔的挺拔身姿不仅能够远借给远处的园林，给人一种模糊感、朦胧感，而且还能近借给附近的园林，给人一种明晰感和亲近感。如无锡的寄畅园，地处惠山山麓，附近有惠山和锡山为景，借景的条件极为优越。“它既可借附近较大而富于野趣的惠山为景，又可东南借稍远而山顶点缀着建筑物的龙光塔的锡山为景，而后者的景观效果更佳。在园内，如果以‘锦汇漪’西北池岸作为观景点，那么，近处是对岸以知鱼槛为主体所组成的廊榭秀美、倒影如画的景面，而园外的锡山又作为一个景面在其后补充着，映衬着，使得一层之上，更有一层，景观更为丰富。由于距离较近，山顶上寺院建筑的歇山顶、龙光塔的每一层都可以看得比较清楚。乾隆《寄畅园杂咏》写道：‘今日锡山姑且置，闲闲塔影见高标。’就是对这种近借所作的描述。”①

中国的佛塔常常以自身高大的体量、峻拔的身影，把整个园林的二维平面变为三维空间，极大地丰富了整个园林的立面造型，特别是延伸了以建筑为中心的天际线，使得平坦的地平线上的建筑组合结构，不再是横向展开，平铺直叙，毫无起伏，而是立面不一，造型多姿，高低错落，宾主分明。在中国古典园林中，我们常常可以看到高大挺拔的楼阁、翼然展开的空亭、耸入云霄的佛塔等耸立在园林的高显之处，以自己的拔地而起改变了横向的平面铺排，发挥着以竖破横的作用，又以自己的高大透空吸纳着周围空间的美丽景色，发挥着气韵生动的意境美。如杭州西湖的保俶塔，高傲地耸立于宝石山巅，把西湖周围的建筑、山水、花草树木等都吸引在自己的周围，使得杭州西湖的景色成为一个和谐的有机体。特别是那耸入云霄的塔身倒影在清澈的湖水中所形成的美丽倩影，以非凡的魅力把人们诱向如诗如画的西子湖，怪不得袁宏道说：“望保俶塔突兀层崖中，则已心飞湖上也……即棹小舟入湖。”（袁宏道《西湖一》）在袁宏道看来，这个塔之所以有勾魂摄魄的魅力，就在于它所处的位置，作为艺术的“场”，有引景标胜的作用。还有杭

① 金学智：《中国园林美学》（第二版），中国建筑工业出版社 2005 年版，第 324 页。

州西湖孤山上的西泠社石塔，又名西林塔。该塔建于清光绪二十九年（1903 年），位于一处优美精巧的园林中。此塔全部为石制，高十余米，上面虽然刻满了佛经，但实际上纯属点景建筑，用来装饰这一精巧的小园林。塔虽不高，但耸立在孤山上，因“孤山屹立湖中不与群山舞……碧水萦回，平冈品藉，宛若蓬瀛，益湖山胜绝处”①，增加了雄伟的气势。它与周围的建筑景色融合为一体，构成了西湖美景的一个组成部分。李允鉌先生就指出了这种建筑物的美感，“在视觉的意义上，建筑物所表现的形体应该分别以远、中、近三种不同的距离来衡量它的效果。在远观的时候，立面的构图只是融合成一个剪影，看到的只是它的外轮廓线，与天空相对照，就成了所谓的天际线。在中国古典建筑中，无论什么建筑，很少是简单几何图形的‘盒子式’的外形，它的屋顶永远不会只是一些平坦的线条，因此，外轮廓线永远是优美的、柔和的，给予人一种千变万化的感觉”②。

① 《钱塘县志·舆地志》。

② 李允鉌：《华夏意匠——中国古典建筑设计原理分析》，天津大学出版社 2005 年版，第 167 页。

第五章　塔的文化功能：娱神与娱人的统一

第一节　前人对中国古塔的起源研究

我们只要考察一下佛塔的造型特征，无论是北魏开国皇帝拓跋珪所建立的“五级浮屠”、魏孝文帝元宏为鸠摩罗什建立的“三级佛图”，还是胡太后所建立的“九级佛图”，可知当时建立的佛塔主要是楼阁式塔。为什么中国要建造这么多的楼阁式塔？罗哲文先生认为主要有三个方面的原因：“一、窣堵波是埋藏舍利的东西，是最神圣的，既然佛在里面，那就必须以最高贵显著的建筑来供奉。二、中国原有古建筑中的高楼，是统治阶级相互夸耀的豪华之物，并传说楼是神仙的住所。秦始皇、汉武帝都修建过高楼台榭，以迎候仙人。这种建筑用来尊崇佛这种比神仙还要高深莫测的神圣，那当然是最为适合的了。三、高楼能使人望而惊异，这就增加了许多神秘感。于是楼阁建筑便被采用了。佛经上把它翻译为高显二字，就是既高大而又显赫。”① 罗哲文先生的观点不无道理。也就是说，中国楼阁式塔的主要造型特征是高大与显赫，这种特征是通过层层的重楼彰显出来的，楼阁就是这种塔的主要构成部分，而印度的窣堵波却被中国人放置于楼阁的顶端，一方面标明了这种建筑的宗教特征，具有神秘感，另一方面还能起到装饰的作用，增加整个建筑造型的美观。

我们知道笮融所造的佛塔已经完全不同于古印度的“窣堵

---

① 罗哲文：《中国古塔》，中国青年出版社 1985 年版，第 9~10 页。

波”，而是具有中国特色的楼阁式塔，这种塔自从出现以后几千年来一直在中国居于主导地位，成为装饰中国大地的美丽风景。这种楼阁式塔应该是中国传统建筑形式“楼”与古印度“窣堵波”的一种结合体，是外来的佛教建筑文化对中国传统建筑文化影响所致而出现的一种新的建筑类型。中国著名建筑学家梁思成先生就持这种观点，他说：“在原来中国的一种宗教用的高楼之上，根据当时从概念上对于印度窣堵波的理解，加上一个刹，最早的中国式的佛塔就这样诞生了。”① 李允鉌先生也认为“佛教传入中国之后，中国建筑显然逐渐受到外来文化的影响。显著的例子就是建立了‘塔’这个新的建筑类型。中国式的塔和印度的‘斯屠巴（Stupa），在形式和结构上都并不相似，中国的塔可以说是‘楼’的形制的一种发展”②。日本的中国建筑史学家伊东忠太先生也认同此说，他说：“说明塔之形式之学说，即楼阁起源说也。我辈会为此说之提案，因中国自周秦以来，楼阁已有相当发达之形迹，而为二重三重之建筑物。即中国当新造塔时，一面受旧来楼阁建筑之暗示，一面由窣堵波求佛塔之作法，结果互相融合而成中国塔之样式。”③

楼阁式塔是一种非常成熟的中国式塔，那么它的演变过程到底如何？由于文献资料鲜有记载，再加上所存实物不多，我们很难对此作出一个清晰的判断。有些学者对此也做了一些努力，但也只是一些假设性的推测，可以作为参考。伊东忠太先生认为“中国之塔，可认为确由窣堵婆者。中印度之窣堵婆传至大月氏国犍陀罗地方以后，已有变化。一方带有泰西之手法，同时又略带中国趣味。更观东土耳其斯坦所发现窣堵婆残址，则更近于中国趣味。由是观之，窣堵婆愈至东方，愈有接近中国式之事实。结果乃由印度之窣

① 梁思成：《中国的佛教建筑》，《清华大学学报》（自然科学版）1961年第2期，第52页。

② 李允鉌：《华夏意匠——中国古典建筑设计原理分析》，天津大学出版社2005年版，第107页。

③ ［日］伊东忠太撰，陈清泉译补：《中国建筑史》，上海书店出版社1984年版，第124页。

堵婆发达成为中国式之塔”①。

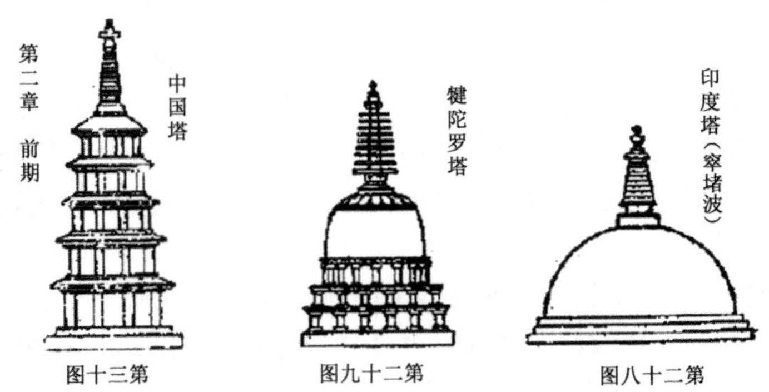

图 5-1　伊东忠太的中国楼阁式塔演变示意图

（采自伊东忠太撰，陈清泉译补：《中国建筑史》，上海书店出版社 1984 年版，第 123 页）

伊东忠太先生的观点很明确，那就是先有古印度的窣堵波，然后发展到中印度的犍陀罗塔，此塔已有楼阁式的中国趣味；最后到达汉地，形成完全具有中国特色的中国式塔。与伊东忠太先生的观点相类似的是 20 世纪 60 年代德国学者泽克尔提出的东亚楼阁式塔起源于印度的窣堵波，然后经犍陀罗地区传到中国形成楼阁式塔，并且他指出了楼阁式塔是按照印度窣堵波—犍陀罗窣堵波—西安大雁塔—云冈石窟中石刻楼阁式塔这样一个发展阶段演变而来。② 很明显，泽克尔是按照窣堵波的比例大小来推测楼阁式塔的发展演变，但这样却造成了 7 世纪的西安大雁塔与 5 世纪的云冈石窟石雕楼阁式塔在时间上的矛盾，有点不可取。

李允鉌先生在《华夏意匠——中国古典建筑设计原理分析》中转引威廉·威列斯特在他的《中国艺术的基础》一书中所做出

① ［日］伊东忠太撰，陈清泉译补：《中国建筑史》，上海书店出版社 1984 年版，第 123～124 页。

② Dietrich Seckel. The Art of Buddhism. Methuen，1964：113.

图 5-2　泽克尔的楼阁式塔演变顺序

（采自朴基宪：《论云冈石窟所见楼阁式佛塔的起源及演变》，《石窟寺研究》2011 年 12 月 31 日）

的对中国佛塔建筑来源的图解中这样排序：a. 中国汉代的陶器望楼；b. 印度桑志的斯屠巴；c. 英国博物馆所藏的 3 世纪时印度的斯屠巴形式的“圣骨箱”；d. 5—6 世纪敦煌壁画上的印度式佛塔；e. 敦煌壁画中的佛塔。①

两相比较，二者差异显而易见：伊东忠太认为是印度的窣堵波先影响到中国式塔，而威廉·威列斯特却认为是中国汉代高耸的楼阁式望楼与印度的窣堵波相互结合而后逐渐发展演变而成为中国式塔。从建筑的角度来讲，伊东忠太先生的看法并没有错，是符合建筑文化的发展逻辑的，因为中国没有这种建筑形式，最初只能模仿印度的，后来才创造出自己的佛塔形式，正如他所说的：“只佛教之教义，勤行之法式，与佛像奉安之施设，内外之宗教的庄严等，为中国国民所不知者，则模仿印度。尽除用西域式外，别无他法也。……而塔乃为藏佛舍利而建者，其式样特发于印度，中国古来无此种性质之建筑，则不能以中国原有之何种之建筑充之也。”②

① 李允鉌：《华夏意匠——中国古典建筑设计原理分析》，天津大学出版社 2005 年版，第 359 页。

② ［日］伊东忠太，陈清泉译补：《中国建筑史》，上海书店出版社 1984 年版，第 122 页。

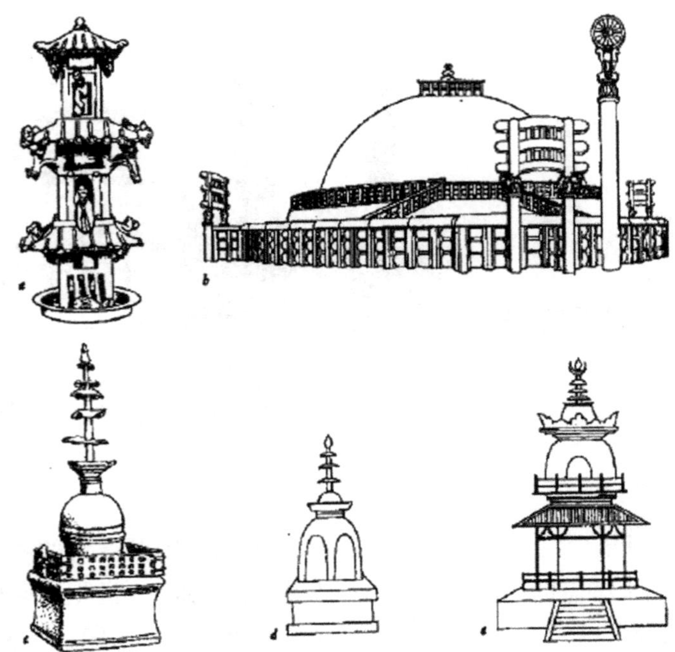

图 5-3　佛塔的发展演变

（采自李允鉌：《华夏意匠——中国古典建筑设计原理分析》，天津大学出版社 2005 年版，第 359 页）

而李允鉌先生却不这样认为，他说："'塔'从印度传入开始主要是由佛经带来塔的一些概念或者制度，并没有带来真正的印度建筑形式，在一千多年前，建筑形式和建筑方法是难于跑得那么远的。在'东土'上，只好根据文字带来的意念重新创造这种意念带来的形状。"又说"佛经对塔的意义和制度都有解释，得其'神'后自可领会而去创造其'形'了。至于'天竺'如何去创造他们自己的'形'当时是无须亦无法深加研究。从建筑的角度来看，中国的佛教建筑形式并不能完全说是吸收了印度的佛教建筑，经过消化而重新创造出自己的东西来。"① 看来，李允鉌先生的看法还是

① 李允鉌：《华夏意匠——中国古典建筑设计原理分析》，天津大学出版社 2005 年版，第 359 页。

有一定道理的。

20 世纪 80 年代，德国学者雷德侯认为楼阁式塔的起源与中国汉代的明器望楼和明堂有密切的关系，因为这两种建筑虽然在结构与用途上都不同，但两者都具有象征性，在宗教意义上都是神秘的场所，并且是宇宙的中心。他认为中国接受印度窣堵波的时候，采用了窣堵波的象征性。我们认为，雷德侯的这种中国本土起源说虽然从文化接受心理上具有一定的启发性，但楼阁式塔与望楼、明堂毕竟是两种不同的建筑类型，中国本土是没有这种建筑类型的，应该是两者的融合才造成楼阁式塔的出现。与雷德侯的楼阁式塔中国本土起源说相类似的还有学者孙机。他认为木构楼屋顶上立的标柱被印度式的刹所代替，从而形成中国的楼阁式塔。① 韩国的朴基宪先生根据北魏洛阳云冈石窟中所见楼阁式塔的外来因素，推测北方的楼阁式塔是层柱塔在演变过程中吸收了犍陀罗和南方汉式的因素，最终形成了中国楼阁式塔。② 这种看法实际上还是类似于中国本土起源说的。

第二节　“仙人好楼居”

——楼阁式塔起源的审美文化意蕴

一、中国楼阁高大威严的审美特性

何谓楼阁？中国人为什么喜欢楼阁这种建筑类型呢？

《说文解字》曰：“楼，重屋也。”③ “楼”就是“屋”往垂直方向再重复堆叠一次。《园冶·屋宇》对此进一步阐释：“《说文》

① 孙机：《关于中国早期高层佛塔造型的渊源问题》，《中国历史文物》1984 年第 1 期。

② 朴基宪：《论云冈石窟所见楼阁式佛塔的起源及演变》，《石窟寺研究》2011 年 12 月 31 日。

③ （汉）许慎：《说文解字》，中华书局 1963 年版。

云：‘重屋曰楼’……言窗牖虚开，诸孔也。造式，如堂高一层者也。”① 这就是说，“楼”是一种往高空发展的建筑，至少是两层，层层之间有虚空的窗口整齐地排列。它的功能应该是高耸耀目，让人更上一层，极目远眺，以消忧解怀。《尔雅》曰：“狭而修曲曰楼。”② 这是对楼的外形特征进行了描绘，但没有指出楼的本质特点。

阁也是一种建筑类型，也是往高空发展的。在很多情况下，人们往往把楼、阁相提并论或混而为一，实际上楼和阁既同又不同：同，是说楼和阁都是层高性建筑，往高空发展是其共同特征；不同，是说“楼”是一层一层的房屋层层累加往高空发展，而“阁”“并不是‘重屋’，阁的底层平面和上层平面在使用功能上不一样，而且大多数的情况下只是一层‘支柱层’。支柱层所形成的是一个没有封闭的空间，虽然形成‘层’却不能算作‘室’。‘阁’其实就是最早的‘干栏式’房屋的一种发展，房屋建筑在一个木结构的平台上。木结构的平台一般就称为‘平坐’，平坐是用人工在不平坦的地形上取得一个平坦的活动层面的一种方法，也许比堆土筑台来得更为经济和快捷”③。当然，阁这种建筑形式在平坐上的房屋不一定非得是高层的，也可以是低层的，如苏州狮子林的修竹阁、网师园的濯缨水阁都是低层的，甚至是临近水面的。楼和阁不仅在结构上，而且在功能上两者也具有不同的特色。阁和殿一样在很多情况下不仅可以供奉佛像，成为肃穆堂正的宗教建筑，而且可以收藏大量的图书，成为吸取知识的源泉。当然，供奉佛像、收藏图书，“楼”也具有此种功能，但很多情况下，人们往往以“阁”来称呼宗教功能的建筑，如颐和园的佛香阁、香岩宗印之阁等，具有藏书功能的宁波范氏天一阁、圆明园的文渊阁、避暑山庄的文津

---

① （明）计成著，赵成注释：《园冶图说》，山东画报出版社 2003 年版，第 88 页。

② 《尔雅》，中华书局 1980 年影印。

③ 李允鉌：《华夏意匠——中国古典建筑设计原理分析》，天津大学出版社 2011 年版，第 60 页。

阁。究其原因，大概是“阁”这种建筑形式更具有灵活性、多变性以及收藏珍品的多功能性。实际上，楼和阁的区分并不是太明显，在很多情况下，人们往往把楼阁作为一个整体加以称呼，并以使用功能的不同而进行不同的审美要求，如文震亨在《长物志·室庐》写道：“楼阁，作房闼者，须回环窈窕；供登临者，须轩敞宏丽；藏书画者，须爽垲高深……”① 可见，文震亨就把楼和阁作为一个建筑整体加以称呼，并界定了不同使用目的的建筑物有其不同的审美要求，或深邃，或曲折，或轩敞，或宏丽。

楼阁这种往高空发展的建筑最早是与城墙的修建紧密相关。中国式的城墙主要由墉、碟、楼、橹等几部分构成。墉，就是城墙的本体，早期常常以夯土筑成，后来以砖石和夯土加以混合；碟、楼和橹都位于城墙之上，其中，“楼”是指城墙上的门楼或者角楼等城楼，它主要在城门之上建造多层的楼阁，再加上城墙的高耸，使得城楼极为显眼，显得轩敞宏丽。它的功能应该是实用与审美的统一。建造城楼最主要的目的是为了观察敌情，与“橹”的瞭望台的作用是一致的，所以“楼橹”常结合起来使用。因其建在城墙之上，在古代自然就是城市中最高的建筑。“它们构成城市的主要天际线，刻画出整个城市的轮廓，成为最强烈和最主要的景色，给人留下来的自然就是极为深刻的印象了。”② 城楼给人留下的深刻印象实际上就是高大雄伟，与中国古代建筑群在地面上有序地横向展开相对照，这种高大雄伟的视觉效果更为显著。因此，“中国的城楼在建筑艺术上表现出来的面貌极为雄伟，那种盖世的气魄令凡是目睹过的人都为之神往”③。

也是因为城楼具有这种艺术魅力，所以“古代国都的主要门

---

① 文震亨：《长物志·室庐》，《丛书集成初编》本，商务印书馆1936年版，第4页。

② 李允鉌：《华夏意匠——中国古典建筑设计原理分析》，天津大学出版社2011年版，第348页。

③ 李允鉌：《华夏意匠——中国古典建筑设计原理分析》，天津大学出版社2011年版，第348页。

楼似乎由它们来第一次显示国家的威严”①。

城楼在古代常称为“阙楼”。所谓“阙”，东汉许慎的《说文解字》曰：“阙，门观也。”② 《尔雅·释宫》谓：“观，谓之阙。”③ 汉代刘熙的《释名》则云：“观者，观也，与上观望也。阙在门两旁，中央阙然为道也。”④ 晋人崔豹在《古今注》中更进一步阐述道：“阙，观也。古者每门树两观于其前，所以标表宫门也。其上可居，登之则可远观。”⑤ 以上这些文献资料基本上明确了“阙”的含义，那就是在门两旁设置的类似现在岗楼式的建筑，可以登临远观。需要注意的是，“阙在门两旁”不是“阙”仅建筑在“门外”或“城门外”，而是“盖城墙当门两旁筑台，台上设楼，是为观，亦谓之阙。城隅，上宫，为城、宫墙角之楼；城阙，为城正面夹两旁之楼。是城阙亦城楼、上宫之类，故亦男女期会之地”⑥。实际上，“阙楼”就是在古代门两旁的高台上建造楼观，以显其高大巍然。当然，若是城门楼，就称为“城阙”；若是宫廷门，就称为“宫门阙”。二者之间的区别就是一在城墙上，一在宫墙上。不光城墙、宫墙建造城楼、阙楼，古代的中国人还在祭祀祖先的宗祠和死者的陵墓前设置阙，这就是祠庙阙和陵墓阙。

古代的人何以喜欢在城墙上建造高大的阙楼，大概追求巍然高大的审美特征是其最主要的原因。“阙”又称为“象魏”。《广雅》曰：“象魏，阙也。”⑦ “象魏”这一名称就形象地彰显了“阙”的审美特征。《韵会》说：“为二台于门外，作楼观于上，上圆下方，

---

① 李允鉌：《华夏意匠——中国古典建筑设计原理分析》，天津大学出版社 2011 年版，第 348 页。

② （汉）许慎：《说文解字》，九州出版社 2001 年版，第 694 页。

③ 《尔雅》，中华书局 1980 年影印。

④ （汉）刘熙：《释名》，中华书局 1985 年版，第 89 页。

⑤ （晋）崔豹：《古今注·都邑第二》，《四部丛刊三编》影印芝秀堂本。

⑥ 闻一多：《闻一多全集·诗经通义·邶风·静女》，湖北人民出版社 1993 年版。

⑦ 《广雅》，中华书局 1985 年版。

以其悬法，谓之象魏。象，治象也。魏者，言其魏魏然高大也。”① 巍然高大的阙楼一方面能够登高望远，便于观察敌情，能够给古代城市的防守提供预先示警的功能，这是军事目的的运用，也是古代城市建造阙楼的最主要的原因。因此可以说，在古代有城必有阙、有宫必有阙。从文献记载上来看，秦、汉时代的城市和宫廷关于城阙、宫阙的记载很多。《史记·高祖本纪》记载，汉初“萧丞相营作未央宫，立东阙、北阙、前殿、武库、太仓”②。东汉班固在《西都赋》中描述长安，“其宫室也……树中天之华阙”③。同时代的张衡在《东京赋》中亦说，洛阳“建象魏之两观，旌六典之旧章”④。不仅都市中的帝王宫殿置有豪华的门阙，而且王侯权臣也喜置门阙。王延寿在《鲁灵光殿赋》中描写曲沃，“崇墉岗连以岭属，朱阙岩岩而双立”⑤。左思在《蜀都赋》中亦形容成都，“华阙双邈，重门洞开”⑥。从形象资料上来看，出土的汉画像石上有很多的阙可为代表。

另一方面，巍然高大的阙楼还是统治阶级公布法令，以增强法令威力效果的主要工具。《周礼》曰：“正月之吉，始和，布治于邦国都鄙，乃县治象之法于象魏，使万民观治象，挟日而敛之。”⑦“古者宫廷，为二台于门外，作楼观于上，上圆下方，两观相植。中不为门，门在两旁，中央阙然为道。以其悬法为之象，状其巍然高大谓之魏。”⑧ 汉代的刘熙说：“门阙，天子号令，赏罚所有出也。”这就是说，统治阶级利用巍然高大的建筑物给人的震慑作用，再加上威严的法令约束力，目的在于让万民收敛自己的各种行

① （元）黄公绍、熊忠编撰：《古今韵会举要》，中华书局1997年版。

② （汉）司马迁：《史记·高祖本纪》，中华书局1959年版，第385页。

③ （汉）班固：《西都赋》，《昭明文选》，中华书局1977年版。

④ （汉）张衡：《东京赋》，《昭明文选》，中华书局1977年版。

⑤ 王延寿：《鲁灵光殿赋》，《昭明文选》，中华书局1977年版。

⑥ 左思：《蜀都赋》，《昭明文选》，中华书局1977年版。

⑦ 杨天宇撰：《周礼译注·天官·太宰》，上海古籍出版社2004年版，第26页。

⑧ 杨天宇撰：《周礼译注·天官》，上海古籍出版社2004年版。

为，心甘情愿地接受统治。

城阙和宫室阙在一定程度上象征着统治阶级的政权，是国家机器的一部分，具有神圣感和威严感。因此，商鞅在公元前 350 年“筑冀阙宫庭于咸阳，秦自雍徙都之。……象魏以悬法”①。这是商鞅借巍峨高大的冀阙来显示新法的威严强大，警示秦国的人们贯彻新法以巩固封建制度的顺利确立而采取的一种政治谋略。

二、楼台的神人一体性功能

当然，这种“阙楼”除了自身往高空延伸的层层堆叠以外，还必须借助于高台的铺垫才能使“巍然高大”的审美特征充分发挥出来。那么，何谓“台”？许慎《说文解字》曰：“观四方而高者曰台。”② 可见，台的显著特点就是高耸，其功能则是登高远眺。在先秦时代，“台”主要由夯土筑成。老子曰：“九层之台，起于垒土。”③《吕氏春秋·仲夏纪》高诱注曰：“积土四方而高曰台。”《释名·释宫室》亦云：“台，持也，筑土坚高，能自持也。”④ 先秦时代建了很多的高台，《山海经》记载了很多传说中的台：“轩辕之台”、“共工之台、帝尧台”、“帝喾台、帝丹朱台、帝舜台”，等等。这些台只是传说而已，是否真的存在不得而知。至于夏启的“钧台”、夏桀的“瑶台”、商纣王的“鹿台”和周文王的“灵台”却是远古时代最著名的高台。到了春秋战国时期，各诸侯国建台成风，建造了大量的高台，其中最有名的，莫如楚之章华台、吴之姑苏台、赵之丛台和燕之黄金台等。

高大雄伟是先秦时代“台”建筑的共同特点。“夏桀作倾宫、瑶台，殚百姓之财。”这里虽然没有明确指出夏桀的“瑶台”往高空发展，但为了建筑此台而耗尽百姓的财物，可以想见此台的高大

① （汉）司马迁：《史记·商君列传》，中华书局 1977 年版。

② （汉）许慎：《说文解字》，中华书局 1963 年版。

③ （春秋）李耳著，文若愚编著：《道德经》，中国华侨出版社 2013 年版。

④ （汉）刘熙：《释名》，中华书局 1985 年版，第 89 页。

体量。刘向在《新序·刺奢》中明确指出了商纣王“鹿台”的高大尺寸：“纣为鹿台，七年而成，其大三里，高千尺，临望云雨。”尽管我们感觉对商纣王的“鹿台”的高度有夸张的成分，但商代的台往高空发展的趋势是显著的，台的体量高大的建筑理念是明确的，不然“临望云雨”是不可能的。周文王的“灵台”建筑情况虽然在《诗经·大雅·灵台》中有详细记载：“经始灵台，经之营之。庶民攻之，不日成之。”① 但遗憾的是，“灵台”的体量却没有涉及。这种遗憾在唐初李泰的《括地志》得以弥补，记载说：“辟雍、灵沼，今悉无复处，惟灵台孤立，高二丈，周回一百二十步。”② 当然，“灵台”据唐初已经一千多年了，经过千年岁月的风雨侵蚀，虽然灵台的残高只有“二丈”，“周回一百二十步”，但我们可以想象灵台初建时规模的宏大。山东临淄齐国故城中夯土的“桓公台”今残高 14 米，南北长 86 米；③ 邯郸赵王城“藂台”遗址，台基高 13.5 米，长 288 米，宽 210 米。④ 这些先秦时代的台，虽然经历了两千多年的岁月，但现在仍然高大雄伟。

高大雄伟的台往往充当宫殿、楼阁、榭、观等建筑物的基座，使之与这些建筑物成为一体，形成了长达好几个世纪的往高空发展的建筑趋势。《说文解字》说台“与室屋同意”⑤，这就说明台上建有房屋。台上的房屋常称为“榭”。《说文解字》说：“榭，台有屋也。”⑥ 人们往往把台与榭合成一个词，称为“台榭”。如“惟宫室、台榭、陂池、侈服……”⑦、“台榭曲直之望……”⑧、“有台

① 《诗经·大雅·灵台》。

② （唐）李泰：《括地志》。

③ 群力：《临淄齐国故城勘探纪要》，《文物》1972 年第 5 期，第 51 页。

④ 郭宝均：《中国青铜时代》，三联书店 1978 年版，第 141 页。

⑤ （汉）许慎：《说文解字》，中华书局 1963 年版。

⑥ （汉）许慎：《说文解字》，中华书局 1963 年版。

⑦ 王世舜、王翠叶译注：《尚书·泰誓上》，中华书局 2012 年版，第 429 页。

⑧ 《墨子·辞过》。

榭陂池焉"①、"秦之时，高为台榭……"②

这种往高空发展的台榭何以成为先秦时代人们的建筑风尚呢？很多研究者认为这是"自然崇拜——山岳崇拜的产物，统治者借以'登立为帝'，膺受天命"③。这是符合先秦时代人们崇尚鬼神，主张神人一体的审美文化风尚的。生产力水平的低下，使得人们对大自然的许多自然现象不认识、不理解，以至于产生困惑乃至敬畏的心理，这就导致了上古人类对自然物的崇拜，而其中对山岳的崇拜是最基本、最普遍的崇拜之一。山岳以其高耸的身躯、巨大的体量以及稳定而压迫人的姿态给人一种不可抗拒的力量。"高山仰止，景行行止"是山岳崇拜的心理表现。同时人们给予山岳以神性，认为上面居有天神，它是尘世与天国联系的通道。古希腊人以奥林匹斯山为崇拜对象，以奥林匹斯上的神仙世界为神话，产生了神人一体的文化观念，而中国人常以昆仑山以及山上所居住的神为崇拜对象，也产生了向往神仙世界、渴望成仙的强烈愿望。《山海经·海内西经》说："海内昆仑之虚……方八百里，高万仞……百神之所在。"④《淮南子·地形训》亦云："昆仑之邱，或上倍之，是谓凉风之山，登之而不死；或上倍之，是谓悬圃，登之乃灵……乃维上天，登之乃神，是谓太帝之居。"⑤ 可见，登神山而不死、能成为神仙的美好愿望对于有限生命而又渴望长生不老的人来说是多么大的诱惑。怪不得上古的人们崇拜高大的山岳，并以仿山岳的建筑形式来满足自己像神仙一样拥有人间不可企及的权势和力量。古埃及的金字塔和中国的台就是在"这种观念支配下，以建筑的

① 《左传·哀公元年》，中华书局1980年影印。

② （汉）刘安著，陈广忠译注：《淮南子·氾论训》，中华书局2012年版，第740页。

③ 金学智：《中国园林美学》，中国建筑工业出版社2007年版，第27页。

④ 张步天：《山海经解·海内西经》，（香港）天马图书有限公司2004年版，第419页。

⑤ （汉）刘安著，陈广忠译注：《淮南子·地形训》，中华书局2012年版，第204页。

形式对山岳的模仿，并同时也就把它作为神灵的所在而加以神化和崇拜”①。如《山海经》中有很多把“台”神化，以便以建筑形式作为对想象中神山的模仿。“有轩辕之台，射者不敢西向射，畏轩辕之台”②，射者之所以不敢往西射箭，就是如郭璞所注的“敬难黄帝之神”的原因。还有“有系昆仑山者，有共工之台，射者不敢北向”③“……不敢北射，畏共工之台”④，这些是把台神化，与神山一样看待。

“台”既然具有和神山一样的性质，那么，登临台就如登临神山，只有这样，世间的统治者才能把自己拥有的权力神化、合法化。所以中国人所认为的“天命神授”以及“登立为帝”（《天问》）的传统思想观念一直根深蒂固。如“夏启有钧台之享”⑤、“启享神于大陵之上，即钧台也”⑥、“令舜摄行天子之政，荐之于天”⑦、“舜登用，摄行天子之政”⑧，等等。可见，只有人王登台才能“荐之于天”，才能“登之乃灵”、“登之乃神”。这种思想一直持续着。到汉代，“武帝元封二年，作甘泉通天台。《汉旧仪》云：‘通天者，言此台高通于天也’。”⑨“亦曰候神台，又曰望仙台，以候神明，望神仙也。”⑩又说，汉武帝在建章宫建神明台，上铸铜仙人手捧承露盘“以承云表之露”，“和玉屑服之以求仙

① 王毅：《园林与中国文化》，上海人民出版社1990年版，第7页。

② 张步天著：《山海经解·大荒西经》，（香港）天马图书有限公司2004年版，第495页。

③ 张步天著：《山海经解·大荒北经》，（香港）天马图书有限公司2004年版，第517页。

④ 张步天著：《山海经解·海外北经》，（香港）天马图书有限公司2004年版，第377页。

⑤ 《左传·昭公四年》，中华书局1980年影印。

⑥ （北魏）郦道元撰，陈桥驿校证：《水经注·颍水注》，中华书局2013年版，第491页。

⑦ （西汉）司马迁：《史记·五帝本纪》，中华书局1977年版。

⑧ （西汉）司马迁：《史记·夏本纪》，中华书局1977年版。

⑨ 何清谷撰：《三辅黄图校释·台榭》，中华书局2005年版，第285页。

⑩ 何清谷撰：《三辅黄图校释·台榭》，中华书局2005年版，第285页。

道”。汉武帝还建了一个高达数十丈的柏梁台，在长乐宫中建有临华台、神仙台，① 曹魏的邺都“西北立台，皆因城为基址，中央名铜雀台，北则冰井台，又曰西台高六十七丈，上作铜凤，窗皆铜笼，疏云母幌，日之初出，乃流光照耀”②。更有甚者，曹魏的统治者还想建一个与天同高的“中天之台”。记载说：“魏王将起中天台，令曰：‘敢谏者死’。许绾负蘽操锸入曰：‘闻大王将起中天台，臣愿加一力。’……‘臣闻天与地相去万五千里，今王因而半之，当起七千五百里之台，高既如是，其址须方八千里，尽王之地，不足以为台址。……’王默然无以应，乃罢起台。”（《刘向新序》）这个记载可谓把统治者借助台能够登天，幻想“登之乃灵”、“登之乃神”的思想发挥到极致。

当然，在商、周之前，这种思想观念是以“神本”为中心的自然崇拜、天人沟通的原始宗教功能的一种体现。这种台的功能“决定了它的艺术风格，不论是对山岳的模仿或是象征神授的权力，它的基本美学要求都只能是迥立孤直，巉险巍峨；只能是一种以表现强烈体积感和力量感为特点的‘团块美’，而不能是以后中国古代建筑中占主导地位的那种‘结构美’。台的轮廓也只能是由简单而强烈的直线和斜线组成。因为只有风格才能充分再现出原始崇拜者心目中山岳的特点，直观地表现出统治者对巨大权力的亲自占有和对世间一切生灵重如山岳的压迫。而夯土技术的逐渐成熟则从物质手段上为上述风格提供了保证”③。这些就是“灵台”一类筑土高台风行整个上古时代的原因。

春秋、战国之后，以人本为中心的实践理性观念逐渐成为思想主潮，但追求神人一体的浪漫幻想却一直得以延续，只不过实用的、世俗的、清醒的理性精神始终贯彻其中，从而导致宗教的非理

① 何清谷撰：《三辅黄图校释·台榭》，中华书局2005年版，第281页。

② 《邺中记》，（北魏）郦道元著，陈桥驿校证：《水经注》，中华书局2013年版，第246~247页。

③ 王毅：《园林与中国文化》，上海人民出版社1990年版，第11~12页。

性迷狂逐步得以淡化、世俗化，就是追求神仙观念，也是为了人们更好地生活。随着这种思想观念的变化，春秋、战国以后一直到公元 11、12 世纪的好几个世纪的高台建筑，除了通天、祭天、候神、望仙的功能之外，更多的是以生活娱乐功能的面目出现，这些功能包括观象、玩乐、观赏、审美等。

所谓观象，就是观测天文气象。在古代，这种观象常常与非科学的灾祥紧密相关。《诗·大雅·灵台》郑笺曰：“灵台者，所以观祲象，察氛祥也。”① 颜师古注：“祲为阴阳相浸渐以成灾祥也。”② 古人迷信，认为自然界出现了奇异的天象，就预示着天要降灾或降福，统治者就要躬身反省，这还在很大程度上显示了通天功能的意味。至于“天子灵台，以考观天人之际”③ 更是董仲舒“天人合一”思想观念的表达。汉代的灵台上首次放置张衡制作的观察天象的浑天仪，预示着从迷信灾祥的出现到科学的观测天象的巨大转变。《三辅黄图·台榭》说，该台“为候者观阴阳天文之变”④，并引《述征记》：台“高五十仞，上有浑仪，张衡所制，又有相风铜乌，遇风乃动”⑤。

汉代统治者还在宫廷中设置了很多用于玩乐的台榭，宫苑中有斗鸡台、钓台、走狗台等，这些是很生活化的设施。这些台榭还用于观猎、校猎等功能，如《三辅黄图·汉宫》说：长杨宫中有鸿台，“上起观宇，帝常射飞鸿于台上”⑥，又说，长阳宫中有长杨榭，秋冬常“较猎其下，令武士搏射禽兽，天子登此以观”⑦。

台榭因其高耸，具有登高观赏的功能，这在台的一切功能性质中逐渐占据了主导地位，并取代了自然崇拜、沟通天人的原始宗教

① 何清谷撰：《三辅黄图校释·台榭》，中华书局 2005 年版，第 277 页。
② 何清谷撰：《三辅黄图校释·台榭》，中华书局 2005 年版，第 277 页。
③ 何清谷撰：《三辅黄图校释·台榭》，中华书局 2005 年版，第 278 页。
④ 何清谷撰：《三辅黄图校释·台榭》，中华书局 2005 年版，第 279 页。
⑤ 何清谷撰：《三辅黄图校释·台榭》，中华书局 2005 年版，第 279 页。
⑥ 何清谷撰：《三辅黄图校释·汉宫》，中华书局 2005 年版，第 149 页。
⑦ 何清谷撰：《三辅黄图校释·台榭》，中华书局 2005 年版，第 290 页。

功能。《西都赋》说，天子“历长杨之榭，观山川之体势”①。《三辅黄图·池沼》说：“影娥池旁有眺蟾台，以眺月，影入池中，使宫人乘舟弄月影。”②

值得注意的是，随着台榭娱乐功能的增加，其本身的结构形式之美也凸显出来。如《国语·楚语上》记载的楚灵王与伍举论美的文字，就说的这个问题。记载说：

> 灵王为章华之台，与伍举升焉。曰：“台美夫?”对曰：“臣闻国君服宠以为美，安民以为乐，听德以为聪，致远以为明。不闻其以土木之崇高、彤镂为美，而以金石匏竹之昌大、嚣庶为乐；不闻其以观大、视侈、淫色以为明，而以察清浊为聪也。……夫美也者，上下、内外、小大、远迩皆无害焉，故曰美。若于目观则美，缩于财用则匮，是聚民利以自封而瘠民也，胡美之为?”③

这段美学史上很有名的文字常被美学史家引用来界定美的含义。可以说楚灵王所说的“台美”是指台的结构形式之美，但他却忽视了台的内容之美，而伍举对美的理解是内容之美，但他忽视了台的结构形式之美。二者虽然对美的理解都是片面的，但伍举把美等同于有用、功利，在很大程度上为儒家的伦理美学打下了基础，表现在建筑上，就彰显了一种与民同乐的民本思想。而楚灵王重视台的结构形式之美对人的感性欣赏具有重大作用，它开创了“后世园囿之渐”④。从审美文化的角度来审视二者对美的内涵的界定，美学史家往往肯定伍举的多，赞扬楚灵王的少。肯定伍举者，多从伍举的美的内涵里看出了春秋战国时代建筑的审美观是民本审美观的时代呼唤。但是从辩证法的角度来看楚灵王对美的理

① （汉）班固：《西都赋》，《昭明文选》，中华书局 1977 年版。

② 何清谷撰：《三辅黄图校释·台榭》，中华书局 2005 年版，第 279 页。

③ 《国语·楚语》（上），上海古籍出版社 1998 年版。

④ 童寯：《江南园林志》，中国建筑工业出版社 1996 年版，第 21 页。

解，一方面，他利用自己拥有的权力，为满足自己的一己之私，役使大规模的奴隶建成了豪华的章华台，目的在于追求“土木之崇高、彤镂为美”，以便“目观则美”，确实应该谴责。另一方面，就是因为楚灵王的一己之私，才给我们后来人留下了具有审美享受的章华台之美，就如秦始皇的万里长城、汉武帝的上林苑、清代的故宫、圆明园等，都是凝聚了当时劳动者的汗水、血泪以及聪明智慧而建起的具有很高欣赏性的建筑之美。我们不能因为谴责统治者的一己之私而抹杀掉这种美。

楚灵王建造的章华台的结构之美，预示着中国春秋、战国之后中国木结构逐渐占据了主导地位，而木结构建筑造型因材料性能的缘故，在体量、高度、气魄上都无法与先秦高耸的山岳土台相比拟，致使建筑审美文化也发生了很大的变化。“中国木结构建筑所追求的是日益柔美的曲线和日益精巧的框架，并以由此体现出的人情意味和理性精神，去代替筑土建筑以其团块造型、简单强烈线条和山岳般的体量所表现出的巨大，但又有原始的力量感。这种扬弃当然是社会发展及儒家文化影响日著的结果。”① 特别值得注意的是，“此时的高台已不再追求单纯的孤直和高大，而是越来越多地融入了基于现实理性和审美精神的明朗节奏感，越来越多地注意到台与周围宫苑建筑的联系”②。如颜师古注《汉书·高后纪》“赵王宫丛台灾”曰：“连聚非一，故名丛台，盖本六国时赵王古台也。”“连聚非一”说明丛台已经不是单独建筑的孤立高耸，而是和群体建筑之间保持着一种组合关系。再如《水经注·易水》记燕宫遗址云：

> 一水径故安城西侧，城南注易水，夹塘崇峻，邃岸高深。左右百步，有二钓台，参差交峙，迢递相望，更为佳观矣。其一水东出，注金台陂……侧陂西北有钓台，高丈余，方可四十步。陂北十余步，有金台，台上东西八十步许，南北如减。北

① 王毅：《园林与中国文化》，上海人民出版社 1990 年版，第 29 页。
② 王毅：《园林与中国文化》，上海人民出版社 1990 年版，第 29 页。

有小金台，台北有兰马台，并悉高数丈，秀峙相对。翼台左右，水流径通，长庑广宇，周旋被浦，栋堵咸沦，柱础尚存。①

可以清楚地看出，这个庞大的宫苑建筑群里面有高台数座，每个高台在位置、高度的对比上都巧妙地利用了自然山水的形貌，再加上宫殿、庑廊的组合配置，总体上给人一种“参差交峙，迢递相望”的“佳观”美景。这种高台融入群体建筑，通过高低、大小等各部分建筑之间的对比设置，使之成为一个规整的、明晰的、和谐的统一建筑整体，这就在某种程度上削弱了高台建筑的神秘和夸诞。从整体上来看高台建筑，“虽说它构成的天际线尚不丰富优美，但表现出来的韵律无疑是一种质朴和谐，而绝不是朦胧的奇谲”②。所以这时登台临望的人们得到的才会是这样一种审美感受：

（齐）景公与晏子游于少海，登柏寝之台而还望其国曰：“美哉，泱泱乎，堂堂乎，后世将孰有此？”③

这时“台非但已不是上帝的‘下都’，而且也不再是人们仰承天命的企足之所。它虽依旧高大巍峨，但审美的目的已是为了更充分地展现‘泱泱乎，堂堂乎’的大地，是为了更久远地把理想寄托在自己脚下的尘世而非头顶的苍穹”④！

李允鉌认为，“汉代以后，用堆土筑台的办法求得建筑物的高度已经不再是主要的手段了，为了节省人力进而以加强木结构的技

① （北魏）郦道元著，陈桥驿校证：《水经注·易水》，中华书局 2013 年版，第 267~268 页。

② 王毅：《园林与中国文化》，上海人民出版社 1990 年版，第 42 页。

③ 张觉译注：《韩非子·外储说右上》，上海古籍出版社 2007 年版，第 457 页。

④ 王毅：《园林与中国文化》，上海人民出版社 1990 年版，第 42 页。

术来达到建造高台的目的。……台已经发展为‘木结构’的建筑物。”① 这种木结构的建筑物在汉之初兴的时期，往高空发展的建筑物，出现了一种与“台”并列而置的建筑物——楼。《汉书·郊祀志下》记载了汉武帝在建章宫“立神明台、井干楼、高五十丈，辇道相属焉”② 的事。“井干楼”肯定不同于“神明台”。《长安志》曰：“井干楼，积木而高为楼，若井干之形也。”③ “所谓‘井干式’就是用木材在水平方向作井字形架叠起来。”④ 可见，此时的“井干楼”的结构方法主要还是逐层堆叠的“井干式”，而非代表中国木结构建筑风格的“梁架式”。两者相比，前者所要表现的重在致密的体积感，而后者表现的则是梁、柱、枋、斗拱等木框架构件间的结构关系。⑤ 在古代，“井干楼”曾经作过高楼和高台的一种重要的建筑的构成形式。张衡的《西京赋》中有“井干叠而百增……上飞闼而仰眺”⑥ 之句。有人谓汉代的“柏梁台”应为“百梁台”，就是用数以百计的梁作台。古代把巨大的木枋也称为“梁”，可见这也是一座“井干式”构造的台。“井干楼”因为耗费木材太多，所以后来就不再发展了。但是，从建造技术上来看，“井干楼”要比土筑高台省力、节时，建造速度也快。从建造的目的上来看，楼的功能也发生了变化，正如《汉书·郊祀志下》引述公孙卿的话说：“‘仙人好楼居’。于是上（汉武帝）令长安则作飞廉、桂馆，甘泉则作益寿、延寿馆，使卿持节设具而候神人，乃

① 李允鉌：《华夏意匠——中国古典建筑设计原理分析》，天津大学出版社 2011 年版，第 72 页。

② 许嘉璐主编：《二十四史全译·汉书·郊祀下》，汉语大词典出版社 2004 年版，第 543 页。

③ （宋）宋敏求撰，毕元校证：《长安志》，（台湾）成交出版社有限公司 1970 年版。

④ 李允鉌：《华夏意匠——中国古典建筑设计原理分析》，天津大学出版社 2011 年版，第 207 页。

⑤ 李允鉌：《华夏意匠——中国古典建筑设计原理分析》，天津大学出版社 2011 年版，第 207~208 页。

⑥ 张衡：《西京赋》，《昭明文选》，中华书局 1977 年版。

作‘通天台’，置祠具其下，将招来神仙之属。”① “仙人好楼居”说明了建楼只是为神仙提供居所，它预示着新的审美文化意义的变迁，即建造楼、台不是为了登临其上去感染神仙给予世间统治者的仙气、不死以及权势，也不是把自己的小我消融于巨大高台之上，而是以“招来神仙之属”的目的来主动邀请神仙下到尘世做朋友，显示了汉武帝对自己拥有世俗权力的自信。高大的楼、台与其说是象征着神明的崇高，还不如说是汉武帝对大汉国威的张扬。它给人的是一种“欲与天公试比高”的豪气和霸气，是一种对尘世的无比留恋。因此，楼和台只能是现实的而不是宗教的。

东汉以后，高台建筑逐步衰落，而楼阁却空前发展。从住宅、坞堡到仓廪、禽舍，楼阁成了人们生活中用途最广的建筑形式之一。此时的楼阁不再是“井干式”的楼阁，而多是“梁架式”的多层楼阁。“楼阁各层间雄大洗练的斗拱，斗拱之上质朴舒展的平坐和出檐，楼身立面大尺度的变化和丰富的节奏感等等，将建筑形体勾勒出一种非常鲜明有力而又亲切自然的韵律。”② 汉楼艺术造型极为丰富，几乎每一件作品都独具风采，如襄阳出土的一座绿釉三层陶楼，它的垂脊硕大雄健，出檐异常深远，颇有几分威重之感。但正脊和垂脊顶端却偏又高高耸起，像是将巨大屋顶压向下方的千钧之力轻轻提起，轻与重、高与下的艺术矛盾在这里被运用得浑转如丸，因此整个屋顶的形象简练而极为生动。楼的二层屋檐上，龟、蛇等神性动物翼然而踞更表现出天国与现世情调的融和。在建筑组合上，楼亦有居院中、庭隅、池间、水际、单立、联袂、曲尺形等各种自如的方式。总之，楼这种建筑艺术在西汉兴起至东汉而风靡所反映出的是当时人们不同于前代的新鲜生活内容、情趣和审美观念，而绝不仅仅是建筑技术的进步而已。③

① 许嘉璐主编：《二十四史全译 · 汉书 · 郊祀下》，汉语大词典出版社2004年版，第541页。

② 王毅：《园林与中国文化》，上海人民出版社1990年版，第67页。

③ 王毅：《园林与中国文化》，上海人民出版社1990年版，第67~68页。

正是因为高台建筑物自然崇拜、天人沟通的原始宗教功能的逐步减弱，生活娱乐功能的逐步加强，使得建筑在高台上的城楼、阙楼这种往高空发展的建筑物，与西方往高空发展的建筑物在建造上“是基于不同的出发点的。西方人追求的是建筑物本身体形‘客观存在’的高和大，目的是希望产生视觉上的效果，以体形来取得信赖和表现权威；中国建筑往高发展是希望把人带到高处生活或者从事各种活动。西方教堂高大的穹顶或者尖塔并没有准备令人可以攀登到它上面去，中国的浮屠或者高观却多半是可以‘欲穷千里目，更上一层楼’的，使人可以‘登百尺之高观’，‘聊因高以遐望’”①。李允鉌这段话指出了中国高空建筑的生活化目的，这是非常准确的。因此，佛教传入中国内地之后，佛教文化逐渐被中国这种生活化的文化所改造，表现在建筑上，那就是窣堵波的造型被楼阁式塔所改造，也就是说，楼阁式塔的出现是适应了中国审美文化神秘性、世俗性、美观性的。

楼阁式塔是佛塔与中国楼阁式建筑有机结合的典型代表，是最具有中国审美文化意蕴的一种佛塔造型。该塔的中心和人们瞩目的焦点是由高层楼阁建筑构成的塔身，而覆钵塔被放置于塔身的顶端，比例被大大地缩小，变为了塔刹，成了全塔的装饰部分和表达佛教象征意义的符号。楼阁式塔的出现，反映了汉魏时期人们的一种时代风尚。一是从意识上认为佛教与黄老之学是一样的，如楚王刘英“喜黄老，学为浮屠斋戒祭祀”②、汉恒帝“好神，数祠浮屠、老子”③，原因在于黄老与佛教都主张“清虚，贵尚无为，好生恶杀，省欲去奢”④，因此，在中国人看来老子和浮屠就是一回

① 李允鉌：《华夏意匠——中国古典建筑设计原理分析》，天津大学出版社 2011 年版，第 69 页。

② 许嘉璐主编：《二十四史全译 · 后汉书 · 刘英传》，汉语大词典出版社 2004 年版，第 954 页。

③ 许嘉璐主编：《二十四史全译 · 后汉书 · 襄楷传》，汉语大词典出版社 2004 年版，第 775 页。

④ 许嘉璐主编：《二十四史全译 · 后汉书 · 刘英传》，汉语大词典出版社 2004 年版，第 954 页。

事，放在一起并祀是理所当然的。二是祭祀的地点在祠庙或道观，佛寺当时称为“浮屠祠”。塔，“犹言宗庙也，故世称塔庙”。当时是和明堂、辟雍等礼制祠庙一样看待的。明堂和辟雍的建筑造型据考古发掘的材料得知是十字轴线对称、正方形的楼台殿阁。三国笮融所建造的佛寺，顶上“垂铜盘九重，下为重楼阁道”①，就是在类似明堂、灵台那样的楼台顶上，放一个九层铜盘为刹的窣堵波。上面是“浮屠”，下面是“祠庙”，合成了“浮屠祠”。三是黄老之说此时由于受阴阳五行、天人感应、神仙方术等的影响已完全宗教化，祭祀的形式虽然是宗教的，但内容却是具有严肃理性精神的礼制规范，是社会伦理政治的一部分。佛教的祭祀也概莫能外。由于道教盛行，追求延年养寿、羽化成仙成为当时人们的主要风尚习俗。因此，东汉以后，皇室贵族、豪强邬堡都盛行建造木构高楼的“观”，既用于防卫，又可以求仙望气、承露接引。这种高楼建筑在考古出土的明器、汉像砖、壁画上都留下了形象的资料，显得异常高大雄伟。佛塔就和这种木构楼阁结合起来。汉魏时期，“凡宫塔制度，犹以天竺旧状而重构之，从一级至三、五、七、九”②。“天竺旧状”就是印度的窣堵波，“重构之”就是多层的木楼阁。木楼阁顶上放置比例缩小的窣堵波就是当时佛塔的基本形式。现在敦煌、云冈、麦积山等北朝石窟中还保留了很多楼阁式塔形象。楼阁式塔的建筑造型，反映了中国人清醒实用的理性精神占据了主导地位，而充满神秘象征意义的窣堵波形象无法与之相匹配，而只能作为一种装饰放置于塔的顶端，流露着佛性的神秘。楼阁式塔是佛教在中国传统文化中地位的一种象征，更是当时人们意识风尚的一种传达。

---

① 许嘉璐主编：《二十四史全译·三国志·吴志·刘繇传》，汉语大词典出版社 2004 年版，第 761 页。

② 许嘉璐主编：《二十四史全译·魏书·释老志》，汉语大词典出版社 2004 年版，第 2335 页。

第三节　塔的娱神和娱人功能

佛塔自从东汉末年传入中国到南北朝时期，在这长达四百多年的漫长岁月中，佛塔的建筑形式、功能一直在随着中国审美文化的变迁逐渐进行着形式和内容的改变，特别是魏晋南北朝时期，中国的社会虽说“是中国政治上最混乱、社会上最苦痛的时代，然而却是精神史上极自由、极解放，最富于智慧、最浓于热情的一个。因此，也就是最富有艺术精神的一个时代”①。宗先生这一睿智之语的概括，深妙绝伦。“最富有艺术精神的一个时代”这句话昭示着这个时代一切都可能成为让人观赏的艺术：人体、自然、社会、文学、绘画、书法、雕塑、建筑、工艺美术等，一切皆有可能成为美轮美奂的艺术珍品。因此，佛教的佛塔作为一个建筑物成为艺术也是在这个时期，它也逐渐由信仰的对象基本上走向了审美化、艺术化。

我们知道，佛塔来源于印度，对于中国人来说它是一种舶来品。“塔”在功用上是用来安置佛陀释迦牟尼的佛骨舍利或与佛有关物品的一种建筑物；在形式上主要是一种窣堵波造型，高显是其建筑形式的特征；在装饰上繁缛富丽是其主要追求；在文化意义上是涅槃象征和宇宙象征的二重意义的复合。后来印度出现了不同形式的佛塔，功用和意义虽说有些变化，但其往高空发展的趋向和装饰上繁缛富丽的美观追求一直没有改变。传入中国内地之后，印度佛塔窣堵波的建筑形式和中国固有的楼台亭阁相互结合，塔的形式发生了变化。早在东汉末年，丹阳人笮融所建的浮屠祠就是上有铜盘九重，下有重楼阁道的中国佛塔造型。至于这种类似中国祠庙、明堂辟雍、灵台的建筑物的建筑造型“都是十字轴线对称，正方形的楼台建筑，然后再在楼台顶上置放一个九重铜盘的窣堵波。上

① 宗白华：《论〈世说新语〉和晋人的美》，《宗白华全集》（第2卷），安徽教育出版社2008年版，第267页。

面是‘浮屠’，下面是‘祠庙’，合成了浮屠祠”①。后来随着佛教的传播，木制楼阁建造技术的发展，逐渐形成了具有中国民族特色的楼阁式塔。这种楼阁式塔分两部分，下面是“从一级至三、五、七、九”的楼阁分层，上面是“天竺旧状”的印度窣堵波，二者合一就形成了当时楼阁式塔的基本形式。在中国，印度的窣堵波因在比例上被缩小，放置于楼阁的顶端。

魏晋南北朝时期佛塔何以由楼阁式塔这种佛塔造型为主流行于世呢？这主要是因为楼阁式建筑契合了当时的审美文化风尚。我们知道，楼阁式建筑是秦汉时期兴起的一种高台式建筑物，它是与当时人们对自然山岳的崇拜心理，如秦二世曾“起云阁，欲与南山齐”②；夸竞斗富的炫耀心理，如“七雄并争，竞相高以奢丽”③、“观崇显以闲敞，超绝邻而持居”④；以及登高眺望、畅诉衷情，如“聊登台以娱情”⑤ 和追求延引仙人、羽化成仙，如“仙人好楼居”等思想紧密相连。因此秦汉楼阁式建筑既能娱神还能娱人，是娱神与娱人的统一，与这个文化功能相适应，秦汉楼阁在形式上必须高大宏敞，如“汉武帝乃立神明台，井干楼，度五十余丈，辇道相属焉”⑥。

到了魏晋南北朝时期，因为战乱频繁残酷，生灵涂炭；政治斗争险恶黑暗、生死难料，使文人名士少有全者。这些让人们时刻感受到死亡的威胁，从而滋生了尽情享受、及时行乐的心理。此时玄学大盛带来了老、庄美学的复兴，其也逐渐成为魏晋南北朝美学、艺术的灵魂。当时的士族文人崇尚淡泊、沉湎于自然，在自然山水

---

① 王世仁：《塔的人情味》，《理性与浪漫的交织》，中国建筑工业出版社 1987 年版，第 276~277 页。

② 何清谷：《三辅黄图校释 · 秦宫》，中华书局 2005 年版，第 59 页。

③ （汉）张衡：《东京赋》，《昭明文选》，中华书局 1977 年版。

④ （汉）崔駰：《临洛观赋》，《昭明文选》，中华书局 1977 年版。

⑤ （魏）曹植：《登台赋》，赵幼文校注：《曹植集校注》，人民文学出版社 1984 年版，第 48 页。

⑥ 许嘉璐主编：《二十四史全译 · 汉书 · 郊祀下》，汉语大词典出版社 2004 年版，第 541 页。

中谈玄论道，以自然山水的灵性来比附人物的才情气质，使人的神情气质得以张扬，使艺术的敏感之心得以发挥。对于自然、人生与艺术，往往表现出一种形而上的追求，力求突破有限的物象，达到玄远、高远的境界。士族文人开始向往返璞归真，热衷田园气氛，开创了自然山水式的园林，隐居山林、寄情山水成为一时风尚。审美有了新的领域，人的情感得到发挥，原始的神灵的光焰日益衰落。秦汉的那种大型楼阁与魏晋的社会风尚、山水园林的自然观不相协调了，自然也就没有建设的必要了。但这个时期佛教的传播和广泛流布，使动乱中人们的苦闷精神有所寄托，佛塔和佛寺就成了人们祈福免灾、精神寄托的场所与象征，于是在魏晋六朝时期盛行于世。佛塔作为宗教精神的一种象征，在功能上是佛陀精神不死的象征，是佛教信徒们礼拜崇敬的对象，是娱神的。而佛教在此时的传播主要是依靠文人士大夫进行的，就如东晋的释道安所说的“不依国主，则法事难立”①，北魏初年的高僧法果倡导“能鸿道者人主也，我非拜天子，乃是礼佛耳”② 的“皇帝即如来观”，紧接着昙曜等人进一步把“皇帝即如来观”的理念具像化于云冈、龙门石窟中巨大的“帝王如来身”大石佛的塑造上。这些佛像“令如帝身，既成，颜上足下，各有黑石，冥同帝体上下黑子”③。这些从理念上规定了佛教依附于最高统治集团，借助于政治势力，获得自身发展的传播方法。众多佛塔和佛寺的建造也因此获得了官府的拨款和贵族文人的施舍，因此，塔的形式建造肯定得契合士族文人的审美情趣，而此时文人作为审美主体，其思维、心理、智慧和情感都得到了极大的开发和发挥，其以自然为美，在自然山水中放飞自己的心灵，渴求与自然山水融为一体，力求达到气韵生动的审美境界是他们最高的艺术目标，只有轻盈飘逸的楼阁建筑才能反

① （梁）释慧皎撰，朱恒夫、王学均、赵益译注：《高僧传》，陕西人民出版社 2010 年版，第 241 页。

② 许嘉璐主编：《二十四史全译 · 魏书 · 释老志》，汉语大词典出版社 2004 年版，第 2445 页。

③ 许嘉璐主编：《二十四史全译 · 魏书 · 释老志》，汉语大词典出版社 2004 年版，第 2451 页。

映士族文人那种活泼敏感的艺术心灵，于是秦汉时期的具有娱神、娱人统一的楼阁式建筑此时正好为佛教的楼阁式塔所代替。

实际上，魏晋南北朝时期盛行的楼阁式塔和楼阁式建筑在实现娱神与娱人文化功能的途径上所采取的方式是不一样的。楼阁的娱神与娱人文化功能主要靠登临和居住方式实现。在娱神上，借建造高大的、可以登临的楼阁式建筑来通天，以便与天神相互交融成为历代统治者心中魂牵梦绕的幻想和建筑实践。在《魏书·释老志》中记载了世宗听从道士寇谦之的话建造静轮宫的事颇能代表这种幻想和建筑实践，记载曰："真君三年，谦之奏曰：'今陛下以真君御世，建静轮天宫之法，开古以来，未之有也。应登受符书，以彰圣德。'……恭宗见谦之奏造静轮宫，必令其高不闻鸡鸣狗吠之声，欲上与天神交接，功役万计，经年不成。乃言于世祖曰：'人天道殊，卑高定分。今谦之欲要以无成之期，说以不然之事，财力费损，百姓疲劳，无乃不可乎？必如其言，未若因东山万仞之上，为功差易。'世祖深然恭宗之言，但以崔浩赞成，难违其意，沉吟者久之，乃曰：'吾亦知其无成，事既尔，何惜五三百功。'"①

可见，明知建造高大的、与天神相接的静轮宫不可能完成，但还是为了心中的幻想——迎接仙人、羽化成仙而不遗余力地支持建造。这也说明了统治者把楼阁式建筑作为一个登临的平台，渴望借此与神仙沟通以实现"君权神授"、"受命于天"和"天人相与"的现实需求。

魏晋南北朝时期流布的楼阁式塔在娱神上不同于楼阁式建筑靠登临和居住功能来实现，而是依靠在楼阁式塔内建造中心塔柱的样式来实现。据台湾学者李玉珉的考察，在塔内建造塔心柱是印度佛教宗教教义的要求，塔心柱更是佛教所认为的宇宙之柱和解脱之柱。她指出：

> 据佛教梵本经典 Divyavadana 提及，印度窣堵波的内部中

① 许嘉璐主编：《二十四史全译·魏书·释老志》，汉语大词典出版社2004年版，第2468~2469页。

> 轴应有一塔心柱，与刹杆相接。……由于这些窣堵波皆是实心建筑，塔心柱根本就没有支撑建筑的实质意义，因此推知，在这些佛塔内部树立塔心柱很可能是由于宗教上的需要。锡兰大史言及，西元前3世纪的天爱帝须王曾发现一座灵瑞之处，决定将来在此造塔，因此先立一塔心柱作为标示。显然树立塔心柱是建塔过程中一个重要步骤。……塔心柱之梵文 yupa 原意为牺牲柱，见于婆罗门教的吠陀经典，指贯通天地的宇宙之柱（Axis of the Universe），后被佛教借用。在西域，大部分佛塔的塔心柱与刹顶立伞之伞杆相接……由此可见，印度佛塔内的中心柱并非支撑塔体的实质建筑构件，而是出于宗教教义的象征性构件。①

中国早期佛塔的建造就印证了李玉珉的这种推断，如北魏洛阳永宁寺塔的建造就是在塔中心建有中心柱。据《魏书·释老志》记载："肃宗熙平中，于城内太社西，起永宁寺。灵太后亲率百僚，表基立刹，佛图九层，高四十余丈，其诸费用，不可胜计。"②现在的考古发掘也证明了塔内建有中心柱③。中国楼阁式塔内建有中心塔柱不同于印度窣堵波内的中心塔柱"并非支撑塔体的实质建筑构件，而是出于宗教教义的象征性构件"，而是既能起到支撑作用的实质建筑构件，因为"在此塔中心布置一个五间见方、边长各为16.73米土木合构的巨大墩台。墩台不仅逐层收缩，有相当的稳定性，而且具备一定的刚度；其内涵的木构架，与外围梁、柱构架结合成整体，从而使这座高大的建筑物大大地增强了对风荷载

---

① 李玉珉：《中国早期佛塔溯源》，（台）《故宫学术季刊》1989年第6卷第3期，第81~82页。

② 许嘉璐主编：《二十四史全译·魏书·释老志》，汉语大词典出版社2004年版，第2458页。

③ 杨鸿勋：《关于北魏洛阳永宁寺塔复原草图的说明》，《文物》1992年第9期。

和地震横波的抗受能力"①；又能满足宗教教义的需要，因为“与印度早期设计师在佛塔的覆钵与基台部分凿龛造像不同，佛教传入中国之初，中国建筑师们直接吸收传统建筑中的重楼形式为佛像的陈放营造了极为舒适的空间，而在塔内保留塔心柱的设置，则同时照顾到了佛教信徒绕塔礼拜、入塔观像的要求，因为陈放在中心柱壁龛内的除了供善男信女们礼拜供养外，对于禅僧而言还有观像的重大意义"②。

① 杨鸿勋：《关于北魏洛阳永宁寺塔复原草图的说明》，《文物》1992年第9期。

② 刘加全：《北魏洛阳永宁寺研究》，中央美术学院2010年硕士学位论文，第49页。

第六章　塔的主要审美文化特征

中国佛塔的发展始终贯穿着中国文化的实用理性精神，这种实用理性精神始终以人间性、世俗性、实用性为其基本形态和主要风尚。

中国古塔的人间性是说它相较于印度古塔充满了人情味，正如王世仁先生所说："中国佛塔是'人'的建筑，不是'神'的灵境；它凝聚着'人'的情调，没有发射出'神'的毫光。它有很浓烈的人情味。"① 当然，这种人情味是中国人的理性精神在佛塔造型上的一种体现，并不是说它已完全摆脱了佛性的神秘。李泽厚说："自儒学代替宗教之后，在观念、情感、仪式中，更进一步发展贯彻了这种神人同在的倾向。"② 需要说明的是宗教建筑本质上具有反理性的迷狂意识，具有神圣性和崇拜性，它在中国建筑中占有很大的比重，我们在前文也有论述。中国人以理性的、实用的、人本主义的审美文化对佛塔加以改造，使得宗教性的佛塔充满了世俗性和美观性。因此，从审美文化的视野来看，中国古塔文化的主要特征就是神秘性、世俗性和美观性。

第一节　中国古塔文化的神秘性

佛塔在印度是埋藏佛祖释迦牟尼的佛骨舍利及其圣物的佛教建筑物。无论是早期的覆钵塔还是中期的高塔在文化上都具有宗教的

---

① 王世仁：《理性与浪漫的交织》，中国建筑工业出版社 1987 年版，第 274 页。

② 李泽厚：《美学三书》，天津社会科学出版社 2008 年版，第 58 页。

神秘性。佛塔传入中国内地之后，在儒道精神的浸染下，佛塔的造型发生了很大的变化，这方面我们在上文已有详述，不再赘述。需要说明的是中国古塔虽然在造型上发生了很大改变，佛性意味有所淡化，但中国古塔的佛性意味并没有消失，而是仍然存在。这主要从以下几个方面表现出来：

第一，“从建造观念上来看，建塔原为弘扬佛法，颂赞佛之崇高，此外别无其他根本目的。”①

佛塔作为一种宗教建筑必定在体量上给信徒们以威严感和崇高感，正如马克思指出，巨大的形象震撼人心，使人吃惊……精神在物质的重量下感到压抑，而压抑之感正是崇拜的起始点。因此，建造高大宏丽的佛塔就成为崇信佛教的各封建王朝所极力追求的文化风尚。从宗教的崇拜性来说，任何宗教总是刻意塑造教主的神秘和神圣，让丧失自我的信众在崇高、威严的教主及其化身面前感觉到自身的渺小，从而在精神上完全服从于宗教，进而产生崇拜感。这种崇拜主要由两个方面构成：一是主观上信众自我意识的丧失，崇拜的产生。马克思指出：“宗教是那些还没有获得自己或是再度丧失了自己的人的自我意识和自我感觉。”② 也就是说自我意识的丧失是产生宗教的根本条件，而造成人的自我意识丧失的原因无非是人在大自然、社会面前的无能为力。尤其是在古代社会中，古人的力量还不能完全改造自然、控制自然，在自然面前还有很多让古人产生困惑不解的现象，再加上统治阶级的残酷压迫，这就使得人们不能在自然、社会面前正确地认识自己、观照自身，因此自然地就产生了一些扭曲的幻想、比拟的想象，借以创造出神灵来解放自己，获得虚幻的幸福。正如马克思所指出的“宗教即颠倒了的世界观……宗教把人的本质变成了幻想的现实性”③。当然，这是创

① 王振复：《中国古代文化中的建筑美》，译林出版社 1989 年版，第 173 页。

② 马克思：《〈黑格尔法哲学批判〉导言》，《马克思恩格斯选集》（第一卷），人民出版社 1972 年版，第 1 页。

③ 马克思：《〈黑格尔法哲学批判〉导言》，《马克思恩格斯选集》（第一卷），人民出版社 1972 年版，第 1 页。

造神的过程，对于佛教来说就是创造佛的神圣性形象的过程，也是产生崇拜佛的过程。“造佛就是将客观对象（这里可指原初的释迦牟尼即创造印度原始佛学的净饭王之子乔达摩·悉达多）徐幻化、夸大化与永恒化。结果，人变得十分渺小了，他只能匍匐于佛的脚下，人的主体性丧失了，世界即佛，佛即世界，在佛面前根本不允许也不可能有信徒的独立人格”①，于是对佛祖及其化身的崇拜就产生了。崇拜“是那些还没有获得自己或是再度丧失了自己的人的自我意识和自我感觉”②。“就是说，在心理机制上，崇拜是人的自我意识和自我感觉的异化，是将人的感觉、意识、思维、感情与意志等等统统交给佛去安排，崇拜的典型心理特征只能是精神的迷狂。”③

佛塔作为佛祖释迦牟尼肉身死后的象征，以其高大的形象、装饰的美观获得了信徒的崇拜。人们对佛塔的崇拜是伴随着一系列神秘的仪式来进行的，比如沿着甬道右旋绕塔礼拜，礼拜时不能说话、不能吐痰等禁忌都彰显了佛塔崇拜的神秘性与神圣性。同时为了让众多的信徒在崇信佛教中产生一种精神迷狂的状态，增加信奉佛教的吸引力，人们就要极力地将佛和佛国世界塑造得尽可能的“崇高”与“完美”。因此，佛塔在建造上也一直遵循着“非壮丽无以重威”的建筑理念，高大、壮丽是其发展历程中一直保持的建筑特色，这方面的建筑实例我们在“塔的历代造型特色”一章中有详细的论述，兹不赘述。

二是客观对象的神化彰显出其神圣性与至上性。众所周知，佛教的创始人是释迦牟尼，他原是古印度西北部迦毗罗卫国国王净饭王的儿子，是一个有历史记载的真实的凡人。他感触于人间的悲苦创造了原始佛教，用来探讨宇宙间的一切规律现象和人生痛苦的解

① 王振复：《中国古代文化中的建筑美》，译林出版社 1989 年版，第 179 页。

② 马克思：《〈黑格尔法哲学批判〉导言》，《马克思恩格斯选集》（第一卷），人民出版社 1972 年版，第 1 页。

③ 王振复：《中国古代文化中的建筑美》，译林出版社 1989 年版，第 179 页。

脱之道，“佛的一切说教都没有带着任何宗教的权威，也没有任何关于上帝或他世的话”①。小乘佛教盛行时期，佛教和古印度的原始信仰和神灵结合起来，虽说此时的佛教充满浓厚的佛性意味和神秘性，但佛陀化身于大自然中的各种仁禽义兽及繁茂的花果树木等形象却让此时的佛教充满了现实生活的世俗感。正如常任侠先生指出的“山奇的匠师们……充满着对于大自然的喜悦情感，对花木和动物，有精致的了解和爱好，这画面也就是赞颂自然的诗篇，这些故事，与其说他们表现的是佛教寂灭无为的理想，还不如说是对生活的最强烈、最天真而且世俗式的爱好，他们所雕刻的圆雕女药叉像，如在北门及东门上所见的，曲线优美，胸部丰满，焕发着青春的活力，这可以看出他们对于人间社会是如何爱恋”②。到了公元1—2世纪大乘佛教时期，佛教已被逐步改造为偶像崇拜的宗教。原先小乘佛教时期艺术化的象征手法被佛陀的神圣形象所替代，佛陀的形象虽说具有古希腊、罗马男性形象的刚健静穆之美，但形象所透露出来的威严感、至上感却彰显了佛教的神圣与崇高。因为生活于痛苦深渊中的黎民百姓迫切需要一位威力巨大、能够挽救他们于危难之际的神灵出现，以改变他们在世俗中痛苦的挣扎和无力的反抗。此时神化的佛祖在信徒心目中俨然是一个救星，其所居住的地方俨然一个美好的佛国世界。这些更能吸引信徒们对佛教的崇拜和向往，也更能衬托佛教的神圣与庄严。但我们知道，佛和佛国的境界都不过是信徒们心造的幻影，“佛与佛国表面看，总对着信徒露出‘和悦的微笑’它们都是‘美’的‘善’的，实际上，被渲染的尽善尽美的佛与佛国境界，不过是人欲横流、到处充满丑恶的世俗生活的一个必然的消极的补充，因此，作为偶像崇拜的佛与佛国境界，本质上是与人们真正追求真、善、美世俗现实的社会实践相对立的，佛就是那种‘人们把自己的经验世界变成了一种只是

① 转引自王振复：《中国古代文化中的建筑美》，译林出版社1989年版，第178页。

② 常任侠：《印度与东南亚美学发展史》，上海人民美术出版社1980年版，第15页。

思想中想象的本质，这种本质作为某种异物与人们对立着’。佛是无情世界的一种感情‘符号’，具有严厉性与至上性”①。此时的佛塔恰恰是与高大的佛像融为一体，佛塔也因此获得了对人的严厉性与至上性，这是佛塔建造所一直保持的建筑文化特性。

从风水形势说来看，一些高塔也给人这种崇高感。风水“形势说”是“中国古代建筑外部空间设计的理论”②。“实际上就是运用建筑形体及其他环境景观构成要素，如地形地貌、山水植被以至光色等等，进行空间组合，使在体量、尺度、造型形式乃至质地肌理等方面大小高卑、远近离合、主从虚实、阴阳动静等变化，都能适合人的生理和心理要求，在感受效果上，特别是视觉感受效果上，引起审美愉悦，并臻于艺术上的完善。”③

风水“形势”说主要围绕“形”和“势”这两个基本概念而展开，有“千尺之势、百尺为形”的规定。对于“形”，其“百尺为形”的基本尺度规定，依中国古尺，为 23 米~35 米。这一空间予人的心理感受，以富于“人情味”为最显著的特征，以此为准，可创造出尺度宜人得体的外部空间。④ 从魏晋南北朝时期最为高大的永宁寺塔来看，其高度是“举高九十丈”，再加上“金刹复高十丈，合去地一千尺”⑤。如果这一高度记载准确的话，永宁寺塔的高度就达到 230 米~350 米，已经远远超越了人的空间而成为非人的空间即神的空间。很显然永宁寺塔以这种尺度超人的建筑体量来营造的非人的空间，无非就是满足媚神、求仙、礼佛的纯粹精神需要，具有宗教性彼岸世界的崇拜物的性质，充满宗教的神秘性。除了永宁寺塔以外，较早的北魏时期平城所建的平城永宁寺塔“高三百余尺”，北魏末年所建的河南登封嵩岳寺塔高 39. 5 米，唐代的

① 王振复：《中国古代文化中的建筑美》，译林出版社 1989 年版，第 178 页。

② 王其亨：《风水理论研究》，天津大学出版社 1992 年版，第 118 页

③ 王其亨：《风水理论研究》，天津大学出版社 1992 年版，第 118 页。

④ 王其亨：《风水理论研究》，天津大学出版社 1992 年版，第 121 页。

⑤（北魏）杨衒之著，尚荣译注：《洛阳伽蓝记 · 永宁寺》，中华书局 2012 年版，第 20 页。

大雁塔高 64 米，小雁塔高 46 米，宋代常熟兴福寺方塔高 60 余米，开封佑国寺铁塔高 54. 66 米，杭州六和塔高 59. 89 米，河北正定开元寺塔高 84 米（为现存最高的佛塔），辽代的应县木塔高 67. 34 米，北京天宁寺塔高 57. 8 米，金代通县的燃灯塔高 53 米，明代南京大报恩寺塔高约 100 米，山西洪洞广胜寺飞虹塔高 47. 31 米，清代北京香山宗镜大召琉璃塔高约 40 米，等等。这些塔从高度上来看超越了人的空间，具有宗教崇拜的神的空间。另外，这些高塔具有直立上挺的纵向特征，黑格尔认为这是神性的一种表现。他指出"努力向上飞腾……是高惕式建筑的基本性格"，"高到一眼不能看遍"，于是，人眼要"看到两股拱相交形成微微倾斜的拱顶，才安息下来，就像心灵在虔诚的修持中起先动荡不安，然后超脱有限世界的纷纭扰攘，把自己提升到神那里，才得到安息"①。中国佛塔耸立上腾、直指蓝天的性格就是这种神性的张扬。中国佛塔虽止于几十米的高度，但其精神却直升天国。

佛塔不仅要建得高大，使人产生崇拜心理，还要建造得坚固，以保万世永恒。为此目的，就要选用坚固耐久的材料加以建造，因此中国古塔隋唐之后就大规模采用砖石、铁、铜等材料建塔，建造了大量的砖石塔、铁塔等。这些塔能够长久保存下来，其目的就是为了弘扬佛法的长久。如中国现存最早的北魏嵩岳寺塔，据记载建于北魏正光年间（520 年左右），到现在一千四百多年了仍屹立于嵩山之间，可见弘法之长久。就是一些木质佛塔也以建造技术上的精巧来延长其存在时间的长久。如现今唯一存在于世的应县木塔建于辽清宁二年（1056 年），保存至今已有 962 年。虽然在千年之间经历了多次强烈的地震，但其塔身仍然屹立不倒，堪称木塔建筑的奇迹。

第二，中国佛塔在平面形式上也契合了佛教的教义，佛性意味很足。中国古塔在平面造型上，隋唐之前常用四方形，唐末五代及宋之后一直到明清，多用六边形、八边形、十二边形及圆形等。这

---

① ［德］黑格尔著，朱光潜译：《美学》第三卷（上），商务印书馆 1979 年版，第 92~93 页。

些平面形式除了适应了中国传统文化之外,① 还契合了佛教教义。“佛教教义有所谓‘苦、集、灭、道’的四圣谛说，又有佛陀所谓‘圣诞、成佛、说法、涅槃’的四相说，故正四边形之平面意义，表示佛性意味十足；同理，平面正六边形，具有所谓‘六道轮回’、‘六根清净’等佛性意味；正八边形暗示佛教之‘八正道’、‘八不中道’以及‘八相’等等说教；正十二边形又有‘十二因缘’之涵义；圆形平面又显然含蕴‘圆寂’、‘圆遍’、‘圆满无缺’的意思。”②

第三，中国古塔在装饰上也充满了佛性意味。纵观佛塔的装饰题材，大多与佛教文化有关。佛像装饰是佛塔上的一大特色，其类型多样，造型千姿百态，常有诸佛、菩萨、罗汉、天王、力士、飞天等形象。“诸佛有释迦牟尼佛、阿弥陀佛、弥勒佛等，是佛国世界的最高果位；菩萨有观音、文殊、普贤、地藏等，是仅次于佛的第二等果位；罗汉有迦叶、阿难、十八罗汉等，是释迦牟尼在世时优秀大弟子，都是获得‘阿罗汉’果位的大和尚；四大天王、金刚力士、飞天等是佛门的护法神。”③ 在塔上装饰佛像时，大多以主佛为装饰的中心，两边以菩萨、罗汉等相次排列，上有飞天环绕，门两旁有护法神守护，俨然一副佛国的景象，神秘性较强。如“山西应县佛宫寺的释迦塔，八角五层，每层都塑有佛像，底层为高大的释迦牟尼像，顶部穹隆藻井饰有飞天，给人以天高莫测之感。三层四面塑四方佛，面向四方。五层中央塑释迦牟尼坐像，八大菩萨分坐八方。造塔者利用塔心无暗层的高大空间布置佛像，给人以庄严肃穆之感，是建筑结构与使用功能设计合理的典范”④。“江苏南京栖霞寺塔，平面为正八边形，基座作须弥座，上面雕刻有‘释迦八像图’，分别为白象投胎，树下圣诞，九龙洒水；出游

① 参见王振复:《中国古代文化中的建筑美》，译林出版社 1989 年版，第 167~169 页。

② 王振复:《中国古代文化中的建筑美》，译林出版社 1989 年版，第 176 页。

③ 徐华铛:《中国古塔造型》，中国林业出版社 2007 年版，第 70 页。

④ 徐华铛:《中国古塔造型》，中国林业出版社 2007 年版，第 70 页。

四方；苦修苦行；河中沐浴，村女授乳，树下禅坐；降伏魔军；证道说法；大般涅槃；荼毗焚化。”① 这些“释迦八像图”完全阐释了佛陀的一生，给人以神秘感与崇高感。同属于北宋时期的安徽蒙城的万佛塔塔身上镶嵌着8000余尊佛像，其佛性意味直逼人面。开封的繁塔上面也镶嵌有众多的佛像，向人们传播着佛祖的慈悲为怀和佛法的无边无界。还有辽代的佛塔在第一层塔身雕刻了众多的佛教题材，塔的佛性意味也很浓厚。

佛塔上不仅装饰佛像，与佛教密切相关的纹饰也布满佛塔之上，其中最为常用的是莲花、佛八宝、佛七珍、两鹿听法等。其中以佛八宝为多，佛八宝是器物图案，分别是轮、螺、伞、盖、花、罐、鱼、长，这些器物与佛教教义联系密切，有各自特定的宗教含义，如轮即法轮，意为“大法圆转，万世不息”，象征佛法的神通广大；伞盖能够遮风避雨，保佑众生；莲花出淤泥而不染，象征佛法的清净和纯洁，等等。这些图案主要装饰在佛塔的须弥座、塔壁、塔脊及内外檐等处，增加了佛塔的宗教含义，像内蒙古呼和浩特席力图召喇嘛塔中心的大型眼光门（佛龛），就装饰着显眼的佛八宝。

实际上，在中国古塔身上最具有佛性意味的装饰就是塔身顶部的塔刹。“刹”这个字，“梵文名‘制多罗’、‘差多罗’等，又称‘乞叉’、‘乞洒’。它的意思是土田，代表国土，也称为佛国”②。可见，塔刹具有佛国的象征意义，在中国古代最能标示出是亭、台、楼阁建筑还是亭式塔、台式塔、楼阁式塔等。在建筑结构上，中国的佛塔塔刹继承了印度的佛塔塔刹，并对其加以改造。印度早期的塔刹只是在平头上置一个矮矮的刹杆，刹杆上穿三重伞盖，相较于巨大的圆形覆钵，其造型较为低矮小巧，简朴粗糙。佛塔传入中国以后，中国古人把整个印度窣堵波比例缩小置于中国的传统建筑类型之上作为塔刹，这个塔刹就是一个小型的窣堵波，主要由刹

① 王振复：《中国古代文化中的建筑美》，译林出版社1989年版，第176页。

② 转引自罗哲文：《中国古塔》，中国青年出版社1985年版，第63页。

座、刹身和刹顶三部分组成。这三部分在中国佛塔上都产生了很大的变化：刹座变小，刹身变高，刹顶变尖。这其中变化最大的就是刹身，因为上面套贯了圆环，称为相轮，有圆寂、涅槃之意。所谓“相轮，塔上之九轮也。相者，表相。表相高处，谓之相”①，“人仰视之，故云相”②，“而轮者，转法轮之意也。总之，相轮之意，具有圆融、高显、说道、瞻仰等复杂的佛性内容”③。在中国，塔是分等级的，而等级的划分主要以相轮的多少来区分，相轮数目越多，佛塔的等级就越高，反之，相轮数目越少，佛塔的等级就越低。在中国，佛塔的相轮数目有的竟达到几十重，如北魏洛阳永宁寺塔的相轮就达到三十重，可谓骇人心目。不过中国汉地佛塔的相轮常用一、三、五、七、九、十一和十三这样的数目，而一般的喇嘛塔相轮常采用“十三天”相轮制。按照中国古人的空间观念，所谓“九天”就是指的天的极限高度，而“十三天”、“三十天”更极言天之崇高，不知高到何处。可见，在信徒心目中，佛的崇高伟大是超过人的想象的。

第四，就是那些具有登高眺望、瞭敌警戒、振兴文风、补全风水等世俗性功能的佛塔也蕴含着佛教神秘性的色彩。如唐代著名的“雁塔题名”就是一些中举的文人学子在皇上为其举办的杏园宴后登塔抒怀、题名于塔壁的一种文化风尚。这些文人举子们之所以热衷于到雁塔题名，就是希望借助佛祖的神秘力量保佑他们能够科举成功，飞黄腾达。正如封演在《封氏闻见记》中指出的：“进士处擢第，头上七尺焰光。好事者纪其姓名，自神龙以来，迄于兹日，名曰《进士登科记》，亦所以昭示前良发其后进也。余初擢第，太学诸人共书余姓名于旧纪末，进士张繟，汉阳王柬之曾孙也，时初

① 佛教经典《术语》，转引自罗哲文：《中国古塔》，中国青年出版社1985年版，第65页。

② 佛教经典《行事钞》，转引自罗哲文：《中国古塔》，中国青年出版社1985年版，第65页。

③ 王振复：《中国古代文化中的建筑美》，译林出版社1989年版，第175页。

落第，两手奉《登科记》顶戴之，曰：此千佛名经也。其企羡如此。"① 可见，科举高中的进士竟然“头上七尺焰光”，暗示了佛性的神秘力量的佑护，而好事者所登录的《登科记》也成为登科及第成功的千佛明经，为渴求功名富贵的学人士子们所企羡。河北定县的料敌塔，虽说建造之初为了观察敌情，以便到时克敌制胜，但其借助于佛塔之名来实行军事行动就暗含了借助佛教的神秘力量来保佑战争胜利的目的。还有那些振兴文风、补全风水、震慑妖孽的佛塔无非都是人们希望借助佛祖的力量来达到人们的现实目的。

可见，佛塔一直保持着佛性的意味，尽力彰显着本身的神圣与崇高，只是在中国传统伦理文化的浸染下，佛塔神圣与崇高的宗教意味逐渐淡化，慢慢地和人们的世俗生活相融合，成为中国人世俗生活不可或缺的一部分。佛塔逐渐走向世俗性从一开始传入中国内地就已开始。

第二节　中国古塔文化的世俗性

一、登高远眺的游览功能

在中国古塔的发展中，佛塔和中国人的现实生活紧密相连。中国佛塔不再像印度佛塔那样只有供信徒礼拜的单纯功能，它除了供信徒礼拜功能之外还逐渐增加了登临观赏、瞭敌警戒、震慑妖孽、补全风水、作为地标、表彰文风等世俗生活需求，它已成为中国人现实生活不可缺少的一部分。中国佛塔基本上是往高空发展的，它在一定程度上延续了中国中世纪以前以台为主的建筑往高空发展的意向，但是“中国建筑往高发展和西方建筑是基于不同的出发点的。西方人追求的是建筑物本身体形‘客观存在’的高和大，目的是希望产生视觉上的效果，以体形来取得信赖和表现权威；中国建筑往高发展是希望把人带到高处生活或者从事各种活动。西方教堂高大的穹顶或者尖塔并没有准备令人可以攀登到它上面去，中国

① 转引自罗福熙：《雁塔题名帖介绍》，《文物》1961 年第 8 期。

的浮屠或者高观却多半是可以‘欲穷千里目，更上一层楼’的，使人可以‘登百尺之高观’，‘聊因高以遐望’”①。这段话，充分表明了中国佛塔造型的世俗化。因此，中国的佛塔，特别是楼阁式塔在很大程度上是为了人更好地生活，它可以登临眺望、不像印度的窣堵波无论从尊佛礼拜仪式上，还是圆形覆钵的光滑造型上，都无法让人登临。如早在崇佛、佞佛氛围浓厚的南北朝时期，就已开始了登塔眺望、观览山色的行为，“重峦千仞塔，危蹬九层台。石关恒逆上，山梁乍斗回。阶下云峰出，窗前风洞开。隔岭钟声度，中天梵响来。平时欣侍从，于此蹔徘徊”②。登塔只为观赏四周的山色景物，开阔胸外，增进身心健康。在这里塔没有了让信众崇拜的佛性意蕴，而只是充当了游人登临眺望的平台，生活化的意味非常明显。至于一直崇信佛教的北魏胡太后就在永宁寺塔完工不久，即于神龟二年（519年）八月“幸永宁寺，躬登九层佛图”③，并“视宫内如掌中，临京师若家庭”④，说明了世俗权力大于宗教崇拜的现实需求。胡太后登临之后，虽然下了“以其目见宫中，禁人不听升”⑤的诏令，但还是没能阻止《洛阳伽蓝记》作者杨衒之和河南尹胡孝世登上了永宁寺塔，“衒之尝与河南尹胡孝世共登之，下临云雨，信哉不虚！”⑥可见，魏晋南北朝后期，虽说登塔眺望之举不多，但却开了佛塔作为登高览胜的生活平台的先河，在一定程度上彻底摧毁了佛塔作为精神崇拜的象征物和浓厚的佛性意

① 李允鉌：《华夏意匠——中国古典建筑设计原理分析》，天津大学出版社2011年版，第69页。

② （北周）庾信：《和从驾登云居寺塔》。

③ 许嘉璐主编：《二十四史全译·魏书·列传第五十五·崔光》，汉语大词典出版社2004年版，第1245页。

④ （北魏）杨衒之著，尚荣译注：《洛阳伽蓝记·永宁寺》，中华书局2012年版，第27页。

⑤ （北魏）杨衒之著，尚荣译注：《洛阳伽蓝记》，中华书局2012年版，第27页。

⑥ （北魏）杨衒之著，尚荣译注：《洛阳伽蓝记》，中华书局2012年版，第27页。

蕴。胡太后的这一次登塔壮举虽说“以其目见宫中，禁人不听升”而对以后登塔进行了限制，但却预示着佛塔审美功能的初步转换，即由佛教徒单纯的精神崇拜功能变为精神（佛塔只作为礼拜对象）与世俗（登临眺望）相互交织的功能，这在中国佛塔审美文化发展史上具有开拓性的作用。这种开拓性表现在以下几点：

一是打破了佛塔只供信徒礼拜的纯粹精神崇拜功能。众所周知，在佛经中，建塔、拜塔是信徒们积累功德、实现其精神涅槃境界的一种最有效的方式之一，“宝塔高华，堪室千万，唯盛言香花礼拜”① 正道出了佛教徒们进行礼拜佛塔的虔诚态度，而且礼拜佛塔必须“恭敬拜跽，悉在下级”，这非常明确地表明了佛塔是不能登上的，并且对佛塔的礼拜只能遵循“右旋塔”，否则是对神灵的大不敬。可见，佛塔在虔诚的佛教徒心目中是佛祖的化身，是一座精神的丰碑，塔的崇高完全控制了信徒们的精神信仰，使得信徒们只能虔诚地匍匐于塔的下面进行礼拜，而不能有任何的不敬，更不敢产生登临其上，把佛祖踩在脚下的非分之想。但是，胡太后却带领魏孝明帝及其一大帮随从登上了永宁寺塔，第一次把佛祖的化身——佛塔踩在脚下，宣示了世俗权力高于宗教信仰的明确态度及她借用佛教来彰显其个人政治权力地位的政治企图。

二是增加了佛塔的生活功能。前面我们已经论述过中国的楼阁具有一种招揽仙人的神仙意味和登高远眺美景、舒展胸怀抱负的生活情调，是天国与世俗的统一。中国的楼阁式塔虽然早在三国时期就已经出现，但直到北魏末年胡太后登临永宁寺塔，中国历史文献中关于登上佛塔的记载很少，说明了中国的佛教徒们一直恪守着印度崇拜佛塔的礼拜方式，把其作为精神崇拜的一座丰碑。胡太后登临永宁寺塔可谓是开了中国佛塔登临的伟大创举。从审美文化的角度来审视这一壮举，可以看出北魏皇室的佛教信仰已从遮遮掩掩的天国与世俗的平衡一下子变成了世俗超越天国的惊世骇俗，佛塔也

① 许嘉璐主编：《二十四史全译·魏书·释老志》，汉语大词典出版社 2004 年版，第 2345 页。

由信徒们的非理性的宗教迷狂一下子变成了人们登高远眺美景、舒展胸怀抱负的平台。这一壮举注定了中国佛塔的发展会越来越走向人们的世俗生活、成为更好地满足人们现实生活不可或缺的一部分，这也注定了中国佛塔必定成为中国整体风景的一部分，而不再显得那么孤高独立，好像是一种孤独精神的昭示。

但是胡太后登塔的这一壮举却遭到了北魏大臣的强烈反对，其中近臣侍中崔光就上表反对登塔，从中可以看出北魏王朝崇佛、佞佛之风的强盛。记载曰：

> 光表谏曰：伏见亲升上级，伫跸表刹之下，祗心图构，诚为福善。圣躬玉趾，非所践陟，臣庶恇惶，窃谓未可。按《礼记》："为人子者，不等高，不临深。"古贤有言：策画失于庙堂，大人蹶于中野。《汉书》：上欲西驰下峻阪，爰盎揽辔停舆曰："臣闻千金之子不垂堂，百金之子不倚衡。如有车败马惊，奈高庙太后何?"又云：上酎祭庙出，欲御楼船。薛广德免冠顿首，曰："宜从桥，陛下不听臣，臣以血污车轮。"乐正子春，曾参弟子，亦称至孝，固自谨慎，堂基不过一尺，犹有伤足之愧。永宁累级，阁道回隘，以柔懦之宝体，乘至峻之重峭，万一差跌，千悔何追？《礼》：将祭宗庙，必散斋七日，致斋三日，然后入祀，神明可得而通。今虽容像未建，已为神明之宅。方加雕缋，饰丽丹青，人心所祗，锐观滋甚，登者既众，异怀若面。纵一人之身桓尽诚洁，岂左右臣妾各竭虔仰？不可独升，必有扈侍，惧或忘慎，非饮酒茹荤而已。昨风霾暴兴，红尘四塞，白日昼昏，特可惊畏。《春秋》：宋、卫、陈、郑同日而灾，伯姬侍姆，致焚如之祸。去皇兴中，青州七级亦号崇壮，夜为上火所焚。虽梓慎、裨灶之明，尚不能逆克端兆。变起仓卒，豫备不虞。天道幽远，自昔深诫。墟墓必哀，庙社致敬，望茔凄恸，入门耸栗，适墓不登陇，未有升陟之事。《传》云："公既视朔，遂登观台。"其下无天地先祖之神，故可得而乘也。《内经》宝塔高华，堪室千万，唯盛言香花礼拜，岂有登上之义？独称三宝阶，从上而下，人天交接，

两得相见，超世奇绝，莫可而拟。恭敬拜跽，悉在下级。远存瞩眺，周见山河，因其所眄，增发嬉笑。未能级级加虔，步步崇慎，徒使京邑士女，公私凑集。上行下从，理势以然，迄于无穷，岂长世竟慕一登而可抑断哉？盖心信为本，形敬乃末，重实轻根，靖实噪君，恭己正南面者，岂月乘峻极，旬御层阶。今经史既就，子来自劝，基构已兴，雕绚渐起，紫山华台，即其官也。伏愿息躬亲之劳，广风靡之化，因立制防，班之条限，以遏嚣污，永归清寂。下竭肃穆之诚，上展瞻仰之敬，勿践勿履，显固亿龄，融教阐悟，不其博欤？①

崔光反对胡太后登塔的理由从表面上来看无非是两条：一是基于安全原因不能登；二是佛教教义规定不可登。但是从整篇奏文上来看，“以遏嚣污，永归清寂”才是崔光反对胡太后登塔的最终目的，理由如下：首先作为一座佛教寺院、寺塔，本来应该是信徒们虔诚礼拜和禅定苦修的场所，维持清静、无为、静谧的园林境界是寺院营构的最高理想追求，这就要求寺院、寺塔最大程度上要远离尘世，不理俗务。如果胡太后和魏孝明帝要登塔，势必要造成“左右臣妾”和大量“扈侍”（即警卫和侍奉人员）涌进寺院、登上佛塔，这样一方面扰乱了寺院的清静，另一方面“饮酒茹荤”的饮食也会破坏了虔诚礼拜佛祖的氛围。其次是最为要不得的是“远存瞩眺，周见山河，因其所眄，增发嬉笑”，即登高远眺，美景瞩目舒心，不由自主地使人心花怒放、喜笑颜开，况且这种审美效果会“上行下从，理势以然，迄于无穷，岂长世竟慕一登而可抑断哉？”即这样会给人以示范效应，带动人们登临佛塔，再想阻止，可就难了！事实也确实如此，自从胡太后开了登塔之始，紧接着《洛阳伽蓝记》作者杨衒之和河南尹胡孝世就登上了永宁寺塔，

① 许嘉璐主编：《二十四史全译·魏书·第五十五·崔光》，汉语大词典出版社 2004 年版，第 1245~1246 页。

记载曰："衒之尝与河南尹胡孝世共登之，下临云雨，信哉不虚！"① 可见，崔光最为担心的就是永宁寺塔成为人们登临观赏美景的平台，因为这样就使得对佛塔的虔诚礼拜失去了精神崇拜的崇高和威严，佛塔也会变为人们的生活设施，逐渐失去佛教的象征意义。

当然，崔光担心的登塔眺望在北魏崇佛、佞佛之风的强劲吹拂下，没能实现，这种大规模的登塔观赏之风到了唐宋之后才开始盛行。"唐、宋以后，登塔游览之风更为盛行，西安大雁塔的'雁塔题名'成了文人学子们追求向往的一桩美事。当时考中进士的学子，都要到大雁塔游览，登高极目，舒展胸怀，还要在塔下题名纪念，刻石长存。达官显贵，文人学士们也都喜欢登塔和题名，并且把它当作一件荣誉的事情。"② 这里所提到的"雁塔题名"是唐代著名的一件文化事件，最早记载于五代王定保《唐摭言》卷 3 "进士题名，自神龙（705—707 年）之后，过[illegible]宴后，率皆期集于慈恩塔下题名"。又云"神龙以来，杏园宴后皆于慈恩寺塔下题名，同年中推一善书者纪之，他时有将相，则朱书之，及第后知闻，或遇未及第时题名，则为添前字，或诗曰：曾题名处添前字，送出城人乞旧诗"③。为何进士们热衷于到大雁塔题名呢？缘于"进士处擢第，头上七尺焰光。好事者纪其姓名，自神龙以来，迄于兹日，名曰《进士登科记》，亦所以昭示前良发其后进也。余初擢第，太学诸人共书余姓名于旧纪末，进士张繟，汉阳王柬之曾孙也，时初落第，两手奉《登科记》顶戴之，曰：此千佛名经也。其企羡如此。"④（封演《封氏闻见记》）可见，进士们之所以热衷于到大雁塔题名，是希望借助于佛祖的庇佑来登科及第，以便获得功名与权力，佛塔没有了原先的宗教性和象征性，但其永恒不灭的精神给

① （北魏）杨衒之著，尚荣译注：《洛阳伽蓝记 · 永宁寺》，中华书局 2012 年版，第 27 页。

② 罗哲文：《中国古塔》，中国青年出版社 1985 年版，第 17 页。

③ （五代）王定保：《唐摭言》卷 3，转引自罗福熙：《雁塔题名帖介绍》，《文物》1961 年第 8 期。

④ 转引自罗福熙：《雁塔题名帖介绍》，《文物》1961 年第 8 期。

了人们永恒的希望，而登塔与题名又使其由宗教意蕴浓厚的象征物变成了儒家修身齐家治国平天下的象征，成了实现人们现世理想的文化符号。据雁塔题名碑记载，有很多的达官显贵、进士及第的学子、文人墨客等都喜欢到大雁塔游览观赏、登高眺望，许多人留名于塔身之上，如“五人郑知章、董季之、董居中、董从直、郑武元和十年十七日同登共上，从此第三层西北梁上见颜鲁公任校书时手扎题名，居中”①。还有《太平广记》卷256引《嘉话录》载：“唐柳宗元与刘禹锡同年及第，题名于慈恩塔，谈元茂秉笔……题名皆以姓望。”② 还有许多人留下了优美的登塔名篇，如初唐诗人岑参的《与高适、薛据同登慈恩寺浮图》、唐高宗李治的《谒大慈恩寺》、上官婉儿的《九月九日上幸慈恩寺登浮屠群臣上菊花酒》、李适的《奉和九日登慈恩寺浮屠应制》、唐代宗大历六年的进士章八元的《题慈恩寺塔》；北宋进士吕大防的《礼慈恩寺题诗》、蔡権的《登慈恩寺雁塔怀汴京》；清代进士秦定远的《秋夜登慈恩寺塔》、洪亮吉的《慈恩寺上雁塔》；等等。这些诗基本上把大雁塔作为登高览胜的平台，以便远眺美景，敞抒衷情，如高宗李治的“寥阔烟云表，超然物外心”，秦定远的“河汉西流秋夜长，登临高塔思茫茫”等；但也不乏咏赞大雁塔的名句，如岑参的“塔势如涌出，孤高耸天宫；登临出世界，磴道盘虚空。突兀压神州，峥嵘如鬼工；四角碍白日，七层摩苍穹。下窥指高鸟，俯听闻惊风。连山若波涛，奔凑似朝东”③，章八元的“十层突兀在虚空，四十门开面面风。却怪飞鸟平地上，自惊人语半天中。回梯暗踏如穿洞，绝顶初攀似出笼。落日凤城佳气合，满城春树雨蒙蒙”。

不仅雁塔登临与题名让人心驰神往，而且长安以外的佛塔也让人流连忘返、情不自禁，如盛唐著名诗人白居易和刘禹锡在扬州同登栖灵寺的九级佛图，并留下了登塔的优美诗篇的事迹，为扬州的历史文化色彩增添了重重的一笔。如白居易的《与梦得同登栖灵

① 转引自罗福熙：《雁塔题名帖介绍》，《文物》1961年第8期。

② 转引自罗福熙：《雁塔题名帖介绍》，《文物》1961年第8期。

③ （唐）岑参：《与高适、薛据同登慈恩寺浮图》。

寺塔》诗：

> 半月腾腾在广陵，何楼何塔不同登。共怜筋力犹堪任，上到栖灵第九层。①

刘禹锡的《同乐天登栖灵寺塔》诗：

> 步步相携不觉难，九层云外倚栏杆。忽然笑语半天上，无数游人举目看。②

这两首诗只把九层的栖灵寺塔作为登临眺望的平台来写，且笔墨主要集中于两位诗人同游登塔的愉快心情以及旁观者惊叹于佛塔高耸入云的雄姿的心理状态，带给人的只是游赏美景的喜悦心情，而没有半点的虔诚崇拜的佛性意味。

为了使人们更好地登临眺望，工匠们对中国的佛塔结构进行了许多改进，如在塔内修建易于攀登和伫立的楼梯，门窗开口尽量敞开，每个楼层的平座挑出塔身之外，用勾栏加以围护，形成环绕的回廊，使游人可以置身塔身之外，在游廊上尽览山川景色、城镇风光。这些是十分生活化的设施，目的是为了让人更好地生活，而不是礼佛。

二、瞭望敌情的军事功能

具有登临平台的佛塔除了登高览胜之外，自然还能用作他途，比如为了求仙望气，承露接引，充满羽化成仙的幻想登临。军事上利用佛塔观察敌情或者作为防御射击之所，如北宋定县的料敌塔，原名开元寺塔。该塔位于河北定县东南隅，而当时的定县处于与契丹军事对峙的位置，战略位置特别重要，为了能够观察敌情，边防前线的将士们借佛塔的高耸来瞭望敌情就是扼敌制胜的先决条件之

---

① （唐）白居易：《与梦得同登栖灵寺塔》。

② （唐）刘禹锡：《同乐天登栖灵寺塔》。

一，于是就建造了专门用于瞭望敌情的宝塔。据《定县志》记载此塔“真宗咸平四年（1001 年）诏建，仁宗至和二年（1055 年）始成，盖筑以望契丹者，故又名料敌塔。”① 该塔高达 84 米，是中国现存最高的一座古塔。全塔的造型结构与当时的宋塔形制没有什么大的区分，也是平面呈八角形高达十一层的楼阁式塔，塔身上雕刻了很多仿木构的建筑构件，像假窗、塔檐、华拱、平座、瓦顶等，塔身之上置巨大的仰莲刹座、覆钵体、铁制相轮、露盘和两个青铜宝珠，塔身之内还有色彩十分鲜艳的精美的彩画。总的来说是一座结构简洁、外形粗大挺拔、彩绘精美的古塔。但既然是军事专用的瞭望塔，在结构上就不同于其他的佛塔，其特别之处就是其他的楼阁式塔大多在上层逐步减少辟门，或设假门，但此塔在最顶端的两层门不但没有减少，反而大量增加，并且都是真门，同时顶部专设砖口，可攀登塔刹，这样做的目的就是为了便于攀登至顶层从门里瞭望敌情。正如《图书集成·职方典·瞭敌塔》所述，“洞门八开，铁幢四落，飞窦县梯，俯眺百里”②。同时塔的高层出檐深远，瞭望人可环绕塔檐四处远眺。还有陕西榆林的凌霄塔，该塔是一座八角九层的砖砌楼阁式塔，高 40 多米，其塔壁极为坚厚，除了瞭望敌情的作用之外，还有军事防御的作用。正如一首赞美凌霄塔的诗“巍巍宝塔据重岗，八面凌霄八面窗。雄镇榆林依古塞，浮图高峙射天狼”③，就写出了凌霄塔的雄姿及其军事作用。另外，还有明代军事重镇延安的宝塔山、甘肃兰州的白塔山等都是充当军事瞭望和防御作用的古塔。

三、导航引渡的功能

除了专门用于军事瞭望和防御的古塔之外，还有导航引渡功能

---

① 贾恩绂等：《定县志》，（台湾）成文出版社据民国二十三年刊本影印，1969 年版。

② 《图书集成·职方典·瞭敌塔》。

③ 转引自常青：《中国古塔的艺术历程》，陕西人民美术出版社 1998 年版，第 234 页。

的古塔，如浙江杭州六和塔。六和塔又名六合塔，位于当时吴越王钱弘俶的南果园内，是钱王为镇压江潮命延寿、赞宁二禅师所建的九层楼阁式塔。关于它的建造历史，据《咸淳临安志》卷八十二载："智觉禅师延寿始于钱氏南果园开山建塔，因地造寺，以镇江潮，塔高九级，五十余丈，内藏佛舍利。"① 可见六和塔初建时有"镇江潮"、"藏佛舍利"两个目的。该塔历经劫难与重修，现存的塔是一座平面八角形的砖砌十三层楼阁式塔，高达 60 米。塔身外观从下到上层层收分，显得非常地粗大和壮观。每层都有平座和围廊，显得宽阔舒展，可以登临其上周览江山美景。在室内塔壁上，雕刻着人物花卉、鸟兽虫鱼等各式图案花纹，栩栩如生，非常美丽。总之，六和塔是一座雄健豪华的古塔，在初建的塔身上还设置有塔灯，以给夜间钱塘江上的航船提供航标。很多游览此塔的人登塔抒怀，赞美此塔是"孤塔凌霄汉，天风面面来。江光秋练净，岚色晓屏开。独鸟冲波没，连帆带日回"。还有福建泉州姑嫂塔、六胜塔等，这些古塔大多是出于明确的世俗生活、现实需要而建，根本不是礼佛的宗教需要。一些佛塔上面没有任何关于佛教题材的雕刻，这就从塔本身上淡化了佛塔的宗教意味，而突出其登高览胜和导航指引的实用功能，如建于明朝万历十三年（1585 年）的广东潮州凤凰塔，位于韩江及其支流固溪的交汇处，又名"固溪塔"。该塔是一座砖石混筑的楼阁式塔，八角七层。全塔装饰极为华美，在塔的基座和第一、二层石砌的表面浮雕有生动逼真、姿态优美的动植物雕刻，仿木结构的斗拱装饰在每层的塔檐下面，但纵览塔身装饰，没有任何与佛教题材有关的雕刻，佛性意味十分淡化，给人的就是一种造型与装饰的美观。而在此处建塔，很显然就是为了登高眺览和导航引船之实用目的。还有建于福州市东南的闽江与乌龙江合流处的罗星山上的罗星塔，建造目的是便于出入马尾港口的船舶识别方向。该塔初建于北宋时期，明朝天启年间（1621—1627 年）重修，是一座八角七层的楼阁式石塔，高 31.5 米，上有很多灯龛，也没有任何与佛教有关的装饰题材。因此，中

① 《咸淳临安志》卷八十二，《宋元方志丛刊》本。

国佛塔在很大程度上是借佛塔之名，而满足人们现实生活之实才是其最终目的。

四、为了人杰与地灵的风水功能

在中国的传统文化中，中国人的理性实用精神始终占主导地位。这种理性精神简单地说就是重情、理结合，以理节情的平衡，表现在中国的建筑艺术上，“不是以单个建筑物的体状形貌，而是以整体建筑群的结构布局、制约配合而取胜。非常简单的基本单位却组成了复杂的群体结构，形成在严格对称中仍有变化，在多样变化中又保持统一的风貌”①。因此，中国的佛塔也受到这种理性精神的浸润，纳入了中国整体建筑群的一部分，遵循着中国建筑群的整体布局风格，而不再显得那么孤高独立。李约瑟认为，印度佛塔传入中国，便成为“中国风景的一个重要特征”②。他说：“塔的位置原来在城镇以外的佛寺里或它的旁边，后来渐渐和道教的‘风水’（堪舆）相结合，甚至发展到几乎每个县城必定要有一座屹立在附近最理想的孤山上塔来和地舆的影响相协调。”③ 李允鉌也认为“很多时候，佛教的佛塔和道教的‘风水塔’，它们建立的目的是供远观多于近赏。除了有标志性的作用外，还用来平添山河的景色。它们从总的景色上考虑常常是多于本身的考虑的。虽然，这和流行于古代的‘风水’之说有关，但是无论如何，它们对景色的点缀和总的构图上的平衡是起着一定作用的”④。风水又名堪舆、青乌、青鸟、卜宅、卜地、相地、相宅、图宅、地理、地学、山水之术、青囊术等，是我国古人对地理环境的一种认识和看法，它认为住宅或墓地的风向与水流的形势，可以影响到居住人与死者

① 李泽厚：《美学三书》，天津社会科学出版社2008年版，第58页。

② ［英］李约瑟著，汪受琪译：《中国科学技术史》（第四卷第三分册），科学出版社、上海古籍出版社2008年版，第158页。

③ ［英］李约瑟著，汪受琪译：《中国科学技术史》（第四卷第三分册），科学出版社、上海古籍出版社2008年版，第158页。

④ 李允鉌：《华夏意匠——中国古典建筑设计原理分析》，天津大学出版社2011年版，第167页。

一家人的祸福安危。“风水”这一名词最早出现于托名（晋）郭璞（276—324年）所著的《葬书》中：“葬者，乘生气也。”“经曰：气乘风则散，界水则止，古人聚之使不散，行之使有止，故谓之风水。风水之法，得水为上，藏风次之。”中国的“风水”说源远流长，最早发端于殷商时期的卜宅、卜地的巫术，带有浓厚的神秘色彩，后来又经过相土、相地、相宅、相墓的实践操作，至汉代逐步形成了理论萌芽。如古代城市的选址，就有专门的大臣负责，从水源、地势甚至与天象的对应等诸方面做相当详尽的考察：“相其阴阳之和，尝其水泉之味，审其土地之宜，观其草木之饶，然后营邑立城，制里割宅，正阡陌之界。”① 管子也说过，“凡立国都，非于大山之下，必于广川之上。高毋近旱，而水用足，下毋近水，而沟防省。因天材，就地利，故城郭不必中规矩，道路不必中准绳”②。中国古代城市多依山傍水，依托良好的生态环境，与这些风水之说有紧密的联系是不无原因的。后来风水说形成“形法”与“理法”两派，在明清时期由于统治者的提倡而流布全国，并收录在明官方编撰的《永乐大典》中，且民间的风水著作大量出现，水平则显得良莠不齐。

明清时期风水理论影响最大的是江西派与福建派。江西派又称形势派、峦体派，代表人物是杨筠松。“一曰江西之法，肇于赣州杨筠松、曾文迪、赖大有、谢子逸辈，其说主于形势，原其所起，即其所止，以定向位，专指龙、穴、砂、水之相配。”③ 即形势派主要考察自然山川的形势风貌并将其归纳为龙、穴、砂、水等自然要素，根据其四者之间的关系来确定建筑或墓葬的布置方位。因为此派多据实际测量而定基址，故合理成分较多。而福建派又称理法派，“一曰屋宅之法，始于闽中，至宋王伋乃大行。其为说主于星卦，阳山阳向，阴山阴向，纯取五行八卦，以定生克之理”④。可

① （汉）班固：《汉书·晁错传》，中华书局1962年版。
② 李山译注：《管子·乘马》，中华书局2009年版。
③ （清）赵翼：《陔馀丛考》，中华书局1963年版。
④ 周漫士：《金陵琐事》上卷，“形势”条引郑淡泉语。

见，理法派主要依据阴阳八卦、五行理论来推测住宅的吉凶祸福，迷信色彩浓厚。实际上，不管是形势派还是理法派都既讲形势又讲理法，只不过各有偏重而已。它们都遵循“气”为风水术的总则，认为“气者，形之微；形者，气之著。气隐而难知，形显而易见。经云：地有吉气，土随而起，化形之著于外者也。气吉，形必秀润、特达、端庄；气凶，形必粗顽、欹斜、破碎”①。可见它们是把抽象的“气”与具体的自然山川的形势结合起来，再根据龙、穴、砂、水等来确定什么样的基址才是好的风水基址。明清时代风水理论对建筑影响颇大，特别是形势派，影响主要表现在对村落、城镇的选址上。于是人们就总结出了关于选址的基本原则，那就是要选择负阴抱阳、面山背水的“穴”地，即枕山、环水、面屏，“也就是三面或四面山峦环护，地势北高南低，背阴向阳的内敛型盆地或台地，人工经营的地形，也属此模式。这种‘穴’的典型模式，被认为是‘藏风聚气’，利于生态的最佳风水格局。论谓：‘内气萌生，外气成形，内外相成，风水自成’”②。这就是我国风水观念中对宅、村、城镇基址选择上的基本原则和基本格局。当然基于风水理论所选择的基址并不完美，风水上就要采取一系列的补救措施对其加以完善。由于我国的地势西高东低，主要河流流向多是自西向东，故一村或一城之水多在“龙脉”的东、南，或东南方向流出，因而水口也就自然而然地位于这几个方位，其中又以东南方为最多。“水口”是风水学上的概念，风水观念认为“水本主财，门开则财不竭，户闭用不竭”③。因此基址的好坏就是要打开进口，关闭出口，这样的基址才能留住财气和文运，基址自然就是风水宝地。那么，我国基址的水口出口常位于东南方向，而此方位八卦上称为“巽位”，是江湖之咽喉，水口之关锁，所以风水术上常在东南方建桥、塔、亭、堤、塘、文昌阁、魁星楼等建筑，以

① “解难二十四篇”，《古今图书集成》六百七十卷堪舆部。

② 王其亨：《风水理论研究》，天津大学出版社1992年版。

③ （宋）辜托长老著，郑同点校：《绘图入地眼全书》，中华书局2011年版。

便锁住水口，留住财气，这样塔就与风水联系起来了。如江西《芳溪熊氏青云塔志》云：“水口之间宜有高峰耸峙，所以贮财源而兴文运者也。芳溪四面皆山，惟东南隅山势平远，自雍正乙卯岁，依形家之理，于洪源、长塍二水交汇之际，特起塔以镇之，于是财源之茂，人文之举，连绵科甲。”① 这就是许多村落或城镇在东向或东南建塔的原因。比较具有代表性的有嵊县艇湖塔，该塔“明嘉靖二十四年知县谭潜建，崇祯丁卯圮，知县方叔壮重修”。该县的形势是“县治居剡之麓，治东五里为艇湖山，又五里为竹山……五里发脉自嶀起伏数十里，分为五支，其势南奔，俱及剡涯止，俗呼五马据皋。以剡山居中而四山分列左右，抱口有情，以嵊城辅弼。况东屹四明、西巍太白、南陇天姥、北峙大嶀，为四塞长江一带天成”②。从志书所载的舆图看，该县正处于“理想的阳宅模式”地带：以剡山为来龙（源自嶀山），剡溪乃“金带环绕”，方山、马鞍山形同“三台玉几”（指远处正对来龙的砂山）。艇湖山所居的方位恰恰是剡溪四源汇聚转流西向之处，也就是水。所以该塔起着锁住水口之作用，同时也是山水景观中的视觉焦点。《白居易居沃洲记》云：“东南山水越为首……山水秀丽皆生于剡，犹人之秀丽皆发于面也，旧经云潭壑镜澈，清流泻注唯剡有之……顾恺之之所谓万壑争流，四面咸凑者，其源有四……东出浦口入于溪，或奔或汇，浅而为滩濑，深而为渊潭，骤急为湍澜……”③ 今日观之，依然水清如镜，山峦秀丽，古塔卓然而立。④

塔之所以在明清时期与风水相连，主要是基于两个原因：一是明清时期的塔世俗化色彩浓厚，即由埋葬和储藏佛教的舍利及圣物所具有的崇拜意义而变为一种独立的纪念物，一种能够给人带来精神安慰和好处的文化符号，这是基于现实生活需求的中国传统伦理文化影响下的大众易于接受和认同的结果，也是佛塔在中国走向世

① 《芳溪熊氏青云塔志》。

② 《嵊县志》“舆地志”。

③ 《白居易居沃洲记》。

④ 吴璟：《江南古塔与山水》，《东南文化》1989 年第 6 期。

俗化的必然趋势。二是佛塔自从传入汉地，虽然其结构与装饰变化多样，但其以竖向线条为视觉特征的高耸主题却始终如一，这对于破除中国传统建筑群落主要以平面铺排的横向展开二维平面变为以竖破横的三维构图起到很大的作用。

明清时期建塔主要是为了弥补各地风水的不足，塔没有宗教的意蕴，只是一种象征性的建筑，具体来说：一是属于弥补当地文风的不足，希望当地多出科举人才以振兴文风，便于彻底摆脱底层庶民阶级的地位，提高自我及家族的社会地位，如各地所建的文风塔就是如此。据清·林牧《阳宅会心集》记载："凡都省府州乡村，文人不利，不发科甲者，可于甲、巽、丙、丁四字方位上，择其吉地，立一文笔尖峰，只要高过别山，即发科甲。或于山上立文笔，或于平地建高截，或为文笔峰。"① 如山西大同，明代在城东南的城墙上建造了一座文风塔，塔的轴线呈东南—西北走向，直指文庙，是希望本地文运亨通，文人多入仕途。还有古代的阆中古城，据《阆中县志》述，"锦屏山右，有黄花山，旧据风水建魁星楼在焉。盖黄花山与锦屏山间为南津关，古金牛道、米仓道必经此，为风气口，故建楼以镇之并崇文风，实为崇观瞻尔"②。再比如浙江建德梅城（古严州）的双塔"严以乌龙为镇，峻嶒雄峙，盘踞百余里，折而东，双峰矗起是为卯方，其马目山蜿蜒自西南来，昂伏攒蹙驻于南山是为巽方，徽婺二水纡徐萦回，绕卯巽而动之卯于先天卦位为离离巽相薄，二塔并耸则形势全而灵光焕，其文明之象乎"③。看来二塔的建立是依据卦象而建，以便弥补严州山水景致之不足。但明嘉靖年间二塔塌陷之后进行重修，却以文峰塔的角色出现。"自淳熙间詹公马，以文学魁天下，而方皎峰先生遂继响焉，明兴商素菴先生自宾贡上春，官对大廷，皆衰然为多士，魁三元之名重天下，迄今文物不殊，科第若缩，议者咸诿以二塔之圮，嘉靖丙午方伯文峰俞公以致正字居，乃谋于士民以图重建，夫建塔

① （清）林牧《阳宅会心集》。

② 《阆中县志》。

③ 《严州府志·艺文志》。

之验不验未可知，而文峰之心则甚盛。"① 可见，当时人们崇尚建塔以振兴文风之炽热。实际上，严州建塔以崇尚文风从宋代就已开始出现，如《地师吴鸾论严郡风水遗记》云："二制二府因何少，只因巽上少尖峰，他年释教重建塔，便有高才显帝宫"、"穿心水激明堂中（指乌龙山水直下于城），背后黄泉又透通，若得石幢居巽位，方谋二制并监宫"、"……卯巽二方重建塔，状元从此冠群英"②。还有临安的功臣塔，本为纪念性塔，后来演化为文峰塔，"功臣塔，钱武肃王建，今为儒学巽峰，塔影印入泮湖，犹如文笔，荡漾砚池，邑之文风系矣"③。文风塔的建立是中国传统伦理文化的一种表现，是借佛塔之神圣来满足其渴望世俗功利的一种愿望，体现了一种犹如宗教信仰般的神圣性。

二是属于弥补当地山川形势之不足，这虽说有点迷信思想，但对山水形势确实有点缀作用。如陕西韩城东北方向的山峰上有一座文星塔，是当地的县官联合本地的乡绅共同修建的一座风水塔。塔的建成抬高了东北方向山峰的海拔高度，使山势显得耸拔，起到了点缀作用。形势派认为城镇、村落选址时首要是"觅龙"，而"龙"就是山脉的行止起伏。首先，山脉要屈曲起伏，看起来有晕才有生气，其次要看山脉的阴阳向北，阳有生气；再次还要看山的"势"，山势要蜿蜒而远去，给人一种起伏连绵的远观效果才有生气，也就是所谓的"势远形深者，气之府也"；最后还要看山的"帐幕"，即主山前后左后的小山，形法认为无帐幕则主山（龙）孤单，不吉。如明代万历年间在诸暨县所建的艮塔也是为了弥补当地山川形势之不足而建。据《诸暨县志》载："北埂外高地为武试跑马场……北面共水皆以坂为壑，中有娄家荡，地当县治艮方，明万历年间兴金鸡山同时建塔，名曰艮塔。盖用形家之言以白杨尖孤高，建二浮屠以当之，借以振起艮方之势也。"④ 白杨尖是诸暨县

① 《严州府志·艺文志》。
② 《地师吴鸾论严郡风水遗记》。
③ 《临安县志·古迹志》。
④ 《诸暨县志·舆地志》。

城西侧长山之主峰，“长山，一名陶朱山，在县西一里，南北可长十有余里，高五十余丈……有峰特秀曰文笔峰，俗呼白杨山……”① 从志书中的舆图来看，长山为县治所依之“来龙”，形势高峻，但左右地势低平，不能形成围合之势，且长山距城近且高，志书有云：“城东浣江天堑，城中上、中、下三湖……相传旧嫌长山势逼，堪舆家凿湖以当之。”② 可见，修建艮塔乃以塔代山为“帐幕”，不使来龙孤立。③ 与此相仿的还有金鸡山塔，“江东有金鸡山……山顶有塔，俗呼金鸡山塔，前志不载，万历十三年知县谢舆思兴娄家荡塔同时建者……”④ 全国各地众多的文峰塔、风水塔不仅弥补了当地人民的山川形势之不足，成为当地城镇、乡村的一个风景标志，还在一定程度上迎合了人民的迷信心理。李约瑟说：“在中国居住过的人都会有他自己喜爱的塔，从我个人来说，我喜欢回忆的美丽的塔，一是四川绵阳城南俯视着河流会合的那座，另一个是监察着甘肃兰州东门的那座。”⑤ 从李约瑟时常回忆起的两座中国古塔来看，都是振兴城市风水、点缀城市风景的古塔，这些城市和乡村也因这些美丽的古塔而闻名。如诸暨东化城寺塔，又称元祐塔，因建于宋元祐壬申年（1092 年）间而得名，位于诸暨县东五十里的紫薇山中。该塔就起到了一个构景的作用。“紫薇山塔卓立于南，乌带山环抱，自南传西，幪头白茅诸山林立，北控泌湖汪洋无际，石撼九里，山嶂襟带，牛头鹅子遮山，阮家山互相拱揖，驿路纵横若卦书，高楼峻宇，红树青林，平原短陌，市廛桥亭，掩映错峙，乃枫桥最盛处。”⑥ 可见，塔已介入了山林景观之中，成为控制整个景区的主体因素，也成为人们观赏风景的视觉点，周围的景色也以此为中心融为一个整体。从整个县治

① 《诸暨县志·舆地志》。

② 《诸暨县志·舆地志》。

③ 吴璟：《江南古塔与山水》，《东南文化》1989 年第 6 期。

④ 《诸暨县志·古迹志》。

⑤ ［英］李约瑟著，汪受琪译：《中国科学技术史》（第四卷第三分册），科学出版社、上海古籍出版社 2008 年版，第 158～159 页。

⑥ 《诸暨县志·古迹志》。

来看，对于泌湖盆地中的居住村落来讲，紫薇山就是来龙，立元祐塔于山脊低凹处，也有增强山势高耸之意。

第三节　中国古塔文化的美观性

中国古塔不仅具有礼拜敬佛的神秘性、登临佛塔的世俗性，而且具有给人以美感的美观性。这主要表现在古塔的造型和装饰上。中国古塔的形式可谓是千姿百态、丰富多彩，主要有楼阁式塔、密檐式塔、亭阁式塔、花塔、过街塔、金刚宝座塔、喇嘛塔等。这些塔要么高大挺拔、雄伟壮观；要么体量较小、稳定端庄；要么高低错落、主次分明；要么装饰繁缛富丽、花团锦簇；要么大腹便便、形如瓶状，等等。中国古塔的形式给人不同的美观感受，它不是单纯的形式美观，而是给人以强烈的心灵震撼。这种具有强烈心灵震撼的塔的审美性加强了审美的力度和力量。如“殚土木之功，穷造型之巧”、“高风永夜，宝铎和鸣，铿锵之声，闻及十余里”、“绣柱金铺，骇人心目”① 的北魏洛阳永宁寺塔；“发地四铺而耸，凌空八相而圆，方丈十二，户牖数百”② 的北魏嵩岳寺塔；“塔势如涌出，孤高耸天宫”的唐代大雁塔；“外侈极于弘丽，内缜致于精微”③ 的明代大报恩寺琉璃塔，等等。这些古塔以其千姿百态的造型给人带去了审美的愉悦，它们不单单是一种形式的创造，而是充满着意蕴。在西方美学史上，克莱夫·贝尔首次提出了“有意味的形式”这一著名论断。正如英国美学家鲍桑葵所说的：“形式就不仅仅是轮廓和形状，而是使任何事物成为事物那样的一套套层

---

① （北魏）杨衒之著，尚荣译注：《洛阳伽蓝记》，中华书局 2012 年版，第 20 页。

② （唐）李邕：《嵩岳寺碑》，《全唐文》卷 263，上海古籍出版社 2007 年版，第 1181 页。

③ 张惠衣：《金陵大报恩寺塔志》（《中国佛寺志丛刊》第 27 册），江苏广陵古籍刻印社 1996 年版。

次、变化和关系——形式成了对象的生命、灵魂和方向。"① 也就是说形式包括两个方面：一是事物的外部轮廓形状，这是人判断事物是怎样的问题，这是事物的外形式；二是由外在的轮廓形状能够反映事物的生命、灵魂和方向的问题，这是事物的内形式，可谓是形式包蕴的意蕴问题，只是这个意蕴有时明显，有时模糊。康定斯基就认为："的确不能说，任何形式都是无意义的，和'说不出什么来'的，世界上每一种形式都有一定的意义。但是它的信息我们往往不知道，即使知道一些，也经常没有把握住它的整个内涵。"② 那么，具体到佛塔建筑上，不同的造型也会造成不同的审美意味。如果从中国古塔的一个单体建筑来看，其形式构造基本上是由地宫、塔基、塔身、塔刹这四个部分组成，而地宫深埋于地下，离开了人的审美视线，我们主要从露出地面部分的塔基、塔身、塔刹这几个部分来体味其审美意蕴，因为塔的形式虽然是一个整体，但是这个整体是由许多间隔组成的有机统一整体。正如宗白华先生所说的："美的形式的组织，使一片自然或人生的内容自成一独立的有机体的形象，引动我们对它能有集中的注意、深入的体验。……美的对象之第一步需要间隔。图画的框、雕像的石座、堂宇的栏杆台阶……这些美的境界都是由各种间隔作用造成的。"③ 也就是说"间隔"（事物的各组成部分）造成了事物的美的境界。对于中国古塔来说，古塔的形式之美也主要从塔基、塔身、塔刹这几个间隔部分体现出来的。

中国古塔塔基部分给人美观意味最强的还是须弥座，这"是随佛教传播进入中土的一种方形台座形式，其立面外观一般由上下枋、上下各一至二层叠涩及当中束腰相叠而成，特点是上下大致等

① ［英］鲍桑葵著，周煦良译：《美学三讲》，上海译文出版社 1983 年版，第 7~8 页。

② ［俄］瓦西里·康定斯基著，吕澎译：《论艺术里的精神》，四川美术出版社 1985 年版，第 66 页。

③ 宗白华：《艺境》，北京大学出版社 2003 年版，第 103 页。

宽、中部渐次收入。……一般用作佛像的坐具和佛塔的基座"①。实际上，须弥座的运用早在南北朝时期就开始了，只是多用于佛像的坐具，用于佛塔的基座很少，早期的须弥座主要还是方形的台座，直线是其主要的线条，虽说中间有束腰，使线条的长短变化呈现有规律的形式，但给人的感受还是增加佛塔的稳定性，与楼阁式塔塔身的空灵形成鲜明的对比。正如刘敦桢所说的，"一般来说房屋下部的台基除本身的结构功能之外，又与柱的侧脚、墙的收分等相配合，增加房屋外观的稳定性"②。这说的是房屋台基的作用，但同样适用于中国的古塔建筑。唐代的时候，人们对这种方形的须弥座进行了改造，逐渐采用了形似圆形的八角形的须弥座，并且较多地运用于砖石制造的密檐塔上，建于五代南唐时期（937—975年）的南京栖霞寺舍利塔在塔基上是最早运用八角形须弥座的中国古塔。该塔"是一座八角五层，高约18米的小石塔。塔的整体构图，创造了中国密檐式塔的一种新形式，就是它的基座部分绕以栏杆，其上以覆莲、须弥座和仰莲承受塔身，而基座和须弥座被特别强调出来予以华丽的雕饰，是它以前的密檐塔所没有的"③。后来辽代的密檐式塔普遍采用此种基座，明清时期成为中国古塔基座的定制。这种塔的基座造型非常美观，首先是直线与曲线相互交替的八面体造型给人一种既刚直而又柔和的审美感觉；其次，上面的繁缛富丽的佛像雕刻及其周围的纹饰给人一种华丽的美感；最后，用这种繁密华美的装饰来衬托中部塔身的平整，使塔身显得刚健有力而成为塔的主体。另外，到清代的时候，这种基座又与汉白玉的石料相结合，汉白玉石料的柔和细腻、洁白无瑕的美更使佛塔的基座呈现出庄重大方、崇高典雅的美感，如颐和园的佛香阁和花承阁

① 傅熹年主编：《中国古代建筑史》（第二卷），中国建筑工业出版社2009年版，第283页。

② 刘敦桢：《中国古代建筑史》，中国建筑工业出版社1984年版，第14页。

③ 刘敦桢：《中国古代建筑史》，中国建筑工业出版社1984年版，第144页。

的多宝琉璃塔等都是采用的汉白玉石料做成的基座。“汉白玉作为建筑构成部分，既有利于其本身之美在绚丽多彩的景物中突显出来，又有利于烘托其上绚丽多彩的立面造型。”①

塔身是佛塔的主体部分。中国古塔类型的区分主要在塔身的不同，而这些造型不同的塔身给人不同的审美感受，“亭阁式塔的塔身只有一层，小巧玲珑，较为古朴；密檐式塔身是层层相接的密檐，形成了富有节奏感的韵律，雄健伟岸；楼阁式塔的塔身是中国高层建筑的层层楼阁，重楼迭现，挺拔高大；喇嘛塔塔身由圆圆的塔肚和十三层圆圆的塔脖子组成，形成大筒圆和小筒圆的对比，加上那耀眼的白色，端庄圣洁；金刚宝座塔塔身由高大的塔体和耸立的五座小塔组成，丰富多变，加上布满在塔身上的狮子、象、孔雀、金翅鸟等雕饰，稳重奇谲；花塔的塔身密布装饰性的雕刻，远看犹如华丽的花束，瑰丽多姿……”② 乔治·桑塔耶纳曾说：“美有一个物质的形式的基础”，“十层楼的大厦，层层高度相等，不论设计如何合适，也不能像亭台楼阁或比例精致的宝塔这么美”③。比例精致的宝塔为何比层层高度相等的高楼大厦美，就是由于宝塔从下到上按比例逐渐缩小，表现出递减的节奏美。关于建筑的比例，古罗马的建筑学家维特鲁威曾在《建筑十书》中说比例是“组合细部时适度的表现的关系”，它要求“建筑细部的高度与宽度配称，而且宽度同长度配称”，这样才能造成建筑“整体具有其均衡对应”④。可见，建筑比例的合理运用能够造成建筑整体的均衡对应之美，即节奏美。黑格尔认为音乐也有建筑的这种比例均衡的节奏美，他说：“音乐和建筑相近，因为像建筑一样，音乐把它

① 金学智：《中国园林美学》，中国建筑工业出版社2005年版，第118页。

② 徐华铛：《中国古塔造型》，中国林业出版社2007年版，第25页。

③ ［英］乔治·桑塔耶纳著，缪灵珠译：《美感》，中国社会科学出版社1982年版，第146页。

④ ［罗］维特鲁威著，高履泰译：《建筑十书》，中国建筑工业出版社1986年版，第11页。

的创造放在比例的牢固基础和结构上"①，"拍子在音乐里的任务和整齐一律在建筑里的任务是相同的，例如建筑把高度和厚度相等的柱子按照等距离的原则排成一行，或是用等同或均衡的原则去安排一定大小的窗户。这里所看到的也是先有一个固定的定性，然后完全一律地重复这个定性"②。对于黑格尔所说的这种周期性重复出现的节奏序列，我国著名建筑学家梁思成先生曾做过具体的分析，他指出："建筑的节奏、韵律有时候和音乐很相似。例如一座建筑，由左到右或者由右到左，是一柱，一窗；一柱，一窗地排列过去，就像'柱、窗；柱、窗；柱、窗；柱、窗……'的 2/4 拍子。若是一柱两窗的排列法，就有点像'柱、窗、窗；柱、窗、窗……'的圆舞曲。若是一柱三窗地排列，就是'柱、窗、窗、窗；柱、窗、窗、窗……'的 4/4 拍子了。"③ 这种建筑的节奏美，大量地体现在中国古塔的主要类型楼阁式塔及其变体密檐式塔的塔身上。像楼阁式塔和密檐式塔的塔身大多从下到上呈现出一种有规律的明显收分，从而显示出建筑结构上的一种明确的节奏感、秩序的整齐感、严密的逻辑感。"它不再是体积的任意堆积而繁复重叠，也不是垂直一线上下同大，而表现为一级一级的异常明朗的数学整数式的节奏美。这使它便大同于例如吴哥寺那种繁复堆积的美"④。这就是说，中国佛塔讲究严格的对称，以展示严肃、方正、井井有条的理性美，如大雁塔，正方形的平面给人稳重端庄之感，每一层用砖仿照木结构砌出的梁、柱、斗拱，划分出整齐的间架，完全是木结构楼阁的再现，那从下到上层层地逐渐收分呈现出一种简单明晰的节奏美。总之，大雁塔"简练而明确的线条，稳定而端庄的轮廓，亲切而和谐的节奏。概念是清晰的，风格是明朗的，

① ［德］黑格尔著，朱光潜译：《美学》第 3 卷，商务印书馆 1986 年版，第 356 页。

② ［德］黑格尔著，朱光潜译：《美学》第 3 卷，商务印书馆 1986 年版，第 361 页。

③ 梁思成：《梁思成全集》第 5 卷，中国建筑工业出版社 2001 年版。

④ 李泽厚：《美学三书》，天津社会科学院出版社 2008 年版，第 59 页。

比例是匀称的，不夸张，不矫情，显示出人间的理性美”①。李泽厚说：“如果拿相距不远的西安大小雁塔来比，就可以发现，大雁塔更典型地表现出中国式的宝塔的美。那节奏异常单纯而分明有层次，那每个层次之间的疏朗的、明显的差异比例，与小雁塔各层次之间的差距小而近，上下浑如一体，不大相同。”②

对于密檐式塔的节奏美，梁思成先生曾在《建筑和建筑的艺术》一文中以北京天宁寺塔作为实例进行过分析，“由下看上去，最下面是一个扁平的不显著的月台；上面是两层大致同样高的重叠的须弥座；再上去是一周小挑台，专门名词叫平座；平座上面是一圈栏杆，栏杆上是一个三层莲瓣座，再上去是塔的本身，高度和两层须弥座大致相等；再上去是十三层檐子；最上是攒尖瓦顶，顶尖就是塔尖的宝珠。按照这个层次和它们高低不同的比例，我们大致（只是大致）可以看到（而不是听到）这样一段节奏”③。

塔刹是塔的终点，也是塔的顶点。塔刹的结构大多是一个小型的窣堵波，也由刹座、刹身和刹顶构成，只是比例大为缩小。虽说塔刹在中国古塔中最具有佛教的象征意义，但在成熟的中国古塔类型中塔刹也起到了对佛塔的装饰美化作用。其一，它能加强古塔的高耸身姿，使古塔显得更加挺立上耸，如出风尘之外，如洛阳的永宁寺塔，塔刹雄伟壮观，非常引人注目。塔刹高约十丈，约占塔高的九分之一，塔刹上有盛二十五斛的金宝瓶，宝瓶下有三十重的承露金盘，四周悬挂金铎，又有铁索四道，把塔刹系在塔顶的四角，铁索上也有金铎，使塔刹棱棱四出，直刺蓝天，巍峨壮观；苏州罗汉院的铁制塔刹特别高大，约占全塔高度的四分之一，直立上挺，非常壮观；福建泉州开元寺双塔和江苏常熟兴福寺方塔的铁制塔刹高度都在10米左右，上面还有宝瓶、相轮、宝珠、仰月等，显得非

① 王世仁：《理性与浪漫的交织》，中国建筑工业出版社1987年版，第276~277页。

② 李泽厚：《美学三书》，天津社会科学院出版社2008年版，第59页。

③ 梁思成：《建筑和建筑的艺术》，《人民日报》1961年7月26日。

常雄伟壮观。其二，装饰的珍贵和华丽。塔刹部分大多用较为昂贵的黄金、白银、珍珠、玛瑙、铜、铁等材料制作成宝瓶、相轮、宝珠、仰月等装饰构件，在阳光的照射下，金光灿灿，非常地耀眼夺目。其三，有些古塔在塔刹须弥座部分装饰由中国屋脊演化而来的山花蕉叶，看起来非常美观。这些山花蕉叶有的弯曲如马的耳朵，上刻各种饱满流畅、气韵生动的卷纹和图案，非常漂亮，如浙江普陀多宝塔和山东历城四门塔的塔刹基座部分的山花蕉叶就是如此。

对于中国古塔来说，除了这种结构造型上的美之外，还有一种材料美，因为形式离不开材料的塑造，正如乔治·桑塔耶纳所说的，“假如雅典娜的神殿巴特农不是大理石筑成，王冠不是黄金制造，星星没有火光，它们将是平淡无力的东西。在这里，物质美对于感官有更大的吸引力，它刺激我们的同时它的形式也是崇高的，它提高而且加强了我们的感情。……因此，材料的美是一切高级美的基础，不但在对象方面是如此，对象的形式和意义必须寄托在感性事物上……”① 对于中国古塔来说，建筑材料可谓多种多样，主要有土、木、砖石、铜、铁、金、银等各种材料。在这些材料中，主要以土木、砖石建造的塔最多，铜、铁、金、银等建造的最少。木材，在古代一直占据建筑材料的主流，除了常与文化联系②之

---

① ［英］乔治·桑塔耶纳著，缪灵珠译：《美感》，中国社会科学出版社1982年版，第52、54页。

② 参见梁思成在《中国建筑史》的分析：“实缘于不着意于原物长存之观念。盖中国自始即未有如古埃及刻意追求久不灭之工程，欲以人工与自然物体竞久存之实且既安于新陈代谢之理，以自然生灭为定律，视建筑且如被服舆马，时得而更换之；未尝患原物之久暂，无使其永不残破之野心。如失慎焚毁亦视为灾异天谴，非材料工程之过。此种见解习惯之深，乃有以下结果：①满足于木材之治用达数千年；顺序发展木造精致之方法，而不深究砖石之代替及应用。②工休憩原物之风，远不及重建之盛，历代增修拆建，素不重原物之保存，惟珍其旧址及其创制年代而已。惟坟墓工程则古来确甚着意于巩固永保之观念，然隐于地底之砖券室，与立于地面之木构殿堂，其原则互异。墓室间或以砖石模仿地面结构之若干部分，地面之殿堂结构，则除少数之例外，并未因砖券应用于墓室之经验，致改变中国建筑木构主体改用砖石叠砌之制也。”

外，木材还具有审美的功能，表现在两个方面：一是设计上能够灵活地制成各种各样所需要的建筑构件，这些构件不仅具有承托作用，还具有审美装饰作用，特别是斗拱。二是木材上可以涂上彩画、施以颜色，内外观之皆很美观。如北魏洛阳永宁寺塔就是如此。北魏洛阳永宁寺及寺塔是北魏皇室的寺院、佛塔，因此，在装饰的审美效果上既要有皇家的威严、显赫与华丽，还要有佛教的异域色彩。这既体现在永宁寺山门、院墙、佛殿的建筑装饰上，还体现在佛塔的主体部分楼阁上。皇家大寺永宁寺建造形制如同皇宫，所以装饰效果也类同皇宫的华丽，其南门形制端门，“图以云气，画彩仙灵，列钱青琐，赫奕华丽”①。即上面画上云气，还要画上彩色的仙人，在宫室的横木上用镶嵌着玉石的金钱排列成一条，像连贯成串的钱，还要刻上青色的花纹，整个气象光明，显赫而华丽。“云气”就是云纹，是中国传统的一种图案纹饰，其特点是常以一种连续的、变幻方向的漩涡纹构成一种具有强劲动态而富有气势的纹样。在两汉时期，云纹的线条较为粗狂，变化较为单一，纹样也显得较为稀疏，呈现出一种茁壮、粗狂、微带稚气的审美风格；而到北魏线条则变得细腻而流畅，变化较为多样，纹样显得较为繁密，呈现出一种雄伟而带巧丽、刚劲而柔和的审美风格。这种云纹常出现于檐柱上，具体做法是“以金银间云矩”，即柱身常雕刻云纹，并以金银色加以间衬，檐柱就呈现出“绣柱金铺”的样子，金黄的颜色再加上流畅雄健的云纹，常常给人以“骇人心目”的审美效果。永宁寺塔是一种楼阁式木塔，塔的檐柱就呈现出“绣柱金铺，骇人心目”② 的审美效果。

永宁寺塔上还有“承露金盘三十重，周匝皆垂金铎”，“铁索四道……锁上亦有金铎”，“浮图有九级，角角皆悬金铎，合上下有一百二十铎”，“扉上各有五行金铃，合有五千四百枚”，门上有

① （北魏）杨衒之著，尚荣译注：《洛阳伽蓝记》，中华书局 2012 年版，第 20 页。

② （北魏）杨衒之著，尚荣译注：《洛阳伽蓝记》，中华书局 2012 年版，第 20 页。

“金环铺首”。再加上“拱门有四力士，四狮子，饰以金银，加以珠玉，庄严焕炳，世所未闻”①。可见，这众多由黄金制作的金盘、金铎、金铃和金环铺首所呈现出来的昂贵、奢华及金光灿灿，确实能给人一种庄严、华贵之感。

永宁寺塔的门窗也是装饰的重点，常常以“青琐”、“金银铺”、“朱扉”等加以装饰。张衡的《西京赋》中有“青琐丹墀”。刘逵注：“琐，户两边以青画为琐纹。”②《汉书·元后传》：“曲阳侯根骄奢僭上，赤墀青琐。”孟康注：“以青画户边镂中，天子制也。”如淳曰：“门楣格再重，如人衣领再重。名曰青琐，天子门制也。”师古曰：“孟说是。青琐者，刻为连环纹，而青涂之。”③可见，所谓“青琐”，就是在门侧镂刻的连环纹，再以青色加以涂饰，只有天子宫殿的门楣才能采用，后来皇家寺院和王公府邸也加以采用，南北朝时期的宫殿、佛寺也沿用这种做法。如永宁寺塔的门窗上是“列钱青琐，赫奕华丽”④；“‘金银铺’是门扉上所饰的衔环兽面，亦称‘铺首’，以铜制作，鎏以金银，铺首的规格大小依门的尺度而变化”⑤。永宁寺塔的门上有“金环铺首”。“朱扉”就是用红色涂饰的门窗，也是皇家、贵族宅邸的专用色，永宁寺塔也是“浮图有四面，面有三户六窗，户皆朱扉，扉上各有五行金钉，合有五千四百枚”⑥。可见，永宁寺塔的门窗也采用了当时皇家最高规格的装饰，以青色涂饰镂刻在门楣两侧的连环纹，以金铺首作为门的拉手，直棂窗皆采用红色涂饰，再加上门窗上五千四百

---

① （北魏）杨衒之著，尚荣译注：《洛阳伽蓝记》，中华书局2012年版，第20页。

② （汉）张衡：《西京赋》，《昭明文选》，中华书局1977年版。

③ （汉）班固：《汉书》卷98，中华书局1962年版，第4025页。

④ （北魏）杨衒之著，尚荣译注：《洛阳伽蓝记》，中华书局2012年版，第20页。

⑤ 傅熹年主编：《中国古代建筑史》（第二卷），中国建筑工业出版社2009年版，第278页。

⑥ （北魏）杨衒之著，尚荣译注：《洛阳伽蓝记》，中华书局2012年版，第20页。

枚的鎏金门钉，显得富贵而华美，给人以庄严华丽的审美感受。

砖石塔是中国古塔现在遗存最多的塔。砖石材料在建造上主要采用发券、垒砌和叠涩的手法，并且可以雕刻有仿木结构的建筑构件，因用力较多，具有非常震撼人心的审美效果。据《魏书·释老志》描绘北魏平城的仿木构架的三级石佛图是“榱栋楣楹，上下重结，大小皆石，高十丈，震固巧密，为京华壮观也”①。从“榱栋楣楹，上下重结”可知各层均以柱额斗拱架椽挑檐，重重叠叠，结构精巧坚固，非常具有视觉的美感，不愧为“京华壮观”。怪不得《水经注·漯水篇》评价说：“水右有三层佛图，真容鹫架，悉结石也。装制丽质，亦尽美善也”②。还有《水经注》记载冯熙所建的皇舅寺“有五层浮图，其神图像皆合青石为之，加以金银火齐，众彩之上，炜炜有精光”③。从“合青石为之”来看，这是一座石塔，并且上面有以金银装饰的佛像，使整座塔看起来非常光鲜。山东历城的龙虎塔是一座石塔，因塔身上浮雕有龙、虎形象而得名。该塔形制是一个方形平面的单层亭阁式塔，塔身四面辟门，塔座是三层高大的须弥座。塔身雕刻繁缛富丽，几乎不留一点空白，全为剔地而起的高浮雕，主要刻有佛像、菩萨、金刚力士、飞天及龙虎等浮雕形象，线条遒劲有力，形象生动逼真。此外还有福建古田古禅寺石塔、浙江观音寺石塔、北京房山石塔、甘肃庆阳塔儿湾石塔等，这些石塔上面也布满了一些具有佛教内容的雕刻和一些仿木结构的建筑构件，显得非常华丽。

采用琉璃材料建造佛塔也使我国古塔呈现出一种五光十色、瑰丽灿烂的美。琉璃是一种昂贵的建筑材料，在我国古代一直供官府专制、专用。这种材料不仅因为质地坚硬、上有涂油而具有防水、防火、防风化的实用功能，还因为色彩鲜艳、丰富而具有繁丽浓艳

① 许嘉璐主编：《二十四史全译·魏书·释老志》，汉语大词典出版社2004年版，第2452页。

② （北魏）郦道元著，陈桥驿校证：《水经注》卷十三，中华书局2013年版，第301页。

③ （北魏）郦道元著，陈桥驿校证：《水经注》卷十三，中华书局2013年版，第300~301页。

的美观效果。在我国的古塔中，建造了数量很少的琉璃塔，这些琉璃塔中，有的是全身贴砌琉璃，如开封佑国寺塔、山西洪洞广胜寺飞虹塔、南京报恩寺塔、北京颐和园琉璃塔等；有的是在塔的塔身部位或边角檐等重点部位贴砌，如山西五台山狮子窝梁塔、阳城龙泉塔等；有的只在塔上贴砌佛像琉璃砖，其他部位不贴，如安徽蒙城万佛塔、山西临汾大云院塔。这些琉璃砖上大多雕有佛像、金刚力士、飞天、象、孔雀等各种形象，再加上琉璃砖的红、紫色、深绿、浅绿、黄色、乳白、孔雀蓝等五彩缤纷的颜色，和它们之间非常合理的秩序安排，看起来非常具有震撼人心的观赏价值，正如桑塔耶纳所说的，“最重要的效果绝不可归因于这些材料，而只能归因于它们的安排和它们的种种理想关系”，然而，“不论形式可以带来什么愉悦，材料也许早已提供了愉悦，而且对结果的价值贡献了很多东西”①。可见，建筑材料有其本身的质地美。

众所周知，所有的建筑物是形（线、面、体）和色的空间组合。那么，中国的古塔作为一个建筑物也不能例外。克莱夫·贝尔曾说过：“我的‘有意味的形式’既包括了线条的组合也包括了色彩的组合。形式与色彩是不能截然分开的；不能设想没有颜色的线，或是没有色彩的空间；也不能设想没有形式的单纯色彩间的关系。”② 可见，在建筑艺术上形与色的组合是非常重要的。在中国古塔的平面造型上，主要有四方形、六角形、八角形、十二角形和圆形等。这些古塔的平面造型中，唐代之前主要以方形为主，宋辽之后一直到明清则以八角形、圆形为主。可见，方和圆是中国古塔建筑平面上的基本造型，实际上也是中国古典建筑平面上的基本造型。当然，这是人们在长期的建筑实践中总结出来的历史经验：“在圆形的平面上建屋基，从实用角度看，不但建造难度大，而且用地不经济；至于正方形屋基，也不能充分满足实用的和审美的需

① ［英］乔治·桑塔耶纳著，缪灵珠译：《美感》，中国社会科学出版社1982年版，第52页。

② ［英］克莱夫·贝尔著，马钟元、周金环译：《艺术》，中国文联出版社1984年版，第7页。

要。于是，长方形的平面就开始发展起来。长方形屋基平面上的建筑，不但受光面大（南向采光），易于通风，利用率高，而且审美上体现了多样统一性。”① 黑格尔就认为，“一个直角长方形比起正方形较能引起快感，因为在长方形之中，相同之中有不同”②。在传统审美心理中，方形给人一种端齐、严正、庄重、安稳、凝定、静止的意味和性格，这在中国古典美学、哲学著作中早就有所概括：

木石之性……方则止……③

坤……至静而德方……直其正也，方其义也。④

方者矩体，其势也自安。⑤

这种方形所表现出来的“势”，是人们从对木、石等大量事物的观察中得来，并历史地积淀于视知觉经验的结果。阿恩海姆说：“我们可以把观察者经验到的这些‘力’看作活跃在大脑视中心的那些生理力的心理对应物……虽然这些力的作用是发生在大脑皮质中的生理现象，但它在心理上却仍然被体验为是被观察事物本身的性质”⑥。“于是，就产生了‘方正生静’、‘方者自安’的有意味形式，产生了主、客观相对应统一的‘体’、‘势’的协同性。它说明了：在特定的审美心理结构中，不同的‘体’会生发出不同的‘势’来，而这正是形式美的一种空间意味。”⑦ 著名的北魏洛

① 金学智：《中国园林美学》，中国建筑工业出版社 2005 年版，第 412 页。

② ［德］黑格尔著，朱光潜译：《美学》第 3 卷，商务印书馆 1986 年版，第 64 页。

③ 《孙子·势篇》。

④ 《周易·文言》。

⑤ 刘勰：《文心雕龙·定势》，线装书局 2012 年版。

⑥ ［美］鲁道夫·阿恩海姆著，朱疆源译：《艺术与视知觉》，中国社会科学出版社 1984 年版，第 11 页。

⑦ 金学智：《中国园林美学》，中国建筑工业出版社 2005 年版，第 412 页。

阳永宁寺塔就是一座方形的楼阁式塔，它稳定、端庄、静止、凝定，给人一种中心支柱的作用。实际上，永宁寺塔就被当时的世俗僧众看成国家稳定、繁荣的象征，它的倒塌就如大厦将倾一样，预示着北魏统治的灭亡。

中国古塔在宋辽之后在平面上常用八角形，这既是对方形的超越，又是向圆形的靠拢，它也兼有圆形的体势。圆形在审美心理上既能给人一种运转无穷、生生不息的动态感，又能给人一种天道、神道的联想。这在中国古代哲学、美学论著中也有许多概括：

木石之性……圆则行。①

圆者规体，其势也自转。②

天圆则须转，地方则须安静。③

这样看来，中国古塔后来常用形似圆形的八角形，一方面契合宗教的神性意味，另一方面还能给人一种圆转、流动、由静见动的审美意味。如北海的白塔，就以其浑圆的造型一方面让人体味“蓍之德，圆而神”（《易·系辞上》）的天道的神秘无穷，另一方面还能让人产生生生不息、运行不止的感受。

在个体建筑物上，曲线的艺术特征呈现出一种情理协调、舒适实用、有鲜明节奏感的效果。中国的古建筑主要以木构建筑为主，盛行以刚直的线条加上曲线来呈现建筑雄健而轻盈的审美风格，而中国的古塔基本上模仿木构建筑，所以塔上盛行曲线勾勒也是自然而然的事。曲线在人们的审美心理中预示着一种动势美，令人心波荡漾，情感飞扬。英国著名的美学家威廉·荷加斯在《美的分析》中就对曲线的审美特征进行了详细的分析，“波状线，作为美的线

① 《孙子·势篇》。

② 刘勰：《文心雕龙·定势》，线装书局2012年版。

③ 《二程遗书》卷二。

条，变化更多，它由两种对立的曲线组成，因此更美……"① 朱光潜先生也说："波纹似的曲线是一般人所公认为最美的曲线，依斯宾塞说，它所以最美者就由于曲线运动是最省力的运动。直线运动在将转弯时须抛弃原有的动力而另起一种新动力，转弯愈多，费力愈大。曲线运动则可以利用转弯以前的动力，所以用力较少。"② 塔上有曲线，就会使塔的建筑造型显得圆润、和谐、柔和、优美，具有一种轻松、活泼之感；若没有曲线，就会显得呆板、生硬。"塔上做出曲线的部位，主要在塔的升起、塔的外部轮廓、塔身的'弧身'式样、券门、仿木构部位以及塔刹等处。"③

这主要表现在：首先是屋檐上，中国的屋檐是中国古建筑最具艺术性的表现形式，它以"反宇飞翘"的建筑形式使沉重、雄健的建筑变得活泼遒劲、轻盈欲飞。中国的古塔从魏晋一直到明清都盛行曲线勾勒，特别是楼阁式塔各分层屋檐的升起（即自外檐柱从中心开始向两端柱逐步升高所产生的曲线），有一种高起的感觉，观看起来非常舒展活泼，特别是屋檐的挑角，从唐宋时代其向上挑起的幅度越来越急剧，到明清时期使檐角向上弯曲达到最大的幅度，并且上挑得非常巧妙，富有优美感。如松江兴圣教寺塔、江苏镇江金山寺慈寿塔、苏州报恩寺塔、常熟崇教兴福寺方塔，等等。其次，有的塔身常用"弧身"、"弧墙"，其展开犹如扇形，其弯曲的曲线非常具有美感，如山东历城九顶塔的塔身造型就是如此。该塔位于山东济南历城县柳埠镇的九塔寺内，建造年代据罗哲文先生考证始建于盛唐时代的天宝时期（742—755 年）。④ 该塔造型特殊，由两部分组成，上层是以中间一座较大的密檐式塔为中心，周围由八座密檐式小塔环绕组成的塔顶，下部是八角形的塔身，每边作弧形向内凹入，两个弧面之间的相交线非常鲜明，另

---

① ［英］威廉·荷加斯著，杨成寅译：《美的分析》，人民美学出版社 1984 年版，第 26 页。

② 朱光潜：《朱光潜美学文集》第一卷，上海文艺出版社 1984 年版，第 240 页。

③ 张驭寰：《古塔实录》，华中科技大学出版社 2011 年版，第 169 页。

④ 参见罗哲文：《中国古塔》，中国青年出版社 1985 年版，第 221 页。

外，塔檐下部以叠涩砖挑出十七层，呈现明显的反曲线，这也是唐塔塔檐的特点。最后，塔顶也是曲线最为集中的地方。相轮呈一圈圈的圆形逐渐向上缩小延伸，其下的覆钵也是圆形的。另外，塔上的椽子、斗拱卷刹、柱头卷刹、佛龛的楣龛、柱、筒瓦、瓦当等能用弧线的皆用弧线，因此整体上显得十分和谐。

至于佛塔各种装饰图案，像植物纹饰通常会采用卷草纹、连珠纹、荷花纹等曲线纹饰，显得非常活泼生动，富有生气；人物与动物纹饰也常用曲线，使它们形象生动。

中国密檐式塔所运用的曲线也非常突出，如河南登封嵩山的嵩岳寺塔。这是一座我国现存年代最早的密檐式砖塔。塔身十二边形，在当时以四边形为主的佛塔类型中显得十分突出。高大的塔基上有一座很高的塔身，塔身上以莲瓣、狮子、火焰形的券面等印度的装饰母体装饰着柱头、柱础、门和佛龛。塔身上面是十四层密排的砖檐，并且从下到上逐渐收分，最上面是一个砖雕的窣堵波的塔刹。从远处看，十四层的密檐部分呈现出来的丰满的抛物曲线十分引人注目，是人们注目的视觉中心。虽然这种抛物曲线显得非楞非圆，朦胧浑厚，弥漫着非理性的宗教迷狂，但是中国人在处理时仍贯彻了清醒的理性精神，那十四层的抛物线有规律地从下到上逐渐收分，比例适当、秩序明确，富有严密的逻辑性。另外，虽然上翘的曲线增加了佛塔的灵动性和飞动之感，但下凹的曲线仍把重心指向广阔的大地，再配上高大的塔身和阔大的台基，整座佛塔看上去虽然高耸入云，似乎指向神秘的苍穹，实际上时时回眸着大地，把人引向现实的联想，给人一种安定踏实的感受，毫无头重脚轻之感。

结　语

本书通过对中国古塔的审美文化研究，揭示了中国古塔审美文化的神秘性、世俗性和美观性特征对中国历代古塔体量造型、结构、功能、装饰、材料以及与环境的互动关系等各方面造成了很大的影响——使一个埋藏佛祖舍利及佛教圣物的具有崇拜与信仰的佛教神圣的象征物逐渐演变为中国人的一个世俗化的审美对象。现将本书做一个全面的总结，结论如下：

第一，中国古塔的形式本源于印度的佛塔造型。印度的佛塔主要包括早期的覆钵塔和中期的犍陀罗高塔两种造型。印度的覆钵塔（即窣堵波），特别是桑奇大塔（印度佛塔最有代表性的佛塔造型）体现了印度佛教审美文化的主要特点：一是具有浓厚的佛性意味和高涨的宗教情绪，这主要从桑奇大塔的窣堵波造型和装饰体现出来。半圆形的倒扣覆钵形似坟墓，但因珍藏佛陀的佛骨舍利及生前所用器物而使死的坟墓在内容上变成了涅槃的象征，即超越生死轮回的最高精神境界。在半圆形的覆钵与栏楯之间是甬道，供信众右旋绕塔礼拜，据说这样就能达到涅槃的境界。在环绕窣堵波的栏楯和四个塔门上雕刻了众多的佛本生故事、佛传故事及古印度民间信仰的神灵，充满了超越人间的神圣性。二是艺术充当了弘扬佛法的有力工具，使得窣堵波具有崇拜与审美的双重属性，这主要表现在窣堵波建筑艺术和装饰艺术所具有的严格、完整的形式美及药叉的身体造型美上。三是窣堵波建筑审美文化具有象征性。早期的窣堵波建筑是小乘佛教盛行的产物，小乘佛教不主张偶像崇拜，因此任何关于佛陀的信息都以自然界的动物、植物等形象加以象征表现，如一棵树象征悟道，莲花象征佛陀超越世俗、清静圆觉等。印度的高塔在审美文化上仍然具有窣堵波建筑审美文化的特点，所不同的是在建筑造型上它比窣堵波更加高大雄伟，完全改变了半圆形的覆钵造型，并且上面装饰了佛像，形成了塔像一体的造型特色，这种高塔造型也盛行于我国的西域地区。

第二，楼阁式塔是最能代表中国文化的一种佛塔造型，它是中国的楼阁与印度的窣堵波相融合的产物。中国早期的楼阁建筑具有高大、雄伟、威严的审美特征，是中国的统治阶级炫耀财富、地位，登高览胜，渴望羽化成仙的最好平台。这种平台随着儒家伦理文化的广泛渗透具有越来越浓厚的现世性、世俗性和人间性，但道家的羽化成仙思想也使得楼阁具有迎接仙人、渴望成仙的超越意味，因此，楼阁在秦汉时期就具有娱神与娱人的审美文化意蕴。在魏晋南北朝时期，印度的窣堵波与中国楼阁的融合组成的楼阁式塔就具有娱神与娱人的统一性，它在此时期的大规模建造既是魏晋士人们崇信佛教、追求超脱、媚神祈福的娱神需要，又是魏晋士人们追求气韵生动、以自然为美，在心物的交融中以满足自由活泼心灵的需要。

随着唐禅宗的兴盛和发展，佛塔的佛性意味逐渐淡化。禅宗是在唐朝初、中叶形成的一个佛教流派。它是印度的佛教在融合中国庄玄思想的基础上创立的一个具有中国特色的佛教哲学体系。中国禅宗主张“我心即佛”、“佛即我心”的心性修养，把自心与成佛等同。在修行上，禅宗主张“不立文字，教外别传。直指人心，见性成佛”的禅法修行，从“不立文字，教外别传”两句可以看出中国《周易》的“言不尽意”和《庄子》“可以言论者，物之粗也，可以意致者，物之精也”的影响，即认为言语是不能够完全表达出内心的想法和事物的本质，而对于禅宗来说，要的是佛法的本身而不是由文字符号构成的佛经。“直指人心，见性成佛”就是要求超越语言文字，以内心来“悟”对佛法，才能成佛。这就从根本上摒弃了原来佛教繁琐空泛的教义，使得佛教徒无需累世历劫苦修，只要悟对内心中永恒的、绝对的、灵明不昧的“真如佛性”，即可成佛。这种教义从内部对佛教的神秘性给以彻底瓦解，破除了先前信众们对佛祖的神秘崇拜，把原来历世苦修，修成正果的客观崇拜形式变成了“顿悟成佛”、“我心即佛”的主观唯心形式，这种简便易行的教义一经产生，就受到了当时各阶层僧众人士的青睐。因此，早期被视为“佛”的象征物古塔也就失去了原有的佛性魅力，基本退出了佛寺的中心舞台，或屈居寺旁，或独居一处，原来还多少保留一点佛教象征的塔刹，也变成了纯装饰的花式雕刻，塔的佛性意蕴得以淡化并逐渐向世俗繁华方面转变，到宋代以后的佛塔，大多变成了佛性意蕴较为淡化的建筑物。① 而登高览胜、瞭敌警戒、纪念名人等世俗化、生活化功能越来越强烈。到了明清时期，随着风水术的兴盛，佛塔就和风水联系起来，佛塔的佛性意味更加淡化，有的甚至完全没有了佛性，世俗化、生活化、实用化的功能更加突出。同时伴随着这种变化，佛塔在清代中后期与皇家园林融合起来，成为皇家园林构景的主要因素、整体风景的一部分。这是中国审美文化人间性、世俗性、审美性特征的突出表现。

第三，中国楼阁式塔的造型风格并不是一成不变的，它要随着时代审美文化风尚的变迁而变迁。魏晋南北朝时期楼阁式塔主要是以高广绮丽著称，但南北朝时期南方的佛塔因受“秀骨清像”审美风尚的影响，佛塔造型相较于北方的粗大雄健就显得清秀优美。到了隋唐时期，由于审美文化基本上呈现出一种大气磅礴、开拓进取的恢宏气势，使得隋唐的古塔造型也呈现出不注重细节装饰上的雄壮、端庄、质朴的造型特色。到了宋代，由于政治上实行文人色彩较为浓厚的文官制度，军事、外交上屡次受辱于少数民族政权，再加上理性文化的约束，使得整个宋代的审美文化变得内敛保守，拘束谨慎较多，自由洒脱较少，缺少唐代的一种开拓进取、兼收并蓄、气势恢宏的气概。李诫的《营造法式》则是宋代理性文化在建筑上的一种反映，也标志着宋代的建筑技术日趋成熟，逐渐走向模块化、标准化和审美化。这些表现在佛塔造型上，那就是与唐塔的粗重、雄健、端庄、质朴相比，宋塔则显得纤细、飘逸、华丽、灵秀，更加世俗化。与此同时，和两宋对峙的少数民族政权辽金因

---

① 参见刘宝兰：《从中国古塔在寺庙中位置的变迁看其佛性意蕴的世俗化》，《五台山研究》1999 年第 3 期。

地处边陲，经济文化落后，主要吸收中原地区的先进文化，再加上统治阶级崇信佛教，因此，辽金的佛塔主要以不能登临的实心密檐式砖塔为主，并在基座和第一层高大的塔身上装饰了繁缛富丽的佛教题材装饰和仿木结构建筑构件，流露出浓厚的佛性意味。从整体上来看辽金佛塔，其造型都十分高大雄健，再加上繁缛富丽的雕刻，呈现出一种雄健华丽的造型特色。明清时期，中国审美文化发展到一个最为成熟的阶段，表现在中国古代封建伦理文化仍然占据着支配地位，但却逐渐走向了僵化和保守。随着资本主义经济的发展，具有个性解放性质的“唯情说”、“童心说”、“性灵说”等新的美学观念对复古主义和教条主义的旧观念造成了不小的冲击。这种矛盾斗争的明清审美文化共同作用于建筑，使得明清的建筑在充当伦理文化形象阐释时也注重创造和创新，但这种创造和创新不是落到建筑的整体造型上，而是表现在建筑造型的某些细节上，使得建筑细节更加精致典雅，建筑审美趋于工艺化、艺术化。表现在佛塔造型上，佛塔形式没有大的变化，只是在细节上更加注重繁复华美的雕饰，以细节来掩盖对形式创造的缺失。无论是汉式塔还是藏式塔都是如此。

第四，佛塔主要分为印度塔、汉式塔和藏式塔三种造型，中国古塔是汉式塔最著名的代表作。中国古塔不仅局限于中国大陆，还影响到周边的朝鲜、日本和越南等国家。这些国家的佛塔造型基本上类似于中国古塔的造型风格，但也有自己国家的文化特色。作为同是汉式塔的造型，对这些国家的佛塔造型研究肯定能够更加拓宽中国古塔的研究，加深对中国古塔的了解和认识。遗憾的是本书没有涉及这方面的内容。另外，同属于印度塔的斯里兰卡、印度尼西亚、泰国、缅甸、尼泊尔、柬埔寨等国家的佛塔，造型风格相较于印度本土的佛塔也发生了很大的变化，研究这些国家佛塔造型演变的规律，分析其背后的文化因素，与中国古塔进行对比研究，会更加拓宽和加深对中国古塔的认识。这些需要以后的课题加以深入的研究。

参考文献

(梁) 释慧皎撰，汤用彤校注，汤一介整理．高僧传［M］．中华书局，1992.
(宋) 张敦颐．南朝事迹编类［M］．上海古籍出版社，1995.
(唐) 许嵩、张忱石点校．建康实录（上、下）［M］．中华书局，1986.
(宋) 周迎合．景定建康志（1~2册）［M］．（台湾）成交出版社有限公司印行，1943.
(唐) 释道宣撰，周书迦、苏晋仁校注．法苑珠林［M］．中华书局，2003.
(梁) 释僧佑撰，萧练子、苏晋仁校注．出三藏记集［M］．中华书局，1995.
(梁) 释宝唱撰，王孺童校注．比丘尼传［M］．中华书局，2006.
(唐) 玄奘撰，董志翘译注．大唐西域记［M］．中华书局，2012.
(梁) 释僧佑撰，刘立夫、魏建中、胡勇译注．弘明集［M］．中华书局，2013.
(北魏) 杨衒之撰，尚荣译注．洛阳伽蓝记［M］．中华书局，2012.
(北魏) 郦道元撰，陈桥驿校证．水经注［M］．中华书局，2013.
(清) 顾炎武撰．历代宅京记［M］．中华书局，1984.
(宋) 孟元老撰，姜汉椿译注．东京梦华录［M］．贵州人民出版社，2009.
(东晋) 法显撰，田川译注．佛国记［M］．重庆出版社，2008.
许嘉璐主编．二十四史全译［M］．汉语大词典出版社，2004.
张驭寰．古塔实录［M］．华中科技大学出版社，2011.

罗哲文．中国古塔［M］．中国青年出版社，1985.
张驭寰．中国佛塔史［M］．科学出版社，2006.
徐华铛．中国古塔造型［M］．中国林业出版社，2007.
常青．中国古塔的艺术历程［M］．陕西人民出版社，1998.
湛如．净法与佛塔——印度早期佛教史研究［M］．中华书局，2006.
徐伯安．中国塔林漫步［M］．中国展望出版社，1989.
陈泽泓．中国古塔走笔［M］．广东人民出版社，1999.
罗哲文．中国名塔［M］．百花文艺出版社，2000.
华瑞·索南才让．中国佛塔［M］．青海人民出版社，2002.
中国佛教寺塔史志［M］．（台北）大乘文化出版社，1978.
杨超杰、严辉．龙门石窟雕刻萃编——佛塔［M］．中国大百科全书出版社，2002.
梁思成．梁思成全集［M］．中国建筑工业出版社，2001.
梁思成．中国建筑史［M］．百花文艺出版社，2005.
刘敦桢主编．中国古代建筑史（第二版）［M］．中国建筑工业出版社，1984.
乐嘉藻．中国建筑史［M］．台湾华世出版社，1977.
王壁文．中国建筑［M］．国立华北编译馆，1942.
梁从诫编．林徽因文集·建筑卷［M］．百花文艺出版社，1999.
李允鉌．华夏意匠——中国古典建筑设计原理分析［M］．天津大学出版社，2005.
萧默．敦煌建筑研究［M］．文物出版社，1989.
王毅．园林与中国文化［M］．上海人民出版社，1990.
张法．中国美学史［M］．四川人民出版社，2006.
金维诺．中国美术：魏晋至南北朝［M］．中国人民大学出版社，2010.
周均平．秦汉审美文化宏观研究［M］．人民出版社，2007.
周来祥主编．中国美学主潮［M］．山东大学出版社，1997.
傅瑾、沈冬梅．中国寺观［M］．浙江人民出版社，1996.
黄仁宇．中国大历史［M］．三联书店，1997.

王镛．印度美术［M］．中国人民大学出版社，2010.
晁华山．佛陀之光——印度与中亚佛教胜迹［M］．文物出版社，2001.
仪平策．中古审美文化通论［M］．山东人民出版社，2007.
张法．中国艺术：历程与精神［M］．中国人民大学出版社，2003.
汪洪澜．月明华屋——中国古典建筑美学漫步［M］．宁夏人民出版社，2006.
傅熹年主编．中国古代建筑史（第二卷）［M］．中国建筑工业出版社，2009.
周来祥主编．中华审美文化通史（全）［M］．安徽教育出版社，2006.
侯幼彬．中国建筑美学［M］．黑龙江科学技术出版社，1997.
郭黛姮主编．中国古代建筑史（第三卷）［M］．中国建筑工业出版社，2009.
潘谷西主编．中国古代建筑史（第四卷）［M］．中国建筑工业出版社，2009.
孙大章主编．中国古代建筑史（第五卷）［M］．中国建筑工业出版社，2009.
汤里平．中国建筑审美的变迁［M］．同济大学出版社，2012.
段玉明．中国寺庙文化［M］．上海人民出版社，1997.
张弓．汉唐佛寺文化史（上、下）［M］．中国科学出版社，1997.
金学智．中国园林美学(第二版)［M］.中国建筑工业出版社，2005.
陈从周．梓翁说园［M］．北京出版社，2004.
邱紫华．印度古典美学［M］．华中师范大学出版社，2006.
汤用彤．汉魏两晋南北朝佛教史［M］．中华书局，1983.
宿白．中国石窟寺研究［M］．文物出版社，1996.
李崇峰．中印佛教石窟寺比较研究——以塔庙窟为中心［M］．北京大学出版社，2003.
吴功正．六朝美学史［M］．江苏美术出版社，1994.
周维权．中国古典园林史［M］．清华大学出版社，1990.
王振复．中国古代文化中的建筑美［M］．译林出版社，1989.

陈炎主编．中国审美文化史［M］．山东画报出版社，2000.
萧默．文化纪念碑的风采——建筑艺术的历史与审美［M］．中国人民大学出版社，1999.
常任侠．印度与东南亚美术发展史［M］．上海人民美术出版社，1980.
王其亨．风水理论研究［M］．天津大学出版社，1992.
王世仁．理性与浪漫的交织［M］．中国建筑工业出版社，1987.
李泽厚．美学三书［M］．天津社会科学院出版社，2008.
仪平策．中国审美文化民族性的现代人类学研究［M］．中国社会科学出版社，2012.
梁思成著，费慰梅编，梁从诫译．图像中国建筑史［M］．百花文艺出版社，2000.
叶朗．中国美学史大纲［M］．上海人民出版社，1985.
李泽厚．美的历程［M］．文物出版社，1989.
李泽厚、刘刚纪主编．中国美学史［M］．中国社会科学出版社，1984.
宗白华．宗白华全集［M］．安徽教育出版社，2008.
徐复观．中国艺术精神［M］．春风文艺出版社，1987.
陈从周．书带集［M］．花城出版社，1982.
宗白华．艺境［M］．北京大学出版社，2003.
朱光潜．朱光潜美学文集［M］．上海文艺出版社，1984.
［日］伊东忠太．中国建筑史［M］．陈清泉，译补．上海书店出版社，1984.
［日］宫治昭．犍陀罗美术寻踪［M］．李萍，译．人民美术出版社，2006.
［德］黑格尔．美学（全）［M］．朱光潜，译．商务印书馆，1984.
［法］雷奈·格罗塞．东方的文明［M］．常任侠，袁音，译．中华书局，1999.
［英］李约瑟．中国科学技术史（第四卷第三分册）［M］．汪受琪，译．科学出版社、上海古籍出版社，2008.
［英］斯坦因．西域考古记［M］．向达，译．商务印书馆，2013.

[美] 鲁道夫·阿恩海姆．艺术与视知觉 [M]．朱疆源，译．中国社会科学出版社，1984.

[英] 威廉·荷加斯．美的分析 [M]．杨成寅，译．人民美术出版社，1984.

[英] 乔治·桑塔耶纳．美感 [M]．缪灵珠，译．中国社会科学出版社，1982.

[英] 克莱夫·贝尔．艺术 [M]．马钟元，周金环，译．中国文联出版社，1984.

[英] 鲍桑葵．美学史 [M]．张今，译．商务印书馆，1985.

[英] 鲍桑葵．美学三讲 [M]．周煦良，译．上海译文出版社，1983.

[俄] 瓦西里·康定斯基．论艺术里的精神 [M]．吕澎，译．四川美术出版社，1985.

[英] 苏珊·朗格．情感与形式 [M]．刘大基，等译．中国社会科学出版社，1986.

[英] 罗杰·斯克鲁顿．建筑美学 [M]．刘先觉，译．中国建筑工业出版社，2003.

硕博论文

刘加全．北魏洛阳永宁寺研究 [D]．中央美术学院，2010.

张墨青．巴蜀古塔建筑特色研究 [D]．重庆大学，2009.

王敏庆．北周佛教美术研究——以敦煌莫高窟为中心 [D]．中央美术学院，2007.

侯韫婧．佛寺园林造园要素的标示作用研究 [D]．东北林业大学，2012.

李公难．公共空间视野下的大雁塔研究 [D]．陕西师范大学，2012.

于薇．唐长安慈恩寺大雁塔研究——唐代皇家寺院景观的视觉分析 [D]．中央美术学院，2011.

龚国强．隋唐长安城佛寺研究 [D]．中国社会科学院，2002.

马天成．神通寺研究 [D]．山东大学，2012.

姚娟娟．山东长青灵岩寺研究［D］．山东大学，2012.
张华鹍．山西早期佛塔营造理念与形态分析［D］．太原理工大学，2008.
庚文．试论北京地区覆钵式佛塔［D］．中央民族大学，2004.
范泠萱．南京栖霞寺舍利塔南唐佛传佛雕研究［D］．南京艺术学院，2012.
朱孟传．浅论佛教文化在建筑装饰图案中的体现［D］．南京林业大学，2008.
赵琨．正定佛塔建筑研究［D］．西安建筑科技大学，2008.
彭玥．中国佛教艺术研究［D］．四川大学，2002.
袁牧．中国当代汉地佛教建筑研究［D］．清华大学，2008.
管欣．中国佛教寺庙园林意境塑造手法研究［D］．合肥工业大学，2006.
范鸿武．云冈石窟建筑与佛教雕塑研究［D］．郑州大学，2012.
彭菲．论中国辽代佛塔的建筑艺术成就［D］．内蒙古工业大学，2007.
张晓东．辽代砖塔建筑形制初步研究［D］．吉林大学，2011.
刘蕴忠．辽塔浮雕装饰艺术探究［D］．苏州大学，2008.
李梦阳．龟兹地区的佛塔及相关问题研究［D］．西北大学，2012.
杨卫波．解读中国古塔建筑文化元素［D］．湖北工业大学，2009.

主要论文

孙宗文．我国佛寺平面布局沿革考［J］．法音，1985（2）.
孙宗文．北朝寺塔概述［J］．中国佛教寺塔史志．（台北）大乘文化出版社，1978.
李玉珉．中国早期佛塔溯源［J］．故宫学术季刊，1989，6（3）.
杨鸿勋．关于北魏洛阳永宁寺塔复原草图的说明［J］．文物，1992（9）.
杨鸿勋．唐长安慈恩寺大雁塔原状探讨［J］．文物建筑，2007（1）.
杨鸿勋．关于北魏洛阳永宁寺塔复原草图的说明［J］．文物，1992

(9).
杨鸿勋．唐长安荐福寺塔复原探讨［J］．文物，1990（1）．
钟晓青．北魏洛阳永宁寺塔复原探讨［J］．文物，1998（5）．
钟晓青．安阳灵泉寺北齐双石塔再探讨［J］．文物，2008（1）．
钟晓青．安阳修定寺塔出土模砖再探讨［J］．文物，2006（3）．
徐金星．白马寺的兴建和佛教在我国的早期传播［J］．史学月刊，1983（2）．
色莉玛．北京北海永安寺白塔［J］．四川文物，2012（6）．
吴庆洲．佛塔的源流及中国塔刹形制研究［J］．华中建筑，2000（1）．
张法．佛寺：从印度到南亚和汉地的演变［J］．长春市委党校学报，1999（2）．
王贵祥．佛教初传至西晋末十六国时期佛寺建筑概说［J］．中国建筑史论汇刊，2012（1）．
王贵祥．东晋及南朝时期南方佛寺建筑概说［J］．中国建筑史论汇刊，2012（2）．
王贵祥．北朝时期北方地区佛寺建筑概说［J］．中国建筑史论汇刊，2013（1）．
王贵祥．中国古代建筑审美刍议［J］．建筑史，2010（26）．
王贵祥．略论中国古代高层木结构建筑的发展（二）［J］．古建园林技术，1985（2）．
王贵祥．略论中国古代高层木结构建筑的发展（一）［J］．古建园林技术，1985（1）．
宿白．凉州石窟遗迹和凉州模式［J］．考古学报，1986（4）．
宿白．隋代佛寺布局［J］．考古与文物，1997（2）．
宿白．云冈石窟分期试论［J］．考古学报，1978（1）．
杨淑红．克孜尔石窟壁画中的佛塔［J］．新疆师范大学学报（哲学社会科学版），2006（2）．
成文光．焦作汉代陶仓楼装饰艺术［J］．装饰，2010（1）．
成文光．焦作出土汉代陶仓楼的艺术特征［J］．中原文物，2010（4）．

赵兵兵．辽代砖塔形制特征研究［J］．辽宁工业大学学报（自然科学版），2012（4）．
陈术石、佟强．辽塔相关调查及研究概述［J］．中国文物科学研究，2012（2）．
贺云翰．六朝都城佛寺和佛塔的初步研究［J］．东南文化，2010（3）．
贺云翰．郑和与金陵大报恩寺关系考［J］．东南文化，2007（4）．
吴功正．六朝园林文化研究［J］．中国文化研究，1994．
李文生．龙门石窟所表现的北魏建筑［J］．敦煌研究，2011（1）．
李珉．略论印度中期佛教艺术［J］．南亚研究季刊，2004（3）．
李珉．论印度早期佛教建筑及雕刻艺术［J］．南亚研究季刊，2005（1）．
王东江．佛教初传与神仙方术的关系［J］．中山大学研究生学刊（社会科学版），1999（2）．
徐友岳．论佛寺中国化的几种途径［J］．重庆建筑大学学报（社科版），2000（1）．
余开亮．论六朝时期自然山水作为独立审美对象的形成［J］．中国人民大学学报，2006（4）．
朱永春．论嵩岳寺塔唐代重建说不成立［J］．合肥工业大学学报（社会科学版），2000（2）．
索南才让．论西藏佛塔的起源及其结构和类型［J］．西藏研究，2003（2）．
［韩］朴基宪．论云冈石窟所见楼阁式佛塔的起源及演变［J］．石窟寺研究，2011 年 12 月。
张华．云冈石窟浮雕塔形浅议［J］．文物世界，2003（4）．
史树青．北魏曹天度造千佛石塔［J］．文物，1980（1）．
魏承思．论佛教艺术和审美［J］．佛教文化，1990（2）．
张威．论中国古代楼阁建筑的审美意向［J］．哈尔滨工业大学学报（社会科学版），2005（2）．
圣凯．论中国早期以“法华经”为中心的信仰形态（上）［J］．法音，2002（7）．

圣凯．论中国早期以“法华经”为中心的信仰形态（下）［J］．法音，2002（8）．

陈自力．南北朝佛寺题咏诗初探［J］．南开学报（哲学社会科学版），2003（2）．

张铁男．尼雅佛教寺院遗址的发掘与研究［J］．西域研究，2000（1）．

羊毅勇．尼雅遗址所反映的中外文化交流［J］．西域研究，1999（2）．

罗微、乔云飞．浅谈中国佛寺的营造文化与艺术［J］．考古与文物，2003（1）．

曹汛．嵩岳寺塔建于唐代［J］．考古学报，1996（6）．

萧默．嵩岳寺塔渊源考辨——兼谈嵩岳寺塔建造年代［J］．考古学报，1997（4）．

张家泰．嵩岳寺塔［J］．文物，1979（6）．

吴雨苍．苏州虎丘山云岩寺塔［J］．文物参考资料，1954（3）．

刘敦桢．苏州云岩寺塔［J］．文物参考资料，1957（7）．

季爱民．隋唐两京寺观丛考［J］．中国历史地理论丛，2011（2）．

杜斗城．隋文帝分舍利建塔有关问题的再探讨［J］．兰州大学学报（社会科学版），2011（3）．

李志红、宋颖惠．唐长安的寺塔与城市空间景观［J］．文博，2006（4）．

罗世平．仙人好楼居——襄阳新出相轮陶楼与中国浮屠祠类证［J］．故宫博物院院刊，2012（4）．

湛如、丁薇．印度早期佛教的佛塔信仰形态［J］．世界宗教研究，2003（4）．

陈昊雯．由“洛阳伽蓝记”谈北魏寺庙布局特点［J］．佳木斯教育学院学报，2010（4）．

范鸿武．云冈石窟佛塔的汉化在中国文化史上的意义［J］．苏州大学学报（工科版），2010（5）．

梁思成．中国的佛教建筑［J］．清华大学学报，1961（2）．

伍国正．中国佛塔建筑的文化特征［J］．湘潭师范学院学报（社会科学版)，2005（5）.

陈鸣．中国古代宗教园林的四个历史时期［J］．上海大学学报（社科版）．1992（1）.

郑琦．中国金刚宝座塔探微［J］．华中建筑，2008（12）.

王维仁、徐翥．中国早期寺院配置的形态演变初探［J］．南方建筑，2011（4）.

吴庆洲．佛塔的源流及中国塔刹形制研究［J］．华中建筑，2000（1）.

吴庆洲．佛塔的源流及中国塔刹形制研究（续）．华中建筑，2000（2）.

吴庆洲．佛教文化与中国名胜园林景观［J］．中国园林，2007（10）.

吴庆洲．中国佛塔塔刹形制研究（上）．古建园林技术，1994（4）.

吴庆洲．中国佛塔塔刹形制研究（下）．古建园林技术（上），1994（4）.

张同标．长江流域早期楼阁式佛塔形制特征［J］．湖南大学学报(社会科学版)，2011（5）.

谢志成．四川汉代画像砖上的佛塔图像［J］．四川文物，1987（8）.

孙机．中国早期高层佛塔造型之渊源［J］．中国历史博物馆馆刊，1984（6）.

徐永利．从北魏皇室佛教活动看嵩岳寺塔的形制准备［J］．华中建筑，2007（11）.

殷光明．北凉石塔述论［J］．敦煌学辑刊，1998（1）.

曹颂今．北魏都洛四十年洛阳佛寺的变迁［J］．洛阳工业高等专科学校学报，2000（4）.

后　记

这本书稿是在我的博士论文的基础上修改而完成的。岁月如梭，转眼之间博士毕业都快满四年了。回眸逝去的时光，感触颇多。2010 年我有幸成为山东大学终身教授、和谐美学学派的创始人、著名美学家周来祥先生的学生。那一时刻，我很激动也很幸福。激动幸福的是我能成为周先生这样一位世界闻名的大学者、美学家的弟子实在是三生有幸！在周先生的严格要求和督促下，博一期间，我的逻辑思维能力、科研能力都得到了很大的提高。正当我准备在先生的指导下好好读书的时候，周先生却在病魔的折磨下倒下了。但即使是这样，先生还在大手术恢复期间忍着常人难以忍受的病痛在病榻上为我修改论文，那一幕着实让我感动流泪。就在我认为周先生身体完全康复的时候，两个多月之后，无情的病魔却夺走了先生的生命。先生驾鹤西去，悲伤却长久地留给了我，每次想起与先生相处的时光，看到先生为我在病榻上修改的论文，我的心都隐隐作痛。愿先生在天堂一切美好！

周先生去世后，我转入了仪平策先生的门下。仪老师人特别好，性情和善、平易近人，学问渊博，治学严谨。当时我想写宋明理学方面的博士论文，想从“心学”角度来论述中国艺术的情感体验方式，并与西方艺术的情感体验方式进行比较研究。但我的这个想法被仪老师否定了，因为他认为中国的思辨哲学虽说在宋明理学时期有一定程度的发展，但与西方相比我们的思辨哲学还很不成熟，或者说我们的思辨哲学还有很多不明确的地方，像“心学”这个概念就很不好把握，概念界定不清，以后的逻辑思辨、历史发展展开论述就很困难。仪老师建议我从自己熟悉的研究领域，从一个容易把握的审美实体出发来研究中国的审美文化应该是一个不错的选题方向，鉴于我硕士论文做的是中西建筑美学的比较研究，思索再三，我决心从中国的古塔这一建筑类型出发来探讨中国的审美文化特征。之所以选择这个题目，原因有两个：一是中国古塔保留至今的很多，估计全国有3000多座，但对古塔的研究却专注于考古的发掘和知识的介绍而忽视了审美的研究；二是中国古塔自从传入中原内地之后，在中国古代审美观念、宗教信仰等的影响下，在建筑造型、材料、结构、功能等方面与古印度佛塔相比确实发生了很大的变化，具有了审美的价值，但对其研究者甚少。当然，选择这个题目挑战性也很大，因为一是中国古塔毕竟是一种佛教建筑，神秘性和崇拜性是其本质属性，审美性与崇拜性一直融合在一起，怎么认识古塔的审美性是研究的难题；二是古塔那么多、分布地域广、跨度时间长，搜集整理其资料就得耗费大量的人力物力，因此，我的博士论文从选题的确定、思路的梳理、主题的突出、材料的搜集、写作的进行，一直到最后阶段的修改，仪老师都倾注了大量的心血给予我精心细致的指导。没有仪老师的辛勤指导，我的博士论文肯定不能顺利完成。真诚地感谢我的导师——仪平策先生！

中国古塔的审美文化研究是一个很大的题目，目前的研究还处于刚刚起步阶段。我的这部书稿只是涉及了一些中国古塔的审美文化特征，还不是纯粹的中国古塔审美文化研究，难免有所疏漏，还希望方家多多批评指正，更希望大家对中国古塔的审美属性多多开掘探究。

本书在完成过程中得到很多人的大力帮助，在此表示衷心的感谢！

感谢我的硕士导师周纪文老师、傅合远老师，在我读博期间一直在生活上关心着我，学业上指导着我。他们是我永远的恩师！

感谢我的师弟刘汉林、郭玉越，师妹王雅楠、朱翠凤等，他们不厌其烦地、认真地校证了我的书稿，修改了很多的错别字和标点符号，再加上师弟郭玉越精心地为书稿配置了插图，这些为论著增色不少。感谢古代文学专业的博士刘坤贤弟，他为书稿目录的生成付出了很大的努力。还要感谢我的好友张金平博士，他为规范我的书稿的脚注下了相当大的功夫。

感谢我的父母，为了让我顺利完成学业，竟然在生病住院期间怕耽误我的学习而不让我陪护。他们的牵挂常给我温暖和力量。最后要感谢我的妻子郭祥凤，四年来她为支持我的学业不辞劳苦，在繁忙的工作中既要照顾孩子，还要照顾家庭，从来没有当着我的面叫一声苦。妻子和孩子永远是我幸福的港湾。

感谢武汉大学出版社的李琼老师担任本书的责任编辑，她对本书的校对、定稿等工作付出了艰辛的努力！还要感谢武汉大学出版社的其他编辑老师，他们为了本书的顺利出版付出了太多的辛劳，衷心感谢他们！

附　　录

攻读博士学位期间发表的学术论文、获得的奖励及科研项目

1.《和谐人性的塑造——加达默尔和孔子“教化”理论之比较》，《中国海洋大学学报》（社会科学版）2012 年第 5 期，第 114~118 页。

2.《当代中国审美文化研究的三个学术维度》，《中国海洋大学学报》（社会科学版）2013 年第 6 期，第 112~116 页。

3.《走向读者——接受美学的理论渊源及其独特贡献》，《贵州社会科学》2011 年第 8 期，第 4~16 页。该文被 2011 年第 5 期《高等学校文科学术文摘》“学术卡片”摘录。

4.《周来祥和谐美学思想的理论贡献与历史价值》，《文史哲》2011 年第 5 期，第 95~101 页。

5.《心与物的和谐——庄子“游心”思想与中国古典园林艺术》，《美与时代》2012 年第 3 期，第 14~19 页。

6.《生命的建筑——宗白华建筑美学思想研究》，《美与时代》2011 年第 12 期，第 9~14 页。

7.《唯道集虚——老庄的空间美学与中国古典园林艺术》，《美与时代》2013 年第 11 期，第 9~12 页。

8.《形态与意境——中西传统建筑艺术审美特性比较研究》，《美与时代》2013 年第 1 期，第 16~20 页。

获得的奖励

荣获 2012 年度山东大学研究生科研成果奖学金。

主持参与的科研项目

1. “老庄美学思想与中国传统园林艺术研究”、安徽省教育厅人文社会科学重点研究基地皖北文化研究中心项目，主持，已结题。

2. “中华审美文化传统与中国特色的当代审美文化建设问题研究”、教育部人文社会科学重点研究基地项目，参与。

3. “经济全球化趋势下中华民族精神的认知与教育对策研究：以史学分析和公共历史教育为中心”研究课题的子课题之一的“中国传统审美文化的民族特质与民族精神的情感体认研究”，参与，共写了三章，约六万字。